国家哲学社会科学成果文库

NATIONAL ACHIEVEMENTS LIBRARY
OF PHILOSOPHY AND SOCIAL SCIENCES

当代中国农业生产组织现代化研究

曹阳 著

中国社会科学出版社

曹　阳　华中师范大学经济与工商管理学院学术委员会主任,二级教授、博士生导师。1982年获经济学硕士学位,1997年获经济学博士学位。澳大利亚昆士兰大学、英国剑桥大学访问学者。1996—2007年担任华中师范大学经济学院院长。1995年获国务院政府特殊津贴。

主持国家社会科学基金重大项目1项、国家社会科学基金一般项目2项、教育部人文社会科学基地重大项目2项、其他省部级项目10多项;出版个人专著5部,主编和合著9部;在 *Asian Economic Journal, International Journal of Social Economics* 等国外刊物上发表英文论文5篇;在国内《经济学家》《经济学动态》《中国农村经济》等刊物上发表论文70多篇。主要代表性专著有:《历史的选择——市场经济发展史》《中国农业劳动力转移:宏观经济结构变动》《当代中国农村微观经济组织形式研究》。

《国家哲学社会科学成果文库》
出版说明

  为充分发挥哲学社会科学研究优秀成果和优秀人才的示范带动作用，促进我国哲学社会科学繁荣发展，全国哲学社会科学规划领导小组决定自2010年始，设立《国家哲学社会科学成果文库》，每年评审一次。入选成果经过了同行专家严格评审，代表当前相关领域学术研究的前沿水平，体现我国哲学社会科学界的学术创造力，按照"统一标识、统一封面、统一版式、统一标准"的总体要求组织出版。

全国哲学社会科学规划办公室
2011年3月

目　　录

第一章　导论 ……………………………………………………（1）
　一　当代中国最鲜明的特色:改革开放 ……………………（1）
　二　何谓"现代化" …………………………………………（5）
　三　现代化的本质究竟是什么 ……………………………（8）
　四　农业:从传统到现代 …………………………………（13）
　五　分工与整合
　　　——纵向视野的全产业链现代农业 ……………………（17）
　六　功能与系统
　　　——横向视野的多功能性现代农业 ……………………（21）
　七　农业现代化与农业生产组织的现代化 ………………（25）
　八　本书的基本内容与框架 ………………………………（28）
　九　本书的创新和今后的研究方向 ………………………（33）

第二章　本书基本分析框架:自由与组织 ………………（41）
　一　何谓自由 ………………………………………………（41）
　二　"自由地实现自由"
　　　——自由既是目的,也是手段 …………………………（48）
　三　谁给我自由
　　　——"自由地实现自由"的再思考 ……………………（52）
　四　何谓组织 ………………………………………………（54）
　五　组织最本质的功能:拓展实现个人自由的空间 ………（56）
　六　组织的异化:组织对个人自由的束缚、限制与禁锢 …（62）

七　组织（企业）是以自由为代价换取安全吗
　　——对奈特理论的反思 ……………………………………（65）
八　劳动与资本是可以相互替代的同质的生产要素吗
　　——新古典企业理论批判 …………………………………（68）
九　企业就是一系列契约的连接吗
　　——新制度主义企业契约理论批判 ………………………（70）
十　个人自由在企业（组织）中的权重 …………………………（72）
十一　从物质资本到人力资本
　　——组织（企业）中人的价值的提升 ………………………（74）
十二　从"唯所有者权益"到"所有相关利益者权益"
　　——企业（组织）的利益共享与普惠机制 …………………（76）
十三　自由人联合体
　　——既是理想，也是实践 ……………………………………（78）
十四　本章结论 ……………………………………………………（81）

第三章　新中国成立以来农业生产组织变迁的历史脉络与内在逻辑
　　——基于农民自由视野的解读 ……………………………（85）
一　人民公社体制：以广大农民自主经营权、自由选择权为
　　代价换来的基本生存权的集体安全保障 …………………（85）
二　自由是效率的源泉：人民公社解体的深层次原因 …………（90）
三　给农民自由选择的自由：人民公社解体的外部
　　环境和条件 …………………………………………………（99）
四　农村土地家庭承包制的本质意义：农民"自由地实现
　　自由"的制度前提 …………………………………………（102）
五　土地承包权：基于农民自由视野的解读 ……………………（104）
六　均分承包：农民基本生存权集体保障功能的继承与延续 …（111）
七　"公权力"：对农民土地承包"私权利"的主要威胁…………（115）
八　土地均分承包制的内在矛盾
　　——来自农村人口动态变化的挑战 ………………………（120）
九　劳动自由：农民"自由地实现自由"的关键性权利 …………（125）

十　劳动自由：自愿合作与多样化组织形式的基础与前提 …… （131）
十一　二元经济社会结构：束缚农民自由的历史积淀与
　　　制度安排 ……………………………………………… （133）
十二　面对市场的机遇与困惑："市场化小农"实现"实质性
　　　自由"的外部环境 …………………………………… （138）
十三　中央政府、地方政府、农民的三重博弈："市场化小农"
　　　对政策环境的参与和政策互动 ……………………… （145）
十四　当代中国农村制度变迁的未来趋势：进一步拓宽农民
　　　"自由地实现自由"的制度空间，提升农民实现
　　　"实质性自由"的"可行能力" ………………………… （149）

第四章　多元共生：当代中国农业生产组织的基本构架 ……… （154）
一　何谓"共生" ……………………………………………… （154）
二　共生、和谐、包容性发展与"自由地实现自由" ………… （157）
三　多元共生：当代中国农村经济组织的基本构架 ………… （159）
四　分中求合、私中求公
　　——来自浙江温州的案例 ……………………………… （163）
五　公中容私、公私共存
　　——来自新疆生产建设兵团和黑龙江农垦总局的案例 …… （171）
六　流通带生产、大中小组织共生
　　——来自"农超对接"的案例 …………………………… （178）
七　农户主体、多方参与、组织共生、共同赢利
　　——来自乡村旅游的案例 ……………………………… （186）
八　互利则共生，损人亦损己
　　——广东新兴县"三温一古"的不同命运 ……………… （195）
九　带农兴镇、"三化"同步发展
　　——湖北监利的"福娃模式" …………………………… （198）
十　林水结合，各得其利
　　——来自湖北仙洪新农村建设试验区的案例 ………… （203）

十一　村民主体、多方参与、社区共管
　　——来自云南山地生态系统生物多样性保护示范
　　项目的案例 …………………………………………………（212）
十二　本章结论:多元共生的组织构架为农民"自由地实现
　　自由"提供了具有广泛包容性的制度空间 ………………（217）

第五章　改造小农:当代中国农业生产组织现代化的关键 …………（220）
一　如何定义和认识"小农" ………………………………………（220）
二　此"小农"非彼"小农"
　　——"现代小农制"绝非"传统小农制" …………………（224）
三　改造小农＝消灭小农:集体化的改造小农路径 ……………（227）
四　现代小农制:市场化的"改造小农"路径 ……………………（229）
五　当代中国小农市场化的定量分析 ……………………………（231）
六　大幅度减少农民:市场化改造小农的必要前提 ……………（244）
七　土地流转:具有中国特色的市场化小农走向适度规模
　　经营的渐进之路 …………………………………………（248）
八　工厂化农业:一条"激进"但须慎之又慎的"改造
　　小农"之路 …………………………………………………（254）
九　市场化改造小农的一条可行途径:农业生产环节的
　　专业化与农业生产环节的规模化经营 …………………（261）
十　在农户经济基础上能否推进农业机械化 ……………………（266）
十一　在农户经济基础上农业技术如何推广 ……………………（280）
十二　现代农业,谁来种地
　　——改造小农的根本大计是培育新型农民 ……………（288）
十三　本章结论:"改造小农"的根本目的是提升小农实现
　　"实质性自由"的"可行能力" ……………………………（292）

第六章　农民合作经济组织:谁组织? 组织谁? ……………………（295）
一　市场化小农是否需要合作经济组织 …………………………（295）
二　现实的困惑:合作社为什么"缺乏对农民的吸引力和

凝聚力" ··· (299)
　三　农民合作"企业家":十分稀缺的组织资源 ··········· (301)
　四　农民合作经济组织的组织成本与运行成本:与私人
　　　企业的比较 ··· (305)
　五　政策性收益:政府支持的必要性 ··························· (306)
　六　农民合作经济组织:"国际标准"与"本土特色" ······ (310)
　七　政府"组织者":中国国情的"路径依赖" ················· (313)
　八　政府主导合作的边界:不可侵犯农民的自由选择权 ······ (318)
　九　"能人""组织者":农村合作经济组织并非单纯的
　　　"弱者联合" ··· (321)
　十　私营企业家
　　　——合作社组织者:角色定位与角色转换 ············ (327)
　十一　龙头企业组织与领办农民专业合作社:中国经验
　　　　还是合作社的变异 ·· (329)
　十二　组织谁
　　　　——专业化农户,还是贫困农户 ······················· (337)
　十三　农民合作是否只有加入合作经济组织这一种形式 ··· (339)
　十四　农民合作经济组织:为农民提升"实质性自由"的
　　　　"可行能力"提供一个可自由选择的组织模式 ······ (342)

**第七章　网络化:当代中国农业生产组织现代化发展重点与
　　　　战略导向** ·· (345)
　一　何谓"网络" ·· (345)
　二　现代化网络:现代物质性网络与社会性网络的相互
　　　依存与交融 ·· (348)
　三　市场网络、人际网络及二者的比较 ······················· (351)
　四　市场经济中的企业内部关系网络 ·························· (357)
　五　现代化网络经济时代的网络化组织群 ··················· (360)
　六　"网络组织"理论
　　　——对传统企业理论的挑战 ································· (362)

七　他山之石:现代化网络、网络化组织群与"现代小农制" …… (367)
　　八　信息化引领农业现代化:中国农业生产组织模式从
　　　　"多元化"走向"网络化" ………………………………… (372)
　　九　中国农业、农村现代化网络缺失与不完善的具体表现 ……… (377)
　　十　多元化经济组织为何难以形成"网络化组织群" …………… (390)
　　十一　"主导"与"合力":构建与完善中国农业、农村现代化
　　　　　网络的两大基点 ……………………………………… (394)
　　十二　构建与完善深层次信任机制:中国农业、农村"网络化
　　　　　组织群"建设的社会基础工程 ……………………… (400)
　　十三　单一化—多元化—网络化:中国农业生产组织形式
　　　　　发展的轨迹 …………………………………………… (404)

参考文献 ……………………………………………………………… (407)

索　引 ………………………………………………………………… (422)

后　记 ………………………………………………………………… (435)

Contents

Chapter 1　Introduction ……………………………………………… (1)
    1.1　Reform and opening: the most distinctive feature in the
        contemporary China ………………………………………… (1)
    1.2　What is meant by "modernization" ……………………… (5)
    1.3　What is the intrinsic quality of modernization ………… (8)
    1.4　Agriculture: from traditional to modern ……………… (13)
    1.5　Division of labor and integration: the longitudinal view based
        on the whole industrial chain of modern agriculture ………… (17)
    1.6　Function and system: the lateral view based on versatility of
        modern agriculture ………………………………………… (21)
    1.7　Agricultural modernization and modernization of agricultural
        production organization …………………………………… (25)
    1.8　The basic content and framework of the book …………… (28)
    1.9　Innovation and direction for future research …………… (33)

**Chapter 2　The basic analytical framework: freedom and
              organization** ……………………………………………… (41)
    2.1　What is meant by "freedom" ……………………………… (41)
    2.2　"Free to realize freedom": freedom is both the
        purpose and means ………………………………………… (48)
    2.3　Who gives me freedom: a resume on "free to
        realize freedom" …………………………………………… (52)
    2.4　What is meant by "organization" ………………………… (54)

2.5　The most essential function of organization: expanding the space to advance personal freedom ……………… (56)

2.6　The alienation of organization: bound, restriction and imprisonment of individual freedom ……………… (62)

2.7　Organization achieves safety on the price of freedom: a reflection to the theory of Knight ……………… (65)

2.8　Labor and capital can be substituted as the homogeneous factor of production in enterprise: a criticism to the new classical enterprise theory ……………… (68)

2.9　Enterprise is the result of a series of contracts: a criticism to the enterprise contract theory of the new institutionalism ……… (70)

2.10　The weight of personal freedom in organization ………… (72)

2.11　The human value ascension in enterprise: from physical capital to human capital ……………… (74)

2.12　The shared interests and pratt & whitney mechanism of enterprise: from "shareholder primacy" to "stake holder primacy" ……………… (76)

2.13　The community of free individuals: both idea and practice ……………… (78)

2.14　Conclusion ……………… (81)

Chapter 3　The historical context and inherent logic of the transition of agricultural production organization in contemporary China: interpretation based on farmers freedom …… (85)

3.1　The people's commune system: a basic right of collective security in the price of farmers' autonomy and freedom of choice ……………… (85)

3.2　Freedom is the source of efficiency: the fundamental reason for collapse of the commune ……………… (90)

3.3　Give farmers the freedom of choice: the external environment and conditions for the disintegration of the commune ……… (99)

3.4 The essence of the rural household land contract system:
the institutional precondition for farmers "free to realize
freedom" ·· (102)

3.5 The land contract right: interpretation based on farmers'
freedom ·· (104)

3.6 The equal division contracting: inheritance and continuation
of farmers' collective security ·················· (111)

3.7 "Public power": the main threat to the "private power"
of the farmers' land contract ·················· (115)

3.8 The inherent contradiction of the equal division contracting:
a challenge from the dynamic change of rural population ··· (120)

3.9 The labor freedom: a key right for farmers' "free to realize
freedom" ·· (125)

3.10 The labor freedom: a basis and premise of voluntary
cooperation and diversified forms of organization ············ (131)

3.11 The dual economic and social structure: historical and
institutional arrangement that bounds farmers' freedom ··· (133)

3.12 Opportunities and confusion in the market: the external
environment for the "market-oriented peasants" to
achieve substantial freedom ·················· (138)

3.13 The triple game between the central government, local
government and farmers: "market-oriented peasants"
interactive participation in the policy making process ······ (145)

3.14 The future trend of institutional change in contemporary rural
China: further broadening the institutional space for farmers'
"free to realize freedom" and increasing farmers' "practical
capabilities" to realize "substantive freedom" ················ (149)

**Chapter 4 Pluralism and symbiosis: the basic framework of the
agricultural production organization in contemporary
China** ·· (154)

4.1 What is meant by "symbiosis" ·················· (154)

4.2 Symbiosis, harmony, inclusive development and "free to realize freedom" ················ (157)
4.3 Multiplex symbiosis: the basic framework of rural economic organization in contemporary China ················ (159)
4.4 Cooperation based on the management of farm households: cases from Wenzhou, Zhejiang ················ (163)
4.5 Coexistence of the collective management and farm households management: cases from Xinjiang Production and Construction Corps and the Heilongjiang Land Reclamation Bureau ······ (171)
4.6 Circulation drives production, large and medium and small organizations symbiosis: cases from "farmers docking supermarket" ················ (178)
4.7 Stakeholders' participation and profit: cases from rural tourism ················ (186)
4.8 Symbiosis based on mutual benefits: a case from Xinxing, Guangdong ················ (195)
4.9 Synchronous development with industrialization, urbanization and agricultural modernization: a case from the "Fuwa" mode in Jianli, Hubei ················ (198)
4.10 Combination with forestry and water conservancy: a case from the "Xiantao & Hongfu" New Countryside Construction Experimental Zone, Hubei ················ (203)
4.11 Community co-management based on stakeholders' participation: a case from Upland Ecosystem Biodiversity Protection Project in Yunnan ················ (212)
4.12 Conclusion: the organizational structure of multiplex symbiosis provides widely inclusive system space for farmers' "free to realize freedom" ················ (217)

Chapter 5 Transforming "small farmers": a key of the modernization of agricultural production organization in contemporary China ················ (220)

5.1 How to define and understand "small farmers" ·············· (220)
5.2 Two different types of "small farmers": "modern small farmers" are not "traditional small farmers" ················· (224)
5.3 Transforming "small farmers" is equal to eliminating "small farmers": a path of collectivization ···················· (227)
5.4 "Modern small farmers": a path of market-oriented transformation ··· (229)
5.5 A quantitative analysis of market-oriented transformation of "small farmers" in contemporary China ···················· (231)
5.6 Significantly reducing farmers: a necessary premise for market-oriented transformation of "small farmers" ········· (244)
5.7 Rural land circulation: a gradual path with Chinese characteristics to moderate scale management ················· (248)
5.8 The factory farming: a radical path with high risk to transform "small farmers" ··· (254)
5.9 Specialization and scale management in the process of agricultural production: a feasible way for market-oriented transformation of "small farmers" ···································· (261)
5.10 Agricultural mechanization based on the peasant household economy ··· (266)
5.11 How to promote agricultural technology based on the peasant household economy ·· (280)
5.12 Professional farmers: a fundamental way out for transforming "small farmers" ··· (288)
5.13 Conclusion: the fundamental purpose of transforming "small farmers" is to promote farmers' practical capabilities to achieve "substantive freedom" ················· (292)

Chapter 6 Farmer cooperative organization: who organizes? Organizing whom? ·· (295)

6.1 Do the market-oriented "small farmers" need cooperative economic organization? ·· (295)

6.2 Realistic confusion: why cooperatives lack attraction and cohesion for farmers ·················· (299)

6.3 "Entrepreneurs" of cooperation: a scarce resource of organization ·················· (301)

6.4 The organization and operation cost of the farmers cooperative economic organization: a comparison with private enterprises ·················· (305)

6.5 Policy-related benefits: the necessity of government support ·················· (306)

6.6 The farmers cooperative economic organization: "international standard" or "local characteristic" ·················· (310)

6.7 Governments as "organizers": "path dependence" based on China's national conditions ·················· (313)

6.8 The boundary of the government-led cooperation: an inviolable farmers' free choice ·················· (318)

6.9 "Able men" as "organizers": rural cooperative economic organization is not a simple "the weak joint" ·················· (321)

6.10 Role positioning and role transformation: from private entrepreneurs to cooperative organizers ·················· (327)

6.11 Enterprises dominant farmers' cooperatives: China's experience or cooperative mutation? ·················· (329)

6.12 Organize whom: professional farmers or poor farmers? ··· (337)

6.13 Is farmer cooperative the only form for joining the cooperative economic organization? ·················· (339)

6.14 Farmers cooperative economic organization: an organization mode to promote farmers' practical capabilities to achieve "substantive freedom" ·················· (342)

Chapter 7 Networking: the developing focus and strategic orientation for modernization of agricultural production organization in contemporary China ·················· (345)

7.1 What is a "network"? ·················· (345)

7.2	The modern network: interdependence and blend with modern physical and social network	(348)
7.3	Market network or interpersonal network: a comparative study	(351)
7.4	An internal relationship network in enterprise	(357)
7.5	The networked organization group in the modern network economic era	(360)
7.6	The "network organization theory": a challenge to the traditional enterprise theory	(362)
7.7	Modern network, network organization group and "modern small farmers"	(367)
7.8	Informatization leading agricultural modernization: the agricultural production organization pattern from diversification to the network	(372)
7.9	Examples of lack or imperfection of agricultural modernization network	(377)
7.10	Why it is difficult for diversified economic organizations to form "network organization group"	(390)
7.11	"Dominance" and "join forces": two basis points building and perfecting the agricultural and rural modernization network	(394)
7.12	Building and improving the mechanism of deep trust: a social foundation project for building the agricultural and rural "network organization group"	(400)
7.13	Simplification—diversification—networking: a historical route of the agricultural production organization forms in China	(404)

Reference (407)

Index (422)

Afterword (435)

第一章
导 论

一 当代中国最鲜明的特色：改革开放

关于当代，人们有诸多不同的定义。我们这里所称的当代中国，特指"改革""开放"以来的中国。历史上，能称为"代"的必定是一个重要的较长的历史时期，这一历史时期与它的前期具有明显不同的时代特征，即所谓"划时代"。因此，"代"本身就包含"更替"、"更新"的意义。

中国的"改革""开放"无疑具有"划时代"的意义，它是决定中国历史命运的一次关键性抉择。胡锦涛在中国共产党第十七届代表大会的政治报告中指出："新时期最鲜明的特点是改革开放。从农村到城市、从经济领域到其他各个领域，全面改革的进程势不可当地展开了；从沿海到沿江沿边，从东部到中西部，对外开放的大门毅然决然地打开了。这场历史上从未有过的大改革大开放，极大地调动了亿万人民的积极性，使我国成功实现了从高度集中的计划经济体制到充满活力的社会主义市场经济体制、从封闭半封闭到全方位开放的伟大历史转折。"[①] 中国共产党第十八届三中全会通过的《中共中央关于全面深化改革若干重大问题的决定》进一步指出："改革开放是党在新的时代条件下带领全国各族人民进行的新的伟大革命，是当代中国最鲜明的特色。党的十一届三中全会召开三十五年来，我们党以巨大的政治勇气，锐意推进经济体制、政治体制、文化体制、社会体制、生态文明体

---

① 胡锦涛：《高举中国特色社会主义伟大旗帜，为夺取全面建设小康社会新胜利而奋斗——在中国共产党第十七次全国代表大会上的报告》，人民出版社2007年版，第1页。

制和党的建设制度改革，不断扩大开放，决心之大、变革之深、影响之广前所未有，成就举世瞩目。"①

这一重要历史时期的开创无疑有一些标志性的历史事件。发端于农村的"大包干"则是这一历史转折在经济层面的起爆点。"一石激起千层浪"，人民公社体制在"大包干"的冲击下土崩瓦解，这意味着计划经济体制在广大农村的组织根基被摧毁。伴随着新时期新内容的"农村包围城市"，改革的重点逐步从农村转向城市，计划经济体制逐步被市场经济体制所取代。

当代中国的巨变，或者说转型，并不仅仅限于经济层面，新时代的变革和转型是全方位的。匈牙利著名学者科尔奈（Kornai）曾经指出："转型是一个大概念，它包括了许多方面，甚至是一些细小的转轨进程。有人把转轨仅仅简单归结为从计划经济到市场经济的转轨，我不同意这样的观点。转型并不仅仅只包括经济的转型，还包括了生活方式、文化的转型，政治、法律制度的转型等多个方面。这些转型有可能是同步推进的，有可能是有前因后果的。"② 郎（Lang）则将转型看作"一个受控的、自我实现的社会文化过程，引发政治、法律、技术、管理、组织和社会结构的根本变化。这些结构性变化也反映到处于社会环境与社会组织中的个人与人群上，即他们的核心价值观、思想和行为过程的改变"③。概而言之，当代中国的转型在本质上是一个经济、社会、政治、文化乃至人们价值观念、思想观念、生活方式的全面变革。

转型的进程并非"帕累托改进"式的全民利益普惠性增长。改革在本质上是人们经济、社会利益的重新调整，必然会带来全社会利益格局的新变动。传统体制下的利益受惠者，尤其是那些传统体制所赋予的"制度性垄断收益"的受惠者，在改革进程中其利益必然会绝对或相对受损；新的利益阶层、新的利益群体又会带来新的利益矛盾与利益冲突。社会财富的确史无前例地迅速增长着。"改革""开放"的三十多年来，GDP 以每年平均高于 9% 的幅度持续增长。2010 年，中国大陆 GDP 总量为 39.8 万亿元，已超过

---

① 《中共中央关于全面深化改革若干重大问题的决定》，人民出版社 2013 年版，第 1 页。

② Kornai, J., *By Force of Thought-Irregular Memoirs of an Intellectual Journey* (Cambridge, Massachusetts and London, England: The MIT Press, 2005).

③ Lang, R., *The Transformation of Organizations in East Germany and Eastern Europe: Unsolved Questions and Problem Areas for Research* (Munich: Mering Hampp, 1996).

日本，成为世界第二大经济体，综合国力大幅提升。"中国经济如今已具有全局性的影响力，不再是世界经济中的'价格接受者'。""中国已经从一个边缘性质的参与者进入世界经济和金融体系的中心舞台。"① 但与此同时，社会不同群体之间的利益矛盾也急剧增长。例如，以基尼系数为标志的个人收入分配差距达到了中华人民共和国成立以来的高点。根据世界银行的跟踪研究，中国大陆的基尼系数 20 世纪 80 年代初为 0.20，1993 年为 0.42，1999 年为 0.437，2006 年为 0.496。按照国际标准，0.4 以上的基尼系数表示个人收入差距较大，为"国际警戒线"。另外，据国家统计局提供的数据②，2008 年，中国大陆的基尼系数为 0.491，达到最高点；随后虽然逐年有所回落，但也一直停留在 0.4 以上。2013 年的基尼系数为 0.4743。亚洲开发银行在 2008 年《新兴亚洲的区域主义——共享繁荣的合作伙伴关系》的报告中指出："中国已经成为亚洲收入分配不均最严重的国家之一。"

国家财富迅速增长，国家变得越来越强大，越来越富有，但是，由于个人收入分配差距的扩大，由于各种社会矛盾的凸显和尖锐化，国民主观的幸福感、客观的幸福指数并没有伴随着国民财富的增长而同步增长。这一"幸福—收入之谜"即所谓的"Easterlin 悖论"曾经出现在美、欧等发达国家，现在也同样出现在中国。更具体地说，改革开放以来，国民的幸福感与幸福指数经历了一个"先升后降"的轨迹，与国民财富、国民收入持续增长的曲线并不同步。③ 中外的事实表明，持续提高国民的幸福感，持续提高国民的满意度是比持续提高国民收入、增长国民财富更为艰巨的任务。罗伯特·肯尼迪就说过："即使我们努力消除物质匮乏，我们也还面临另一种更艰巨的任务，那就是要面对满意度的匮乏。"④

---

① 林重庚、迈克尔·斯宾塞编：《中国经济中长期发展和转型：国际视角的思考和建议》，中信出版社 2011 年版。
② 国家统计局的数据与世界银行的数据有差异。国家统计局提供的中国基尼系数数据是：2003 年为 0.479，2004 年为 0.473，2005 年为 0.485，2006 年为 0.487，2007 年为 0.484，2008 年为 0.491，2009 年为 0.490，2010 年为 0.481，2011 年为 0.477，2012 年为 0.474，2013 年为 0.473。
③ 何立新、潘春阳：《破解中国的"Easterlin 悖论"：收入差距、机会不均等与居民幸福感》，《管理世界》2011 年第 8 期。
④ 转引自[美]迈克尔·桑德尔《公正：该如何做是好？》，朱慧玲译，中信出版社 2011 年版，第 297 页。

毋庸讳言，当代中国总体上已是一个多元化的开放社会。"我们面临的发展机遇和风险挑战前所未有"。不同的利益主体、不同的利益阶层对当代中国有不同的评价，对未来有不同的诉求。借用狄更斯《双城记》中开篇的经典语言：这是最美好的时代，这是最糟糕的时代；这是智慧的年头，这是愚昧的年头；这是信仰的时期，这是怀疑的时期；这是光明的季节，这是黑暗的季节；这是希望的春天，这是失望的冬天；我们全都在直奔天堂，我们全都在直奔相反的方向。当然，学术研究不能如此偏激，不能走极端，不能像狄更斯所言的那样"说它好，是最高级的；说它不好，也是最高级的"。更为重要的是，在看到当代中国巨大的成就和严峻问题的同时，要把握它的发展趋势与历史走向。今天，尤为重要的是，中国不能陷入所谓"中等收入陷阱"的泥潭。

面对新的挑战，改革不能停滞，反而必须全面深化。正如《中共中央关于全面深化改革若干重大问题的决定》所指出的："实践发展永无止境，解放思想永无止境，改革开放永无止境。"历史已经证明并且将会继续证明，改革开放是决定当代中国命运的关键抉择。

◇【专栏1—1】 当代中国与"中等收入陷阱"

世界银行《东亚经济发展报告（2006）》提出了"中等收入陷阱"（Middle Income Trap）的概念，基本含义是指一个经济体从中等收入向高收入迈进的过程中，既不能重复又难以摆脱以往由低收入进入中等收入的发展模式，很容易出现经济增长的停滞和徘徊，人均国民收入难以突破1万美元。进入这个时期，经济快速发展所积累的矛盾将集中爆发，原有的增长机制和发展模式无法有效应对由此形成的系统性风险，经济增长容易出现大幅波动或陷入停滞。大部分国家则长期在中等收入阶段徘徊，迟迟不能进入高收入国家行列。

拉美地区和东南亚一些国家是陷入"中等收入陷阱"的典型代表。这些国家在经济经历了一段快速增长时期，进入中等收入国家行列后，其收入水平长期停滞不前，社会矛盾激化，政治动荡。2010年《人民论坛》杂志在征求国内50位知名专家意见的基础上，列出了"中等收入陷阱"国家十个方面的特征：经济增长回落或停滞；民主乱象；贫富分化；腐败多发；过度城市化；社会公共服务短缺；就业困难；社会动荡；信仰缺失；金融体系脆弱。

当代中国在经历了"改革""开放"以来三十多年的经济快速发展后，总体上也进入了中等收入时期。"中等收入陷阱"方面的一些特征在中国已经出现，有些特征表现得相当严重。如何跳出和摆脱"中等收入陷阱"从而实现全面的现代化，无疑是当代中国面临的极为严峻的挑战。

二 何谓"现代化"

"现代化"这一术语，流传甚广，但概念却极其模糊，可谓歧义丛生。从语义学上讲，"现代"是一个时间或时期概念。据西方学者的权威考证，最早使用"现代"一词，是在10世纪末期，意指古罗马帝国向基督教世界的过渡时期，以"现代"区别于"古代"。当今世界各国主流学者所特指的"现代"，则是指18世纪初叶西方工业革命以来从传统农业社会进入现代工业社会的一段漫长历史时期。然而，工业革命，或者说工业化，在世界各国并非同时发生。在西欧已进入"现代"之时，全世界绝大多数国家仍处于传统的"前现代"。因此，世界各国进入"现代"的时间起点大不相同。有些国家或地区或许至今尚未踏入"现代"的门槛。如果把"现代"界定为从传统农业社会进入现代工业社会的历史时期，那么，工业社会以后的历史时期还属于"现代"吗？更具体地说，从工业社会进入信息社会、知识经济社会，还属于"现代化进程"吗？因此，学术界有所谓"后现代"、"第二次现代化"、甚至"第三次现代化"等多种提法。不过，如果我们把现代化作超越工业化的更广泛、更深层次的理解，把现代化看作一个不断更新、与时俱进的人类社会运动，所谓"后现代"、"第二次现代化"、"第三次现代化"就都可以被包容进广义的"现代化进程"[①]。

现代化启动的主要标志是工业革命，因此，早期的现代化理论往往把现

---

① 根据《韦氏词典》，英语"modern"表示现代的、新近的，有时间上限但可以没有时间下限。哈贝马斯（1979）认为："人的现代观随着信念的不同而发生了变化，此信念由科学促成，它相信知识无限进步，社会和道德改良无限发展。"

代化与工业化等同,"现代化国家"又被称为"工业化国家"。这种较为狭隘的现代化理论带来了一些弊端,其中最重要的弊端是误导了一些后发展国家的"唯工业化"倾向,导致农业萧条、环境恶化、经济发展极度不平衡。戴维·W. 皮尔斯主编的《现代经济学词典》关于"工业化"的词条写道:"工业化指发展中国家的工业化,这些国家把发展工业作为总的发展战略。战后初期,实际上直至60年代初,许多经济学家都认为,工业化是穷国发展经济的最好途径。许多发展中国家的政府接受了这一论断,纷纷制定优先发展工业的战略规划……这种战略实施的结果是:只有少数国家取得成效(特别是实施出口鼓励的国家),大多数国家则陷入经济混乱而令人失望。"① 著名的发展经济学家迈耶也指出:"虽然许多欠发达国家在它们的最初发展计划中都集中于深思熟虑的工业化,但现在都对工业化的作用进行重新认识和评价。"当然,也有一些学者的工业化概念并非狭隘的发展工业。例如,中国发展经济学的奠基者张培刚教授在其写于1945年哈佛大学的博士论文中就把工业化定义为"一系列基本的'生产函数'连续发生变化的过程",它"可以将工业发展及农业改革都包括在内"②。即便如此,由于工业化偏重于经济的现代化进程,现代化可以涵盖工业化,但工业化不能涵盖,也不能等同于现代化。

与此同时,由于世界现代化进程发端于西欧,早期西方学者主导的所谓"经典现代化理论"又把现代化定义为"西方化",认为各国的现代化进程都将是沿袭西方发达国家历史的"单线进化"③,所谓"发达国家的今天就是发展中国家的明天"。例如,勒纳为《国际社会科学百科全书》第6卷所

---

① [英]戴维·W. 皮尔斯主编:《现代经济学词典》,宋承先等译,上海译文出版社1988年版,第283—284页。
② 张培刚:《农业与工业化》,华中科技大学出版社2002年版,第64—65页。
③ 马克思是否认还是赞同"单线进化"的历史观,是一个在学术界争议很大的问题。一方面,马克思说过:"工业较发达的国家向工业较不发达的国家所显示的,只是后者未来的景象。"(马克思:《资本论》第一版序言,《马克思恩格斯全集》第44卷,人民出版社2001年版,第8页)另一方面,马克思也批评了俄国民粹主义者米海洛夫斯基曲解他的思想。马克思指出:"他一定要把我关于西欧资本主义起源的历史概述彻底变成一般发展道路的历史哲学理论,一切民族,不管它们所处的历史环境如何,都注定要走这条道路,——以便最后都达到在保证社会劳动生产力极高度发展的同时又保证每个生产者个人最全面的发展的这样一种经济形态。但是我要请他原谅。(他这样做,会给我过多的荣誉,同时也会给我过多的侮辱。)"(马克思:《给〈祖国纪事〉杂志编辑部的信》,《马克思恩格斯选集》第3卷,人民出版社2012年版,第730页)

撰写的"现代化"词条就如此定义"现代化":"西欧和北美产生的制度和价值观念从17世纪以后向欧洲其他地区的传播过程,18世纪至20世纪向世界其他地区的传播过程。"把现代化等同于"西方化"的理论在发展中国家的现代化实践中带来了灾难性后果:传统文化与传统文明消失,但现代文明并未建立起来。正如马克思在谈到英国对印度的殖民统治时所说:"印度失掉了他的旧世界而没有获得一个新世界,这就使它的居民现在所遭受的灾难具有了一种特殊的悲惨的色彩。"[①] 发展中国家的人们从实践与理论上也逐步认识到把现代化等同于"西方化"的谬误,并结合各自的国情,展开了对现代化多样性模式的探索与实践。

在中国,"自从1840年鸦片战争失败那时起,先进的中国人,经过千辛万苦,向西方国家寻找真理"[②]。这就是说,中国早期的现代化探索走的也是"西方化"道路。一批激进的学者效法日本的"脱亚入欧",主张"全盘西化"。但是,"先生老是侵略学生","西方化"并不能帮助中国实现现代化,既不能使中国"民富国强",又不能使中国"富国强兵"。错误与挫折教育了我们,中国人民在中国共产党的领导之下,自20世纪初开始就走上了一条艰难曲折的、探索中国特色的现代化之路。从这个意义上说,"改革""开放"后的当代中国正处于漫长的中国特色现代化道路上承前启后、继往开来这一具有里程碑意义的新的历史时期。习近平同志指出:"实现全面建成小康社会、建成富强民主文明和谐的社会主义现代化国家的奋斗目标,实现中华民族伟大复兴的中国梦,就是要实现国家富强、民主振兴、人民幸福,既深深体现了今天中国人的理想,也深深反映了我们先人们不懈奋斗追求进步的光荣传统。"[③]

◇ **【专栏1—2】 现代化的多元道路还是多元现代化**

西语云:条条大路通罗马。罗马只有一个,但到达罗马的路径有多条。现代化的多元道路与此同理。

[①] 马克思:《不列颠在印度的统治》,《马克思恩格斯选集》第1卷,人民出版社2012年版,第850页。
[②] 毛泽东:《论人民民主专政》,《毛泽东选集》第4卷,人民出版社1991年版,第1469页。
[③] 习近平:《在第十二届全国人民代表大会第一次会议上的讲话》,《人民日报》2013年3月17日。

多元现代化则意味着现代化本身就具有多元性，即不确定性。换言之，不同人的心目中有不同的罗马，到达不同罗马的途径则有千千万万。

笔者主张现代化的多元道路，但不赞同多元现代化的解读。这是因为提倡多元现代化有可能导致现代化被庸俗化，或被世俗化。那些与现代化本质背道而驰的东西也会冠以现代化的旗号，就像我们今天在世界上所看到的形形色色甚至是光怪陆离的现代化一样。

现代化毕竟不是一个可以让人随意揉搓的面团。它有一些基本的规定性，有一些确定的内涵，有一些人类文明的共同价值与共同理想。例如科学技术的发达、社会财富的丰裕、法制的健全、民主政治、社会和谐，当然，最为重要的是"人的自由的全面发展"。

三　现代化的本质究竟是什么

现代化的本质究竟是什么？或者，换句话说，我们为什么要实现现代化？

现代化的本质不是机器设备，不是高楼大厦，不是 GDP 或 GNP，也不是物质财富；工业化、城市化、高科技也只是现代化的外在形式，而不是现代化的本质。与此同时，我们也不是为现代化而现代化的。被誉为"经济学良心"的 1998 年度诺贝尔经济学奖获得者阿马蒂亚·森在其名著《以自由看待发展》中，就批评了那种把 GNP、个人收入提高、工业化甚至现代化作为发展终极目标的"狭隘发展观"[①]。他认为，发展的本质是扩展人们享有真实自由的一个过程。当然，GDP 或 GNP、物质财富、人均收入、工业化、城市化等，在现代化进程中都是十分重要的，但它们之所以重要仅仅是因为它们为扩展人们享有真实自由提供了基本的物质保证。"更宽泛地讲，发展越来越被看成是扩大选择和行动的自由。"[②]

---

① "狭隘的发展观包括发展就是国民生产总值（GNP）增长，或个人收入提高，或工业化，或技术进步，或社会现代化等等的观点。"（阿马蒂亚·森：《以自由看待发展》，任颐、于真译，中国人民大学出版社 2002 年版，第 1 页）

② 尼古拉斯·斯特恩：《序》，[美] 杰拉尔德·迈耶、约瑟夫·斯蒂格利茨主编：《发展经济学前沿　未来展望》，本书翻译组译，中国财政经济出版社 2003 年版。

在笔者看来，我们所追求的现代化的终极价值与终极目标，应该是马克思、恩格斯所说的"人的自由的全面发展"，现代化进程的本质意义就是人类不断扩展"人的自由的全面发展"的进程。应该指出，这里的"人"，既是"每一个人"的"人"，也是"全人类"的"人"。用马克思、恩格斯的话说就是："每个人的自由发展是一切人的自由发展的条件"[①]。同时，也只有"其他的所有人"都得到"自由的全面发展"，"每一个人"的"自由的全面发展"才有切实的保障，才是确实可持续的。这是因为只要这个社会上还有被剥夺"自由的全面发展"的人群，哪怕是极少数人，就谁也不能保证自己或自己的后代不会坠入这一人群。"无产阶级只有解放全人类才能最后解放自己"，不仅体现了马克思博大的人文情怀，同时也体现了马克思人类解放和人类自由的真谛。

◇【专栏1—3】 在马克思"人的发展"学说中，"自由"
比"全面"更本质、更关键

马克思"人的发展"学说，如果用一句话予以全面、完整和精辟的表述，就是"人的自由的全面发展"。这里的"人"，既是"每一个人"，又是"全社会一切人"，但首先是"每一个人"。事实上，没有个人的自由，就谈不上一切人的自由，也谈不上所谓社会整体的自由。这正如马克思所说："要不是每一个人都得到解放，社会本身也不能得到解放。"[②]

显而易见，马克思"人的发展"学说有两个基本的限定词：一是"自由"；二是"全面"。相比较而言，哪一个更具有本质性意义？哪一个更为关键？笔者认为，是"自由"，而不是"全面"。

首先，从目的论角度看，"自由"比"全面"要高一个层次。从一定的意义上说，"全面发展"是为了人们充分地实现"自由"，或者用阿马蒂亚·森的语言表述，就是为了提升人们实现"实质自由"的"可行能力"。或许，有人会说，能不能反过来，"自由发展"也是为了"全面发展"？笔

---

① 马克思、恩格斯：《共产党宣言》，《马克思恩格斯选集》第1卷，人民出版社2012年版，第422页。

② 恩格斯：《反杜林论》，《马克思恩格斯选集》第3卷，人民出版社2012年版，第681页。

者认为,不能!在马克思的理论体系中,"每一个人的自由"和"社会上一切人的自由"是人类文明发展的终极目标,但马克思从来都没有把"全面发展"提升到人类文明终极目标的高度。

其次,"自由发展"是实现"全面发展"的基础性前提(注意:"基础性前提"并不意味着"自由发展"为"全面发展"服务)。马克思提到的"全面发展",主要针对的是非自愿的旧式分工,这带来了劳动的"异化"。马克思指出:"只要分工还不是出于自愿,而是自发的,那末人本身的活动对人来说就成为一种异己的、与他对立的力量,这种力量驱使着人,而不是人驾驭这种力量。"① 如何才能实现"全面发展",即马克思所说的"每个人都可以在任何部门内发展","使我有可能随我自己的心愿今天干这事,明天干那事"②,而不是被"旧式分工"所束缚的"畸形的、片面的发展"?马克思认为,最为重要的途径之一就是要逐步增加人们的"自由时间"。马克思说:"节约劳动时间等于增加自由时间,即增加使个人得到充分发展的时间。"③ 这也就是说,只有人们能够自由支配时间,能够"自由发展",所谓的"全面发展"才有实现的可能。

中国有一种理论倾向,在谈到马克思"人的发展"的学说时,大部分文章都只谈人的"全面发展",而有意无意地回避"自由发展";用"人的全面发展"来替代"人的自由的全面发展"。

这是为什么?

其根本原因在于中国理论界长期以来对"自由"的恐惧症。

应该说,建立以"每个人的全面与自由的发展为基本原则的社会形式"④,即建立"自由人联合体"是马克思主义社会革命的最终目标与理论精髓。从终极目标看,马克思的全部学说都可以理解为"解放全人类的学说"。在本源的意义上,"解放"与"自由"同根同义。可惜的是,马克思

---

① 马克思、恩格斯:《德意志意识形态》,《马克思恩格斯选集》第1卷,人民出版社2012年版,第165页。
② 同上。
③ 马克思:《经济学手稿》(1857—1858年)[手稿后半部分],《马克思恩格斯全集》第31卷,人民出版社1998年版,第106—107页。
④ 马克思:《资本论》第1卷,《马克思恩格斯全集》第44卷,人民出版社2001年版,第683页。

这一思想在相当长的一段时期里被人们有意或无意地遗忘甚至曲解了。在无产阶级夺取政权的阶段,人们更强调"阶级"、"阶级斗争",这是可以理解的,也是当时形势的需要;在社会主义建设初期,人们没有现成的社会主义模式可以遵循,在探索时期把公有制、计划经济作为社会主义本质特征也是社会主义历史进程中难以避免的。但是,共产主义最本质的特征毕竟是"每个人的自由与全面的发展",而不是长期的"一个阶级"与"另一个阶级"的"阶级斗争",也不是那种限制、束缚个人自主、自由,一切由国家行政控制的、无所不包的计划经济。"自由人联合体"首先是"自由",然后才是"联合"。有人指责,"这些年来,有些人热议'自由人联合体'问题","某些人突然对'自由人联合体'产生了异乎寻常的兴趣",这恰恰是因为"自由人联合体"的精湛思想长期以来一直被忽视,甚至被冷藏、被歪曲。在一些人看来,强调"个人自由"就是要搞"资本主义自由化"。中共中央党校杜光教授曾经指出:"马克思主义的自由理论是当前我国社会最急需的理论。目前一个重要的事实是人们普遍对'反自由化'怀有深重的恐惧,甚至连唱了半个多世纪的名曲《团结就是力量》中的'向着自由',也被改为'向着胜利'。可见这种'自由恐惧症'是多么严重。"

用"人的全面发展"来替代"人的自由的全面发展",或许还有另一个原因。在传统的政治经济学思维观念中,"全面发展"似乎就是否定分工,否定专业化,因而也是对市场经济的否定。然而,马克思本来意义上的"全面发展",只是否定强制意义上的分工,而没有否定自愿意义上的分工,即没有否定以"自由"为基础的分工。事实上,"全面发展"并不意味着人们什么都干,并不意味着劳动分工、社会分工的消亡,也不意味着专业化生产的消亡。"全面发展"的本质含义是人们可以自由地从事人们愿意从事的工作,它也包括人们可以自由地不从事那些他不愿意从事的工作。很显然,这其中就包括了分工与专业化。从更深的层面看,"全面发展"不过是"自由发展"的"副产品"。我们决不能本末倒置,用"人的全面发展"来替代更高层次的"人的自由发展"。

——节选自曹阳《"自由"在马克思"人的发展"学说中的地位与价值》,《经济学动态》2012年第1期党中央提出的"以人为本"的科学发展观,继承和发展了马克思人类解放和人类自由的真谛。首先,"以人为本"必须明确发展的根本目标就是"人的自由的全面发展",它科学地回答了发展"为了谁"的问题,也就是现代化究竟"为了谁"的问题。其次,"以人为本"还明确了发展的根本动力,即发展必须依靠广大人民群众的积极性和创造性,它科学地回答了发展"依靠谁"的问题,也就是现代化究竟"依靠谁"的问题。"人"既是发展的根本目的,也是发展的根本动力,只有"为了谁"与"依靠谁"二者统一,才构成"以人为本"的完整内容。这正如《中国共产党第十八次代表大会政治报告》所指出的,"以人为本"是深入贯彻落实科学发展观的核心立场,实现好、维护好、发展好最广大人民的根本利益是党和国家一切工作的出发点和落脚点。总之,发展为了人民,发展依靠人民,发展成果由人民共享。

当代中国之所以出现国民财富增长与国民幸福指数增长不同步的"Easterlin 悖论",是因为中国过去三十多年来的经济发展在某些方面在一定程度上背离了"以人为本"科学发展观的根本宗旨。"唯 GDP"的政绩观误导了我们发展的目标。广大人民的幸福感与幸福指数、"每一个人"乃至"全体人民""自由的全面发展"这些本质性的发展目标被"GDP"增长速度、工业化总产值指标、城市化高楼大厦所遮蔽、所替代。发展的实践一再表明[1],如果不从"人"(全体人民,而非少数人)的自由与幸福这一发展的根本目标出发,高速增长的"GDP"背后可能就是收入分配的极度不均,可能就是资源的掠夺性开发,可能就是高消耗、高污染。

诚然,与 GDP 或 GNP、工业总产值不同,人民的"幸福感"与"幸福指数"、"每一个人"乃至"全体人民""自由的全面发展",都是一些难以精确量化的指标,因此,在越来越追求"数学化"、"模型化"的所谓主流

---

[1] 唯 GDP 的危害,国外一些有识之士也有深刻的洞见。例如,1968 年罗伯特·肯尼迪在角逐民主党总统候选人时曾指出:"目前我们一年的国民生产总值超过 8000 亿美元。然而它包括空气污染和香烟广告,包括清理高速公路车祸的救护费用。它包括我们用来锁门窗和那些关押撬锁罪犯的监狱的专用锁,它包括对红木的毁坏和在动乱中损失的那些自然奇迹,它包括凝固汽油弹和核弹头、警用装甲车以镇压城市暴乱,它还包括……那些为了向我们的孩子销售玩具而美化暴力的电视节目。"(转引自迈克尔·桑德尔《公正:该如何做是好?》,朱慧玲译,中信出版社 2011 年版,第 297—298 页)

经济学框架内，在越来越趋向于"数字化管理"的政府管理模式内，这些发展的本质性内容就很容易被一些"工具性"的数字所取代，或者名义上重视，实际上被边缘化。但是，正如巴苏所说："一个定义有些模糊但内容比较宽泛的目标总比一个定义虽然严格但在道德上却是站不住脚的目标要好。"①

在"以人为本"科学发展观的指导下，我们的现代化研究与现代化实践决不能唯 GDP 是举，决不能"见物不见人"，必须围绕"人"这一主体而展开。中国古代的一些思想家就强调"天地万物，唯人为贵"，人贵于物。顺理成章，"农业、农村、农民"所谓的"三农"问题，本质上也是"农民"问题，是"人"的问题。因此，农业现代化、农村现代化必须围绕"农民"这一发展目标、发展主体、发展动力而展开。但是，我们也不能把研究的重心放在孤立的、所谓"原子化"的个人身上。因为，人毕竟是社会中的人，是"现实的历史的人"（马克思）。离开了经济社会这一宏观环境，人就仅仅是"高级动物"而已。即使是在西方主流经济学框架内，马克·格兰诺维特（Mark Grannovetter）也指出，理性的"经济人"并不是"真空中的个人"，他在作出最大化决策时必然会受到其所"嵌入"于其中的社会网络的影响。② 因此，"以人为本"研究农业的现代化进程、农村的现代化进程、农民的现代化进程、农业生产组织的现代化是非常适宜的切入点。这是因为农业生产组织是农民展开各种经济和社会活动的载体和基础层次。它一头连着单个"农民"这个"小我"，另一头则连着群体"农民"这个"大我"（我们）。

四　农业：从传统到现代

关于农业，《辞海》的定义是"利用植物和动物的生活机能，通过人工培养以获得农产品的社会生产部门"。由于"民以食为天"，由于"食物的

---

① 考什克·巴苏：《论发展的目标》，[美] 杰拉尔德·迈耶、约瑟夫·斯蒂格利茨主编：《发展经济学前沿·未来展望》，本书翻译组译，中国财政经济出版社 2003 年版，第 43 页。

② Granovetter, M., "Economic Action and Social Structure: The Problem of Embeddedness," *The American Journal of Sociology*, Vol. 91, No. 3 (1985), pp. 481-510.

生产是直接生产者的生存和一切生产的首要的条件"①，农业是人类社会最早、最重要的基础性产业。其他产业和其他社会生产部门都是从农业中先后分离出去的。应该说，早期的农业本身就是一个多功能性的统一体。农业不仅是一个产业，而且也是一种文化，是一种生产与生活方式。英语"agriculture"的词根"culture"就是"文化"。一方面，从构词的角度分析，农业就是土地（土壤、泥土）的文化。中国古代称之为社稷，社即土神，稷即谷神，形象地说明了农业是立国之本，传统文化又被称为"农耕文化"。另一方面，早期农业与大自然高度融合，不仅受惠于自然力，也被自然力所控制。从积极的一面说，是"天人合一"，人类的活动与大自然相容，生产与生态、生活一体；从消极的一面说，则是"靠天吃饭"，人成为大自然的奴隶。这种传统的农业"技术基础本质上是保守的"②。用舒尔茨的话说就是，"传统农业应该被作为一种特殊类型的经济均衡状态"③。这种均衡状态的特征是：（1）技术状况长期保持不变；（2）如果把生产要素作为收入的来源，那么，获得与持有这种生产要素的动机也长期不变；（3）由于上述原因，传统生产要素的供给和需求也长期处于停滞的均衡状态。因此，传统农业的土地产出率与劳动生产率都很低，农业剩余很少，大部分社会劳动力都从事农业，但食物的增加依然经常赶不上人口的增长，人类社会长期陷入所谓的"马尔萨斯陷阱"。

从西方发端的工业化推进了社会分工的发展与产业的分化，现代科学技术把农业从大自然的严厉束缚中解放了出来，提高了社会生产力，包括农业生产力的高度发展。工业社会里农业生产的巨大进步在技术层面使人类从根本上摆脱了"人口以几何级数增长、以粮食为主体的生存资料仅按算术级数增长"的"马尔萨斯陷阱"；与此同时，它还带来了农业劳动生产率的空前提升，从而大幅度地减少了农业及农村人口，推进了城市化进程。但是，工业化农业在征服大自然的同时，由于忽视大自然而受到了大自然的报复，由此引发了一系列新的矛盾与问题：各具特色、丰富多彩的"原生态"农业

---

① 马克思：《资本论》第3卷，《马克思恩格斯全集》第46卷，人民出版社2003年版，第715页。
② 马克思：《资本论》第1卷，《马克思恩格斯全集》第44卷，人民出版社2001年版，第560页。
③ ［美］舒尔茨：《改造传统农业》，梁小民译，商务印书馆1987年版，第24页。

文化在全球范围内逐渐消亡；农业与自然、环境、生态的有机联系被割裂。马克思曾经指出，资本主义农业"一方面聚集着社会的历史动力，另一方面又破坏着人和土地之间的物质变换……从而破坏土地持久肥力的永恒的自然条件"①。此外，工业化在改造农业，使农业生产越来越工业化的同时，农业原有的多功能性则变得越来越单一，越来越狭隘。农业成了狭义的种植业+养殖业，甚至在"大工业"的框架内有可能演变为单纯的"农业车间"。在"唯工业化"的误导下，农业的功能在相当长一段时期里完全被动地附属于工业化，农业似乎就是为工业化提供食物、原料、劳力、市场、资金和外汇。②

农业被动地附属于工业化这一边缘化状态带来了农业地位的下降，农业在相当长的一段时期里被看作现代工业化社会中必然的弱势产业。然而，农业毕竟是整个国民经济的基础，"食物的生产是直接生产者的生存和一切生产的首要的条件"③，因此，现代社会如果没有一个强势的现代农业作为其坚实的基础是不可想象的，也是难以持续的。

◇【专栏1—4】 传统农业、现代农业与"马尔萨斯陷阱"

18世纪末19世纪初，英国著名经济学家托马斯·罗伯特·马尔萨斯（Thomas Robert Malthus）提出了他的著名的人口理论。他指出，人口的增长和人类生存资料的增长有一个基本的趋势，即以食物为主体的生存资料仅仅以算术级数增长，而人口则以几何级数增长。因此，要想维持人类生存资料与人口的平衡，就只能依赖战争、瘟疫等所谓"积极抑制"（增加死亡），或道德约束、晚婚等所谓"消极抑制"（减少生育）。无疑，这是人类社会一个恐怖而悲观的图景。

马尔萨斯的人口论虽然在中国长期受到批判，但他所描述的这种趋势在

---

① 马克思：《资本论》第1卷，《马克思恩格斯全集》第44卷，人民出版社2001年版，第579页。
② "正如刘易斯告诉我们的，最初，农业部门的主要任务是为工业化提供资源——释放劳动力，积累和转移资本以及赚取外汇。"（艾尔玛·阿德尔曼：《发展理论中的误区及其对政策的含义》，[美]迈耶、斯蒂格利茨主编：《发展经济学前沿·未来展望》，本书翻译组译，中国财政经济出版社2003年版，第84页）
③ 马克思：《资本论》第3卷，《马克思恩格斯全集》第44卷，人民出版社2013年版，第715页。

传统农业社会里确实存在。传统农业社会由于技术停滞，粮食等食物的增长总体上非常缓慢，的确是在以算术级数增长；而人口增长则由于经济、文化、社会及技术等一系列原因相对较快。因此，在传统农业社会里，饥饿、灾荒、战争、暴乱往往周而复始。马克思曾经指出："改造农业，因而改造建立在农业基础上的所有制这种肮脏东西，应该成为未来的变革的基本内容。否则，马尔萨斯神父就是对的了。"① 很显然，马克思这里所讲的农业指的就是传统农业。由此可知，马克思并不全盘否定马尔萨斯。一位华裔美国学者梅布尔·平—华·李（Mabel Ping-Hua Lee）在他的英文版《中国经济史》中写道，传统农业中国的历史是马尔萨斯理论的一个强有力的支持。②

工业革命以后科学技术、现代农业的迅猛发展以及人们生产方式、生活方式，尤其是生育观念的改变，从技术层面而言，总体上跳出了所谓的"马尔萨斯陷阱"，甚至出现了所谓"反马尔萨斯趋势"：食物等生存资料以几何级数增长，而人口则以算术级数增长，在一些国家里甚至是零增长、负增长。那么，人类是否已经永远摆脱了饥荒，摆脱了"马尔萨斯陷阱"？并不尽然。根据美国国情普查局《1979 年世界人口简要统计》的资料，在 20 世纪 60 年代末，全球有 56 个发展中国家人口增长快于粮食增长；到了 70 年代，这类国家增加到了 69 个。2008 年，联合国粮农组织的报告指出，当年全世界有 37 个国家面临粮食危机，亚洲、非洲、拉丁美洲的部分国家由于食品供应短缺而爆发大面积的骚乱。

究竟是什么原因导致了现代社会依然徘徊着"马尔萨斯阴影"？并非人类缺少粮食增产的技术手段，也并非土地资源的不足，关键是当今世界的制度安排出现了偏差。阿马蒂亚·森提供了民主与防止饥荒的一种解释。他指出，在现代民主国家里，大规模的饥荒不可能出现。③ 而中国农村家庭承包制所带来的"温饱问题"的基本解决则是更为典型的制度变革带来粮食大

---

① 马克思：《马克思致恩格斯（1851 年 8 月 14 日）》，《马克思恩格斯全集》第 48 卷，人民出版社 2007 年版，第 357 页。
② Mabel Ping-Hua Lee, *The Economic History of China* (New York: AMS Press, 1969), p. 130.
③ ［美］阿马蒂亚·森：《以自由看待发展》，任颐、于真译，中国人民大学出版社 2002 年版，第 177 页。

幅度增长的案例。

五 分工与整合
——纵向视野的全产业链现代农业

何谓现代农业？中国国家科学技术委员会、农业部等中央 10 部委 1998 年共同发布的《中国农业科学技术政策》把现代农业的内涵分为三个领域：产前领域，包括农业机械、化肥、水利、农药、地膜等领域；产中领域，包括种植业（含种子产业）、林业、畜牧业（含饲料生产）和水产业；产后领域，包括农产品产后加工、储藏、运输、营销及进出口贸易技术等。从以上界定可以看出，现代农业已不再局限于传统的种植业、养殖业等传统的农业生产部门，而是包括了前向的农业生产资料工业、后续的食品加工业等第二产业，以及交通运输、技术与信息服务等第三产业。这意味着现代农业已从过去单纯的第一产业拓展到了第二产业和第三产业，从而形成了一个以农产品为核心的纵向一体的、紧密联系的产业体系，或者说农业产业链。

从历史上看，以自给自足的自然经济为主体的早期农业，"从田间到餐桌"的生产——消费链条很短。大部分农产品是自产自食，只需极为简单的家庭加工就可直接"从田间到餐桌"；少部分农业剩余产品则主要通过集市销售，农产品的加工主要依赖手工作坊，加工过程比较简单，运输也不复杂。与此同时，农业生产所需的生产资料，绝大多数也是农户家庭或自然界自行解决的，例如种子、农家肥以及农业害虫的天敌，等等。至于锄、犁、耙、水车等农业生产工具，则由农村手工业提供，但手工业在本质上是依附于农业的。因此，严格说来，早期自然经济的农业根本就不存在以农业内部分工深化为基础的农业产业链。或者说，农业是一个产业，但没有形成产业体系。

在工业化时代，农产品的商品化、市场化进程加快，从而也加速了农业内部的分工。农业机械、化肥、农药、地膜、种子、饲料、农产品加工、农产品储藏及运输、农产品销售，甚至农业技术与农业信息都先后发展成为独立的生产部门，"从田间到餐桌"要经历众多的环节，这意味着农业的产业链条已越来越长。

农业内部分工深化所导致的农业产业链延伸,极大地提高了农业生产效率,也改变了农业内部的生产结构与就业结构:产中领域的农业直接生产者日趋减少,但产前、产后与农业有联系的第二、三产业部门的农业间接生产者大幅度增加。这正如马克思所指出的:"从事农业的相对人数,不能简单地由直接从事农业的人数来决定。在进行资本主义生产的国家,有许多人间接地参加这种农业生产,而在不发达的国家,这些人都是直接从属于农业的。……对于一国文明的总的水平来说,这个差别极为重要。"① 例如,美国目前的农业直接生产者约为美国全社会劳动力的2%,但与农业相关的间接生产者则占到美国全社会劳动力总数的近15%。②

需要着重指出的是,农业内部分工的深化、农业产业链的延伸也使得农业剩余,或者说农业利润在各部门之间、各利益相关者之间的分配与分割变得越来越复杂。台湾宏碁集团创办人施振荣先生1992年提出了著名的"微笑曲线理论"。他指出,产业链如同微笑嘴型的一条曲线,两端朝上。在产业链中,附加值更多地体现在两端,中间部分的附加值最低。把"微笑曲线理论"应用到农业产业链中,产前、产后如同微笑曲线的两端,而产中则是微笑曲线的中间部分。作为农业直接生产者的农民绝大多数都处于产中领域,他们的生产附加值最低,在农业利润的分割中往往处于劣势。这意味着作为农业直接生产者的农民,收入不及农业间接生产者的第二产业和第三产业从业人员;产中领域的农业剩余远不及产前、产后领域。正如一些学者所说:"如果计算从基础生产到最终消费的产业综合效益,农业仍是最有前途、获利较高的产业之一。"③ 现在所谓的"弱势农业",主要是指产中领域农业(这往往也被视为农业的主体部分)的弱势,即"产中"农业的比较利益低,由此带来"产中"农业生产者(农民)的比较收益低。

---

① 马克思:《剩余价值理论》第2册,人民出版社1975年版,第542页。
② 美国的农业及其相关产业被统称为食物纤维体系(food and fiber system)。另据一份资料(宣杏云、王春法:《西方国家农业现代化透视》,上海远东出版社1998年版),20世纪90年代,美国农业及关联产业的就业人数为2320万人,其中,直接从事农业生产的劳动力只有320万人,其余2000万人在农业服务业及其他关联产业就业。
③ 李春海、张文、彭牧青:《农业产业集群的研究现状及其导向:组织创新视角》,《中国农村经济》2011年第3期。

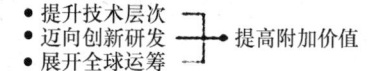

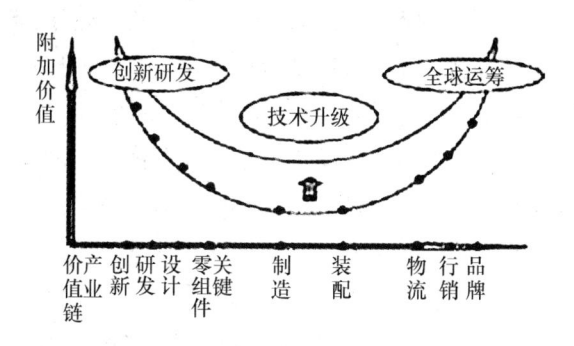

```
                    • 提升技术层次  ┐
                    • 迈向创新研发  ├─ 提高附加价值
                    • 展开全球运筹  ┘

  附
  加      创新研发              全球运筹
  价
  值            技术升级


       价产  创研设零关  制 装  物行品
       值业  新发计组键  造 配  流销牌
       链    件件
```

图1—1 微笑曲线理论

为了解决或减轻"产中"农业的"弱势"地位，提高农业直接生产者（农民）的收入水平，有必要在农业内部分工深化的基础上进行必要的"利益整合"，使农业剩余、农业产业的综合效益能在产前、产中、产后三个领域合理分享。20世纪50年代发端于美国的农业产业链管理与运作就是这种"利益整合"的创新，它推动了现代化全产业链农业的纵向融合与发展。

所谓农业产业链的管理与运作，就是按照现代农业"分工"与"整合"的要求，根据市场化的原则，同时又超越市场，将农业产前、产中、产后各环节链接成一个有机的"利益共同体"，以获得并共享最大化的农产品价值增值。这里的核心要素是如下两点：（1）最大化农业附加值；（2）利益共享。

如何最大化农业附加值？首先，需要尽可能地延长农业产业链，从而延伸农业价值链。延长农业产业链，不是要增加农产品的流通环节，而是要延长农产品的加工链条，提升农产品精加工、深加工的比重，最大限度地实现农产品的价值增值。在现代社会里，随着妇女的解放，人们闲暇、自主时间增加，农业产业链可以，而且有必要延伸到传统的家庭食品加工与消费环节。例如，各种即食食品、半成品、净生菜，等等。据《全国食品工业"十一五"发展纲要》提供的材料，"我国食物资源丰富，粮食、油料、蔬菜、水果、肉类和水产品等农产品产量均居世界首位，但是以这些农产品为原料的食品加工、转化增值程度偏低。在加工量方面，目前我国加工食品占消费食品的比重仅为30%，远低于发达国家60%—80%的水平。其中，我国经过商品化处理的蔬菜仅占30%，而欧盟、美国、日本等发达国家占90%以上；我国柑橘加工量仅为10%左右，而美国、巴西达到70%以上；我国肉类工厂化屠宰率仅占上市成交量的25%左右，肉制品产量占肉类总产量只有11%，而欧盟、美国、日本等发达国家已全部实现工厂化屠宰，肉制品占肉类产量的比重达到50%。在产值方面，2005年我国食品工业总产值与农业总产值的比值仅为0.5:1，而发达国家约为2.0—3.7:1"。

其次，最大化农业附加值，还可以增加农业产业链的宽度，也就是尽可能提高农产品综合利用的水平，并形成高效、可持续的农业循环经济。循环经济是一种建立在物质不断循环利用、综合利用基础上的经济发展模式。与传统的"资源——农产品——废弃物排放"的单向模式相比，农业循环经济将形成一个"农业资源——农产品——再生资源"的反馈式流程。这也意味着农业产业链将成为一个内涵更为宽广的循环农业产业链，并建立起多通道的产业链接。实践表明，农业循环经济不仅有利于最大化农业附加值，而且有利于农业乃至于全社会的生态、环境，因而也有利于农民生产方式、生活方式的改变。狭义的农业循环经济主要指农、林、牧、渔业的资源循环利用，例如，"稻——菜——鱼（虾）——鸭"的农田内循环模式；"养猪（粪便）——沼气（肥料）——玉米（饲料）——养猪"的种植业、养殖业循环模式。广义的农业循环经济则指与农业相关的第一产业、第二产业、第三产业的资源循环利用，即农业产业体系内的循环。案例1—1所介绍的湖北宜昌稻花香集团的大农业循环经济，就是一个"绿色种植——食品加工——全混饲料——规模养殖——有机肥料"的五级循环产业链。

【案例1—1】 湖北宜昌稻花香集团的"大农业"循环经济

稻花香集团位于湖北省宜昌市龙泉镇，是农业产业化国家重点龙头企业、全国首批农产品加工业示范企业，也是湖北省农产品加工业"四个一批"工程首家过百亿元企业、湖北省循环经济试点企业。

该集团以"大农业"的视野，以生态、绿色为核心理念，构造了一个"绿色种植——食品加工——全混饲料——规模养殖——有机肥料"的五级循环产业链。所谓"五级循环产业链",就是以种植业(玉米、大米、魔芋、红薯等)为输入端,经过精深加工成白酒、玉米浆、魔芋食品、食用酒精、乙醇,提高附加值;再将下脚料如酒糟、玉米棒、秸秆、薯渣等加工成全混饲料,养殖奶(菜)牛、生猪和农户用于养鸡、养鸭、养鱼;再将牲畜的粪便集中收购,生产有机肥料,然后卖给农户发展绿色农业种植——如此循环往复,形成一个以发展"绿色安全食品"为特色的完整的农业产业化循环经济链。

稻花香集团的"大农业"循环经济不仅使得企业有了长足的发展,而且也带动了当地农业的规模化种植、专业化生产以及生态化发展。稻花香集团推行"集团+基地+农户"的运行模式,使得被联系的广大农民的收入快速增长。与此同时,稻花香集团所在的龙泉镇,过去只是一个不足千人的、落后的小村庄,现在已成为常住人口过万,学校、医院、超市、宾馆等基础设施完善的新型小城镇。

——笔者据实地调查及集团提供的相关资料整理

与最大化农业附加值相比,如何使农业直接生产者、间接生产者,即农业产业体系中的所有利益相关者"利益共享"或许是更为复杂的一个问题。这涉及本书的主题,即农业生产的组织形式、组织结构及其相应的利益分配机制。这些问题将在本书以后章节中展开讨论。

六 功能与系统
——横向视野的多功能性现代农业

如果说从纵向看,现代农业是一个以农产品为核心的纵向一体的产业体系(农业产业链)的话,那么从横向看,现代农业则是一个多功能性的广义大农业。农业的多功能性,是指农业不仅具有经济功能,而且具有生态、社会和文化等多方面的功能。从一定的意义上说,多功能性农业是在更高层次上对古代系统化农业(农业不仅是一个产业,而且也是一种文化,是一种生产与生活方式)的一种回归与肯定,是在新的历史条件下对农业新的认识与新的定位。

农业的多功能性归根结底取决于现代社会对农业需求日益增长的多样性。伴随着社会经济的发展，人们生活质量的提升已不限于对物质财富的满足，人们对非物质财富的需求与日俱增。人们需要宁静的环境、清新的空气、多元的文化，尤其是城市居民希望体验别一样的乡村田野生活。因此，农业的系统化功能，尤其是非经济功能凸显，并且越来越重要。1998年3月，联合国经济合作与发展组织（OECD）在农业部长会议公报中指出，农业除了提供农产品之外还具有其他更广泛的功能，并对农业的多功能性给出了一个指导性的定义："农业活动要超越提供食物和纤维这一基本功能，形成一种景观，为国土保护以及可再生自然资源的可持续管理、生物多样化保护等提供有利的环境。"1999年9月，联合国粮农组织在国际农业和土地多功能特性会议上也指出，农业基本职能是为社会提供粮食和原料，但在可持续乡村发展范畴内，农业又具有多重目标和功能，包括经济、环境、社会、文化等各个方面。2007年，中共中央、国务院《关于积极发展现代农业，扎实推进社会主义新农村建设的若干意见》指出："农业不仅具有食品保障功能，而且具有原料供给、就业增收、生态保护、观光休闲、文化传承等功能。"这些论述意味着广义的现代大农业除了提供农产品、使农民就业并形成农民收入之外，还具有调节气候、保护和改善环境[①]、维持生态平衡和生物多样性、观光休闲、维护原有乡村生活形态、保留农村文化多样性遗产、传承传统历史文化等多方面功能。

从当代农业多功能性的视野看，现代大农业已不再局限于传统的种植业与养殖业，也不仅仅包括农业产业链中的产前、产中、产后服务业与加工业，它还包括众多新的农业业态。例如创意农业、生态农业、循环农业、碳汇农业、休闲农业、观光农业，等等。因此，本书中的现代农业生产组织就包括适应多功能农业而产生的各类微观经济组织。

---

① 世界银行《2008年世界发展报告·以农业促发展》指出："农业在利用（常常是滥用）自然资源中，会对环境产生正向和负向影响。农业目前是最大的水资源使用者，它导致了水资源短缺。在相当大程度上，农业肇始了地下水枯竭、农用化学物质污染、土壤肥力衰退和全球气候变化（农业温室气体排放占总排放量的30%）。但是农业也通过固碳、流域治理和保持生物多样性，扮演了环境功能提供者的角色。"

表 1—1　　　　　　　农业多功能性在不同范围的作用概括

环境功能	社会功能	粮食安全功能	经济功能	文化功能
全球				
维持生态环境	社会稳定	世界粮食安全	经济增长	文化多样性
缓解气候变化	消除贫困		消除贫困	
维持生物多样性				
区域/国家				
维持生态环境	减少农村人口盲目向城市流动的副作用	食物供给保障	保障劳动力就业	文化传统
水土保持	替代性社会福利保障	国家粮食安全	经济缓冲	独有的文化特征
维持生物多样性	社会资本形成	食物卫生安全性		对农业作用的认识
维持空气质量				
当地				
维持生态环境	通过农业和农村就业，对农村社区产生稳定效果	地区性和农户粮食安全	第二、三产业的就业效果	利用景观和文化开展旅游等活动
水土保持	家庭的价值及对不同性别成员的影响			土生土长的知识传统技术
维持生物多样性				
污染排放和治理				

资料来源：倪洪兴：《非贸易关注与农产品贸易自由化》，中国农业大学出版社2003年版。

◇【专栏1—5】　正在全球兴起的农业新业态

创意农业：创意农业不仅是一种经济活动，而且是一种高度的农业文明展示。创意农业的发展目标，就是赋予农业丰富的文化内涵与创意，使消费者从中体验、感受美妙与快乐。创意农业让农业生产和农产品承载更多的情感及文化内涵：农产品的美色、美形、美味、美质、美感、美心给人们带来各种享受。与此同时，创意农业还通过打造"智慧型农业"、"快乐型农业"，使田园美观化、农居个性化、农村景区化、农业旅游化，从而引导人们走进乡村，体验田园生活，回归自然，创造绿色文明的生活新风尚。这种将科技和文化要素融入农业生产，进一步拓展农业功能，提升农业附加值的新兴特色农业,于20世纪90年代后期在发达国家率先发展起来,并且成效显著。其中,尤以荷兰、德国、英国等几个欧洲国家表现突出。

观光农业:也被称为"休闲农业",是一种综合性的农业。游客不仅可观光、采果、体验农作、了解农民生活、享受乡土情趣,而且可住宿、度假、游乐。观光农业的基本概念是利用农村设备与空间、农业生产场地、农业产品、农业经营活动、自然生态、农业自然环境、农村人文资源等,经过规划设计,以发挥农业与农村休闲旅游功能,增进民众对农村与农业的体验,提升旅游品质,并提高农民收益,促进农村发展的一种新型农业。

都市农业:"都市农业"的概念是20世纪五六十年代由美国的一些经济学家首先提出来的。都市农业(Agriculture in City Countryside)的英文本义是指都市圈中的农地作业。它是指在都市化地区,利用田园景观、自然生态及环境资源,结合农林牧渔生产、农业经营活动、农村文化及农家生活,为人们休闲旅游、体验农业、了解农村提供场所。换言之,都市农业是将农业的生产、生活、生态"三生"功能结合于一体的产业。

生态农业:生态农业是指在保护、改善农业生态环境的前提下,遵循生态学、生态经济学规律,运用系统工程方法和现代科学技术集约化经营的农业发展模式。生态农业是一个农业生态经济复合系统,将农业生态系统同农业经济系统综合统一起来,以取得最大的生态经济整体效益。生态农业模式包括稻田养鱼、养萍、林粮、林果、林药间作的主体农业模式,农、林、牧结合,粮、桑、渔结合,种、养、加结合等复合生态系统模式,鸡粪喂猪、猪粪喂鱼等有机废物多级综合利用模式,等等。生态农业的生产以资源的永续利用和生态环境保护为重要前提,根据生物与环境相协调适应、物种优化组合、能量物质高效率运转、输入输出平衡等原理,运用系统工程方法,依靠现代科学技术和社会经济信息的输入组织生产。

碳汇农业:是指利用森林的储碳功能,通过植树造林、加强森林经营管理、减少毁林、保护和恢复森林植被等活动,吸收和固定大气中的二氧化碳,并按照相关规则与碳汇交易相结合的过程、活动或机制。清洁发展机制下的造林再造林碳汇项目,是《京都议定书》框架下发达国家和发展中国家之间在林业领域内的唯一合作机制,是指通过森林固碳作用来充抵减排二氧化碳量的义务,通过市场实现森林生态效益价值的补偿。根据规定,发达国家通过向发展中国家提供资金和技术，帮助发展中国家实现可持续发展，同时发达国家通过从发展中国家购买"可核证的排放削减量"以履行《京都议定书》规定的义务。中国东北部内蒙古敖汉旗防治荒漠化青年造林项目，就是根据《京都议定书》清洁发展机制下的造林再造林碳汇项目的相关规定，由外方承担部分投入，在中国造林的第一个"碳汇"造林项目。项目第一个有效期5年时间内投资153万美元，在敖汉旗荒沙地造林3000公顷。

——根据"百度网站"相关资料节选、整理

◇【专栏1—6】　　后现代化思潮对现代农业的不同解读

正如后现代化思潮对现代化的批判一样，后现代化思潮对现代农业也有不同的解读。

在后现代化视角下，现代农业是建立在现代理性和牛顿科学基础上的将机械的、线性的现代技术运用于农业生产活动中，大量使用高强度耕作系统，并普遍采用高水平无机化学农业投入品进行大规模单一品种连续耕种的工厂式、规模化的农业生产方式。因此，后现代主义对现代农业持批判态度。后现代主义认为，现代农业遵循的是人与自然分离、人与人分离的二元对立现代化思维方式，因此在取得巨大成就的同时，也不可避免地导致了至少如下八类弊端：（1）对土地的榨取；（2）对健康的隐患；（3）对石油的巨耗；（4）对环境的污染；（5）对生态的灾难；（6）对经济的误读（外部性问题）；（7）对社会的破坏；（8）对文化的侵蚀。

很显然，后现代思潮理解的现代农业并不等同于本书所理解的现代农业。

——檀学文：《现代农业、后现代农业与生态农业——"'两型农村'与生态农业发展国际学术研讨会暨第五届中国农业现代化比较国际研讨会"综述》，《中国农村经济》2010年第2期

七　农业现代化与农业生产组织的现代化

农业现代化与现代农业紧密相连，从某种角度看，前者为因，后者为

果，因此一些学者认为："农业现代化的核心内容就是不断地用现代生产要素替代传统的生产要素，将传统农业改造为现代农业。"

正如人们对现代农业的认识有一个逐步深化的过程一样，人们对农业现代化的认识也是在实践中不断修正过去片面的认知而不断深化的。在新中国成立到"改革""开放"前的相当长一段时期里，人们把农业现代化局限于农业生产技术尤其是农业生产工具这一层面，农业现代化被概括为机械化、电气化、水利化、化学化，即"四化"。以"四化"概括农业现代化代表了当时那个历史时期人们对现代农业的认知水平，它侧重的是单纯的农业生产过程；这里的农业还仅仅局限于狭义的"小农业"，即传统的种植业与养殖业。把农业现代化局限于农业生产技术层面，在笔者看来，似乎还有一个更深层次的原因，这就是在那个历史时期里我们具有一种盲目的"所有制优越感"，或叫"制度优越感"。我们自认为中国当时的人民公社体制、计划经济体制优越于西方发达国家，我们落后的仅仅是生产技术、生产工具，即所谓的"先进的生产关系与落后的生产力之间的矛盾"。由于认定我们的农业生产制度、农业生产组织是所谓的"先进的生产关系"，研究农业生产组织的现代化似乎就没有必要了。

"改革""开放"以后，随着人们对现代农业认识的深化，尤其是"开放"所带来的国际视野的扩展，我们对农业现代化的内涵与外延也在不断地加以重新认识。总体而言，这一时期人们对农业现代化的定义、表述与概括是"百花齐放"（另一面则是"莫衷一是"）。除了传统的"四化"外，还有商品化、专业化、市场化、科学化、集约化、规模化、产业化、社会化、生态化、园林化、标准化、组织化，等等，不一而足。就笔者有限的阅读范围来看，中国学者对农业现代化的概括不下30种。现仅择其两例介绍如下。一是《农民日报》一篇文章概括的"七化"：生产过程机械化、生产技术科学化、增长方式集约化、经营循环市场化、生产组织社会化、生产绩效高优化、劳动者智能化；二是黄祖辉等概括的九个方面：农业经济结构现代化、农业基础设施现代化、农业生产手段现代化、农业科学技术现代化、农业经营产业化、农业服务社会化、农业劳动者现代化、农业资源环境现代化、农民生活消费现代化。①

科学研究过于追求全面,也易于走向烦琐。因此,科学研究有必要"抓大放小",或"抓大带小",不一定要面面俱到。按照马克思的理论分析框架,生产力与生产关系是把握农业现代化的两大基本层面。中国"改革""开放"前农业现代化理论与实践最为致命的缺陷就是它忽略或淡化了农业生产关系的现代化。究其根源,也就是当时我们盲目认为的"所有制优越感"和"制度优越感"。

农业生产组织现代化是农业生产关系现代化的核心内容。

首先,组织是人在社会层面的集合,而现代化最本质的内容是人的现代化,最根本的目标是"人的自由的全面发展"。组织的现代化为"人的自由的全面发展"提供了最为重要的制度保障与组织保障。用诺思的话说即"正是人类组织的成功或失败决定着社会是进步还是倒退"②。

其次,以组织变迁为核心内容的制度变迁不仅仅是保证"外来型"先进科学技术能否顺利引进、扩散与再创新的基础性条件,也是诱发"内生性"技术创新、技术进步不可或缺的基础性条件。从经济发展的史实看,似乎很少有后发展国家完全拒绝引进发达国家先进技术的。清朝政府封闭、保守,但也讲"西学为用"。"西学"者,在当时的语境中并非西方的文化、制度,而是西方的纯技术、纯工具也。但这种"为用"的"西学"嫁接到"为体"的"中学"上面,实践表明,它很难结出现代化之果。究其原因,"体"不变,"用"也无"用武之地",甚至会被扭曲性使用。正如鲁迅先生曾辛辣地嘲讽的:"外国用火药制造子弹御敌,中国却用它做爆竹敬神;外国用罗盘针航海,中国却用它看风水;外国用鸦片医病,中国却拿来当饭吃。同是一种东西,而中外用法之不同有如此。"③ 更为重要的是,在一个落后、封闭、僵化的组织、制度框架内,人们缺乏技术创新、技术进步的内在动力与内在需求,即便能从外部引进某些先进技术,也难

---

① 黄祖辉、林坚、张冬平等:《农业现代化:理论、进程与途径》,中国农业出版社2003年版,第5—6页。
② [美]道格拉斯·C.诺思:《经济史中的结构与变迁》,陈郁、罗华平等译,上海三联书店、上海人民出版社1994年版,第66页。
③ 鲁迅:《电的利弊》,《伪自由书》,人民文学出版社1995年版,第9页。

以持续发展，更难以改变整个社会的生产结构与经济结构。这表明，没有组织的现代化、制度的现代化，技术的现代化、生产工具的现代化也不可能顺利实现与推进。

再次，从世界视野来看，各个国家农业发展的最本质性差异还不是农业生产技术、农业生产工具方面的差异，而是农业生产组织方式的差异。例如，苏联农业机械化的程度也很高，与美国相比，其差距并不是特别大；但是，苏联的农业劳动生产率、农产品产出远远落后于美国，其根本的原因就在于农业生产组织的方式。从中国的实践来看，农业生产落后的主要原因也不仅仅是农业生产技术的落后。事实上，中国的杂交水稻、油料作物以及精细化耕作方式在世界上都处于领先或比较先进的地位。中国当前农业现代化进程所面临的最大矛盾是小生产与大市场的矛盾，是小生产与大社会的矛盾。这也表明中国的农业生产组织形式还不能适应市场经济的发展。

最后，按照现代社会的知识分工，哲学社会科学工作者尤其是经济学研究者研究的重点应该是农业的生产关系、生产制度。农业的生产组织形式是农业生产制度的核心部分。当然，马克思早就指出，研究生产关系不能脱离生产力孤立地进行。用现代制度经济学派的话说就是，制度变迁与技术变迁紧密依存。但是，哲学社会科学研究的重点应该是生产关系、生产制度，而农业生产技术层面的现代化则应是自然科学工作者、农业专家关注的重点。

八　本书的基本内容与框架

本书共分为七章。

第一章，"导论"。解读了本书书名的几个关键词："当代中国"、"现代化"、"农业"；论述了研究农业生产组织现代化的意义；交代了本书的基本内容与框架；概述了本书的创新和今后的研究方向。

第二章，"本书基本分析框架：自由与组织"。从一定的意义上说，本章是全书的"纲"，也是本课题组研究当代中国农业生产组织现代化的"纲"。

笔者作为首席专家于2007年底中标"具有中国特色的农业生产组织现代化研究"这一国家哲学社会科学重大课题时，就深感课题"重大"，责任也"重大"。所谓"重大"课题，固然要有强烈的"问题意识"，能直面（笔者不敢提"解决"）社会经济发展进程中的重大问题；但也需要在理论分析框架或在重大理论见解上有所创新、有所突破，因此，需要一个统领该课题研究的核心思想（"纲"）。这一核心思想必须高屋建瓴，在具有时代性的同时还必须具有一定程度的普适性。否则，就有可能被现实生活漫无边际的"问题"所淹没、所困扰，无法找到破解重重"问题"的症结，以致找不到未来的出路与方向。如果沿袭一般的所谓实证性研究思路，或者加上当代甚为流行的数量模型、计量分析等工具，是否能切中当代中国农业生产组织现代化的要害或核心，对此，笔者一直心存疑虑。在研究方法的运用上，笔者同意尼古拉斯·乔治斯库·罗根的如下看法：人类社会历史的关键性部分是用日常语言所讲述的故事，在对复杂性程度最高的人类社会进行研究方面，数学、计量经济学和计算机模拟方法毕竟是相对简单的方法，而历史的、比较的、制度的和解释学的方法很可能才是经济学中真正的复杂方法。① 进一步讲，正如怀特海（Whitehead）所说："如果科学不愿退化成一堆杂乱无章的特殊假说的话，就必须以哲学为基础，必须对自身的基础进行彻底的批判。"②

著名科学家牛顿说过，只有站在巨人的肩膀上，我们才能看得更远。马克思"人的自由的全面发展"和"自由地实现自由"的深湛思想，阿马蒂亚·森"以自由看待发展"的深湛思想，给予笔者极大的精神震撼和思想启迪。另外，当代中国农村经济改革的重要参与者、领导者之一杜润生的著作——《杜润生自述：中国农村体制变革重大决策纪实》，也给予我极大的启发。杜润生直言：农民应为"自由人"。③ 从这些思想源泉出发，笔者领悟到组织现代化虽千头万绪，但归根结底就是一句话：组织应该是人们"自

---

① 转引自贾根良《中译本前言》，［澳大利亚］约翰·福斯特、［英国］J. 斯坦利·梅特卡夫主编：《演化经济学前沿》，贾根良、刘刚译，高等教育出版社2005年版，第7页。
② 同上书，第9页。
③ 杜润生：《农民应为"自由人"》，《杜润生自述：中国农村体制变革重大决策纪实》，人民出版社2005年版，第197页。

由地实现自由"的路径和平台，而不应该成为禁锢人们实现"实质性自由"的工具和枷锁！

基于以上的认识，第二章主要就是论述自由与组织的关系，并阐明了本课题及本书的主旨：现代化组织的最终检验标准就是拓展"人的自由的全面发展"，提升人们实现"实质性自由"的"可行能力"。该章的主要内容包括何谓自由；何谓组织；组织如何拓展个人自由的空间，又如何被异化成限制个人自由的工具；对西方主流经济学相关理论作出评价与批判，对马克思"自由人联合体"思想进行思考与探索。

第三章，"新中国建立以来农业生产组织变迁的历史脉络与内在逻辑：基于农民自由视野的解读"。该章遵循历史与逻辑统一的分析方法，紧紧抓住"组织—自由"这一主线，从农民"自由地实现自由"的视角，着重论述了农村土地家庭承包制是当代中国农业生产组织现代化的历史与逻辑起点。

该章首先分析了人民公社体制，指出人民公社体制实质上是以广大农民自主经营权、自由选择权为代价换来的基本生存权的集体安全保障，它在特定的历史条件下有其存在的合理性；人民公社体制解体的根本原因则是农民与公社"双向锁定"所导致的自由选择权空间过于狭窄而带来的效率低下。因此，农村经济体制改革、农村土地家庭承包制最深远、最持久、最本质的意义并不是农户的分散经营，而是它为农民"自由地实现自由"提供了一个比较广阔的、包容度较大的组织与制度平台。这一组织与制度平台给予农民"自由地实现自由"进程中两项最基本也是最重要的权利：一是有法律保障的"土地承包权"；二是"劳动自由权"。而且，农村土地家庭承包制并没有完全否定人民公社体制中的合理因素，社区土地的均分承包实际上继承和延续了基本生存权的集体安全保障。同时，当代中国农民的自由还不是充分的、完全的，二元经济社会结构以及与之相应的制度安排从多方面束缚与限制了农民"自由地实现自由"，束缚和限制了农民实现"实质性自由"的"可行能力"。因此，农村经济、社会体制改革乃至中国总体的经济、社会体制改革未来的基本方向就是要进一步拓展农民"自由地实现自由"的制度空间。

第四章，"多元共生：当代中国农业生产组织现代化的基本构架"。

该章从总体与宏观的角度论述了当代中国农业生产组织的基本构架是以农户经济为基础的、多种经济组织形式并存交织的多元共生格局。这种多元共生的组织构架既是"改革""开放"以来广大农民自由选择的结果，又为农民进一步多元化的自由选择提供了一个较为广阔的组织与制度舞台。

该章论述了"共生"理论的意义，指出"共生进化"是另一条进化道路，是"合作双赢"、"合作多赢"的进化，而不是"赢者通吃"，不是"谁战胜谁"、"谁消灭谁"。它隐含的基本前提就是承认客观世界的多元化、多样性与异质性。该章的主体部分是笔者及课题组成员通过实地调查，或通过文献搜索获得的一系列现实生活中的案例。这些案例分布于中国东、中、西三大区域，每一个案例都有一定的代表性（不是孤案），但没有一个案例可以涵盖、包括或替代其他所有的案例。这一系列的案例说明了当代中国农业生产组织形式的多元、多样、错综复杂。需要着重指出的是，笔者及本课题组的工作是在丰富多彩的现实生活中"发现"而决不是"发明"各具特色的农业生产组织形式；是"发现"而决不是"发明"各种农业生产组织相互之间的交融与合作以及合作过程中的矛盾冲突、利益协调、利益整合。同时还要说明的是，本章所"发现"的案例还不能囊括当代中国农村丰富多彩的各类农业生产组织形式，这进一步表明了当代中国农业生产组织形式多元化、多样性的基本特征，进一步证明了中国农村正在形成家庭经营、集体经营、合作经营、企业经营等共同发展的新型农业经营体系。

第五章，"改造小农：当代中国农业生产组织现代化的关键"。该章区分了"改造小农"的两种理念和两条路径，即"集体化改造小农"和"市场化改造小农"。"集体化改造小农"实质上就是要"消灭小农"，而"市场化改造小农"则是要把小农改造成为现代化、市场化网络中的"节点"，用"现代小农制"取代"传统小农制"。

该章分析了"小农"的不同类型及两种不同的"改造小农"路径，并着重探讨了在当代中国如何进行"市场化改造小农"。该章指出，农业劳动力转移，大幅度减少农民，推进城镇化进程是市场化改造小农的必要前提；土地流转是在农村土地所有权、承包权、经营权"三权分离"的基础上，具有中国特色的市场化小农走向适度规模经营的渐进之路；推动农业生产环节的专业化、规模化经营是市场化改造小农的重要环节；回答了在农户经济基础上如何推进农业机械化，如何推广农业先进技术，"未来农业，谁来种地"等现实中的热点问题。

第六章，"农民合作经济组织：谁组织？组织谁？"这是当代中国农业生产组织现代化一个不可回避的问题。

该章首先回答了"市场化小农是否需要合作组织"的疑问；其次指出了中国当前农民合作经济组织发展的主要困难不是农民没有需求，而是供给乏力：农民合作"企业家"（组织者）资源稀缺；农民合作组织的组织成本与运行成本过高。该章对政府作为农民合作"组织者"的独特作用进行了分析，但同时特别强调了政府主导合作的底线与边界：不可侵犯农民的自由选择权。对于流行的农民合作是"弱者联合"的观点，该章也进行了基本否定的具体分析，指出农民专业合作社的组织者是农村经济与社会生活中的相对"强者"；主要的组织对象是专业化农民、市场化农民，而不是贫困农民；建立农民合作经济组织有利于农村中产阶层的发展。

第七章，"网络化：当代中国农业生产组织现代化的发展重点与战略导向"。该章着重回答了在组织与制度层面"如何以信息化引领农业现代化"这一问题。

该章首先界定了"网络"、"网络化组织群"的含义；其次借鉴荷兰、俄罗斯等国的实际案例，说明现代化网络、网络化组织群与"现代小农制"的内在联系，并指出当代中国农业现代化的"瓶颈"制约已不是"微观经济组织没搞对"，而是现代化网络、网络化组织群的缺失与不完善。自"改革开放"以来，中国农业生产组织形式经历了从人民公社体制的"单一化"到以农户经济为基础、多种微观经济组织形式共存共生的"多元化"的历史转变；进一步的发展方向则是要在"多元化"的基础上逐步走向"网络化"。建立"网络化组织群"是"以信息化引领农业现代化"在组织、制度层面的具体体现；"单一化"——"多元化"——"网络化"就是当代中国农业生产组织形式现代化发展的历史轨迹。

图1—2 概括了本书的基本框架。

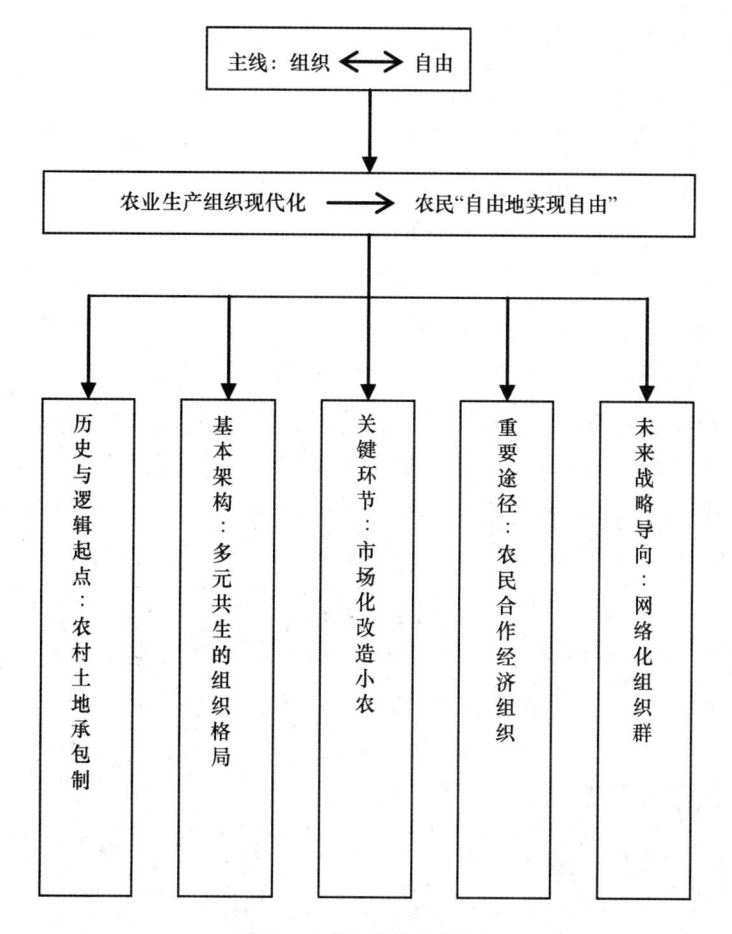

```
                    主线：组织 ⟷ 自由
                              ↓
         农业生产组织现代化 ⟶ 农民"自由地实现自由"
                              ↓
    ┌──────────┬──────────┬──────────┬──────────┬──────────┐
 历史与逻辑   基本架构：  关键环节：  重要途径：  未来战略
 起点：农村   多元共生的  市场化改造  农民合作经  导向：网
 土地承包制   组织格局    小农        济组织      络化组织群
```

图1—2 本书基本框架

九 本书的创新和今后的研究方向

创新是理论研究的生命力与本质性要求。然而，要真正做到理论创新实属不易：一是会受到研究者（包括个人和团队）本身认知能力的束缚；二是会受到外界环境的影响。外界环境的影响既包括外界环境的复杂性与不确定性，也包括各种体制、规则、习俗以及意识形态共同作用而形成的"框框"。人们总是渴望自由地探索未知的空间、未知的领域，但也自知或不自知地受到各种"不自由"的束缚，依然在吃前人或同时代他人吃过的馍，走前人或同时代他人已走过的路。当今中国理论界、学术界低水平重复如此之多，学术"泡沫"如此之盛，足以证明真正的理论创新是何等的不易。

当然，"创新"也不应被看作只有极少数人才能涉猎的"神秘殿堂"。新理论、新观点固然是创新，新视角、新方法同样是创新；从某种意义上讲，新的资料、新的数据也是创新。瓦格纳和伯杰（Wagner & Berger）曾经指出，有四种发展理论的方法：一是深化（elaboration），即构建新理论，以使原来的理论更全面、更具体；二是繁衍（proliferation），即从其他领域借鉴某些思想与方法，将其引入新的领域并产生新理论；三是竞争（competition），即针对已经建立起来的理论提出新的甚至针锋相对的解释，并创建新的理论；四是集成（integration），即在两个或两个以上已经建立起来的理论基础上综合创造一个新的理论模型。[①] 中国学者朱永新对"新"有着更广义的理解："当一些理念渐被遗忘，复又提起，它就是新的。""当一些理念古被人说，今被人做的时候，它就是新的。""当一些理念由模糊走向清晰，由贫乏走向丰富的时候，它就是新的。""当一些理念被从旧时的背景转到现在的背景下去继承、去发扬、去创新的时候，它就是新的。"[②]

本书的创新，从大的方面讲，就是从农民"自由地实现自由"，或者说，从提升农民实现"实质性自由""可行能力"的基点，建立了一个认识当代中国农业生产组织现代化的理论框架。诚然，无论是"自由地实现自由"的思想，还是从"以自由看待发展"的视角，都非笔者及我们研究团队的"原创"；但是，借鉴并运用马克思、阿马蒂亚·森这些伟大思想家的"自由"思想来比较全面、系统地分析中国农业生产组织形式，并据此建立一个基本的理论分析框架，在笔者有限的阅读范围内尚未见到。

研究理论框架，或者说，研究视角的创新，使"组织与自由"这一主线贯穿于全书始终，并在此基础上得出如下一些主要的理论观点与结论：

1. 作为人们合作行为和合作关系长期性、稳定性的一种制度安排，组织最本质的意义在于它能更有效地保障和实现个人的自由，拓展个人自由的

[①] Wagner, D. G. & Berger, J. (1985), "Do Sociological Theories Grow?" *American Journal of Sociology*, Vol. 90, No. 4 (1985), pp. 692-728.

[②] 王尧：《教育是一首诗》，《读书》2012年第3期。

空间，而不应该被异化为限制与束缚个人基本自由的工具。因此，组织现代化的最终检验标准就是拓展"人的自由的全面发展"，提升人们实现"实质性自由"的"可行能力"。

2. 从自由的视角重新认识人民公社体制。人民公社是以农民自由选择权为代价换来的农民基本生存权的集体保障组织，其解体的深层次原因是自由缺失所必然导致的效率低下；剥夺或限制农民自由选择权的结果是，从长期看并不能切实保障广大农民最基本的生存权，即不能解决广大农民最基本的"温饱"问题。

3. 从自由的视角重新认识农村土地家庭承包制的本质意义。农村土地家庭承包制最深远、最持久、最本质的意义并不在于家庭分散经营，而在于它为农民"自由地实现自由"提供了一个比较广阔、包容度较大的组织与制度平台。这是维持农户土地承包制"长久不变"、"不折腾"的最重要的理论依据。

4. 基于农民自由视野对农户土地承包制基础上农民"财产自由权"、"劳动自由权"作出解读。农户土地承包制给予农民"自由地实现自由"进程中两项最基本也是最重要的权利：一是"财产自由权"，其中最重要的就是有法律保障的"土地承包权"；二是"劳动自由权"。

5. 由于国家保护农村家庭承包制的"长久不变"，不允许任何组织（包括村集体组织）侵害农民的土地承包权，农民土地承包权在本质上是一种建立在土地村社集体所有制基础之上的，同时又超越土地集体所有权并得到国家法律保障的"法定私权利"。

6. 农民在不放弃土地承包权的前提下有"不种地的自由"，这是一项十分重要的自由权利。这意味着农民有选择从事农业的自由，也有选择从事非农产业的自由。这与人民公社体制把农民死死地束缚在土地上的"不自由"相比，是农民自由发展进程中的一次重大进步。同时，土地承包权的不放弃，又给予农民万一从事非农产业选择失败而退回农业、重新耕作的自由权利，使他们能比较安心地进行自由选择，包括可能会出现的"试错"。正是因为有土地承包权作保障，农民才能更放心、更切实地从事非农产业，享受"不种地的自由"。

7. 从公社体制的劳动不自由到土地家庭承包制下的劳动自由，是广大农民"自由地实现自由"必不可少的关键性步骤之一。只有广大农民有了这种自主、自由地支配自己劳动的权利,才会有超大规模的农业劳动力转移,也才会有形态各异、丰富多彩、"百花齐放"的各种农业生产组织形式。同时,中国农民"劳动自由"的实现,是一个渐进性的历史过程。劳动者获得自主、自由地支配自己劳动的权利只是实现"劳动自由"的基础性前提条件,更为重要的是还需要一个自由的经济社会环境,使劳动者能自由地实现"劳动自由"。

8. 基于农民自由视野对当代中国农业生产组织基本构架的认识。以家庭经营为基础,家庭经营、集体经营、合作经营、企业经营等不同组织形式独立互补、融合交叉、共同发展的"多元共生",是当代中国农业生产组织形式的基本构架。"多元共生"以多样性、差异性为前提,其本质是利益共生。"多元共生"并不排斥竞争、进化。但是,这种竞争、进化并非"你死我活"、"谁战胜谁"、"谁消灭谁"、"赢者通吃";多元化组织的"共生进化"是一种共生组织群中各类组织共同获益、普惠式的进化。从根本上说,多元共生的组织构架既是广大农民在市场机制推动下自由选择的必然结果,又为广大农民提供了一个"自由地实现自由"的具有广泛包容性的组织与制度空间。

9. 从提升小农实现"实质性自由"的"可行能力"这一视角认识"市场化改造小农"。与"集体化改造小农"不同,"市场化改造小农"不是要消灭小农,而是要把"传统小农制"改造为"现代小农制",以提升小农实现"实质性自由"的"可行能力"。因此,必须在"市场化小农"的基础上推进具有中国特色的,农村土地所有权、承包权、经营权"三权分离"的土地流转,实现农业生产环节的专业化以及农业机械化,并逐步过渡到现代农民从事现代农业,回应"未来谁来种地、怎样种地"的问题。

10. 从拓展农民自由的视野认识农民合作。市场化农民需要合作,但是,合作的根本目的是提升广大农民实现"实质性自由"的"可行能力",而不是丧失与束缚自由。因此,农民有采取合作方式的自由选择权利。政府主导的合作的一条不可逾越的边界是:不可剥夺与侵犯农民的自由选择权。

11. 基于农民自由的视角认识构架与完善农村现代化网络、建设农村网络化组织群的意义。现阶段,中国农民实现"实质性自由"的"可行能力"

还不强，其中一个极其重要的原因不是我们的"微观经济组织没有搞对"，而是农村现代化网络以及网络化组织群的缺失和不发达、不完善。构建与完善农业、农村现代化网络，构建与完善农业、农村网络化组织群，在本质上也就是要加快建设与现代化市场经济、信息经济、网络经济相适应的新型农业经营体制；它也是提升广大农民实现"实质性自由""可行能力"的重要前提。"单一化"——"多元化"——"网络化"是当代中国农业生产组织形式现代化的历史发展轨迹。

12. 从提升农民自由的宏观历史视野认识"信息化引领农业现代化"。"十八大"提出以"信息化引领农业现代化"，其关键是"引领"。因此，"信息化引领农业现代化"不能仅仅局限于"村村通电话，户户能上网"等技术层面，而更应关注现代信息经济、现代网络经济对农业生产组织模式所带来的全方位的深刻变革。农业生产组织形式从"多元化"走向"网络化"，农业新型经营体制的建设，就是"信息化引领农业现代化"、现代网络经济引领农业生产组织模式全方位深刻变革的具体体现。

本书还从经济学、管理学以外的学科领域借鉴了一些理念与方法，例如生物学中的"共生"理论，物理学与社会学中的"网络"概念。这些概念与方法丰富和拓展了我们的研究视野，也提供了一些新的研究思路，并得出了一些新的结论。当然，这些借鉴与引进并非我们的首创，但是，我们运用这些方法的研究路径，或者说研究的对象、范围还是与他人有所不同的。

就政策建议而言，本书及本课题组最重要的创新是提出了当代中国农业生产组织形式发展战略的重点转移："稳定农村土地家庭承包制，让市场自由选择多元共生的农业生产组织形式，重点构建农业、农村网络化组织群。"我们认为，自"改革开放"以来，中国农业生产组织形式已经历了从人民公社体制的"单一化"到以农户经济为基础的"多元化"的历史转变；进一步的发展方向则是在"多元化"的基础上逐步走向"网络化"，即从多元化的"微观经济再造"转向"构建网络化组织群"，加快建设新型农业经营体制。

具体而言，本书提出了一些主要的政策建议：

1. 进一步明确农民土地承包权作为"私权利"的神圣不可侵犯性，赋予广大农民在土地承包权转让、交易与继承方面更充分的自由权利。因此，有必要修改目前的《中华人民共和国农村土地承包法》;允许农民进城后"卖断"农村土地承包权,即以"农村土地承包权"交换"城市社会保障权",同时在农村可试行土地承包权一子(或一女)继承权。

2. 进一步改革"城乡分治"的户籍管理制度,给予广大农民充分自由的居住选择权与相应的自由迁徙权。既不能阻碍农民自愿进城,成为"新市民",也不能逼迫农民进城。

3. 在农民自由选择基础上的土地流转是在农村土地所有权、承包权、经营权"三权分离"的基础上,具有中国特色的农业适度规模经营之路,应在市场化运作的前提下鼓励对之进行积极的多元化探索。但是,"工商资本下乡",将家庭农业转变为工厂化农业,把农民转变为农业工人,实践表明,这样做存在很大的不确定性和较大的风险,必须慎之又慎。

4. 在中国特定的资源约束与制度约束下,农业生产环节的专业化与农业生产环节的规模化经营是市场化改造小农的关键性环节之一,也是建设与完善农业社会化服务体系的重要内容。政府应出台积极的鼓励性政策,引导农村各种专业化服务组织的发展。

5. 农业机械化的目标不是要追求单个农户拥有多少农机,而是要追求农户整体农业生产各环节的农机服务覆盖率。因此,农业机械化的推进应以专业化、市场化的农机服务为主体,绝大多数的农户并不需要购买农机,而只需要购买专业化、市场化的农机服务。因此,需要调整相关政策,不要鼓励家家户户买农机,而是要对农户购买农机服务给予适当的补贴;同时,积极鼓励发展农机专业户、农机合作社、农机服务企业等社会化农机服务组织。

6. 推动农村土地流转,培育农业生产专业户,发展家庭农场;推动农业生产环节的专业化,培育和发展各种类型的专业化农业生产组织,是培育"职业化农民"的两条基本路径。关于未来"谁来种地"的问题,笔者认为,其根本的出路不是要把现有的农业劳动力都强行地"捆"在土地上,只能当农民,而是要在广大农民自由选择的基础上,培育"职业化农民"。它还应包括允许过去的非农民、"城市人"、大学生自由选择,去当"职业化农民"。

7. 农村合作经济组织的发展最主要的障碍是"组织者"资源的极度稀

缺以及组织成本与运行成本过高。为了鼓励农村合作经济组织的发展，政府提供必要的政策支持，即给予农村合作经济组织适度的"政策性收益"，具有必要性与合理性。同时，农村合作经济组织也应借鉴企业及股份制公司的成功经验，在现阶段不宜以所谓"国际标准"过于苛求合作经济组织及"组织者"的规范性。

8. 农民专业合作社并非"弱者的联合"，它以专业化农民而不是以贫困农民作为组织成员的主体有其内在的逻辑合理性。因此，农民专业合作社的主要功能是促进农村的专业化生产、商品化生产，主要受惠者则是农村中相对富裕的专业化农民。通过农民专业合作社来培育农村中产阶级形成与发展的功能，事实上要大于扶贫的功能。这意味着对农民专业合作社要有更准确的定位。

9. 农民专业合作社，或其他类似的农村合作经济组织，只是为农民合作提供了一种可供选择的经济组织形式，它并不是唯一的、排他性的组织形式。农民合作应允许多种途径的选择。因此，在肯定农村合作经济组织对于农民"组织化"具有十分重要作用的前提下，对其功能也不必"泛化"和过于"拔高"。同时，加入合作社只是合并了社员一部分的经济职能，而不是"人也成了合作社的人"，这就是说，不要把农民"锁定"在一个合作社里。

10. 荷兰、美国等发达国家的经验表明，现代小农制之所以有效率，是因为其背后有一个完善、发达的现代化网络及网络化组织群。"多元化"组织并不必然会形成功能互补的综合竞争力优势；"多元化"组织构架也有可能长期停滞在"多元分散"的状态，形不成组织合力。因此，"多元化"组织要形成功能互补的综合竞争力优势，关键在于构建互补互利、资源共享、利益共享的"网络化组织群"。这种"网络化组织群"会创造出一种现代网络经济所特有的"联结经济性收益"。因此，中国农业生产组织现代化的未来选择必然是从"多元化"走向"网络化"。

11. 由于现代化网络本质上是一种外部性极强的社会公共产品，它的建设与完善，"政府主导"是一种自然而且必然的选择。但是，政府主导不等于政府包办。在政府的"主导"下，还必须广泛调动农户、企业、各种类型的合作经济组织以及全社会来"合力"构建，"合力"完善。在这里，政府"主导"与各相关经济利益主体的"合力",是构建和完善中国农业、农村现代化网络的两大基点。

12. 因为社会信任机制是一种"公共产品",具有极其明显的"正外部性",所以,政府对社会信任机制的建立与完善负有极为重要的责任。政府要充当建设社会信任机制的主要制度供给者;政府要充当"道德说教者";政府要充当诚信的"道德标杆"。

笔者及笔者所在的研究团队刚开始承担这一课题时还是踌躇满志的,但是,研究越深入,越感到问题众多,有点力不从心。本书和本课题组其他的一些专著、论文提出了一些问题,也回答了一些问题;但还有更多的问题没有提出,更多的问题没有得到回答,或者回答得不圆满,不尽如人意。例如,农民实现"实质性自由"的"可行能力"如何度量?"市场化改造小农"与城市化进程如何协调推进?尤其是如何构建与完善农业、农村网络化组织群?等等,还有太多的未知领域需要探讨。笔者自知能力有限,未来的若干年内将主要围绕以上提到的三个问题再作一些探索,希望学界同仁尤其是年轻学者共同努力。

第二章

本书基本分析框架：自由与组织

【提要】作为人们合作行为和合作关系长期性、稳定性的一种制度安排，组织的最根本功能是更有效地保障和实现个人的自由，拓展个人自由的空间，提升个人实现"实质性自由"的"可行能力"。

一 何谓自由

在当代世界，似乎没有一个词比"自由"更神圣，也没有一个词比"自由"更令人迷茫。法国著名的启蒙思想家孟德斯鸠说："没有一个词比自由有更多的含义，并在人们的意识中留下更多不同的印象。"①

德国著名哲学大师康德认为，自由作为人类本性的存在，是无须证明的先验的事实。② 这也就是说，自由是人的本性，人生而自由，这种自然的天赋的人的本体自由是一切自由的根本。③ 马克思同意康德的这一观点。他指出："自由确实是人的本质。"④ "一个种的整体特性、种的类的特性就在于

---

① ［法］孟德斯鸠：《论法的精神》（上），张雁深译，商务印书馆1961年版，第153页。
② 康德说："认定自由乃是理性存在者鉴于其行为而置于理念之中的根据，这种做法已满足我们的目的，因此我觉得没有必要从理论上去证明自由。"（转引自韩水法《康德传》，河北人民出版社1997年版，第151页）
③ 马林诺夫斯基不同意天赋自由的观点，他认为："无论是个体意义上的还是种系意义上的个体都不是'天赋自由的人'。……人不可能生而自由。"（［英］马林诺夫斯基：《自由与文明》，张帆译，世界图书出版公司2009年版，第24页）
④ 马克思：《第六届莱茵省议会的辩论（第一篇论文）》，《马克思恩格斯全集》第1卷，人民出版社1995年版，第167页。

生命活动的性质，而自由的有意识的活动就是人的类特性。"① 阿伦特则说得更为直接："成为人和成为自由是一回事。"②

"自由"固然十分重要，但要在现实中衡量与把握它则十分困难。林肯曾经指出："对于自由这个词，世界从未给出一个清晰的定义。"③ 阿克顿在阅读了大量文献后感慨道："自由是个具有两百种定义的概念。"④ 康德认为，一般人对自由的理解非常糊涂，不得要领，甚至自以为是，因此，"自由"不能放在现象界，而只能与"上帝存在"、"灵魂不朽"一道放在本体界，是"自在之物"⑤，那是人类纯理性的范围所不能及的地方。撇开如此高深的哲学语言，"自由"也正如巴苏在谈到"人类的发展"、"全面的发展"这些概念时所说："每个人好像都赞同，但却没有几个人知道这两个词到底意味着什么。"⑥

为了使人们在现象界，在现实生活中也能实在地把握自由，使自由不至于成为一种虚无缥缈的、纯粹形而上的概念⑦，许多学者把人的需要及其满足程度作为把握现实中自由的一个基本尺度。⑧ 马克思、恩格斯认为："物质生活的这样或那样的形式，每次都取决于已经发达的需求，而这些需求的

---

① 马克思：《1844年经济学哲学手稿》（节选），《马克思恩格斯选集》第1卷，人民出版社1995年版，第56页。
② [法] 阿伦特：《什么是自由》，贺照编：《西方现代性的曲折与展开》，吉林人民出版社2002年版，第392页。
③ 转引自 [英] 马林诺夫斯基《自由与文明》，张帆译，世界图书出版公司2009年版，第31页。
④ [美] 阿克顿：《自由与权力》，侯健、范亚峰译，商务印书馆2001年版，第14页。
⑤ 康德认为，我们只能认识"自在之物"向我们显现出来的现象，至于"自在之物"则是不可知的（俞吾金：《实践与自由》，武汉大学出版社2010年版，第104页）。
⑥ 考什克·巴苏：《论发展的目标》，[美] 杰拉尔德·迈耶、约瑟夫·斯蒂格利茨主编：《发展经济学前沿·未来展望》，本书翻译组译，中国财政经济出版社2003年版，第43页。
⑦ "贝克在评论康德把人的现象维度与人的自在之物（或本体论）维度割裂开来并对立起来的倾向时，不无幽默地写道：'我们担负着本体的人的自由，但我们却绞杀了现象的人。'"（俞吾金：《实践自由》，武汉大学出版社2010年版，第69页）霍尔丹教授则指出："如何科学研究的首要本质是可比性……如果对于自由的研究要具备任何实践效用，就必须要解决好这个问题。"（转引自马林诺夫斯基《自由与文明》，张帆译，世界图书出版公司2009年版，第45页）
⑧ 马克思、马尔库塞也把"自由时间"作为衡量个人自由的一个尺度。自由意味着人们可以支配的"自由时间"越来越多。用马克思的话说就是："增加自由时间，即增加使个人得到充分发展的时间。"马尔库塞认为："决定人的生存内容的，不是劳动时间，而是自由时间。"（参见俞吾金《实践与自由》，武汉大学出版社2010年版，第303—307页）

产生，也像它们的满足一样，本身是一个历史过程"①，"他们的需要即他们的本性"。因此，需要的满足程度就反映了人们自由实现的程度，需要的满足则是"人的本质力量的新的证明和人的本质的新的充实"②。1998 年度诺贝尔经济学奖获得者阿马蒂亚·森则把"实质自由"概括为一种"可行能力"。何谓"可行能力"？用森的语言表述就是："一个人的可行能力指的是此人有可能实现的、各种可能的功能性活动组合。可行能力因此是一种自由，是实现各种可能的功能性活动组合的实质自由（或者用日常语言说，就是实现各种不同生活方式的自由）。"③ "实质自由包括免受困苦——诸如饥饿、营养不良、可避免的疾病、过早死亡之类——基本的可行能力，以及能够识字算数、享受政治参与等等的自由。"④ 森还认为，他的这种"自由观"可以追溯到亚里士多德对"生活质量"、斯密对"生活必需品"的论述。⑤森指出："按亚当·斯密的分析，在一个社会中什么算是'必需品'决定于什么是提供某种最低限度的自由所需要的。"⑥ 马林诺夫斯基也有相似的观点。他认为，"生存自由"是"自由扩张的永恒基础"，"是其他一切自由的基本条件"；而"生存自由""包括两个基本点：安全的自由，即远离恐惧的自由；繁荣的自由，即满足欲求的自由"⑦。他指出："真正的自由……是个体对于自身与环境以及人工造物与自然资源的控制力、效率与强度的不断提升。"⑧ 罗尔斯则对"基本物品"有更详细的分析（森称之为"经典分

---

① 马克思、恩格斯：《德意志意识形态》，《马克思恩格斯选集》第 1 卷，人民出版社 2012 年版，第 203 页。
② 马克思：《1844 年经济学哲学手稿》，《马克思恩格斯全集》第 3 卷，人民出版社 2002 年版，第 339 页。
③ [美] 阿马蒂亚·森：《以自由看待发展》，任颐、于真译，中国人民大学出版社 2002 年版，第 62—63 页。
④ 同上书，第 30 页。
⑤ 森忽视了马克思。事实上，马克思是最早把"能力"与"自由"联系在一起的学者之一。马克思曾经指出，人类从"必然王国"到"自由王国"，关键就在于"人类能力的发展"。其原文如下："在这个必然王国的彼岸，作为目的本身的人类能力的发展，真正的自由王国，就开始了。"（马克思：《资本论》第 3 卷，《马克思恩格斯全集》第 46 卷，人民出版社 2003 年版，第 929 页）
⑥ [美] 阿马蒂亚·森：《以自由看待发展》，任颐、于真译，中国人民大学出版社 2002 年版，第 61 页。
⑦ [英] 马林诺夫斯基：《自由与文明》，张帆译，世界图书出版公司 2009 年版，第 72、215 页。
⑧ 同上书，第 42 页。

析"):"基本物品包括收入,但还包括其他的通用性'手段'。基本物品是帮助一个人实现其目标的通用性手段,包括'权利、自由权和机会、收入和财富,以及自尊的社会基础'。"①

把人的需要及实现这种需要的"可行能力"联系在一起来理解与把握现实生活中的自由,可以避免奢谈"自由"而"有名无实"。自由必须具有实质性的内容(即森所说的"实质自由"),而不仅仅是一种表面的、形式上的权利。例如,一个基本可行能力被剥夺了的穷人②,即使在法律上他有购物、开车、旅游种种形式上的自由,没有任何人能干涉他的这些自由,但实际上这些自由对于他来说是海市蜃楼、空中楼阁,可望而不可即。因此,实质性自由是一种自由意志,一种可以自主选择的权利,而且必须具有自主选择的"可行能力"。由此看来,自由不仅具有"人是人的最高本质"③的"本体论"意义,同时也应具有在现实生活中具体展开的"存在论"("实践性")的价值与意义。

如果从人的需要及满足程度的"可行能力"视角把握自由,很显然,现实中的自由具有丰富的层次性。这是因为人的需要及其满足程度是有层次的。恩格斯曾把人类的需要分为生存、享受与发展三个层次;美国著名心理学家马斯洛则把人类需要分为生理、安全、社会、自尊、自我实现五个层次。一般而言,人们总是在较低层次的需要得到基本满足后,才会进一步追求更高层次的需要,这意味着现实中人类自由的实现也是一个由低到高、连续不断并永无止境的历史进程。马克思说:"已经得到满足的第一个需要本身、满足需要的活动和已经获得的为满足需要而用的工具又引起新的需要,而这种新的需要的产生是第一个历史活动。"④ 不过,需要特别指出的是,

---

① 转引自[美]阿马蒂亚·森《以自由看待发展》,任颐、于真译,中国人民大学出版社2002年版,第60页。

② 森"把贫困看做是对基本的可行能力的剥夺,而不仅仅是收入低下"([美]阿马蒂亚·森:《以自由看待发展》,任颐、于真译,中国人民大学出版社2002年版,第15页)。罗斯福也指出:"处于贫困境地的人,并不是自由的人。"(转引自迈克尔·桑德尔《公正:该如何做是好?》,朱慧珍译,中信出版社2011年版,第251页)

③ 马克思:《黑格尔法哲学批判》"导言",《马克思恩格斯选集》第1卷,人民出版社2012年版,第16页。

④ 马克思:《费尔巴哈》,《马克思恩格斯选集》第1卷,人民出版社2012年版,第159页。

对自由实现由低到高的进程决不能作机械式的刻板理解。自由的多层次性并不意味着当人的低层次需求没有得到满足以前，就不能追求更高层次的自由。事实上，处于饥饿的人群也有基本的自尊需要，原始人也希望多方面展示自己的才华与个性。那种把"自由"当作奢侈品，认为只有经济上富足了才能谈论"自由"，才能享受"自由"的观点是完全错误的。自由本身就是最基本的人权。《世界人权宣言》的第一条就开宗明义地指出："人人生而自由，在尊严和权利上一律平等。"

虽然自由是人的本性，是人类社会不断追逐的理想与实践，但正如卢梭所说："人生而自由但又总是处在枷锁之中。"所谓"枷锁"，也就是限制与束缚，也就是不自由。这意味着人的自由往往是有限的、相对的。

为什么？这首先源于人本身。人虽然是从动物界分离出来的有意识、有理性的高级动物，但人对自然界的认知能力与行为能力都是有限的。人相对于自然界自己不能认识的事物，自己不能把握的事物而言是不自由的。从这个意义上说，人不是自然的主人，而是自然的奴隶。因此，在德国辩证法大师黑格尔看来，自由是对必然的认识。只有认识并把握了自然规律，人才能获得自由。恩格斯指出："黑格尔第一个正确地叙述了自由和必然之间的关系。在他看来，自由是对必然的认识。……自由就在于根据对自然界的必然性的认识来支配我们自己和外部自然；因此它必然是历史发展的产物。最初的、从动物界分离出来的人，在一切本质方面是和动物本身一样不自由的；但是文化上的每一个进步，都是迈向自由的一步。"[1] 基于此，人们崇尚科学，把知识看作通往自由的桥梁。这正如启良所说："由于将人的自由同对世界的认识联在一起，导致西方世界两千多年来，一直崇拜知识和科学。他们深信，只要他们坚持知性追求，他们也能像上帝一样伟大。他们的口号是'知识就是力量'，似乎既可使他们成为世界的主宰，又能给他们带来自由。"[2]

从另一个角度看，人们对个人"自由"的主观感受如同对"幸福"的主观感受一样，在很大程度上取决于个人的视野和所处的外部环境空间。"井底之蛙"在不知井上世界的时候，感觉到很幸福，也很自由。但一旦它离开了

---

[1] 恩格斯：《反杜林论》，《马克思恩格斯选集》第3卷，人民出版社2012年版，第491—492页。
[2] 启良：《西方自由主义传统》，广东人民出版社2003年版，第12页。

狭窄的"井底",进入更广阔的"井上世界",无所适从的困惑与迷茫就会使它感受到强烈的不幸福、不自由。它还能忽视或强制遗忘"井上世界"而重返"井底世界"的"幸福"与"自由"吗!?马林诺夫斯基说:"自由包含于眼界的广阔度和行动的有效性中。"①眼界狭窄的自由到眼界广阔后的不自由,再到眼界广阔后的自由,既表明自由是相对的、有限的,也表明自由的进化与提升。从一定的意义上说,眼界的广阔本身就是自由的一部分。

人的自由总是会受到限制和束缚的,更重要的限制和束缚或许来自社会层面。②人有自然性与社会性的双重属性,人的社会性是人从动物界分离出来的最重要特征。马克思说,"人是最名副其实的政治动物,不仅是一种合群的动物,而且是只有在社会中才能独立的动物"③,因此"人的本质不是单个人固有的抽象物,在其现实性上,它是一切社会关系的总和"④。组成社会的人比其他动物更强大,也更自由;但是,组成社会的人也必须有一整套规则、制度、习俗来约束人自身的行为。卢梭指出:"人类由于社会契约而丧失的乃是他的天然自由以及对于他所企图的和所能得到的一切东西的那种无限权利;而他所获得的乃是社会的自由以及对于他所享有的一切东西的所有权。为了权衡得失时不致发生错误,我们必须很好地区别仅仅以个人的力量为界限的自然的自由,与被公益所约束着的社会的自由。"⑤总之,人的自然属性与人的社会属性决定了人的自由必然会受到既定的自然条件和社会条件的限制与束缚。

来自于社会层面的限制与束缚有一些是必要的、必需的。没有这些约束、限制,人类就会陷于"一切人反对一切人的战争"那样的"霍布斯丛林"中相互残杀,并最终毁灭人类自己。在这里,限制与约束是为了更好地

---

① [英]马林诺夫斯基:《自由与文明》,张帆译,世界图书出版公司2009年版,第84页。
② 俞吾金教授认为,自由并不体现在人与自然的关系之中,而只体现在人与人的关系之中,即自由只是本体论的范畴,而不是认识论的范畴。笔者不认同这一观点,仍坚持认识论范畴中"自由是对必然的认识"的黑格尔传统。
③ 马克思:《〈政治经济学批判〉导言》,《马克思恩格斯选集》第2卷,人民出版社2012年版,第684页。
④ 马克思:《关于费尔巴哈的提纲》,《马克思恩格斯选集》第1卷,人民出版社2012年版,第135页。
⑤ [法]卢梭:《社会契约论》,商务印书馆1980年版,第30页。

保障全人类，也就是"每一个人"的自由，拓展人类自由的现实空间。从这个意义上说，"自由来自于对规则的遵守"①。因此，自由并非个人随心所欲，可以不加任何限制地做任何事情。霍布斯曾说，完全的自由就是指每一个人都能得到他想要得到的一切，但这种完全的自由在现实中是不存在的。现代社会自由的底线是不能侵害他人的自由，不能把自己的自由建立在他人的不自由之上。② 用洛克的话说就是："理性，也就是自然法，教导着有意遵从理性的全人类：人们既然都是平等和独立的，任何人就不得侵害他人的生命、健康、自由或财产。"③ 这也就是说，人的真正的自由是一种包含着承认他人自由的自由。中国清末民初著名思想家、翻译家严复翻译斯图亚特·穆勒（John Stuart Mill）的名著《论自由》《On Liberty》时，将书名译为《群己权界论》，就敏锐地看到了自由的界限："人得自由，而必以他人自由为界。"哲学大师康德指出："自由就是我要做什么就做什么吗？"如果这就叫做自由，那么，这种思想就过于肤浅了。康德说，"自由是我不要做什么就能够不做什么"，这才是真正的自由。因此，在康德看来，自由不仅表现为一种个人的权利，而且还成为个人责任（对他人的责任、对社会的责任）的基础。"对于康德而言，自尊和尊重他人源自于一个并且是同样的原则。"④ 很显然，在这里，自由与自律是一致的。⑤ 赫费指出："自由的限制换得了自由的保障，对自由的放弃回报以对自由的权利的要求。"⑥

然而遗憾的是，人类社会很多的规则、制度并非是为了更好地保障每个人的自由，拓展全人类自由的现实空间。这意味着自由的限制并没有换得自由的保障，或者，是少数人的自由以剥夺多数人的自由为代价，自己的自由

---

① ［英］马林诺夫斯基：《自由与文明》，张帆译，世界图书出版公司2009年版，第86页。
② ［英］霍布斯：《利维坦》，黎思复、黎廷弼译，商务印书馆1985年版。
③ ［英］洛克：《政府论》（下），叶启芳、瞿菊农译，商务印书馆1964年版，第6页。
④ ［美］迈克尔·桑德尔：《公正：该如何做是好？》，朱慧玲译，中信出版社2011年版，第138页。
⑤ 古希腊哲学大师苏格拉底、柏拉图、亚里士多德之所以都不太喜欢"自由"，是因为他们认为个人自由不一定会导向美德，不一定能引导人们向善。如果人们自由地按自己的意愿，而不是圣人的教导、贵族的规则（榜样）去生活，很可能会导致普遍的堕落生活。康德把自由与自律统一起来，较好地解决了古希腊哲学家对自由的担忧。
⑥ ［德］奥特弗利德·赫费：《政治的正义性》，庞学铨、李张林译，上海译文出版社2005年版，第272页。

建立在他人不自由的基础之上。托克维尔说："暴君本人也不否认自由是美好的，只是他想独占自由，他认为其他所有人都配不上享有自由。因此，人们对自由的看法并没有区别，分歧在于对人的尊重程度。"① 马克思对此也有精辟的论述。他指出："没有一个人反对自由，如果有的话，最多也只是反对别人的自由。可见，各种自由向来就是存在的，不过有时表现为特殊的权利，有时表现为普遍的权利而已。"② 是"一个人"、"少数人"的自由，还是"每一个人"、"一切人"的自由？自由究竟是少数人的一种特权，还是"每一个人"的普遍权利，这是"自由观"最重要、最根本性的分野。马克思和恩格斯指出："每个人的自由发展是一切人的自由发展的条件。"③ 在"密尔顿法则"中则是"普遍的自由导致惠及全人类的经济增长"④。人类社会自由最有意义的实质性进步就是它的普遍性的扩展。

在西方最初意义上的自由就是指摆脱他人、社会的强制，解除人身关系的依附，实现人格的独立。因此，"自由"与"解放"同根同义。⑤ 马克思说："任何解放都是使人的世界和人的关系回归于人自身。"⑥所谓"把人的世界和人的关系还给人自己"，也就是人的自由的实现。卡西尔说："作为一个整体的人类文化，可以被称之为人不断自我解放的历程。"⑦ 而人的自我解放的历程，实质上也就是普遍性自由的生成与扩展过程。

二 "自由地实现自由"
—— 自由既是目的，也是手段

从人的自我解放和人类解放的角度看，自由的生成是一个没有终点，没

---

① [法]托克维尔：《旧制度与大革命》"前言"，冯棠译，商务印书馆1996年版。
② 马克思：《第六届莱茵省议会的辩论（第一篇论文）》，《马克思恩格斯全集》第1卷，人民出版社1995年版，第167页。
③ 马克思、恩格斯：《共产党宣言》，《马克思恩格斯选集》第1卷，人民出版社2012年版，第422页。
④ 转引自萧国亮《公司随想》，《读书》2011年第2期。
⑤ 英语中的"自由"有两个基本单词，一是freedom；一是liberty。二者都包含自由、自主、解放的意思。
⑥ 马克思：《论犹太人问题》，《马克思恩格斯全集》第3卷，人民出版社1995年版，第189页。
⑦ [德]卡西尔：《人论》，甘阳译，上海译文出版社1985年版，第288页。

有止境的历史性进程。自由既是一种理想的境界，也是一种现实社会中的实践。一方面，自由的实现需要人们不断地提高自己的认知能力，而思想的自由又是提升个人认知能力的前提；另一方面，每一个人的自由是社会上一切人自由的条件，但每一个人自由的实现又需要社会提供实现自由的环境和条件。从这个角度看，自由是实现自由的前提和条件，即马克思所说的："自由不仅包括我靠什么生存，而且也包括我怎样生存，不仅包括我实现着自由，而且也包括着我在自由地实现自由。"①

"自由地实现自由"，并不是无意义的同义反复的文字游戏。它蕴含着极其深刻的思想哲理。"自由地实现自由"中的自由既是目的，又是手段。森表达了类似的思想。他说："自由不仅是发展的首要目的，也是发展的主要手段。"② 作为目的的"自由"，它是每个人（"我"）及全人类（"我们"）永无止境地追求的一种理想状态。人类的发展史也就是人类不断追求自由、实现自由的历史。"人本身是人的最高本质。"作为手段的"自由"，则是实现目的自由不可缺少的前提条件。在一定的意义上，手段的"自由"比目的的"自由"更重要，也更关键。这是因为没有手段的"自由"，目的的"自由"只是海市蜃楼、空中楼阁。

森把作为手段的自由称为"工具性自由"，他特别强调和考察了五种类型的"工具性自由"：(1) 政治自由；(2) 经济条件；(3) 社会机会；(4) 透明性保证；(5) 防护性保障。森指出："这些工具性自由能帮助人们更自由地生活并提高他们在这方面的整体能力，同时它们也相互补充。"③

个人自由需要确立个人自由的主体地位，即每一个人必须是"自由人"。"自由人"在法律上是独立的人、自主的人，是与他人平等的人。奴隶不可能是"自由人"，他们只能是奴隶主会说话的工具。斯密意义上的"经济人"，在法律意义上是独立、自主的"自由人"，这是现代市民社会的

---

① 马克思：《第六届莱茵省议会的辩论》（第一篇论文），《马克思恩格斯全集》第1卷，人民出版社1982年版，第74页。1995年版的译文是："自由不仅包括我靠什么生活，而且也包括我怎样生活，不仅包括我做自由的事，而且也包括我自由地做这些事。"（见第181页）笔者认为，1982年版的译文更能体现马克思思想的精髓。

② ［美］阿马蒂亚·森：《以自由看待发展》，任颐、于真译，中国人民大学出版社2002年版，第7页。

③ 同上书，第31页。

基础，也是现代市场经济的基础。①

诚然，仅仅具有法律上的独立地位，作为"自由人"，可能还只是一种"形式上的自由"，而不是"实质的自由"。马克思在谈到资本主义社会的劳动力买卖时，就揭示了资本雇佣劳动是"形式上自由掩盖实质性的不自由"。马克思指出："这里所说的自由，具有双重意义：一方面，工人是自由人，能够把自己的劳动力当作自己的商品来支配；另一方面，他没有别的商品可以出卖，自由得一无所有，没有任何实现自己的劳动力所必需的东西。"② 因此，饥饿的法则、生存的铁律逼使他不得不出卖自己的劳动力。从这个意义上说，他是不自由的。很显然，这后一种"自由"，即"自由得一无所有"，实质上是"不自由"。"自由得一无所有"，也就是失去了保障和追求个人自由的基本经济社会条件。这也就是森所说的，没有实现个人"实质自由"的"可行能力"。如果我们顺着这一逻辑思路继续往前推，那么，这就意味着个人一定的财产权（并非"自由得一无所有"）是保障个人自由必不可少的物质基础与物质前提，个人所有制是个人自由最基本的经济制度保障。基于这一思路，我们或许能更准确地理解与把握马克思这一段颇有争议的论述的深刻含义："从资本主义生产方式产生的资本主义占有方式，从而资本主义的私有制，是对个人的、以自己劳动为基础的私有制的第一个否定。但资本主义生产由于自然过程的必然性，造成了对自身的否定。这是否定的否定。这种否定不是重新建立私有制，而是在资本主义时代的成就的基础上，也就是说，在协作和对土地及靠劳动本身生产的生产资料的共同占有的基础上，重新建立个人所有制。"③ 据笔者理解，这里的个人所有制④不同于"个人的、以自己劳动为基础的私有制"，它是建立在社会化大生产基础之上的；这里的个人所有制也不同于少数人所有，多数人一无所有的资本主义私有制，它是每一个个人（而不是抽象的社会）都"有"的，即普遍

---

① 如何理解斯密理论中的"经济人"，请参看笔者在《江汉论坛》2009 年第 1 期上发表的论文《关于"经济人假设"若干问题的思考》。
② 马克思：《资本论》第 1 卷，《马克思恩格斯全集》第 44 卷，人民出版社 2001 年版，第 197 页。
③ 同上书，第 874 页。
④ 有些学者（包括恩格斯）把这里的"个人所有制"理解为消费资料的个人所有制。这是不对的。从上下文看，这里很明显是在讨论生产资料所有制。

性的个人所有制。概而言之，普遍性的自由必须有普遍性的个人所有制作为经济制度的支撑。

还需要特别指出的是，马克思从来没有否认过"自由人"相比奴隶的巨大历史进步。从人类自由的发展进程看，劳动者的劳动自由也并非只是"形式上的自由"。即便是"自由得一无所有"，可以自由地出卖自己的劳动，可以自由地选择雇主，比起那种自由选择雇主都不可能的人身依附和超经济强制，依然是"实质性自由"的重大进步。森在《以自由看待发展》中，多次强调了这种"形式上自由"对于人类自由发展进程的重大历史意义。① 他所引用的印度学者拉马钱德兰的如下一段话，事实上也表达了他自己的观点："马克思区分了资本主义下工人的形式自由与前资本主义制度下工人的真实不自由：'工人改换雇主的自由使他有了在更早的生产方式中不曾有过的自由。'对农业中雇佣劳动的发展的研究从另一个视角来看也是重要的。一个社会中工人的自由延伸到出卖他们的劳动力是他们自由的扩展，而那是一个社会的状态是否良好的一个重要测度。"② 当然，人类社会并不能满足于这种不完全的、残缺意义上的"形式上的自由"。社会主义革命就是要改变劳动者"自由得一无所有"的状况，促进自由的进一步发展与升华，而决不是要把"自由人"变成另一种形式的人身依附的非自由人。

"自由人"不是随心所欲的人，他也是"社会人"。正如森所说："我们每个人所拥有的主体的自由，不可避免地被我们可能得到的社会的、政治的和经济的机会所规定和限制。"③ 从这个角度看，自由的经济社会环境对于自由人实现自由具有决定性的意义。森有一句名言："个人自由就其实质而言是一种社会产品。"④ 因此，社会自由的程度也决定了个人自由的程度。西塞罗说："当我们成为律法的奴隶时，我们才能自由。"⑤ 但律法有良法，

---

① 与森不同，中国大多数学者往往强调这种"形式上的自由"的虚伪性与欺骗性。
② [美]阿马蒂亚·森：《以自由看待发展》，任颐、于真译，中国人民大学出版社2002年版，第22页。
③ 同上书，第22页。
④ 同上书，第23页。
⑤ 转引自[英]马林诺夫斯基《自由与文明》，张帆译，世界图书出版公司2009年版，第33页。

也有恶法。良法保障自由，恶法则摧毁自由。不管是良法还是恶法都是社会产品，而非私人产品。

自由的社会环境不是一个整齐划一、"大一统"的社会，而是一个多元、包容和开放的社会。承认个人自由的合理性，也就必须承认个人的差异性，承认个人在不损害他人自由和社会共同利益的前提下自由选择的多元性。容许每一个人的自由选择，并不能保证（事实上也不可能）每个个体每一次选择的正确性，但社会应保障个人具有追求自由与幸福的机会和权利，也应保障个人有"试错"的机会与权利。不允许、不包容人们有"试错"的机会与权利，也就不会有真正的自由。因此，只有在一个多元、包容、开放的社会中，人们才能"自由地实现自由"。

三　谁给我自由
——"自由地实现自由"的再思考

"自由地实现自由"更具体地展开，就是"自由人"在自由的社会经济环境中通过自由（同时也自律）的行动来实现不损害他人自由，不损害社会自由的自由。但在人类社会的历史进程中，很多弱势群体的自由似乎是由开明的强势精英群体所赐予的，不自由的被奴役者似乎是被开明的强势"解放者"所"解放"的。例如，美国"黑奴"的解放，奴隶成为"自由人"，就得益于南北战争和林肯总统所发布的《最后解放宣言》。因此，总体上的人类自由必须依赖人类自身去争取，但具体到每个个体的自由则很难单独地归结为单个个人的自身力量。

人及人群、阶层的差异性在人类社会的任何时候都会存在。这往往会成为一部分人剥夺另一部分人自由的依据。从历史上看，希望自由，争取自由的往往是处于底层的被统治者群体，而这一群体往往又占人口的多数。至于那些少数的统治阶层群体，他们不是缺乏"自由"，而是"自由过度"，即可以无视他人自由、践踏他人自由的"自由滥用"。人类走向文明的过程，实质上也就是"自由"从少数人的专利、特权逐步转变为大多数人、最终是所有人的一种神圣不可侵犯的权利的过程。虽然我们不能否认在人类解放

（"解放"与"自由"同义）的进程中开明精英①的重大作用，但最终要使得自由不可逆转、不可剥夺，还必须是社会的共识与自由制度的确立。这需要上下互动，开明精英与草根百姓互动，尤其需要被剥夺了自由的群体"自己解放自己"。

历史表明，"恩赐"的自由是不牢靠的自由，也是不完全的自由。我可以把它赐予你，我也可以把它收回去。"恩赐"的自由，担当"解放者"角色的群体或精英往往会有一种居高临下的优越感：我给你自由，你就应该感恩、知足。如果你不知足，我就要收回你的自由，或限制你的自由。显而易见，这往往会成为真正的自由的隐患。例如，美国的黑人虽然在林肯发布《最后解放宣言》时已经看到了自由的希望与曙光，但正如马丁·路德·金1963年在林肯纪念堂前的著名演讲——《我有一个美国梦》中所说的："但从那时至今，已经有100年历史了，可黑人仍无自由可言。100年后的今天，黑人的生活仍旧悲惨地为隔离的桎梏和歧视的锁链所捆绑。100年后的今天，在浩瀚的物质财富海洋之中，黑人仍旧在贫困的孤岛上生活。100年后的今天，黑人仍旧在美国社会的一隅受苦受难，并且发现自己竟然是自己所在国土上的流放者。"② 美国黑人自由的真正实现，不能单纯依赖开明白人精英（如林肯）的外部解放；更为重要的是，它需要黑人自己的觉醒与斗争，"自己解放自己"。进一步讲，真正的普遍的自由需要广泛的社会共识，需要坚实的社会基础。个人真正的自由不能离开、也无法离开整个社会的自由。马丁·路德·金之所以被美国社会普遍认可，是因为他清醒地认识到，黑人的自由与白人的自由密不可分，"他们自己的命运与我们的自由是休戚

---

① 托马斯·R. 戴伊提供了一个在美国黑人解放过程中白人精英的案例。这与我们受传统思维支配的印象恰恰相反。戴伊指出："在黑人权利问题上，大众的态度与精英的态度差别很大。对黑人权利持最不支持态度的，是那些权利最少、接受教育最少的白人。与具有较高社会经济地位的白人相比，社会经济地位较低的白人更不愿意与黑人接触，无论是使用同一个公共休息室、在一起看电影或用餐，还是作为邻居。最关注种族歧视问题的是那些富有的、受过良好教育的白人，他们也最愿意与黑人接触。这一发现的政治意义是显而易见的：那些受教育较少和比较贫困的白人更可能强烈反对公民权利的立法，并反对改善黑人在教育、工作、收入、居住等方面的条件。在白人的社群里，仍然是那些比较富裕并受过良好教育的白人支持公民权利。"（托马斯·R. 戴伊：《理解公共政策》，谢明译，中国人民大学出版社2011年版，第207页）

② 马丁·路德·金：《在林肯纪念堂前的演讲》，转引自匡吉立主编《著名法学家演讲鉴赏》，山东人民出版社1995年版，第184页。

相关的"①。因此,黑人的自由也不能建立在剥夺白人自由的基础之上,不能"以暴易暴"。马丁·路德·金所领导的美国黑人解放运动,不是要挑动黑人与白人的对立与斗争,而是希望黑人与白人"如兄弟姊妹一般携起手来"②。事实上,马克思、恩格斯也有类似的思想。他们认为,无产阶级只有解放全人类,才能最后解放无产阶级自己。

真正的自由不能依赖于恩赐,同时也不能仅靠个人力量的"自我奋斗"。"我"只有融入并组成"我们",才能"自己解放自己"。孤独的个人在社会上是不自由的,"孤独"本身就是被社会排斥而"不自由"的一种表现。因此,人们只有通过合作,形成组织,才能获得真正的实质性自由。但是,组织也有可能异化成为压抑、限制个人自由的强有力工具。组织无疑也是一种社会产品。

四　何谓组织

关于"组织",有许多种不同的定义,包含着十分广泛的内容。从词义学的角度看,"组织"作为一个动词,可以把它看作一种行为,即对由个体和群体所形成的社会经济活动的协调与管理。"组织"作为一个名词,主要是指一个团体或机构,它可以被看作人们为了一定的目的、依据一定的规则而形成的一种较为稳定的合作关系。乔治·亨德里克斯说:"组织是关于个体为追求某些共同目标在特定规则下互动组成的群体。"③ 詹姆斯·马奇和赫伯特·西蒙认为:"组织是偏好、信息、利益或知识相异的个体或群体之间协调行动的系统。"④ 当然,作为团体的"组织"(名词)与作为行为的"组织"(动词)事实上是密不可分的。团体需要有人协调与管理,换句话说,作为团体的"组织"需要组织者通过行动把它"组织"起来。马歇尔

---

① 马丁·路德·金:《在林肯纪念堂前的演讲》,转引自匡吉立主编《著名法学家演讲鉴赏》,山东人民出版社1995年版,第186页。
② 同上书,第187页。
③ [美]乔治·亨德里克斯:《组织的经济学与管理学:协调、激励与策略》,胡雅梅、张学渊、曹利群译,中国人民大学出版社2007年版,第10页。
④ [美]詹姆斯·马奇、赫伯特·西蒙:《组织》"再版前言",邵冲译,机械工业出版社2008年版。

把组织看作劳动、土地、资本之外的第四生产要素,组织者被看作企业家,他提供了"组织"这一特定的生产要素。① 金德尔伯格和赫里克进一步指出:"在组织和其他要素之间存在一个重要的区别:所有其他要素都有可以互相替代的倾向……但组织却是一个补充物而不是替代物。"② 更明确地说,"组织"与劳动、土地、资本不存在互相替代的关系,组织这一生产要素把其他生产要素凝聚在一起。因此,拉坦把组织定义为一个对资源实施控制的决策单位。③ 在本书中,笔者将采用一个更为宽泛的定义,把"组织"定义为由一定数量的个人(或法人)组成的、由一定制度(成文的或不成文的,或者说,正式的或非正式的)联系和约束的、比较稳定的社会合作团体。小的团体,如家庭,是"由婚姻、血缘或收养而产生的亲属间的共同生活组织"。"家庭是最早产生的社会经济组织形式。"④ 大的团体,如国家,表示"在政治上组织起来的社会"⑤。在家庭与国家之间,还有许许多多不同类型、不同功能的团体,如企业、合作社、政党、学校、俱乐部、教会等;这其中既有经济组织,也有政治组织、文化组织、教育组织、宗教组织等;既有营利组织,也有非营利组织。此外,在当今社会里,还有许多跨国的组织与国际组织,例如跨国公司、联合国、WTO 等。

　　无论是经济组织还是政治组织,或其他类型的社会组织,都具备一系列共同的基本特征。斯蒂芬·P. 罗宾斯和玛丽·库尔特认为:"组织这个术语是指一种实体,它具有明确的目的,包含人员和成员以及具有某种精细的结构。"⑥ 目的、人员和机构被看作组织的三大要素。诺思则从制度的层面把组织的特征概括为三个方面:"1. 以规则和条令的形式建立一套行为约束机制。2. 设计一套发现违反和保证遵守规则和条令的程序。3. 明确

---

① [英] 马歇尔:《经济学原理》,陈良璧译,商务印书馆1965年版。
② [美] 查尔斯·P. 金德尔伯格、布鲁斯·赫里克:《经济发展》,张欣等译,上海译文出版社1986年版,第130页。
③ "一种组织则一般被看作是一个决策单位——一个家庭、一个企业,一个局——由它来实施对资源的控制。"(拉坦:《诱致性制度变迁理论》,《财产权利与制度变迁——产权学派与新制度学派译文集》,上海三联书店1991年版,第329页)
④ 《辞海》(缩印本),上海辞书出版社1989年版,第1152页。
⑤ 《简明不列颠百科全书》第3卷,中国大百科全书出版社1985年版,第557页。
⑥ [美] 斯蒂芬·P. 罗宾斯(Stephen P. Robbins)和玛丽·库尔特(Mary Coulter):《管理学》,孙健敏等译,中国人民大学出版社2004年版,第16页。

一套能降低交易费用的道德与伦理行为规范。"① 当然，这些规则、条令、程序、道德与伦理行为规范，可能是成文的、正式的，也可能只是组织成员间或组织所处的社会约定俗成的或潜意识的存在。但不管是正式的还是非正式的，是成文的还是不成文的，如果没有这些联系组织成员的规则、条令、程序、道德与伦理行为规范，任何组织都难以正常运行，更不能持续发展。具体而言，组织应该具有如下五个基本要素：一是一定数量的人员（至少是两人，例如一夫一妻的家庭）的集合，这使组织区别于个体；二是有确定的组织目标，它不是组织成员个体目标的简单相加；三是有约束组织成员的组织章程或行为道德规范，这是维系组织运行的约束机制；四是有组织者，或者叫企业家，即组织要有权威的领导人或领导机构；五是要有一定的组织财产，这是组织赖以运行的基本物质条件。经济组织与其他社会组织的区别在于它的运行方式、运行规则以经济利益为基本目标，或者说，经济组织是具有不同利益的经济主体的集合。

在现代社会里，企业是最基本的微观生产单位，是最基本的微观经济组织。因此，企业理论是现代经济学最基本、最重要的经济组织理论。但是，现代经济组织也并非企业一种形式。经济组织理论应包括企业理论，但不能等同于企业理论。科斯把企业与市场看作两种不同的组织方式。这里的"组织"，只能从"行为学"的角度去理解。市场，用斯密的语言说，就是"一只看不见的手"，它并非一个实体的经济单位，不是罗宾斯、库尔特严格意义上的"组织"。因此，市场与企业不是平行的一类"组织"与另一类"组织"的关系，而是"面"和"点"的关系。企业这一个个的"点"（或者用科斯喜欢的语言可称之为"岛屿"②）生活在市场这一"平面"（"海洋"）上，市场连接企业。

五　组织最本质的功能：拓展实现个人自由的空间

个人为什么需要组织？或者，更具体地从经济层面说，个体劳动为什么

---

① ［美］道格拉斯·C.诺思：《经济史中的结构与变迁》，陈郁、罗华平等译，上海三联书店、上海人民出版社1994年版，第18页。

② 参见谭崇台主编《发展经济学的新发展》，武汉大学出版社1999年版，第146页。

要结合成"团队生产",个人为什么要成为企业(组织)的一员?主流经济理论,尤其是自认为打开了企业这个"黑匣子",回答了"组织为什么存在"的新制度学派,主要是从效率的角度,从节约交易成本的角度对此作出解答的。科斯认为:"企业的本质特征是对价格机制的取代"①,即企业节约了交易成本,使社会经济效率更高。阿尔钦与德姆塞茨认为:"如果团队产出超过各要素独立生产的产出之和,并足以抵补组织和约束团队成员的成本,那么团队生产就会被采用。"② 这就是说,组织的存在是因为组织收益要高于组织成本。③ 用效率,或者说用"交易成本"、"组织收益"来解释组织的存在,本身没有错,问题在于,组织追求效率、追求组织收益又是为什么?在效率、组织收益背后是否还有更深层次的原因,或更高层次的目标?如果仅仅把组织看作一个追求效率、追求组织收益的工具,就极有可能忽视组织中的"人",忽视"自由"这一"人的最高本质"。从本书的分析框架看,作为人们合作行为和合作关系长期性、稳定性的一种制度安排,组织的最根本功能还不是效率,而是能更有效地保障和实现个人的自由,拓展个人自由的空间,提升个人实现"实质自由"的"可行能力"。

单个人只具有形式上的自由,实质上并不自由。就个人与自然的关系看,单个人不能抵御大自然的风险,"在一切本质方面是和动物本身一样不自由的"④;就个人与社会的关系看,单个人也难以应对人类社会环境的复杂性和不确定性。马克思指出:"人们在生产中不仅仅影响自然界,而且也互相影响。他们只有以一定的方式共同活动和互相交换其活动,才能进行生产。"⑤ 因此,单个人现实中的自由空间事实上十分狭窄。通过合作,依赖集体(群体)的力量,形成组织,才有可能克服单个人认知能力与行为能

---

① [美]罗纳德·科斯:《企业的性质》,[美]路易斯·普特曼、兰德尔·克罗茨纳编:《企业的经济性质》,孙经纬译,上海财经大学出版社2009年版,第58页。
② 阿尔曼·阿尔钦、哈罗德·德姆塞茨:《生产、信息成本和经济组织》,[美]路易斯·普特曼、兰德尔·克罗茨纳编:《企业的经济性质》,孙经纬译,上海财经大学出版社2009年版,第170页。
③ 笔者在2007年出版的《当代中国农村微观经济组织形式研究》中,回答"经济组织为什么会存在"这一问题时,秉承的也是组织收益大于组织成本的思路。不过,笔者当时也意识到了个人自由的重要性,把个人自由权的丧失列入了组织成本。
④ 恩格斯:《反杜林论》,《马克思恩格斯选集》第3卷,人民出版社2012年版,第492页。
⑤ 马克思:《雇佣劳动与资本》,《马克思恩格斯选集》第1卷,人民出版社2012年版,第340页。

力的局限性。马克思、恩格斯指出:"只有在共同体中,个人才能获得全面发展其才能的手段,也就是说,只有在共同体中才可能有个人自由。"① 马林诺夫斯基认为:"在个体行动中也不存在自由,只有在有组织的群体中,大家基于一个整合的共同目标,通过共同协作来完成目标并且分享劳动成果,才会存在自由。"②

第一,合作和组织创造了单个人劳动所不具有的"集体力",弥补了个人身体条件的局限性,拓展了劳动的空间与时间,从而扩展了个人自由的现实空间,提升了个人实现"实质性自由"的"可行能力"。

作为自然人的个体,限于自身的生理条件,有许多无法独自完成的工作。在这里,个人是不自由的。但是,作为"社会动物"的人,人们可以借助集体的力量、合作的力量、组织的力量来帮助个人完成单个人无法完成的工作。这实质上也就是借助集体的力量、合作的力量、组织的力量来拓展个人的自由空间,提升个人实现"实质性自由"的"可行能力"。马克思指出:"在这里,结合劳动的效果要么是单个人劳动根本不可能达到的,要么只能在长得多的时间内,或者只能在很小的规模上达到。这里的问题不仅是通过协作提高了个人生产力,而且是创造了一种生产力,这种生产力本身必然是集体力。"③ 西蒙(H. A. Simom)也指出:"正因为每个人的知识、洞察力、技能和时间都是有限的,所以组织就成了实现人类目的的有用手段。"④ 中国古代思想家荀子在谈到人与牛、马等动物的区别时指出:"人,力不若牛,走不若马,而牛马为用,何也? 曰:人能群,彼不能群也。"

第二,合作和组织深化了劳动分工,提高了劳动效率,在获得"分工收益"的同时,还获得了个体劳动所没有的"规模收益",获得了"合作剩余"和"组织收益",这也为个人自由的充分实现,为提升个人实现"实质性自由"的"可行能力",提供了必要的物质基础与前提。

斯密说:"劳动生产力上最大的增进,以及运用劳动时所表现的更大的

---

① 马克思、恩格斯:《德意志意识形态》,《马克思恩格斯选集》第1卷,人民出版社2012年版,第199页。
② [英]马林诺夫斯基:《自由与文明》,张帆译,世界图书出版社2009年版,第97页。
③ 马克思:《资本论》第1卷,《马克思恩格斯全集》第44卷,人民出版社2001年版,第378页。
④ H. A. Simon, *Models of Man* (New York: John Wiley and Sons, 1957), p. 199.

熟练、技巧和判断力，似乎都是分工的结果。"① 最简单的经济组织，例如农业家庭，男耕女织就是一种发挥各自性别专长的劳动分工；而越复杂的经济组织，其专业分工也就越细、越发达。分工有自然分工、社会分工和经济组织内部的分工。经济组织内部的分工是社会分工的基础，也是社会分工的细化与深化。与单干相比，合作和组织能更好地实现专业化分工，因而能更有效地发挥各个成员的比较优势，提高整体的劳动生产率。斯密曾以当时的扣针制造业作了生动的说明。斯密指出：如果没有分工，"如果他们各自独立工作，不专习一种特殊业务，那末，他们不论是谁，绝对不能一日制造二十枚针，说不定一天连一枚针也制造不出来"。但是，当实行了劳动分工以后，"这十个工人每日就可成针四万八千枚，即一人一日可成针四千八百枚"②。

此外，个体劳动不能形成一定的经济规模，这是不言而喻的。因此，合作和组织是获得规模收益的基本前提。马歇尔早就认识到了规模生产的效益，指出了生产规模与经济效益之间有紧密关联的函数关系，也就是伴随着生产与经营的扩大，将出现成本下降和收益递增。用标准的数学语言来表述就是，在一个正则拟凹的齐次生产函数中，如果各生产要素投入的产出弹性之和大于1，那么，该生产函数具有规模收益递增之特性，即具有规模经济的潜能。规模经济来自于许多生产过程、生产设施以及固定资产投资的不可分性，达不到一定的经济规模，潜在的经济收益就不可能实现。此外，规模收益还来自于经济规模扩大后的单位成本降低与劳动生产率的提高，钱德勒在谈到大量生产兴起时认为，生产率的提高和单位成本的降低通常总是把它等同于规模经济。钱德勒还区分了组织收益中的规模收益与分工收益，他指出："这种经济性主要来自对工厂内材料流动的结合和协调的能力，而不是工厂内工作的更趋专业化和进一步分工。"③

第三，合作与组织提供了个人与社会接触的平台，提供了知识互补和知识交会的渠道，从而大大提升了个人实现自由的认知能力与行为能力。

约翰·斯图亚特·穆勒在19世纪中叶就说过："在现今人类进步程度很

---

① [英]亚当·斯密：《国民财富的性质和原因的研究》，郭大力、王亚南译，商务印书馆1972年版，第5页。

② 同上书，第6页。

③ [美]钱德勒：《看得见的手——美国企业的管理革命》，商务印书馆1987年版，第324—325页。

低的情况下，使人们接触与自己不同的人，接触自己不熟悉的思想方式和行为方式，其意义之大，简直是无法估计的。"① 个体劳动是一种孤独的劳动，个体劳动者限于自己有限的经验，知识面极其狭窄；而组织汇集了不同的具有差异性的个体，人们知识结构的不同，思想方式与行为方式的差异，形成了知识的互补与交会，这是现实世界里人们提升自己的认知能力与行为能力，从而更充分地实现自由的最有效途径之一。

知识互补与知识交会使知识性资源具有共享性。当一种物品交换另一种物品时，你得到一种物品就必然会失去另一种物品；当你用知识与他人交会知识时，人们会共享两种知识，而不会失去原来的知识。很显然，这种知识共享使知识这一特殊资源具有"溢出效应"，即与正向外部经济效应相关联的社会效益。知识可以通过合作与组织，从一个人扩散到另一个人，从一个群体扩散到另一个群体，从而使人们的平均技能水平和知识存量普遍提高，使整个社会具有更高的劳动生产率。以罗默和卢卡斯为代表的新增长理论正是以知识与人力资本的溢出为基础的。罗默（Romer）与卢卡斯（Lucas）都认为，知识或人力资本作为一种特殊的生产要素，它本身的生产具有递减的规模收益，而作为生产投入则具有递增的边际生产力。②

进一步讲，知识互补与知识交会还是产生新的知识的重要源泉，是推动知识创新从而推动人类文明进步的重要源泉。管理学大师德鲁克曾经指出，当今知识创新独一无二的特点就是很少基于单一知识，而是多种不同知识的聚合。观点的碰撞，知识的交叉、交会与融合往往会激发出新的观念、新的知识，从而推动了人类知识源源不断的创新和发展。③ 拉佐尼克指出："创新是社会过程，这个过程需要众多具有各种专门技能和功能的人们有意识地参与。创新要求集体化组织，因为它是复杂的、累积的和持续的。"④

---

① 转引自［美］杰拉尔德·迈耶《导言：发展的思想》，［美］杰拉尔德·迈耶、约瑟夫·斯蒂格利茨主编：《发展经济学前沿·未来展望》，本书翻译组译，中国财政经济出版社2003年版，第3页。

② Romer, P., "Increasing Returns and Long-Run Growth," *Journal of Political Economy*, Vol. 94, No. 5 (Oct., 1986), pp. 1002-1037; Lucas, R., "North-Holland On the Mechanics of Economic Development," *Journal of Monetary Economics*, Vol. 22, No. 1 (July, 1988), pp. 3-42.

③ ［美］德鲁克：《创新与企业家精神》，蔡文燕译，机械工业出版社2009年版。

④ Lazonick, W. (1994), "The Integration of Theory and History: Methodology and Ideology in Schumperter's Economics," in Magnusson, L., *Evolutionary and Neo-Schumpeterian Approaches to Economics* (Springer-Verlag New York, LLC, 1994), pp 245-263.

第四，合作与组织能生产和提供满足社会公共需要的公共物品，这是提升个人实现"实质性自由""可行能力"的重要前提。

公共物品是与私人物品相对应的概念。它供全体社会成员共同消费、共同享用，是保证所有社会成员个人自由充分实现，提升每一个人实现"实质性自由""可行能力"必不可少的社会前提与社会保障。森谈到的五种类型的"工具性自由"（政治自由、经济条件、社会机会、透明性保证、防护性保障）都与"公共物品"有着密不可分的联系。森指出，诸如基本医疗保障或基础教育等"实质性公共资助"是"人类可行能力的形成和使用上极端重要"的条件，这些"社会安排对确保并扩展个人自由可以具有决定性意义"[①]。众所周知，公共物品是私人生产者（更不用说单干者了）所无力提供，或有力也不愿意生产与提供的。因此，在公共物品的生产与提供方面，公共组织尤其是政府负有特殊的责任。

第五，组织提供的社会保障与社会惩罚机制能更有效地保护个人自由的疆界，因而能更切实地保障人们"自由地实现自由"的权利。

虽然人人都有追求自由、追求幸福的欲望和本能，但总有一些人力图把自己的自由、自己的幸福建立在他人的不自由、不幸福基础之上，总是力图侵犯他人的自由疆界。如果没有一个强有力的约束与惩罚机制，许多人尤其是社会中弱势群体的自由将会荡然无存。依赖个人的力量来保护自己的自由，并且惩罚那些对自己自由的侵害者，事实证明，其作用十分有限。组织在这方面可以弥补个人力量的局限性与不足，因为组织作为一个"责任共同体"具有更强的威慑与惩罚机制。

很显然，在有效地保护个人自由这一点上，作为"合法暴力组织"的国家有着特殊的意义与作用。诺思指出，作为"在暴力方面具有比较优势的组织"，"国家提供的基本服务是博弈的基本规则"[②]。从历史上看，虽然这些规则并非普惠于所有的人，它总是有利于统治阶级，但是，有规则终究要好于"霍布斯丛林"式的无规则的人类自相残杀。从这个意义上可以说，

---

① ［美］阿马蒂亚·森：《以自由看待发展》，任颐、于真译，中国人民大学出版社2002年版，第34页。

② ［美］道格拉斯·C. 诺思：《经济史中的结构与变迁》，陈郁、罗华平等译，上海三联书店、上海人民出版社1994年版，第21、24页。

"几乎任何一套规则都好于无规则"①。在现代法治社会里，人民让渡给政府的权利应严格限制在组织国家和政府所必需的部分，而不是让渡人民所有的权利。政府则主要通过法律来治理国家，因此，法律应体现公意，应保障人民的自由。这正如洛克所说："法律的目的不是否弃或限制自由，而是保护并扩大自由。"② 用孟德斯鸠的话说就是，在法制及法治的层面上，所谓的自由，也就是"做法律所许可的一切事情的权利"。"在一个国家里，也就是说，在一个有法律的社会里，自由仅仅是：一个人能够做他应该做的事情，而不被强迫去做他不应该做的事情。"③ 由此可见，人民让渡权利的宗旨是使国家更好地保障人民的基本自由，即"自由只有为了自由本身才能被限制"。

总而言之，个人需要组织，其中固然有效率的因素，有效用的考量，但归根结底是为了拓展实现个人自由的空间，提升个人实现"实质性自由"的"可行能力"。如果把效率作为组织的唯一目标或最终目标，就极有可能导致组织的异化。

六　组织的异化：组织对个人自由的
束缚、限制与禁锢

《简明不列颠百科全书》关于"异化"的词条写道："尽管异化这个词在分析现代生活方面很流行，但它一直是概念模糊、意义含混的。"④ 俞吾金在谈到马克思哲学中的"异化"概念时也认为："在对马克思哲学的研究中，也许没有一个概念比'异化'概念更富有争议性了。有的学者把这个概念视为马克思早期思想留下的'痕迹'，或可被切除的、无用的'阑尾'，也有学者则把它视为马克思哲学中最重要的概念。"⑤ 本书不打算对"异化"这一概念进行论辩。笔者采用学术界比较认同的一种理解，即异化就是人在

---

① [美] 道格拉斯·C. 诺思：《经济史中的结构与变迁》，陈郁、罗华平等译，上海三联书店、上海人民出版社1994年版，第24页。
② [英] 洛克：《政府论》（下），叶启芳、瞿菊农译，商务印书馆1964年版，第348页。
③ [法] 孟德斯鸠：《论法的精神》（上），张雁深译，商务印书馆1961年版，第154页。
④ 《简明不列颠百科全书》第9卷，中国大百科全书出版社1986年版，第87页。
⑤ 俞吾金：《实践与自由》，武汉大学出版社2010年版，第308页。

自身活动中创造出来的客体对象物，反而成为一种外在的、异己的力量，转过来反对、压迫人自身。《简明不列颠百科全书》是这样解释"异化"一词的主要含义的："可把它理解为个人以这样那样的方式与他自己失去了接触。"①

按照笔者对"异化"的理解，所谓"组织异化"，就是人们在社会活动中所创造的，本来是为了拓展个人自由空间，提升个人实现"实质自由""可行能力"的"组织"，转过来成了一种外在的、异己的力量，成了限制、束缚甚至禁锢个人基本自由的一种制度安排。特别是对于那些将效率推向极端，将效率作为组织唯一目标（或最终目标）的一些组织者及理论家，最大限度地限制组织成员的个人自由往往成为他们提高所谓组织效率的最强有力的途径。

首先，组织的强制力要远大于个人的强制力，组织者利用组织的强制力可强行剥夺广大组织成员众多的自由权利，甚至包括基本的人身自由权。

个人加入组织本身就意味着要放弃个人的部分自由权利，否则，组织就不成其为组织。恩格斯说："一个哪怕只由两个人组成的社会，如果每个人都不放弃一些自治权，又怎么可能存在。"② 这部分个人自由权利的放弃与让渡，如果是自主、自愿的，就可以看作是"自由的限制换得了自由的保障"。但不可否认，在人类社会里，有相当多的组织是强制性的，而非组织成员基于自身利益最大化而自主自愿的结合。这就意味着一部分人凭借组织的"名义"对另一部分人的自由权利实施了强行剥夺。理论与实践都表明，组织的强制力远远大于单纯的个人强制力。一个力大如牛的壮汉依赖自己强健的体魄也只能剥夺少数几个人的自由，而一个手无缚鸡之力的文弱书生依赖组织的强制力则可以剥夺众多人的自由。

其次，组织内部的分工在促进专业化，提高劳动效率的同时也有可能加深劳动异化，使个人更加依附于组织，成为组织的奴隶。

分工与专业化无疑能大大提高劳动效率，但与此同时，分工与专业化也

---

① 《简明不列颠百科全书》第9卷，中国大百科全书出版社1986年版，第87页。
② 恩格斯：《恩格斯致泰奥多尔·库诺》（1872.1.24），《马克思恩格斯选集》第4卷，人民出版社2012年版，第502页。

有可能带来劳动的异化。马克思和恩格斯指出："只要分工还不是出于自愿，而是自然形成的，那么人本身的活动对人来说就成为一种异己的、同他对立的力量，这种力量压迫着人，而不是人驾驭着这种力量。"① 分工与专业化有可能导致人的劳动技能的片面性发展，人的技能和个性的全面发展则受到束缚与压抑。在个人劳动技能极端专业化（片面化）的状态下，人只能专于一"术"，精于一"业"，离开了这一"术"一"业"，就很难谋生。如果这一"术"一"业"被固化于某一组织内部，那么个人就只能依附于这一组织，成为该组织事实上（并不一定是法律上）的奴隶。

不过，需要指出的是，劳动分工并不必然会导致劳动异化。劳动异化的根源是社会分裂、劳资对立，而不是劳动分工。从社会实践来看，资本社会化、劳动者知识化，劳动者人力资本的提升，拓展劳动力自由流动与自我选择的空间和能力，构建和完善利益相关者利益共享的体制与机制，以及减少劳动者的"必要劳动时间"，增加劳动者的"自由时间"，等等，都有利于消除或减轻劳动异化。

再次，任何组织的运转都需要权威。权威以权力为基础。权力、权威的另一面就意味着服从，自己的意志必须服从于他人的意志，自己的行动必须听从他人的指挥。尤其是那些等级森严的组织，下级服从上级是铁律。

组织的权威产生于人们组织起来进行联合活动和共同生产的客观需要。马克思指出："凡是许多个人进行协作的劳动，过程的联系和统一都必然要表现在一个指挥的意志上，表现在各种与局部劳动无关而与工场全部活动有关的职能上，就象一个乐队要有一个指挥一样。"② 这种被马克思称之为的"指挥劳动"就是组织的权威，它可以保证分工、协作的顺利进行，保证组织高效率的运作。但是，马克思也指出，组织的权威还有另一面，即"监督劳动"。"监督劳动"建立在组织者、管理者与组织成员对立的基础之上，"这种对立越严重，这种监督劳动所起的作用也就越大。因此，它在奴隶制度下所起的作用达到了最大限度。"③ 在一个组织内部，组织者、管理者通常处于强势地位，

---

① 马克思、恩格斯：《德意志意识形态》，《马克思恩格斯选集》第1卷，人民出版社2012年版，第165页。
② 马克思：《资本论》第3卷，《马克思恩格斯全集》第46卷，人民出版社2003年版，第431页。
③ 同上。

因此，组织的权力、权威极为容易失去制约，远远超出"指挥劳动"必要的界限；而权力一旦高度集中与膨胀，就会使大多数组织成员失去"自我"。从人类组织的历史看，权力往往追求更大的权力，而"任何时候只要出现了对于权力的集中和操控，自由就会受到威胁"①。因此，正如马林诺夫斯基所说："必须作出一个清晰的界定：何谓成功行动必要的权威，其存在恰好能够保证机构中的自由；何谓滥用权力，其存在压制行动并否定自由。"②

最后，组织为了保证"统一的意志"，往往要求"思想统一"、"言论统一"，这极有可能扼杀组织成员的思想自由。

不可否认，组织成员的思想统一对于提高组织效率有极为重要的作用。但是，如果思想的统一超出了生产协作或"指挥劳动"的必要界限，而且渗透到组织成员社会生活的方方面面，就会极大地限制组织成员的自由空间，尤其会扼杀组织成员的思想自由和想象力，因而会扼杀社会创新最为重要的源泉。德国早期著名的马克思主义女社会活动家罗莎·卢森堡在1918年的《论俄国革命》一文中就曾指出："自由受到限制，国家的公共生活就是枯竭的、贫乏的、公式化的、没有成效的，这正是因为它通过取消民主而堵塞了一切精神财富和进步的生动活泼的泉源。""没有自由的意见交锋，任何公共机构的生命就要逐渐灭绝，就成为没有灵魂的生活，只有官僚仍是其中唯一的活动因素。"③ 英国学者霍奇逊也指出："在思想领域，就像在自然界中一样，多样化是演化的动力。当多元化和多样化消失时，创新和进步可能会减缓，直至完全停顿。"④

七　组织（企业）是以自由为代价换取安全吗
——对奈特理论的反思

既然组织是对个人自由的限制与束缚，那么，人们为什么还要加入组织呢？撇开那种强制性的组织，具有"自由人"身份的个人为什么还要放弃

---

① ［英］马林诺夫斯基：《自由与文明》，张帆译，世界图书出版公司2009年版，第113页。
② 同上书，第112页。
③ 转引自萧国亮《公司随想》，《读书》2011年第2期。
④ ［英］杰弗里·M. 霍奇逊：《演化与制度——论演化经济学和经济学的演化》，任荣华等译，中国人民大学出版社2007年版，第11—12页。

自己的劳动自由决策权,选择在他人的指挥和监督下劳动?更具体地说,工人为什么要受雇于企业,而不自己独立生产?弗兰克·奈特对此的解答是,工人(雇员)放弃自由是为了获得安全。

弗兰克·奈特1927年出版的《风险、不确定性和利润》,在西方企业理论乃至西方经济理论中有着十分重要的地位。奈特理论的基本前提是个人的异质性和经济生活的不确定性。① 奈特认为:"人们在有效控制他人的能力和决定应该做什么的智力上存在差异。另外,在对自己的判断和权力的自信程度上,以及根据个人主见进行行动、'冒风险'的倾向上,人类所表现出的多样性也在起作用。"② 按照奈特的观点,社会上只有少数人是风险偏好者,绝大多数人则是风险规避者或风险中性者。由于经济生活充满不确定性,绝大多数风险规避者或风险中性者愿意以放弃自己的自由决策权来换取经济安全。用奈特的话说就是:"自信和敢于冒风险的人通过保证多疑和胆小的人有一确定的收入以换取对实际结果的拥有而'承担风险'或对后者'保险'。"③ 这也就是说,企业家(组织者)作为风险偏好者,以承担风险为代价,换取风险规避者或风险中性者雇员(工人)的自由劳动决策权;而雇员则由此获得保险,获得经济安全,获得一份确定的收入。在一定的意义上,奈特的理论继承和拓展了斯密的分工思想。用现代经济学语言来表述,就是让愿意承担风险者承担风险,让不愿意承担风险者得到安全。

加里·S. 贝克尔也有类似的思想。贝克尔认为,在传统社会中,人们面对有限的信息和诸多的不确定性,在缺乏正规的安全保障制度下,家庭,或者说"一个亲属集团",就成为一个很有效率的"保险公司","保护其成员抗御种种意想不到的灾难"④。这就是说,家庭作为一个"组织",它的主要功能之一就是为全体家庭成员提供安全。如果把家庭比作一个企业,家长就相当于承担风险的企业家。

---

① 威廉·布雷特、罗杰·L 兰塞姆认为:"奈特的首要贡献是区分了风险与不确定性。"([美]威廉·布雷特、罗杰·L 兰塞姆:《经济学家的学术思想》,孙琳等译,中国人民大学出版社、北京大学出版社2004年版,第227页)
② [美]弗兰克·奈特:《风险、不确定性与利润》,[美]普特曼、克罗茨纳编:《企业的经济性质》,孙经纬译,上海财经大学出版社2009年版,第31页。
③ 同上。
④ [美]加里·S. 贝克尔:《家庭经济分析》,彭松建译,华夏出版社1987年版,第277页。

从广义的"自由"角度来理解,安全也是一种自由,而且是最基本的生存自由。当然,个人的自由决策权、自由行动权也是一种自由。从自由的层次看,自由行动权或许是更高层次的自由。因此,从自由的多层次性来看,对奈特理论更恰当的解读或许是以较高层次的自由来换取基本生存层次的自由。很显然,如果人们的生存自由都无法实现,高层次的自由,例如自我价值的实现就是一句空话。

奈特的理论把雇主与雇员的关系理解为基于能力差异、偏好不同的个体自主、自愿的自由交换与自由选择。"用自由换取安全"符合市场经济的等价交换原则。然而,奈特的理论不能回答为什么有一些风险偏好者仅仅因为"自由得一无所有"而只能被雇佣?事实上,"自由得一无所有"的无产者没有什么可以选择的空间与余地。用森的语言表述就是,他们缺乏实现"实质性自由"的"可行能力","饥饿的法则"、"生存的铁律"逼迫他们不得不受雇于他人。进一步讲,人们的能力和偏好差异又是怎样形成的?主要是取决于人们先天的禀赋、基因的差异,还是取决于人们后天的经济社会环境和条件?奈特与马克思的分歧在于,究竟是财产(生产资料)占有的差异还是个人能力及偏好的差异导致了雇主与雇员的分工?

从历史的进程看,在早期的资本主义阶段,工人阶级主要由"一无所有"的体力无产者组成时,马克思的分析确实更具有普遍性,也更具解释力。工人之所以要出卖自己的劳动力,主要不是因为他们统统都是风险规避者或风险中性者,而是因为他们"自由得一无所有"。"劳动力占有者没有可能出卖有自己的劳动对象化在其中的商品,而不得不把只存在于他的活的身体中的劳动力本身当作商品出卖。"[①] 科斯在批评奈特理论时也曾指出,那些有更好判断和知识的人可以通过出售他们的判断与知识来获取收入而不一定要组织企业,在这里,"判断和知识"是可以作为独立的商品出售的。[②] 但是,在马克思的理论框架内,"自由得一无所有"的工人则没有生产独立商品的基本前提与条件,纵然他们有敢于"冒风险"的偏好和勇气,他们也只能当雇员出卖自己的劳动力而不可能成为独立的商品生产者。事实上,

---

① 马克思:《资本论》第1卷,《马克思恩格斯全集》第44卷,人民出版社2001年版,第196页。
② Coase, R., "The Nature of the Firm," *Economica*, Vol. 4, No. 16 (Nov., 1937), pp. 386-405.

"自由得一无所有"的无产者或许比那些有产的资产阶级更愿意也更敢于"冒风险",这是因为一无所有的无产者"失去的只是锁链"。"造反"、"当土匪"不是比组织企业更具风险吗?

实事求是地说,马克思的分析也不能圆满地解释现代社会为什么一些并非"自由得一无所有"的人,例如当今大量的"白领"、"金领",在既可当"老板"又可当"雇员"时选择了当"雇员"?应该看到,在中产阶级逐步成为社会主体阶层的时期,劳动者知识化、资本社会化的进程加快,雇员(工人)并非都"自由得一无所有"。他们中的许多人完全有条件在"独立生产"和"被人雇佣"之间作出自由选择;或者,用马克思的术语表述就是,既可以"出卖有自己的劳动物化在内的商品",也可以出卖"只存在于他的活的身体中的劳动力"。例如,许多具有博士、硕士学位的高端专业技术人才,有的选择了自己创业开公司、当老板(独立生产,或雇佣他人),也有的选择在大学教书或在企业中当工程师(被他人雇佣)。前者无疑更具风险与挑战,后者则更有安全感。他们究竟作出何种选择,个人能力与偏好的差异就会凸显出来。

八 劳动与资本是可以相互替代的同质的生产要素吗
——新古典企业理论批判

从以亚当·斯密为代表的古典经济学开始,西方主流经济学的企业理论似乎一直都是以效率为中心展开的。

斯密认为,企业就是劳动分工与协作的产物,而"劳动生产力上最大的增进,以及运用劳动时所表现的更大的熟练、技巧和判断力,似乎都是分工的结果"[①]。企业产生的必然性与合理性就是因为它能促进劳动分工,提升生产效率,因而能生产更多的社会财富。当然,它也为企业家带来了利润,给工人带来了就业机会。的确,斯密没有系统和深入地考察"企业"这个"黑匣子"的内部结构,但他依然看到了企业内部劳动与资本的对立,"这两方的利害关系绝不一致",并且,他还指出了雇主"占有利地位"[②]。

---

① [英]亚当·斯密:《国民财富的性质和原因的研究》上卷,郭大力、王亚南译,商务印书馆1972年版,第5页。

② 同上。

新古典经济学集大成者马歇尔特别强调组织作为第四大生产因素的特殊作用，并以企业效率（利润最大化）为核心，研究了企业家作用、规模经济、企业的市场结构、私人合伙组织、股份公司组织、合作社等极为广泛的问题，因而为一个比较全面与系统（或许在有些方面并不深刻）的新古典厂商理论奠定了基础，并推动了新古典企业理论数量化、模型化以及"自然科学化"的进程。

新古典经济学的企业理论无疑就是厂商理论。企业家隐含地被认定为企业的人格化代表，利润最大化则被认定为企业生产经营的唯一目的。从资源的稀缺性出发，以经济人、理性选择和完全市场为基本假设，采用"边际增量"和"均衡分析"的方法，新古典经济学的厂商理论力图证明，企业只要根据生产函数和成本函数约束，在一定技术水平下，在目标成本一定的情况下，通过生产要素的最优配置就可以实现产量最大化；或者，在目标产量一定的情况下通过生产要素的最优配置实现成本最小化，这也就是实现了企业效率的最优。在这里，企业的投入产出关系是与企业成员（雇员）的决策行为完全无关的纯技术关系。这正如演化经济学家霍奇逊所批评的："企业更多地成为一系列成本和收益曲线，而不是一个组织。"①

何谓企业？何谓组织？企业与组织的实质应该是一个由不同人（或人群）组成的利益相关的经济实体，而不是一系列收益曲线与成本曲线的简单或复杂组合。在新古典企业理论中，劳动与资本是可以相互替代的，具有鲜活生命的劳动者与冷冰冰的无生命的机器、厂房被看作同质的、无差别的生产要素。企业中的"人"尤其是企业中的劳动者不见了，人们看到的只是无差异的生产要素和无生命的函数关系。这正如詹姆斯·马奇、赫伯特·西蒙所说，这种理论"总体倾向把雇员视做完成分配任务的无生命工具"，"把人视做系统中的既定因素而不是可变因素"②。事实上，马歇尔本人并不完全认同这种简单化的标准函数模型。马歇尔曾提醒人们注意"出卖商品"与"出卖劳动"（用马克思的语言表述就是，"出卖有自己的劳动物化在内

---

① ［英］杰弗里·M. 霍奇逊：《演化与制度——论演化经济学和经济学的演化》，任荣华等译，中国人民大学出版社2007年版，第257—258页。

② ［美］詹姆斯·马奇、赫伯特·西蒙：《组织》，邵冲译，机械工业出版社2008年版，第27页。

的商品"与出卖"只存在于他的活的身体中的劳动力")的本质性区别。他指出:"当一个人出卖他的服务时,他必须亲自到服务场所。对售砖的人来说,不论该砖是用来建造宫殿,或修砌阴沟,这对他都毫不相干。但对出卖劳动的人来说,因为他负责完成一定困难的工作,而工作场所是否有益于人的健康和令人愉快,他的同事是否如他的理想,这对他却有很大的关系。"①

新古典厂商理论运用到实际的企业管理中,最具代表性的理论就是曾被誉为"管理之父"的泰勒的"科学管理"。该理论以"企业最高的产量"、"每个人最高的效率"为原则,实现工具标准化、操作标准化、劳动动作标准化、劳动环境标准化等一系列标准化管理,在极大地提高了企业生产效率的同时,也"把人这种有机体的特性描述为完成相对简单任务的相对简单的机器。"②

九 企业就是一系列契约的连接吗
——新制度主义企业契约理论批判

新制度主义经济学的奠基者科斯对新古典的企业理论提出了强烈的批评。科斯认为,新古典的企业理论远离现实,企业依然是一个没有被真正认识的"黑箱",因为新古典企业理论既不能解释企业存在的原因,也不能解释企业的边界与范围。科斯以交易费用学说为基础,构建了新制度学派的企业理论,并力图回答企业的性质、企业的边界等一系列重大问题。但是,科斯企业理论的核心仍然是企业的效率。企业与市场的边界在哪里?这要取决于市场交易成本与企业管理成本的比较,以力求实现成本的最小化,也就是效益的最大化。科斯认为:"我们所给出的定义与现实世界中的企业非常接近。"③

如前所述,把企业作为效率最大化的组织很容易忽视个人尤其是作为雇员的个人在企业(组织)中的地位和作用。在新古典的企业理论中,劳动这一能动的生产要素被看作是能与资本相互替代的等质的要素;"人这

---

① [英]马歇尔:《经济学原理》下卷,陈良璧译,商务印书馆1965年版,第234—235页。
② [美]詹姆斯·马奇、赫伯特·西蒙:《组织》,邵冲译,机械工业出版社2008年版,第12页。
③ [美]罗纳德·科斯:《企业的性质》,[美]路易斯·普特曼、兰德尔·克罗茨纳编:《企业的经济性质》,孙经纬译,上海财经大学出版社2009年版,第71页。

种有机体"被"描述为完成相对简单任务的相对简单的机器"①。然而,作为新古典企业理论批评者的新制度经济学,事实上并没有从根本上矫正新古典经济学派这一"见物不见人"的缺陷,反而比新古典经济学走得更远。

不可否认,科斯本人的确看到了"出卖商品"(通过市场连接)与"出卖劳动"(企业的科层制度)的重大区别。他指出:"'雇主和雇员'这一法律概念的本质是'指挥'。"② 但是,科斯把企业看作一种交易组织的思想,尤其是他的包罗万象的"交易成本"概念③,导致他的一些追随者把新制度主义企业理论推向了一个新的极端。

科斯的一些追随者并不满意科斯把企业看作市场替代的理论阐释。在他们看来,科斯并没有把交易成本的概念贯彻始终。例如张五常就认为:"说'企业'替代'市场'并非完全正确。确切地说,是一种合约替代了另一种合约。"④ 或者说,是要素市场替代了中间产品市场。这意味着在这些经济学家看来,企业只是市场的一种特殊形态,企业的本质也是契约型组织,是一系列契约关系的联结。⑤

由于企业被看作一系列契约关系的联结,企业中人与人的关系尤其是资本与劳动的关系就统统被淹没在各类契约的汪洋大海之中。阿尔钦和德姆塞茨就认为:"企业并不拥有自己所有的投入,它也不具有命令、强制及对行动的纪律约束等权利。这同任何两个人之间普通的市场合约没有丝毫不同。……所谓的企业管理工人以及向他们分派任务的权力到底具有怎样的内容呢?这确实同一个微不足道的消费者所具有的管理他的食品商,并向他分派各种任务的权力没有什么不同。……他告诉雇员打印这份信件

---

① [美]詹姆斯·马奇、赫伯特·西蒙:《组织》,邵冲译,机械工业出版社2008年版,第12页。
② [美]罗纳德·科斯:《企业的性质》,[美]路易斯·普特曼、兰德尔·克罗茨纳编:《企业的经济性质》,孙经纬译,上海财经大学出版社2009年版,第71页。
③ "'交易成本'被认为是一个含糊和不严格的概念,有人担心它可能会被任意用于解释分析家们用更'严密的'模型所无法解释的一切。"
④ 张五常:《经济解释》,商务印书馆2000年版,第363页。
⑤ Jensen, M., and Meckling, W., "Theory of the Firm: Managerial Behavior, Agency Costs, and Ownership Structure," *Journal of Financial Economics*, Vol. 3, No. 4 (1976), pp. 305-360.

而不是发送那份文件，就像我告诉食品商卖给我金枪鱼而不是那块面包一样。"① 马克思所强调的并为马歇尔、科斯等在一定程度上认同的"出卖商品"与"出卖劳动"的本质性区别，在新制度主义契约学派理论中就这样轻描淡写地被一笔抹杀了。这究竟是企业理论的前进，还是实质性的倒退？

十　个人自由在企业（组织）中的权重

不管是新古典的企业理论，还是新制度学派的企业理论，都有一个共同的缺陷，即"见物不见人"。更为准确地说，所谓主流的企业理论只有企业家（或股东）的利润最大化；企业成员，尤其是普通职工则被同质的生产要素与机器、厂房同化，或被同质的契约联结所淹没。在这种"非人本主义"的企业（组织）理论框架中，"经济学专业一直趋于偏离对自由的关注"②，以致美国社会学家威廉·怀特在《组织人》一书中感叹："个体什么都不是，组织才是一切。"

但是，在经济学理论中还是有一些所谓非主流的声音。他们在重视企业效率的同时，也关注个人自由在企业中的作用、地位和权重。

哈里·道斯发现③，"较高收入的技术人员所以愿意经营零售商店和做保险工作，起因于对独立的渴望（这常常是一个工人生活中的主要目标）"④。经营零售商店和做保险工作，收入不一定比做被雇佣的技术人员工资高，而且其收入远远没有后者稳定，需要自己承担风险。那么，这些"有较高收入的技术人员"为什么会去"经营零售商店和做保险工作"呢？其原因归根结底就是"对独立的渴望"。独立意味着更多的个人自由，意味着

---

① ［美］A. 阿尔钦、H. 德姆塞茨：《生产、信息费用与经济组织》，［美］R. 科斯、A. 阿尔钦、D. 诺思等：《财产权利与制度变迁——产权学派与新制度学派译文集》，上海三联书店1991年版，第59—60页。
② ［美］阿马蒂亚·森：《以自由看待发展》，任颐、于真译，中国人民大学出版社2002年版，第20页。
③ 科斯在《企业的性质》一文中引用了道斯的这一发现，但似乎并没有引起科斯足够的重视。
④ 转引自［美］罗纳德·科斯《企业的性质》，［美］路易斯·普特曼、兰德尔·克罗茨纳编：《企业的经济性质》，孙经纬译，上海财经大学出版社2009年版，第59页。

可以按照自己的意愿，做自己愿意做的事情。在这里，个人自由度的权重高于收入差异的权重，也高于经济安全的权重。

福格尔和恩格曼在研究美国废奴之前南部奴隶劳工体制时发现，当时的奴隶劳动组织（庄园）不仅对于奴隶主而言，并不是一个低效率的组织，而且，对于那些奴隶来说，其收入也不低于自由农业工人的收入，其寿命期望值还"远远高于美国和欧洲自由的城市工业工人"。即便如此，不自由的奴隶渴望自由，依然要逃跑。"奴隶获得自由之后，很多庄园主试图在付工资的基础上重组他们的作业组。尽管事实上向这些自由人提供的工资超过他们当奴隶时所得的百分之百，但是这种努力总是失败。庄园主发现，只要他们被剥夺了使用暴力的权力，就算给予额外工资也不可能维持那种作业组制度。"① 森由此强调，对劳动自由的理解，不能只着眼于市场效率，人的自由才是更重要的角度。② 这意味着个人自由有超越收入、超越效率、超越经济利益的意义。

从现实生活看，随着信息革命与网络经济的兴起，随着中产阶级或中产阶层的成长并逐步成为社会的主体阶层，人们的基本生存自由权以及基本的经济安全保障已不成问题，那种对独立的自由决策权的渴求，希望在自由的时间、自由的空间自由地从事自己愿意干的工作，以实现人的自由价值，总之，对自由更高层次的追求，在各类企业（组织），尤其是知识密集型、智力密集型企业（组织）中变得越来越重要。这种变化也引发了企业组织结构、组织形式的巨大变化。自由职业者、SOHO③一族正迅速风靡北美、欧洲等全球经济发达地区。据一些市场分析家的调查，在美国，居家办公的网络兼职和自由白领已占美国劳动力市场的40%左右。追求个人自由的空间已经成为新一代的风尚。在这一新潮流的影响下，企业内部"扁平化"的平等参与式的管理正在逐步取代层级化的官僚式管理，重视人的价值、重视

---

① 转引自［美］阿马蒂亚·森《以自由看待发展》，任颐、于真译，中国人民大学出版社2002年版，第21页。

② ［美］阿马蒂亚·森：《以自由看待发展》"译者序言"，任颐、于真译，中国人民大学出版社2002年版，第9页。

③ SOHO为small office home office的缩写，指的是在自己的家里设置事务所，依靠信息设备、计算机通信网络开展业务的一种新的经济组织形态。

个人自由的"人本主义"管理理念也逐步取代了那种把人当成完成效率任务的无生命工具的"非人本主义"管理理念。"人本主义"管理理念的核心是把企业（组织）中的"人"视为"人本身"，即"人本身是人的最高本质"，而不仅仅是把"人"当作一种生产要素或生产资源。从这一基点出发，"人本主义"的企业（组织）管理改变了传统企业（组织）管理中片面强调"服从"与"纪律"的倾向，从而更注重平等沟通、人格独立，更注重人的主动性与创造性，更注重人自身价值的实现。管理学理论似乎比经济学理论更敏锐地感觉到了这种新趋势、新变化。管理学理论已开始认识到"个体自由空间决定组织效率"。

十一 从物质资本到人力资本
——组织（企业）中人的价值的提升

在"非人本主义"企业理论中，"人"，尤其是劳动者，只是生产企业利润的工具，物质资本才是最重要的资本，是第一位的生产要素。新古典主义的哈罗德—多马经济增长模型，把经济增长就归结于物质资本的增长以及物质资本与物质产出的比率，即 $G = S/V$。[①] 然而，即使在新古典主流经济学的框架内，许多研究者也发现，单纯用物质资本并不能圆满地解释企业的效率，更不能圆满地解释一个国家国民收入的增长，特别是不能解释技术进步的内生性经济增长。

被誉为"人力资本理论之父"[②]——1979年度诺贝尔经济学奖获得者西奥多·W. 舒尔茨教授，在1960年作为美国经济协会会长的"人力资本投资"演说中，讲到了德国、日本在第二次世界大战后经济恢复及经济增长的奇迹。他指出，这两个国家战后国民财富的增长要远远大于物质资本及土地等生产要素耗费的增长。这意味着产出中有相当大的一部分，即"不可解释

---

① 在这里，G为经济增长率，S为资本积累率（储蓄率或投资率），V为资本（投资）使用效率，即资本/产出比。
② 据一些学者考证，人力资本思想的萌芽来自于威廉·配第，他曾把"技艺"列为土地、资本、劳动之外的第四个特别重要的生产要素；亚当·斯密则有比较明确的人力资本思想，他曾指出："工人增进的熟练程度，可和便利劳动、节省劳动的机器和工具同样看作社会上的资本。"

的余差因素",不能用物质投入以及物质投入效率的提高来说明,也就是说,用物质资本作为第一位生产要素很难解释德国和日本的经济奇迹。舒尔茨认为,在德国与日本的经济奇迹中,人的因素才是第一位的要素。他指出,虽然战争摧毁和破坏了德国和日本的物质资本,但没有毁灭它们比较丰裕的人力资本。正是人力资本带来了德国和日本高素质的劳动力,高的劳动效率以及快速的技术进步。

如果说舒尔茨是从宏观的角度论证人力资本重要性的,那么,以罗默、卢卡斯为代表的新增长理论则从企业的角度、微观的角度进一步论证了人力资本是经济增长的第一要素,是"增长的发动机"。罗默、卢卡斯的新增长理论把技术进步这一传统增长理论的外生因素内生化,因而突出了人力资本在经济增长中的极端重要性。罗默继承并进一步发挥了阿罗"干中学"和知识作为公共产品具有"外溢性"的思想,指出知识资本的积累才是企业长期增长的决定性因素;知识资本不仅自身具有递增的边际生产力,而且还能带动物质资本产生递增收益,从而突破了传统增长理论中资本边际报酬递减的经济增长"瓶颈"。[①] 卢卡斯则区分了人力资本的内部效应和外部效应,并特别强调了人力资本的外部效应,即社会劳动力的平均人力资本水平的核心作用。他指出,人力资本的外部效应既具有递增收益,也具有外溢与扩散的功能,因而对所有生产要素的生产率提高都有不可忽视的贡献。[②] 特别需要指出的是,阿罗的"干中学"理论实际上揭示了实践对于人力资本提升的极端重要性,因而突出了"人"这一实践者在企业中的价值。

人力资本理论在20世纪七八十年代的兴起不是偶然的,这与全球知识经济的兴起有必然的、密不可分的联系。知识经济即"以知识为基础的经济",它以人力资本为基本要素,以人的知识创新为主要的增长动力源。这与工业经济时期以物质资本为基本要素,以物质资本积累为主要增长动力源明显不同。在以大规模、大机器生产为主要特征的工业化时代,企业是流水线型的流程式企业,在流水线上作业的员工只需按规定完成操作工序,就如

[①] Romer, P., "Increasing Returns and Long-Run Growth," *Journal of Political Economy*, Vol. 94, No. 5 (Oct., 1986), pp. 1002-1037.

[②] Lucas, R., "On the Mechanics of Economic Development," *Journal of Monetary Economics*, Vol. 22, No. 1 (July., 1988), pp. 3-42.

同整体机器的一颗"螺丝钉"。"服从"是企业对员工的基本要求，个人的自主性、创造性在整齐划一的所谓"科学管理"中被忽略，甚至被制度、规章有意识地压抑。但是，在知识经济时代，多样化、差异化替代了单一化、标准化，员工也逐步从以体力劳动者为主体过渡到以知识劳动者为主体，人的主动性、创造性日益成为企业利润、企业竞争力的主要来源。由于知识与人的主动性、创造性，与人的学习和实践密不可分，作为知识持有者、运用者、创造者的人（知识劳动者）就不是传统工业社会里那种单纯的、机械式的、与机器设备同质的并可以相互替代的劳动力，而是具有能动性、创造性，并能在实现自身价值的同时推动经济增长的"第一生产要素"。

诚然，人力资本理论依然把"人"看作"资本"，是经济增长的工具，并没有把"人"视为经济增长的目的，但是，人力资本理论毕竟在主流经济学的框架内提升了"人"的作用与价值。

十二　从"唯所有者权益"到"所有相关利益者权益"
——企业（组织）的利益共享与普惠机制

伴随着知识经济的兴起，伴随着人的价值在企业（组织）地位中的提升，那种把企业仅仅看作"企业家的企业"，或者秉承"股东至上"的企业理念也受到了来自于理论和实践两方面的挑战。

企业从本质上讲是"人"的组织，是各种利益主体的"集合"，而不仅仅是"企业家的企业"，也不仅仅是"劳资关系"。所谓"利益相关者"，狭义的理解是斯坦福研究所的界定，即"在企业中投入了专业性资产的人或团体"[①]；广义的理解则是弗里曼（Freeman）的界定，即"任何能影响组织目标实现或被该目标影响的群体或个人"[②]。如果按照广义的理解，"利益相关者"既包括企业的股东、管理者、技术人员、普通劳动者，也包括企业的债权人、债务人、供应商、销售商、消费者等交易伙伴，还包括政府部门、

---

① Stanford Research Institute (1963), Internal Memorandum, http：//www.ruf.rice.edu/-odw/.
② Freeman, R. E., *Strategic Management：A Stakeholder Approach* (Cambridge University Press, 1984).

当地居民、当地社区、媒体、环保主义者等企业外部相关集团与压力集团，甚至还包括自然环境、人类后代等受到企业经营活动直接或间接影响的客体。当然，如此众多的利益相关者与企业利益联系的紧密程度毕竟有差异，弗里曼把他们分成所有权利益相关者、经济依赖性利益相关者、社会利益相关者三大类。[①]

与传统的股东至上主义相比较，利益相关者理论认为，任何一个企业（组织）的组建与发展都离不开各利益相关者的投入或参与，因此，企业（组织）是所有利益相关者共同的企业（组织）；或者说，企业是由众多利益相关者共同组成的一个系统。因此，企业（组织）应该追求的是利益相关者的整体利益，为所有利益相关者创造财富与价值，使所有利益相关者都能"分利"，而不仅仅是为个别主体（例如股东）创造独享的特殊利益。

与奈特只有企业家（组织者）才承担风险，因此独享企业剩余的观点不同，利益相关者理论认为，凡是在企业的生产活动中进行了一定的专用性投资的个体或群体，事实上都承担了一定的风险。克拉克森（Clarkson）指出："利益相关者在企业中投入了一些实物资本、人力资本、财务资本或一些有价值的东西，并由此而承担了某些形式的风险；或者说，他们因企业活动而承受风险。"[②] 利益相关者理论特别强调了特殊人力资本的资产专用性，因此也突出了"人"作为特殊人力资本在企业（组织）中的价值与地位。

由于把企业（组织）视为利益相关者共同的企业（组织）而不仅仅是"企业家的企业"，由于认定所有利益相关者都与企业家一样承担了一定的企业风险（虽然承担风险的方式与承担风险的程度不相同），利益相关者理论顺理成章地要求所有利益相关者都有参与企业重大决策的权利，并分享企业利益（企业剩余索取权）。笔者认为，利益相关者理论最有价值的思想是其代表人物弗里曼从康德哲学出发所指出的，人是企业（组织）的目标，而不能成为追求利润的工具。

诚然，利益相关者理论还有许多缺陷与不足，还不是一个十分完整与成

---

① Freeman, R. E., *Strategic Management: A Stakeholder Approach* (Cambridge University Press, 1984).
② Clarkson, M. A., "Stakeholder Framework for Analyzing and Evaluating Corporate Social Performance," *Academy of Management Review*, Vol. 20, No. 1 (1995), pp. 92-117.

熟的理论，但是，该理论拓展了企业（组织）中"人"的视野与价值，强调了利益的分享与普惠，因而反映了知识经济时代新的趋势与潮流。

十三　自由人联合体
——既是理想，也是实践

"自由人联合体"是马克思、恩格斯关于未来共产主义社会组织结构的构想。相比公有制、计划经济，"自由人联合体"更能代表马克思、恩格斯对未来社会的憧憬与希望。他们在《共产党宣言》中写道："代替那存在着阶级和阶级对立的资产阶级旧社会的，将是这样一个联合体，在那里，每个人的自由发展是一切人的自由发展的条件。"① 1894年，当《新世纪》周刊请求恩格斯找一段题词，用简短的语言来表述未来社会主义纪元的基本思想时，恩格斯再一次强调了这句话，并十分明确地指出"除了《共产党宣言》中的下面这句话，我再也找不出合适的了"②。

建立"以每一个个人的全面而自由的发展为基本原则的社会形式"③，即建立"自由人联合体"是马克思主义社会革命的最终目标与理论精髓。在终极目标的意义上，马克思的全部学说都可以理解为"解放全人类的学说"④。如前所述，"解放"与"自由"同根同义。可惜的是，这一思想在相当长的一段时期里被人们无意或有意地遗忘甚至曲解了。在无产阶级夺取政权的阶段，人们更强调"阶级"、"阶级斗争"这是可以理解的，也是当时形势的需要；在社会主义建设初期，人们没有现存的社会主义模式可以遵循，在探索时期把公有制、计划经济作为社会主义本质特征也是社会主义历史进程中难以避免的。但是，共产主义最本质的特征毕竟是"每个人的自由与全面的发展"，而不是长期的"一个阶级"与"另一个阶级"的"阶级斗

---

① 马克思、恩格斯：《共产党宣言》，《马克思恩格斯选集》第1卷，人民出版社2012年版，第422页。
② 恩格斯：《恩格斯致朱泽培·卡内帕》，《马克思恩格斯选集》第4卷，人民出版社2012年版，第647页。
③ 马克思：《资本论》第1卷，《马克思恩格斯全集》第44卷，人民出版社2001年版，第683页。
④ "马克思哲学归根结底是一种解放全人类的学说。"（俞吾金：《实践与自由》，武汉大学出版社2010年版，第18页）

争";也不是那种限制、束缚个人自主、自由,一切由国家行政控制的、无所不包的计划经济。有人指责,"这些年来,有些人热议'自由人联合体'问题","某些人突然对'自由人联合体'产生了异乎寻常的兴趣",这恰恰是因为"自由人联合体"的精湛思想长期以来一直被忽视,甚至被冷置,被歪曲的结果。

改革开放以来,人们解放思想,实事求是。思想的解放、思想的自由是行动自由、实践自由的先导。尤其是"以人为本"的科学发展观确立之后,马克思"人的自由的全面发展"思想、"自由人联合体"思想也得到了越来越广泛的重视与肯定,但是也有两种值得注意的偏向。

第一种偏向是用"人的全面发展"替代"人的自由的全面发展"。长期以来,中国有一种理论倾向,即在谈到马克思"人的发展"学说时,大部分文章都只谈人的"全面发展",而有意无意地回避了"自由发展";用"人的全面发展"来替代"人的自由的全面发展"。究其原因,一是中国理论界长期以来存在着对"自由"的恐惧症。二是在传统的政治经济学思维观念中,"全面发展"似乎就是否定分工、否定专业化,因而也是对市场经济的否定。在长期地否定市场经济的语境中,"全面发展"被片面突出。然而,马克思本来意义上的"全面发展",只是否定强制意义上的分工,而没有否定自愿意义上的分工,即没有否定以"自由"为基础的分工。事实上,"全面发展"并不意味着人们什么都干,并不意味着劳动分工、社会分工的消亡,也不意味着专业化生产的消亡。"全面发展"的本质含义是人们可以自由地从事人们愿意从事的工作,它也包括人们可以自由地不从事那些他不愿意从事的工作。很显然,这其中就包括了分工与专业化。

进一步讲,在马克思"人的自由的全面发展"学说中,"自由发展"与"全面发展"相比较,哪一个更具有本质性意义?哪一个更为关键?笔者认为,是"自由发展",而不是"全面发展"。

首先,从目的论角度看,"自由"比"全面"要高一个层次。从一定的意义上说,"全面发展"是为了人们充分地实现"自由",或者用阿马蒂亚·森的语言表述,就是为了提升人们实现"实质自由"的"可行能力"。或许,有人会说,能不能反过来,"自由发展"也是为了"全面发展"?笔者认为,不能!在马克思的理论体系中,"每一个人的自由"和"社会上一切人的自由"是人类文明发展的终极目标，但马克思从来都没有把"全面发展"提升到人类文明终极目标的高度。

其次，"自由发展"是实现"全面发展"的基础性前提（注意："基础性前提"并不意味着"自由发展"为"全面发展"服务）。马克思提到的"全面发展"，主要针对的是非自愿的旧式分工，这带来了劳动的"异化"。马克思、恩格斯指出："只要分工还不是出于自愿，而是自然形成的，那么人本身的活动对人来说就成为一种异己的、同他对立的力量，这种力量压迫着人，而不是人驾驭着这种力量。"① 如何才能实现"全面发展"，即马克思所说的，任何人"都可以在任何部门内发展"，"使我有可能随自己的兴趣今天干这事，明天干那事"②，而不是被"旧式分工"所束缚的"畸形的、片面的发展"？马克思认为，最为重要的途径之一，就是要逐步增加人们的"自由时间"。马克思说："节约劳动时间等于增加自由时间，即增加使个人得到充分发展的时间。"③ 这也就是说，人们能够自由支配时间，能够"自由发展"，所谓的"全面发展"才有实现的可能。从这一角度看，"全面发展"不过是"自由发展"的"副产品"。④

第二种偏向是把"自由人联合体"仅仅看作一种未来的理想，而没有认识到它也是一种现实的实践。

强调"自由人联合体"的现实实践性，可以避免那种把"自由人联合体"仅仅看作一种未来的理想而束之高阁的偏向。在有些人看来，不仅是"自由人联合体"，就连最基本的"个人自由"，都似乎是一种"奢侈品"。

---

① 马克思、恩格斯：《德意志意识形态》，《马克思恩格斯选集》第 1 卷，人民出版社 2012 年版，第 165 页。

② 同上。

③ 马克思：《经济学手稿》（1857—1858 年）［手稿后半部分］，《马克思恩格斯全集》第 31 卷（下），人民出版社 1998 年版，第 106—107 页。

④ 朱永新先生在谈到教育理念中的"个性教育"与"全面发展"的关系时，有一段话很有见地，并且与我们讨论的"自由发展"与"全面发展"关系密切。他说："每个人都是一个独立的个体，每一个孩子也是一个独特的个体。最好的教育应该是为每一个人量身定做的，最好的教育应该能让每个人的潜能、个性得到最大限度地张扬和发挥。那么，我们就不能用统一的标准要求所有孩子，我们也不能简单地提德、智、体、美、劳全面发展。事实上，在我们的教育过程中，有许多人是打着全面发展的旗帜，干着全面不发展的勾当。因为，无论是从我们教育的时间、空间、能力，还是孩子的个性等方面来看，全面发展都不太可能。所以，最好的教育应该是最有个性的教育。"（转引自王尧《教育是一首诗》，《读书》2012 年第 3 期）

为了GDP，为了他们心目中所谓的"发展"，"个人自由"往往被漠视，组织则成为限制个人自由的强有力的工具。因此，我们强调"自由人联合体"的现实实践性，归根到底就是要在"以人为本"科学发展观的基点上，强调现代化的组织必须以拓展个人自由，提升个人实现"实质性自由""可行能力"为基本宗旨，而不是把组织异化成束缚个人自由的工具。"自由人联合体"的前提与基础是"自由人"。这首先就是个人自由。事实上，没有个人的自由，就谈不上一切人的自由，也谈不上所谓社会整体的自由。这正如恩格斯所说："要不是每一个人都得到解放，社会也不能得到解放。"[①] 这意味着实现"自由人联合体"的理想必须争取人的自由，而争取人的自由本身就是一种社会实践。"联合体"，是在"自由人"基础上的自愿合作与组织，是个人自由与社会自由的统一。联合的目的、联合的宗旨，归根到底是更"自由地实现自由"。

诚然，"人类始终只提出自己能够解决的任务，因为只要仔细考察就可以发现，任务本身，只有在解决它的物质条件已经存在或者至少是在生成过程中的时候，才会产生"[②]。从这一角度看，"自由人联合体"的社会实践确实是一个漫长的历史进程。无论是我们的主观认知能力，还是实际的行动能力，都受到来自大自然，来自我们人类社会自身，来自我们"每一个人"自身的种种束缚与限制。就此而言，我们是不自由的，或者说，自由还很不充分。"自由人联合体"的社会实践也就是要逐步消除这种种束缚与限制，使我们的自由越来越充分。

十四　本章结论

本章奠定了全书的分析框架，是全书的纲。它的主旨是要阐明组织与自由（尤其是个人自由）之间的互动关系。

第一，我们必须确认自由是人的本性，但同时它能够而且必须在现实生

[①] 恩格斯：《反杜林论》，《马克思恩格斯选集》第3卷，人民出版社2012年版，第681页。
[②] 马克思：《〈政治经济学批判〉序言》，《马克思恩格斯选集》第2卷，人民出版社2012年版，第3页。

活中具体展开。这意味着自由不仅具有"人是人的最高本质"的"本体论"意义，同时也具有在现实生活中具体展开的"存在论"（"实践性"）意义。

第二，虽然自由是人的本性，是人类社会不断追逐的理想与实践，但正如卢梭所说："人生而自由但又总是处在枷锁之中。"这意味着人的自由总是有限的、相对的。这不仅源于人对自然界的认知能力与行为能力的有限性，更重要的是，人类必须有一整套规则、制度来约束人们的行为。总之，人的自然属性与人的社会属性决定了人的自由必然会受到自然和社会条件的限制。

第三，人类规则、制度对自由的限制有两类。一类限制与约束是为了更好地保障全人类，也就是"每个人"的自由，拓展人类自由的现实空间；"自由的限制换得了自由的保障"。另一类限制与约束则并非拓展人类自由的现实空间，而是少数人的自由以剥夺多数人的自由为代价，自己的自由建立在他人不自由的基础之上。自由究竟是少数人的一种特权，还是"每一个人"的普遍权利，这是"自由观"最重要也是最根本性的分野。

第四，从人的自我解放和人类解放的角度看，自由的生成是一个没有终点、没有止境的历史进程。自由既是目的，又是手段。马克思的名言"自由地实现自由"蕴含着极其深刻的思想哲理。

第五，作为人们合作行为和合作关系长期性、稳定性的一种制度安排，组织最本质的意义在于它能更有效地保障和实现个人的自由，拓展个人自由的空间。这是因为：（1）组织创造了单个人劳动所不具有的"集体力"，弥补了个人身体条件的局限性，拓展了个人劳动的空间与时间；（2）组织进一步深化了劳动分工，提高了劳动效率，并获得了个体劳动所没有的规模收益，为个人自由的充分实现提供了必要的物质基础与前提；（3）组织提供了个人与社会接触的平台，提供了知识互补和知识交会的渠道，从而大大提升了个人实现自由的认知能力与行为能力；（4）组织提供的社会保障与社会惩罚机制能更有效地保护个人自由的疆界。

第六，组织一方面提供了拓展个人自由空间的平台，另一方面也有可能异化成为限制与束缚个人基本自由的强有力工具。这是因为：（1）组织的强制力要远大于个人的强制力，组织者利用组织的强制力可强行剥夺组织成员的自由权利；（2）组织内部的分工在促进专业化，提高劳动效率的同时也有可能加深劳动异化，使个人更加依附于组织，成为组织的奴隶；（3）任何组织的运转都需要权威，权威的另一面就意味着服从，自己的意志必须服从他人的意志，自己的行动必须听从他人的指挥；（4）组织为了保证"统一的意志"，往往要求"思想统一"、"言论统一"，这就有可能扼杀组织成员的思想自由。

第七，奈特的企业理论把雇主与雇员的关系理解为基于能力差异、偏好不同的自主、自愿的自由选择，雇员"用自由换取安全"。然而，奈特的理论不能回答为什么有一些风险偏好者仅仅因为"自由得一无所有"而只能被雇佣？而且，他也不能解释人们能力和偏好的差异又是怎样形成的？奈特与马克思的分歧在于，究竟是财产（生产资料）占有的差异还是个人能力及偏好的差异导致了雇主与雇员的分工？但是，实事求是地说，马克思的分析也不能圆满地解释现代社会里为什么一些并非"自由得一无所有"的人，在既可当"老板"又可当"雇员"时选择了当"雇员"？应该看到，在中产阶级逐步成为社会主体的时期，劳动者知识化、资本社会化的进程加快，雇员（工人）并非都"自由得一无所有"。他们中的许多人完全有条件在"独立生产"和"被人雇佣"之间作出自由选择。

第八，在新古典的企业理论中，劳动与资本是可以相互替代的、同质的、无差别的生产要素。企业中的"人"尤其是劳动者不见了。人们看到的只是无差异的生产要素和无生命的函数关系。"企业更多地成为一系列成本和收益曲线，而不是一个组织。"尤其是在泰勒的"科学管理"中，"人"这种有机体的特性被描述为完成相对简单任务的相对简单的机器。

第九，新制度学派虽然批评了新古典的企业理论，但在错误的方向上走得更远。企业被看作一系列契约的联结，企业中人与人的关系、资本与劳动的关系被统统淹没在各类契约的汪洋大海之中。

第十，经济学理论中还是有一些所谓"非主流"的声音的。它们在重视企业效率的同时，也关注个人自由在企业中的权重。尤其是随着中产阶级或中产阶层的成长并逐步成为社会的主体，对个人自由更高层次的追求，将带来组织形式、组织结构的一系列创造性革命。

第十一，人力资本理论在20世纪七八十年代的兴起不是偶然的，这与全球知识经济的兴起有必然的、密不可分的联系。人力资本理论在主流经济学的框架内提升了"人"在企业（组织）中的作用与价值。

第十二，由于把企业（组织）视为利益相关者共同的企业（组织），而不仅仅是"企业家的企业"，由于认定所有利益相关者都与企业家一样承担了一定的企业风险，利益相关者理论顺理成章地要求所有利益相关者都有参与企业重大决策的权利，并分享企业利益（企业剩余索取权）。该理论强调了利益的分享与普惠，因而反映了知识经济时代新的趋势与潮流。

第十三，"自由人联合体"既是马克思、恩格斯关于未来共产主义社会组织结构的理想，也具有现实的社会实践性。强调"自由人联合体"的现实实践性，归根到底就是要在"以人为本"科学发展观的基点上，强调现代化的组织必须以拓展个人自由，提升个人实现"实质性自由"的"可行能力"为基本宗旨。

第三章

新中国成立以来农业生产组织变迁的历史脉络与内在逻辑

——基于农民自由视野的解读

【提要】本章将秉承"组织—自由"的基本分析框架,从"自由地实现自由"的视野出发,解读中华人民共和国成立以来农业生产组织变迁的历史脉络与内在逻辑,着重论述农村土地承包制是当代中国农业生产组织现代化的历史与逻辑起点。

一 人民公社体制:以广大农民自主经营权、自由选择权为代价换来的基本生存权的集体安全保障

"改革""开放"以来,当代中国农村组织与制度的变迁是一次"和平的革命"。由于历史不可割裂,"人们过去作出的选择决定了其现在可能的选择"[①],因此,要理解从1978年开始的农村经济体制与组织制度的深刻变革,就必须理解人民公社体制,理解人民公社体制形成的历史背景、内在动机,它所蕴含的内部矛盾及其最终解体的原因。

---

① [美]道格拉斯·C. 诺思:《经济史中的结构与变迁》"中译本序",陈郁、罗华平等译,上海三联书店、上海人民出版社1994年版。

人民公社体制是中国党和政府主导下的农业合作化运动的最终组织形态。因此，人民公社化与农业合作化可以看作同一运动的两个不同阶段。最为关键的一步并不在于从农业高级合作社转变为人民公社，而在于农业合作化运动起始时期从个体农民转到初级社。从高级社转变为人民公社，其外在形式虽轰轰烈烈，但实质上引发的矛盾与冲突远不及从个体农民转到初级社。毛泽东在1958年8月召开的北戴河政治局扩大会议上指出："搞公社这个东西，没有初级社那样多的危险。关键是初级社，由私有变公有。在合作社基础上搞公社没有那么多困难。"[①]

我们党动员广大农民投身或支持革命打的主要是"土地"牌："耕者有其田"，"打土豪，分田地"。中华人民共和国的成立，土地改革的展开与推进，结束了中国几千年的封建土地所有制，实现了广大农民千百年来梦寐以求的"耕者有其田"的理想，自耕农成为当时最普遍的农村微观经济组织形式，中国成为以自耕农为主体的小农经济[②]的汪洋大海。但是，为什么自耕农还没有来得及把自己所有的土地焐热[③]，党和政府就急切地发动了一场急风暴雨式的农业合作化运动，把私有土地转变为公有，把个体农民改造成为合作社社员和人民公社社员？

从宏观的背景与视野看，中华人民共和国成立之初，国家尚未统一，蒋介石集团退守台湾；外部以美国为首的资本主义国家对中国实行孤立、遏制、包围甚至侵略、挑衅政策；内部则经济落后，失业现象严重，百业待兴。面对内忧外患，加快重工业优先的工业化发展，以求在一个较短的时期里实现国家的工业化，建成一个比较独立、完整的工业体系，尤其是国防工业体系，或许是当时唯一正确，或者是不得已而为之的战略选择。但是，这种重工业优先的工业化发展战略与中国既定的资本短缺、劳动力充裕的经济资源格局存在着十分尖锐的矛盾。为了确保重工业优先的工业化战略的推

---

① 转引自薄一波《若干重大决策与事件的回顾》下册，人民出版社1997年版，第770页。
② "以自耕农为主体的小农经济"与"以封建土地所有制为基础、以佃农为主体的小农经济"，在经营形式上可能相似，但在本质上仍有区别，二者不能等同。
③ 当时农业合作化运动能比较迅速和大规模推进的另一个重要原因是：贫农的相当一部分土地是土改时党和政府分配的，他们的自耕农身份是土改赋予的，地主、富农则是被打倒的阶级，因此，当时对农业合作化抵触最大的就是富裕中农，即传统的自耕农。

行，中国的农民必须作出巨大的牺牲。这首先表现在当时占人口绝对多数的农民是国家工业化的主要"纳贡者"上，国家利用工农业产品价格"剪刀差"，隐性地使农民为国家工业化缴纳了一笔数额特别巨大的"类似贡款"的"超额税"①。其次，农业、农村还要作为容纳重工业优先的工业化所无法吸纳的大量富余劳动力的就业"蓄水池"，以保证城市社会的稳定。很显然，这种国家工业化战略与个体农民之间存在着尖锐的难以调和的矛盾。你如何保证个体农民自愿地把低价粮食交给国家？② 你如何保证个体农民不自发地流入城市就业而只待在农村？同时，在工业化大规模抽走农业剩余的前提下，你又如何保证广大农民尤其是农民中贫困群体的基本生存？为了解决这些矛盾，国家建立了严格的城乡户籍管理制度和粮食的统购统销制度。但要从根本上解决问题，还必须把广大农民通过农业合作化运动"组织"起来，集体所有制的农业合作社乃至后来的人民公社就是一种必然的制度安排和组织选择。③

笔者把人民公社体制称为基本生存的集体安全保障体制基于以下两个层面。

从国家的层面看，人民公社体制保证了重工业优先的国家工业化高速推进，使中国在一个经济极其落后④的基础上尽快建立起一个初步完整的工业体系（包括当时至为重要的国防工业体系）和国民经济体系。这对于保障国家的总体安全和独立自主的经济发展有极其重要的作用。

从农村层面看，重工业优先的国家工业化战略要求农民作出巨大的资金贡献，把农民"挖"得很苦，但又不能消化、吸纳农村大量的富余劳动力，

---

① 何谓"剪刀差"？1929 年 2 月，苏共中央政治局和中央监察委员会主席团联席会议的决议表述得十分清楚，即农民在购买工业品时多付一些钱，而在出卖农产品时少得一些钱。斯大林说："这是因为我国落后而产生的'一种类似贡款的东西'。"（斯大林：《论联共（布）党内的右倾危险》，斯大林：《列宁主义问题》，人民出版社 1964 年版，第 282 页）

② 陈云在 20 世纪 50 年代初谈到实行"粮食征购"时一针见血地指出："我们越是需要粮食，他们越不卖。"[陈云：《实行粮食统购统销》，《陈云文稿选编》（一九四九——一九五六年），人民出版社 1982 年版，第 194 页] 这里的"他们"，就是指个体农民。

③ 更为详细的论述可见曹阳《中国农业劳动力转移：基于体制变迁的分析》第二章（华中师范大学出版社 1997 年版）；林毅夫、蔡昉、李周《中国的奇迹：发展战略与经济改革》（上海人民出版社 1999 年版）；温铁军《中国农村基本经济制度研究》（中国经济出版社 2000 年版）。

④ 1952 年，中国人口为 57482 万，国民收入为 589 亿元人民币，人均年国民收入仅为 104 元。

这无疑进一步加剧了农村原有的人口与资源（尤其是土地）的尖锐矛盾。①在这种情况下，如何保证广大农民尤其是农村中贫困群体的基本生存，是一个关系到农村社会能否稳定、政权能否稳定的大问题。人民公社体制直接占有、支配和使用农村村社的绝大多数经济资源（最为重要的是土地资源与劳动力资源），实现平均主义的分配方式，保障基本生存物品与公共产品生产与供给的优先，因而建立了一个在普遍贫穷基础上的基本生存集体安全保障体系。

这种基本生存集体安全保障体系体现在很多方面。例如，口粮以及基本生活资料的分配以人口为主、工分为辅；"五保户"制度；"合作医疗"制度，等等。它还包括了应对大自然风险的农田水利基本建设。在人民公社化的极端时期，这种共同保障在有些地方推进到了方方面面，例如曾经作为人民公社典型的河北徐水县，就试图实现"十五包"②。当下一些在本质上而非在形式上依然坚持公社体制的地方，例如河南临颍县南街村，也把这种共同保障体制发展成为更大范围的供给制。

【案例3—1】　　　　　南街村的供给制与公共福利

南街村的供给制始于1986年。从1986年到1994年，由最初的水、电免费发展到了14项公共福利，集体对村民实行了免费供给水、电、煤、气、食用油、面粉、节假日改善生活食品；儿童入托、学生上学直至大学毕业，一切费用均由集体负担；文化娱乐、人身保险、防疫、医疗费、计划生育、农业税、农村各项提留也由村里承担。1995年春节，村民每人供给10斤猪肉（10斤牛肉）、5斤鱼、2斤白条鸡、2斤鸡蛋、10斤大米、5斤苹果、1斤糖块、1斤瓜子、2斤大枣、10斤豆腐、1斤小磨油、5斤粉条、1瓶酒、1条香烟、5斤核桃、3斤柿饼、5斤葱，还有五香粉、酱油、醋、八角、茴香、生姜、味精等29种节日食品。村民们一分钱不用花，村里把节日食品

---

① 人口和资源之间的压力，诺思把它看作"经济史的核心问题"（道格拉斯·C.诺思：《经济史中的结构与变迁》，上海三联书店、上海人民出版社1994年版，第13页）；温铁军则把人地关系紧张看作中国最基本的国情（温铁军：《"三农问题与制度变迁"》，中国经济出版社2009年版）。

② 河北徐水的"十五包"，即包吃饭、穿衣、住房、鞋、袜、毛巾、肥皂、灯油、火柴、烤火费、洗澡、理发、看电影、医疗、丧葬。

全部安排齐了。

从1993年起，南街村开始建高标准的住宅楼，大套三室一厅，92平方米，小套74平方米，二室一厅，村里统一配备了中央空调，54厘米平面直角"长虹牌"、"北京牌"彩色电视机，高档家具齐全，卧室摆好了席梦思床、高低柜、床头柜，炊具也是统一配置，太阳牌双芯液化气灶、万宝牌抽油烟机，连液化气罐都是名牌产品。卫生间设施齐全，每周供应两次热水，让村民洗澡。一套住宅配套下来近8万元人民币。

到南街工作的外籍职工，也逐步扩大了供给的成分。职工们在食堂就餐一律实行了主食免费；职工公寓宽敞明亮，8个人一个房间，人均使用面积3.5平方米，房间都配有中央空调，集中供暖、冷气。村里统一配备了床、被、脸盆、水瓶、茶杯、小柜。到南街上班，只要带着换洗衣服就可以了。逢年过节，都要发给节日食品，让职工们回家与亲人团聚。1995年春节，每人就供应了10斤大米，10斤苹果，一箱方便面，一箱锅巴，两件果茶，一件啤酒等将近130元的食品。平时，职工们洗澡、理发全部免费。

——临颍县南街村编写组编：《理想之光——南街人谈共产主义小社区建设》，1995年，第11—13页。略有删节

以村社集体的力量、组织的力量来保障全体村民尤其是弱小农户最基本的生存权，詹姆士·斯科特把它称为传统乡村的"生存保障伦理"。斯科特（Scott）在研究东南亚乡村组织与乡村社会时认为："只要在村民掌控的资源许可的范围内，所有村民都有权确保最低的生存条件。这种伦理的社会力量及其对穷人的保护力，各地各村有差异。总体来看，传统组织越发达的村庄，这种保护力越强大。"[①] 很多学者认为，传统中国的乡村也具有这种斯科特所说的"体现了村民互助的最低道德要求"的"生存保障伦理"。例如，李怀印在谈到20世纪初河北省获鹿县的村规时指出："获鹿村规所体现的生存伦理，到兵荒马乱的20年代，在各种摊派激增、乡地负担空前加重的情况下，更加突显出来。当地村社为了确保普通农户的生存，甚至调整旧

---

① Scott, James C., *The Moral Economy of the Peasant: Rebellion and Subsistence in Southeast Asia* (New Haven: Yale University Press, 1976), p.40.

有的村规,使富户承担更多的义务。""我们所看到的,是在生存伦理压力下,富户与普通乡民互作一定退让,共度时艰,维持村社共同体于不坠的画面。"①

作为当时党和国家最高决策者的毛泽东主席内心深处也认可这种传统乡村社会的"生存保障伦理"。在人民公社兴起的初期,毛泽东主席对于公共食堂、吃饭不要钱、供给制就很憧憬,对历史上三国时期带有浓厚的农民平均主义色彩的"五斗米道"也十分赞赏。②保护农村弱势群体的生存权自始至终都是毛泽东主席坚持人民公社体制的最重要原因之一。因此,从一定的意义上可以说,人民公社体制就体现了这种"生存保障伦理",并以制度化的组织构架在全国范围内实践了这种伦理。

二 自由是效率的源泉:人民公社解体的深层次原因

如上所述,人民公社这种基本生存权集体保障体系是特定历史条件下的产物;但与此同时,它的建立也付出了极其沉重的代价。其中,最为沉重的代价是广大农民自主经营权与自由选择权的全面丧失。1955年,毛泽东在与邓子恢的谈话中有一句看似平常但实质上极为深刻的话:"农民是要'自由'的,我们要社会主义。"③ 这里的"自由",最本质的就是农民的自主经营权与自由选择权;"社会主义"则是指农业合作化与农业合作社。④

在初级社的时候,农民还有一定的财产权,土地与重要的生产资料(例

---

① 李怀印:《中国乡村治理之传统形式:河北获鹿县之实例》,《中国乡村研究》第1辑,商务印书馆2003年版。
② 参见薄一波《若干重大决策与事件的回顾》,人民出版社1997年版,第767—768、801—802页。
③ 转引自中共中央党史研究室《中国共产党历史·第二卷(1949—1978)》上册,中共党史出版社2011年版,第337页。
④ 邓小平指出:"什么叫社会主义,什么叫马克思主义?我们过去对这个问题的认识不是完全清醒的。"(邓小平:《建设有中国特色的社会主义》,《邓小平文选》第3卷,人民出版社1993年版,第63页)

如大牲畜）是入股分红；即使到了高级社，农民名义上也还有"退社自由"①，即有一定的自由选择权。但是，到了人民公社化时期，农民的这些自由的财产权和自由的选择权则被完全剥夺。"普天之下，没有个体农民，只有公社社员。"人民公社作为"大一统"、垄断性、"政社合一"的组织，不仅全面控制了农村的经济资源，也全面控制了农村的政治资源、社会资源与文化资源。农民个体的自由空间已被压缩得十分狭窄。我们得到了"社会主义"，农民则失去了"自由"。

农民自主经营权与自由选择权的丧失所带来的直接后果就是农民劳动积极性的衰退、劳动效率的低下。从总体状况看，人民公社的集体化生产并没有带来超过个体劳动力总和的"集体力"，或者说"合作剩余"、"组织收益"，甚至还低于个体劳动力的总和。这也就是说，1+1不仅不大于2，甚至还小于2。一个经济组织不能带来超过个体劳动力总和的"组织收益"、"合作剩余"，这在基于自主、自愿的诱致性组织变迁中是难以成立和难以理解的。组织成员会以"退出"、"散伙"的形式终结这种合作，也就是组织解体。但是，在强制性的组织制度变迁中，尤其是在以政府主导、政府作为"组织者"的强制性组织制度变迁中，"组织者"或许还有其他超过经济效率考量的"组织收益"，而"被组织者"则没有自由退出的权利。例如，国家作为人民公社的"组织者"，整个国家的工业化战略、农村社会的稳定、大幅度降低与单个农民的交易成本都可以纳入国家的"组织收益"之中。中共中央党史研究室编著的《中国共产党历史·第二卷（1949—1978）》写道："实行粮食统购统销，国家要同上亿户农民直接打交道，核定各户余粮，动员各户交售，工作非常繁忙。这就需要'把太多的小辫子梳成较少的大辫子'，把单门独户的农民基本组织到合作社内，以便切实做好粮食征购工作，保证工业建设对大宗粮食和农产工业原料的需求。"② 由此可见，就国家这一"组织者"而言，农业合作社以及人民公社总体的"组

---

① 据杜润生（《杜润生自述：中国农村体制变革重大决策纪实》，人民出版社2005年版）的回忆，1956—1957年，辽宁、安徽、浙江、江西、四川、陕西、河南、河北8个省的农村工作部反映存在农民"闹退社"的问题。

② 中共中央党史研究室：《中国共产党历史·第二卷（1949—1978）》上册，中共党史出版社2011年版，第229页。

织收益"或许依然要大于"组织成本"。

农民劳动效率的低下,其根源在于农民自主权的丧失所导致的劳动积极性不高。自主权,按照马奇和西蒙(March & Simon)的说法,即个体所享有的行动自由的权利。[①] 自主权是个人自由选择的基础与前提。由于公社的收益没有超过自己个体劳动的收益,由于对"吃大锅饭"的不满,或者由于对公社及生产队的干部有意见、不满意,对强行"捆"在一起的不自由产生了强烈的抵触情绪,再加上集体行动难以避免的"搭便车"现象,公社社员自然就会"偷懒","出工不出力"。如果是一个自由结合的组织,农民有基本的自主权与自由选择权,他们当然可以用"自由退出"来表达自己的意愿。而且,这种"用脚投票"的机制也可以迫使组织改进管理,增进效率。但是,人民公社是一个政府主导的强制性的合作组织,既非"自由进入",更不允许"自由退出"。林毅夫认为,人民公社失败的主要原因就在于社员退社自由的权利被剥夺。林毅夫用博弈论解释公社效率的下降:"由于农业生产上的监督极为困难,一个农业合作社或集体农场的成功,只能依靠社员间达成一种'自我实施'的协议。""这种自我实施的合约只有在重复博弈的情形下才能维持。在一个合作社里,社员如果拥有退社的自由,那么,这个合作社的性质是'重复博弈'的,如果退社自由被剥夺,其性质就变成'一次性博弈'。"[②] 如此一来,"自我实施"的协议就无法维持,社员的劳动积极性就会下降,劳动生产率就会大幅滑坡。

由于不允许"自由退出",农民就只能把自己的不满意和抵触情绪转化为日常劳动投入中的"偷懒",即消极怠工的"隐性退出"。在一般的企业组织中,管理层可以利用"开除"、"辞退"等手段来威慑组织成员的"偷懒"或其他机会主义行为,以维持组织整体的劳动效率。但是,在人民公社体制下,既没有农民"自由退出"的自由,也没有管理层"开除"或"辞退"农民的自由。即便是当时被称之为的"四类分子"、"五类分子"[③],如果不被判刑,也必须在生产队内部被监督进行劳动改造,也必须发"口

[①] March, J. G. & H. A. Simon, *Organizations* (John Wiley & Sons, Inc., 1958).
[②] 林毅夫:《制度、技术与中国农业发展》,上海三联书店、上海人民出版社1994年版,第7页。
[③] 所谓"四类分子",即地主、富农、反革命分子、坏分子;"五类分子"还加上右派。

粮"，维持其基本的生存权。所以当时很多农民在与生产队干部吵架时都说："我还怕你把我的农民开除了!?"很显然，这是一种典型的农民与公社的"双向锁定"。

在新制度学派的语境里，集体劳动中的"偷懒"问题归因于组织成员内在的"搭便车"的主观动机，以及外在的信息不对称所带来的监督成本高昂。但是，在人民公社体制下，"偷懒"主要应归因于农民与公社"双向锁定"所导致的自由选择权空间的过于狭窄，这再一次验证了"自由是效率的源泉"。

自由能够提升效率的另一个强有力的证明是当时的"自留地"效率。在农业生产合作社与人民公社体制下，自留地几经"放了收，收了又放"的反复折腾，虽然在理论上一直被认定是"资本主义尾巴"、"资本主义残余"[①]，但因其在当时对于保证广大农民的基本生存权有独特的、不可替代的贡献而不得不默许其存在。长期从事农村领导工作的杜润生写道："在那一时期，给我印象最深刻的是自留地政策的增产效应。农民对自留地和集体经营的土地，所持态度不同，经济效益则大不一样。2 分自留地等于 1 亩集体地的收入，种粮食产量起码要高出 1 倍，甚至更多。我山西老家不少地方自留地能达到亩产 1000 斤。当地农民告诉我：用自留地的办法，保管不愁粮食吃。我经常想，自留地的这种公有私营机制，如能推广，或许能使农村经济走出困境？"[②]

◇【专栏3—1】 农业合作化与人民公社时期"自留地"的命运

1955 年 10 月，中共七届六中全会讨论并原则通过的《农业生产合作社示范章程（草案）》规定："为了照顾社员种植蔬菜或者别的园艺作物的需要，应该允许社员有小块的自留地。"并规定："每口人所留的土地至多不能超过全村每口人所有土地的平均数的百分之五。"据考证，这是中央有关

[①] 毛泽东主席就认为，自留地、自留畜（自养牲口）都是"资本主义残余"。他在 1958 年谈到人民公社时指出："公，就是比合作社更要社会主义，把资本主义残余（比如自留地、自养牲口）都可以逐步搞掉。房屋、鸡鸭、房前屋后的小树，目前还是自己的，将来也要公有。"（转引自薄一波《若干重大决策与事件的回顾》下册，人民出版社 1977 年版，第 767 页）

[②]《杜润生自述：中国农村体制变革重大决策纪实》，人民出版社 2005 年版，第 112 页。

"自留地"的首个法定文件。1957年6月25日，第一届全国人大常委会第76次会议通过了《关于增加农业合作社社员自留地的决定》，规定自留地和饲料地的数量"合计不能超过当地人平均土地数的百分之十"。但是，在人民公社化以后，很多地方都取消了自留地。1958年8月，北戴河会议通过的中共中央《关于在农村建立人民公社问题的决议》提出"自留地可能在并社中变为集体经营"。1959年5月、6月，为了渡过严重的饥荒，中央相继发出《关于农业的五条紧急指示》《关于分配私人自留地以利发展猪鸡鸭鹅问题的指示》《关于社员私养家禽、家畜、自留地等四个问题的指示》三个重要文件，又恢复了自留地制度，规定："自留地数量仍按原来高级社章程规定，以不超过每人分地的百分之五，也不少于百分之五为原则。"然而，1959年庐山会议错误地发动反右倾运动后，自留地制度再一次遭到批判和否定。1960年2月，贵州省委给中央的《关于目前农村公共食堂情况的报告》提出："为了办好食堂，社员的自留地就势必转交给食堂。"同年3月，中央在批转这个文件时要求各地"一律仿照执行，不应有例外"。然而，随着粮食危机与农业危机的进一步加深，同年11月，中央又发出《关于农村人民公社当前政策问题的紧急指示信》，规定"应该允许社员经营少量的自留地"，并指出："今后不得将社员的自留地收归公有，也不得任意调换社员的自留地。"1962年9月通过的《农村人民公社工作条例修正草案》规定："自留地、饲料地、开荒地"三者加起来"可以占生产大队耕地面积的百分之五到百分之十，最多不能超过百分之十五。""文化大革命"时期，自留地制度再度受到冲击。1967年11月23日，《人民日报》《红旗》杂志、《解放军报》发表《中国农村两条道路的斗争》一文，把农村集市贸易、自留地、自负盈亏和包产到户统称为"三自一包"，并指责它们"妄图瓦解社会主义集体经济"，"实行资本主义复辟"。

"自留地"是人民公社时期农民在生产经营方面还保留的最大的"小自由"。农民不仅有自由自主的生产经营权与决策权，而且还有自由的完全的生产成果占有权，因而自留地劳动大大激发了农民的生产积极性，"自留地劳动生龙活虎，集体大田劳动懒洋洋"。这也再一次证明了自由对于效率增进的极端重要性。除此之外，自留地还有改良土壤、增进地力的特殊功效。

1962年，当时的农业部副部长赵修在内蒙古调查时发现，农民在自留地里改造土壤，广施肥料，即使是孬地，也会被改造成肥地。可是有的地方，当农家把"自留地"的土壤改造好之后，集体便又将其收回，再将另外一些孬地分给社员用作"自留地"。结果这些孬地再次被农家改造为良田，集体收回的良田则令人懊丧地再度沦为劣地，"自留地"上的产出仍然大大超过集体土地的产出。笔者得出公社的组织收益小于个体劳动收益之和的结论，最强有力的依据也是基于自留地个体劳动与大田集体劳动效率的明显对比。显而易见，自留地也是后来农村经济改革、重新恢复土地农户经营的重要历史资源。从一定的意义上说，农村土地的家庭承包也可以看作自留地的扩大化与普遍化，二者之间有着内在的紧密的逻辑联系。

◇【专栏3—2】 人民公社时期"自留地"与集体耕种土地的效益比较

"自留地"，是指在人民公社时期所有权依然归集体，但使用权与收益权归农户的土地。它一般只占到生产队总耕地面积的5%—10%，但其产出量、经济收益远高于同等面积的集体经营土地。

据黄晓京等人对河北省定县佛店村的调查，人民公社时期，该村农民参与集体劳动的时间多达全年总劳动时间的81%，而从中所得收入仅占全年收入的39.46%；投入自留地的劳动时间仅占11.38%，而从中所得收入则高达45.66%。每个劳动力平均占有集体耕地6.01亩，而占有的自留地仅为0.42亩。集体耕地的劳动生产率每工0.47元，而自留地的劳动生产率每工3.5元，是集体工的7.9倍。

再据温铁军对贵州省湄潭县的访问调查，前任县委书记郭文渊说，当时自留地面积大约占总耕地面积的7%左右，而产出却占总产出的25%，单产比集体耕作土地的单产高30%—50%；该县湄江镇高山行政村霄基湾村民组的甘加应说，当时自留地人均1.8分，我家共有一亩半，自留地的收入占全家收入的40%左右，因为自留地种得比较仔细，下的工夫多，所以产量比集体的高一倍。

笔者1972—1975年曾作为"知青"下放到当时的湖北省通城县城关公社蔬菜二大队四生产队当农民，目睹了众多公社社员"自留地生龙活虎，集体工懒洋洋"的现象。自留地比集体耕种土地的蔬菜产出至少要高 2 倍，以致有时为了应付上级的检查和外来的参观，往往把自留地当作集体耕作的土地来掩人耳目。

——中国农村发展研究组编：《农村、经济、社会》第 3 卷，知识出版社 1985 年版，第 229 页；温铁军：《中国农村基本经济制度研究》，中国经济出版社 2000 年版，第 218—219 页

◇ **【专栏 3—3】　自留地的光芒永远闪烁**

饥饿能使人发疯。那时候，农民光靠自留地的补给已远远不够，为了活命，乡亲们不得不扛起锄头钉耙，见缝插针地开垦十边田。何谓十边田？河边、岸边、渠边、路边、墙边、田边、墓边、岗边之谓也。有的十边地，例如河边渠边，尚有半步或小半步的余地。有的十边地，例如墙边、路边、田埂边，只有弹丸之地。只要能种植庄稼，哪怕是一棵，农民们照样争抢种植。十边田的种植常常是得不偿失的。平时，河岸边水渠边的茅草地，对于巩固堤岸防止水土流失十分重要，农人们一般不去开垦。开垦以后，茅草地变成庄稼地，许多河岸水渠都程度不同地受到损害。然而，那年头，人们已顾不上这许多，环境诚可贵，生命价更高。不要小看这十边田，它是自留地之外的自留地，不少勤劳人家从十边田里收益不少哪！当一袋袋黄豆、蚕豆、芝麻、绿豆、赤豆、乌豇豆、苦粟米登场入室时，那可是饥饿的城里人梦寐以求的宝贝。当饥肠辘辘两眼直冒金星之时，能吃上一把炒黄豆炒蚕豆，简直就是雪中送炭啊！听朋友说，南京师范学院（后改为南京师范大学）中文系著名教授吴调公先生，一次在上课时饥饿难忍，不顾斯文扫地，从口袋里摸出一根胡萝卜大啃，一边啃一边说：这是当今世上最美好的东西，我这一辈子最大的愿望，不是著作等身，不是当院长，而是一日三餐能吃饱白米饭，哪怕是一筷子菜都没有！

自留地上种得青枝绿叶，集体大田里却面黄肌瘦，这在 20 世纪六七十年代成为普遍现象。凌志军在其新著《1978：历史不再徘徊》中有这样一段精彩的文字："农家在这狭小的土地上可以按照自己的意志播种任何作物，并且可以拥有全部产品而无须上交集体。农家以全然不同的心情在两种制度的土地上耕作，结果就令人惊讶地暴露出集体土地与'自留地'上农作物

的巨大差异。根据官方的一项调查，农家'自留地'的收入，每亩大致为1000元至1500元。倘若属实，则占全国耕地百分之五的'自留地'就提供了农家至少50%的收入。就局部地区来说，往往更加令人尴尬。比如国务院农业部的一位副部长赵修，在内蒙古乡村里极为惊讶地发现，农家'自留地'上的粮食产量竟然10倍于公社的收获。"个中原因是不难解释的：集体的田要交公粮，公社大队小队三级干部还要从中揩油，分到每家农户都是未知数。因此当时在队里干活出工不出力的人相当多，干多干少一个样，干好干坏一个样，社会主义集体化养了一批懒汉。而自留地上的所有收获都实笃实归于自己，所以农人们的投入，从体力到智慧都是全身心的。正因为如此，小平同志才顺应民意，支持安徽小岗村率先包产到户，在全国推行家庭联产承包责任制，于1978年率先在中国农村炸响了改革开放的动地春雷。

自留地的历史终结于农村实行分田到户以后。农民们把主要精力投入大田，自留地便成为名副其实的副业，人们只是在空闲时稍事耕作，种几样蔬菜而已。有的农户已废弃不用，或改作门前打谷用的乡社，或作为美化住宅的绿化带。要吃菜或在大田里种些，或去菜市场买些。然而，自留地的光芒将永远闪耀在中国农民的心中。因为全世界只有中国才有自留地，因为它救过无数农民的命。它打在农民身上的烙印远比集体的土地来得深刻。尽管它现在已是星夜烛光，死水微澜。

——《常州日报》2008年11月4日

人民公社劳动效率的低下并不仅仅是社员群众劳动积极性不高，公社、大队、生产队这一人民公社的三级管理层干部也同样存在"偷懒"问题，即"管理不足"。事实上，在人民公社体制下，不仅公社社员没有多少自由选择权，社队干部的选择权也十分有限。土地上种什么、种多少、怎样种，都来自于上层的指令。由于农民与公社的"双向锁定"，干部也不会面临被"开除"、被"辞退"这些组织管理中常用的内在威慑。再加上大队与生产队的干部都是本乡本土的，也"挣工分"，"分口粮"，即本质上其身份也是农民。亲戚邻居、人情世故也"软化"了严格管理。更为重要的是，公社的管理者缺乏内在激励。一些研究者认为，有效监督需要激励管理者，使他们具有监督的内在动力；而管理者的监督动力又来自于他们对经济剩余的索取权。人民公社体制内在地排斥了管理者对经济剩余权的索取，因此管理者的激励缺乏强有力的机制。周其仁认为，人民公社在制度安排上取消了管理者对经济剩余权的索取，但并不能取消管理者经济激励的需要。"对他们的激励无效，导致集体化规模经济效果根本无从实现。"①

公社劳动效率的长期低下，长期性的粮食危机与农业危机，使得公社作为广大农民基本生存权的集体保障功能也受到了致命的威胁，这就从根本上动摇了公社存在的合理性根基。据国家统计局的权威数据，以农业合作化完成的1956年与"文化大革命"结束的1976年相比较，全国粮食人均年消费量1976年为191.5公斤，比1956年的204.5公斤还低13公斤；全国人均食油年消费量1976年为1.6公斤，比1956年的2.55公斤还低0.95公斤。1976年，全国平均每个农业劳动力创造的农业净产值为319元，低于1952年323元的水平；平均每个农业劳动力生产的粮食为972公斤，也低于1957年1031公斤的水平。另外，"据国家农林部1973年的统计，有72个县的粮食产量还停留在解放初期的水平；近100万个生产队（约占全国生产队总数的20%）每人年平均分配收入在40元以下，这些队基本上没有现金分配，有的队甚至连维持简单再生产也很困难"②。1978年，按照中国政府当时确定的每人每年收入100元的超低贫困标准统计，农村贫困人口高达2.5亿，占当时农村总人口的30.7%。

如此大面积的农民贫困，8亿农民被公社体制紧紧地捆在耕地上搞粮食，而且进行了"毁林造田"、"毁草造田"、"围湖造田"，但粮食依然无法"过关"，广大农民连"温饱"问题都不能解决。杜润生一针见血地指出："口粮短缺的忧患，加重了农民对集体经济优越性的怀疑。而政社合一、公民皆社员的人民公社，又不允许自由进出，堵塞了社员自求谋生的道路，限制了农户发展经济的自由。在历史上，农民从来拥有从事多种经营、配置自有资源的自由。但是在人民公社时期，农民的这种自由权利却受到剥夺。其

---

① 周其仁：《中国农村改革：国家与土地所有权关系的变化——一个经济制度变迁史的回顾》，《中国社会科学季刊》（香港）1995年第6期。
② 中共中央党史研究室：《中国共产党历史·第二卷（1949—1978）》下册，中共党史出版社2011年版，第938页。

结果不仅加重了农村的贫困程度，还加重了城市的消费品短缺。"① 陈云也曾经指出，在农民口粮不足的情况下，农民最关心的不是"社会主义还是资本主义"，而是"吃饭还是吃粥"②。实践表明，剥夺农民自由的结果，从长期看不仅不能保障广大农民最基本的生存权，解决最基本的"温饱"问题，而且使农村的贫困有扩大、蔓延、加深之势，人民公社体制的崩溃不可避免，也就是说，它具有解体的内在必然性。

三 给农民自由选择的自由：人民公社解体的外部环境和条件

长时期不能解决农民的温饱问题，不能从根本上保障农民的基本生存权，是人民公社必然解体的内在原因，但仅有内因还不足以最终导致人民公社的解体。应该说，1959—1962 年（史称"三年困难时期"）是人民公社体制最困难的时期。"粮、油和蔬菜、副食品等的极度缺乏，严重危害了人民群众的健康和生命。许多地方城乡居民出现了浮肿病，患肝炎和妇女病的人数也在增加。由于出生率大幅度大面积降低，死亡率显著增高。据正式统计，1960 年全国总人口比上年减少 1000 万。突出的如河南信阳地区，1960 年有 9 个县死亡率超过 100‰，为正常年份的好几倍。"③ 如此严峻的状况，农民以"自由"为代价并没有换来切实的基本生存权保障，人民公社存在的合理性受到党内外普遍的质疑。虽然这也引发了全国农村大面积的自发性"包产到户"④ 浪潮，而且农民的这种自发自由选择也得到了从下至上、从地方到中央一大批领导干部（包括当时的中央政治局常委刘少奇、陈云、邓

---

① 《杜润生自述：中国农村体制变革重大决策纪实》，人民出版社 2005 年版，第 98 页。
② 转引自中共中央党史研究室《中国共产党历史·第二卷（1949—1978）》下册，中共党史出版社 2011 年版，第 581 页。
③ 中共中央党史研究室：《中国共产党历史·第二卷（1949—1978）》下册，中共党史出版社 2011 年版，第 563 页。
④ "到 1961 年底，安徽全省实行'责任田'的生产队占总数的 91%。实际上，这时除安徽以外，甘肃、浙江、四川、广西、福建、贵州、广东、湖南、河北、辽宁、吉林、黑龙江等省区也都实行了各种形式的生产责任制。贵州全省达 40%，甘肃、浙江、四川的个别地、县达 70%，广西、福建个别县达 40%。"（《中国共产党历史·第二卷（1949—1978）》，第 611 页）

小平）的支持或默认，但最终还是在"以阶级斗争为纲"和批判"单干风"的政治高压下中途夭折。

"包产到户"，说到底，就是广大农民争取生产经营自主权与自由选择权而在农村集体经济组织内部要求的一种变革。用当时农民的话说就是，"合作化道路要走，单干不可能，只有包产到户最合适。"① 用现代经济学的语言来表述就是，"包产到户"的本质，是在人民公社体制框架内部"自由"与"管制"的一种博弈。当时一些支持"包产到户"的地方领导也有意或无意地看到了这一点。例如，原河南新乡地委书记耿其昌就认为，集体方式对农民卡得过死，剥夺了农民的自由，"农业合作化以后，我们把农民的劳动力拿过来了，不能自由劳动；公社化以后，把生活吃饭也拿过来了"②。因此，"包产到户"实质上是归还农民在农业生产中的一些基本自由权利，让农民成为农业生产的经营主体。"包产到户"，在1956年农业合作化时就已经出现，其中几经波折。③ 虽然当时大多数的农民希望包产到户，从中央到地方也有相当多的领导干部支持包产到户，但在"以阶级斗争为纲"的年代，政治气氛紧张，"包产到户"被毛泽东主席说成是"资本主义的主张"、"单干风"而受到严厉批判。邓子恢曾有条件地提倡的"四大自由"④ 则被嘲讽为"好行小惠，言不及义"⑤。由此可见，没有一个自由、宽松的政治氛围，农民没有一个可以自由选择的外在环境，即使是在农村集体经济体制内部，要争取十分有限的自由变革也是困难重重的。

"文化大革命"结束后，中国的政治形势发生了急剧的变化。解放思想，实事求是，政治氛围开始转向宽松、自由。在这一背景下，安徽凤阳等一批过去吃不饱饭的农村地区又自发地搞起了"包产到户"。实事求是地

---

① 《杜润生自述：中国农村体制变革重大决策纪实》，人民出版社2005年版，第91页。

② 转引自《杜润生自述：中国农村体制变革重大决策纪实》，人民出版社2005年版，第88—89页。

③ "事实上，自合作化以来，每当党提出调整农业集体经济组织内部的生产关系时，总有农民自发地搞包产到户，虽然屡被禁止，但一有机会又重新出现。""在合作化以来的20多年中，农民群众创造的包产到组、包产到户和包干到户这些经营形式曾几起几伏。集中的有三次，一次是1957年的反右派斗争之前，一次是1959年'反右倾'斗争之前，一次是1962年八届十中全会之前，三次都被后来的政治运动压了下去。"（《中国共产党历史·第二卷（1949—1978）》下册，第611、1036页）

④ 邓子恢曾提到的"四大自由"是指土地租佃自由、雇佣自由、贸易自由、借贷自由。

⑤ 转引自薄一波《若干重大决策与事件的回顾》下册，人民出版社1997年版，第1122—1123页。

看，这一时期的"包产到户"在上层依然争论很大，但由于允许不同意见的争论，允许"你走你的阳关道，我过我的独木桥"①，允许农民自由选择、自由试验，提倡"实践是检验真理的唯一标准"，提倡"秋后算账"，这一次的"包产到户"不仅没有中途夭折，而且还逐步推进到了"大包干"，即把集体土地分给农户个体经营，"交够国家的，留足集体的，剩下都是自己的"。陈锡文等指出："'包干到户'与'包产到户'虽只有一字之差，但内涵却有着重要差别。""包产到户……生产队仍然是农业和农村经济的基本核算单位，而农户并没有成为真正的经营主体。""大包干的经营方式，不仅彻底打破了以生产队为单位统一支配产品、统一经营核算、统一收入分配的'大锅饭'体制，而且使农户真正变成了农业和农村经济的经营主体。"②

"包干到户"的纵深推进最终必然会导致人民公社的解体。这里最重要的外部条件是给了广大农民一个自由选择的自由环境：农民有选择土地家庭承包的自由，也有选择继续保持集体经营、集体生产的自由；农民有选择务农的自由，也有选择从事非农生产的自由；农民有选择在农村就业的自由，也有选择去城市就业的自由。这里的关键是要相信农民的理性与判断力、创造力，尊重农民自主、自由选择的机会与权利，包括他们"干中学"与"试错"的机会和权利。

还须指出的是，人民公社的解体是指全国范围内"政社合一"、"大一统"、垄断性的人民公社组织构架的崩溃，但并不意味着带有公社性质的集中生产经营的集体经济组织都不允许存在。事实上，"改革""开放"三十多年来，依然有一批坚持公社性质的集体经济组织存在，并有所发展。例如河南临颍县的南街村、广东中山市的崖口生产大队、河北晋州市的周家庄乡人民公社，等等。当然，这些组织未来的走向依然具有极大的不确定性。例如，广东中山市的崖口生产大队，由于"执着地坚持公社信念"、现已70多

---

① 杜润生真实地记录了当时中央上层关于"包产到户"的自由争论。最为形象的是当时贵州省委书记池必卿所说的："你走你的阳关道，我走我的独木桥。"当时的新华社记者吴象在1980年11月5日《人民日报》发表的文章《阳光道与独木桥》，比较详细地记述了当时的争议，也说明了当时政治氛围的相对宽松与自由（《杜润生自述：中国农村体制变革重大决策纪实》，人民出版社2005年版）。

② 陈锡文、赵阳、罗丹：《中国农村改革30年回顾与展望》，人民出版社2008年版，第63页。

岁的老支书陆汉满的"退休"而濒临解体。①

人民公社的最终解体还有其他一些外部条件。

首先，一个独立的比较完整的工业体系和国民经济体系在中国已初步建立，国民生产总值中农业产值的占比已大幅度下降，工业产值的占比已大幅度提升。根据国家统计局的数据，1978年与1952年相比，农业产值占工农业总产值的比重已从56.9%下降到了27.8%；与之相应，工业产值的比重则从43.1%上升到了72.2%。这表明大规模地抽取农业剩余来保证国家工业化的所谓"社会主义原始资本积累阶段"已经，而且也应该结束，人民公社作为保障"以农补工"来快速推进工业化的组织功能也已经完成了它的历史使命。

其次，伴随着在联合国合法席位的恢复，中美外交大门的打开，中国的国际关系已大大改善，对外开放的条件已经成熟，这就为中国和平建设与和平发展提供了较好的外部国际环境。在此背景下，党和政府对国际形势有了更符合实际的新认识，并果断地以"和平与发展"的时代判断替代了过去"战争与革命"的时代判断。由于改变了"世界战争迫在眉睫"的看法，也由于一个独立的、比较完整的国防工业体系已经建立，人民公社体制内含的"备战"功能已完成了它的历史使命。

最后，党和政府抛弃了过去"以阶级斗争为纲"的方针，确立了"以经济建设为中心"的方针。经济发展，实现现代化，尽快提高人民的生活水平，尤其是占人口大多数的农民的生活水平已成为各项工作的重中之重。因此，人民公社体制作为一个阻碍和延缓农民生活水平提升的组织形式也到了必然解体的时期。

四 农村土地家庭承包制的本质意义：农民"自由地实现自由"的制度前提

发轫于贫困农村地区的"包产到户"及随后的"大包干"，的确可以看作是"饥饿逼出来的革命"。据杜润生的回忆，1978年以后，中央在"包产

---

① 详细的报道见《广东崖口村因土地买卖告别人民公社模式》，《潇湘晨报》2012年1月5日。

到户"最先开的口子就是允许在贫困地区让农民自己"包生产"、"包肚子"。"包肚子"是目的,"包生产"则是前提。然而,"包产到户"及"大包干"所带来的冲击效应与后续效应又决不仅仅是"包肚子",即解决饥饿问题,解决温饱问题。

与人民公社化自上而下的强制性组织变迁和制度变迁方式不同,农村土地家庭承包制的推进,是自下而上的、渐进的诱致性组织变迁与制度变迁。而且,农村土地家庭承包制的推行没有像人民公社化一样采取"一刀切"的垄断式排他,不允许其他经济组织形式的存在。因此,农村土地家庭承包制固然是当代中国农村最基本的经济制度,但不是唯一的经济制度;农户是最为普遍的微观经济组织形式,但不是唯一的经济组织形式。农村土地家庭承包制推行以后,中国农村的微观经济组织形式从人民公社体制的"单一化"走向了以农户家庭经营为基础的"多元化"。

农村土地家庭承包制最终终结人民公社体制是因为它的粮食增产及农民增收效应,能在一个较短的时期内基本上解决长期困扰城乡老百姓的"吃饭"问题,能使绝大多数农民的日子过得更好一些。1979—1984年,农业连续六年大丰收。1984年粮食总产量达4073亿公斤,比1978年的3047.5亿公斤净增1007.5亿公斤,平均每年递增5%;1984年棉花总产达625800万公斤,比1978年的217000万公斤增长了1.88倍,平均每年递增高达19.3%。同时,据国家统计局的数据,农民人均年纯收入也从1978年的133.6元增加到1984年的355元,扣除物价上涨因素,农民实际纯收入每年递增高达15.1%。[①] 在此基础上,维持了三十余年的粮食统购统销政策终于在20世纪80年代中期被废除,城市居民凭供粮本和粮票才能购粮、吃饭的历史也被终结。

地还是那些地,人还是那些人,为什么长期困扰广大农民及城市居民的"吃饭"问题能在实行农村土地承包制后如此短的时间里得到比较彻底地解决?其原因当然是多方面的,但是,千头万绪,归根结底,最主要的原因是农民真正成了土地的主人,是自由焕发了农民的积极性与创造力。

---

① 虽然不能把这一时期农业生产快速增长都归因于以"大包干"为代表的组织与制度变迁效应,但绝大多数研究者认为,以"大包干"为代表的组织与制度变迁是带来这一时期农业生产快速增长的最主要的原因。

起初,"大包干",即土地的家庭承包制还局限在那些农民吃不饱饭的贫困地区,希望以此"包肚子";但是,随着"大包干"效益的凸显,那些过去基本上能吃饱饭的经济较发达地区(例如长江三角洲地区、珠江三角洲地区)也全面推行了土地的家庭承包。这意味着土地家庭承包制的意义决不仅仅是解决饥饿问题,解决温饱问题。杜润生在回答"为什么先进地区也要搞包干到户"这一问题时一针见血地指出"主要是由于农民要自主、要自由"。他引用了经济较发达的江苏农民的话,"不怕累,就怕捆"。"捆",就是束缚,就是不自由。人民公社时期的农业典型——山西昔阳县大寨大队的老妇女主任宋立英在对改革前后进行比较后说:"还是现在更好,生产上自由了,生活上也自由了"①。

如果说土地改革是农民的第一次解放,是把农民从封建土地所有制关系的束缚与依附中解放出来,那么,农村土地家庭承包制则是农民的第二次解放,是把农民从人民公社体制的束缚与依附中解放出来。正如本书第二章所述,最初意义上的自由就是指摆脱他人、摆脱社会的强制,解除人身关系的依附,实现人格的独立,使"人成为人的最高本质"。因此,"自由"与"解放"同根同义。

农村土地家庭承包制最深远、最持久、最本质的意义就在于它为农民"自由地实现自由"提供了一个比较广阔的、包容度较大的组织与制度平台。这一组织与制度平台给予农民"自由地实现自由"进程中两项最基本也最重要的权利:一是有法律保障的"土地承包权";二是"劳动自由权"。

五 土地承包权:基于农民自由视野的解读

"改革""开放"以来,有关农村土地承包权的研究文献可谓汗牛充栋,但从农民自由的角度,或者说,把农村土地承包权与农民自由联系在一起的文献却非常少见。

按照现代产权理论,产权是一组权利关系,是一组"权利束"。产权既包括法律界定的财产所有权,也包括实际经济运行中的财产占有权、使用权、

---

① 转引自谭成健《大寨:中国名村纪实》,中原农民出版社1998年版,第164—165页。

处分权、收益权等。从一定的意义上说，当代中国的农村土地承包权是一种"不完全"，或者说"不完整"的产权。农户的土地承包权可以看作对农地的实际占有权，或者说经营权；土地的所有权依然是村社集体所有，即所有权与承包权的"两权分离"。相比于土地的集体所有权，在一般状态下，土地承包权或许是更为实际的权利。最近二十多年来，尤其是农村税费改革以来，中央政府的政策取向是"淡化所有权，强化经营权"。这具体表现为农户在承包期内可以实际上占有和使用土地，而且承包的年限一再延长，从"三五年"、"二十年"、"三十年"到"长久不变"。更为重要的是，税费改革后，承包农户获得了承包期内几乎所有的土地收益，甚至包括政府对耕种土地（实际上是对承包户农民）的种种补贴。与此相比较，由于免除了"三提五统"，作为土地所有者的"集体"来自于土地的收益几乎为零。笔者一直认为，在产权的一组"权利束"中，收益权是最根本的权利。没有收益，甚至是负收益的所有权，或者经营权，是毫无意义的权利。在"两权分离"的状态下，所有权与经营权（承包权）的博弈在本质上也是一种利益的博弈，实质上是争夺土地收益权的博弈。在当代中国农村，虽然在一般状态下土地承包权是更为实际的权利，但是，在某些特定的情况下，所有权则处于主导地位。例如，在农村集体土地被征购（强制性买卖）的时候。

有法律保障的农户土地承包权对于农民"自由地实现自由"的意义重大。这是农民在"自由地实现自由"进程中两项最基本、最重要的权利之一。

首先，农户土地承包权保障了农民最基本的生存自由权利，而"生存自由权"是一切自由权利赖以存在的基础与前提。

许多学者都已指出，现行的农村土地承包制不仅给予农民从事农业生产最基本的生产资料（"土地是农业之基"），也是在现行制度框架内农民最基本的社会保障制度。黄宗智指出："农业收入虽然很低，但即使是最贫穷的农民也占有承包地的使用权利，其所起作用相当于一个生存的安全网，防止了完全的无产化。"[1] 正如马林诺夫斯基所说，一切自由都必须建立在基本的生存自由之上，"自由扩张的永恒基础是生存的自由"。[2] 但是，生存需要

---

[1] 黄宗智：《中国的隐性农业革命》，法律出版社2010年版，第13页。
[2] 马林诺夫斯基：《自由与文明》，张帆译，世界图书出版公司2009年版，第72页。

最基本的物质条件。"一无所有"很难实现真正的生存自由。农民的土地承包权防止了农民的"无产化",即不是"自由得一无所有"。农民凭借这种承包权,在正常的状况下,可以保证自己及家人的基本生存。诚然,农户还不是承包地的所有者,但作为所有者的村"集体"也不能任意剥夺农户的土地承包权。这也就是说,当代中国农民的"土地承包权"还有超越"集体所有权"之上的国家法律保障。《中华人民共和国土地承包法》规定:"国家依法保护农村土地承包关系的长期稳定";"任何组织和个人不得剥夺和非法限制农村集体经济组织成员承包土地的权利"。这里的"任何组织和个人",从法理上也应包括作为"发包方",或者说作为"所有者"的"农村集体"或"农村集体经济组织"。《中华人民共和国土地承包法》明确规定:"承包期内,发包方不得收回承包地。"为了切实保障农民的土地承包权,2013 年的中央"一号文件"进一步明确要求"全面开展农村土地确权登记颁证工作",以"强化对农林耕地、林地等各类土地经营权的物权保护"。

  财产权对于自由的意义,古今中外的众多思想家都有过精辟的论述。中国古代的思想家孟子说过:"民之为道也,有恒产者有恒心,无恒产者无恒心。苟无恒心,放辟邪侈,无不为已。"因此,民有恒产,是社会安定的基础,也是实现民之真正自由的基础。英国近代著名的思想家洛克在《政府论》中强调了生命权、自由权与财产权的高度一致。休谟则更明确地指出:"哪里没有财产,哪里就没有自由。"布坎南也在《财产与自由》一书中,反复强调了个人的财产权是个人自由的基础与保障。马克思曾一针见血地指出雇佣工人实质上不自由的根源是"一无所有";要实现全人类"每一个人的自由发展",就须建立起"人人都有"的"个人所有制"[①]。

  其次,农户土地承包权既给予农民经营、耕种土地的权利,也给予农民不经营、不耕种土地而从事非农业的权利。这意味着当代中国农村的土地承包权并没有把农民"捆死"在土地上,它给予农民自由选择的机会。实践

[①] "从资本主义生产方式产生的资本主义占有方式,从而资本主义的私有制,是对个人的、以自己劳动为基础的私有制的第一个否定。但资本主义生产由于自然过程的必然性,造成了对自身的否定。这是否定的否定。这种否定不是重新建立私有制,而是在资本主义时代的成就的基础上,也就是说,在协作和对土地及靠劳动本身生产的生产资料的共同占有的基础上,重新建立个人所有制。"(马克思:《资本论》第 1 卷,《马克思恩格斯全集》第 44 卷,人民出版社 2001 年版,第 874 页)

表明，在土地承包权不放弃的基础上，农民有"不种地的自由"是一项极为重大的自由权利。

农地所有权与经营权、使用权的分离，无论是在中国历史上，还是在外国历史上，都不罕见。耕种土地的总是农民，或农业生产者与经营者，但是，拥有土地所有权的主体则更为多元，有国家、庄园主、寺院、商人、地主、村社、宗族，等等，当然也有自耕农。因此，无论中外，无论古今，土地的租赁或承包，即所谓土地所有权与经营权的"两权分离"，是一种极为普遍的现象。

当代中国农村的土地承包制也可以看作一种特殊的土地租赁关系。与历史上许多土地租赁制把农民死死地捆在土地上（土地租赁与人身依附合为一体）不同，当代中国农民的土地承包权是一种自由度更大的权利。农户在承包的土地上，可以自主决策、自由种植，可以投入主要劳力、主要时间与主要精力种植，可以精耕细作。事实上，农民也可以把土地耕作当作"副业"，只投入辅助劳力，只投入少量时间和少量精力；可以广种薄收，甚至可以完全不耕作，即"撂荒"。在农村税费改革以前，中部地区的湖北、湖南、安徽、江西等地"撂荒"现象十分普遍。这种"撂荒"实质上是广大农民的一种"无声抗议"，是用"不种地的自由权"来表达农民要求政府改变、修正现行政策的诉求。从后来的发展看，它的确也是促成农村税费改革的一个极其重要的动因。税费改革以后，中国农村还有少量的、局部的"撂荒"现象。其原因是多方面的。例如，笔者老家，湖南省临湘市詹桥镇的一个小山村，过去许多种水稻的田（绝大多数为劣等田）现在是茅草丛生。这实际上是农民的一种理性选择。从某种意义上说，这种"撂荒"相当于"休耕"，也可以称之为"质量性撂荒"，它有利于涵养地力，改善生态环境。如果种粮收益增加，这类休耕土地再耕作并非难事。而要解决良田的"撂荒"，最有效的途径是农村土地承包权在农户自愿基础上的流转、交易，而不是行政性的禁止"撂荒"。

◇【专栏3—4】 关于农村"撂荒"现象的讨论

"撂荒"，即耕种过的土地不再耕作，并且没有转为其他经济用途，而是任其荒芜。因此，政府鼓励与提倡的退耕还林、退耕还草不在"撂荒"

之列。

中国耕地资源稀缺。"撂荒"意味着一部分稀缺的土地资源闲置,这无疑引起了人们的极大关注。人民公社时期,确实很少有土地"撂荒"现象,当时盛行的是毁林开荒、毁草开荒、围湖造田。农村实行土地家庭承包制后,农民有了一定的自由权利,包括"不种地的自由",因此,才出现"撂荒"现象。这也成为部分学者批评土地农户承包制,甚至要改变土地农户承包制的理由之一。

笔者认为,"撂荒"确实是农民具有"不种地自由"的现实表现,但"撂荒"背后的原因则很复杂。

在农村税费改革以前,"撂荒"在一些地区,尤其是在中部的一些主要农业区,是大面积、全局性的。它的实质是广大农民用"撂荒"无声地抗议政府政策,尤其是乡、村等基层管理者对土地收益侵占过甚,要求政策调整。

农村税费改革以后,少量的、局部的"撂荒"现象确实还存在。但部分学者、媒体为吸引公众"眼球",对之过分炒作,这一作法并不可取。我们的实际调查表明,在农村税费改革以后,附加于耕地上的种种税费"负担"已被清除,再加上国家的粮食补贴政策,种地的收益已有很大增加,至少负收益的现象已基本消除。在这一背景下存在的少量的、局部的"撂荒",并非绝对的"坏事"。其中一个明显的好处是培育地力,涵养生态。当然,要保证粮食安全,良田的大面积"撂荒"必须警惕,但是,解决的方法不是行政性的禁止,不是剥夺农民不种地的自由,而是要在农民自愿的基础上,依据市场经济法则,促进农户土地承包权的流转、交易。

从更为广阔的视野看,农民在不放弃土地承包权的前提下有"不种地的自由",是一项十分重要的自由权利。这意味着农民有选择从事农业的自由,也有选择从事非农产业的自由。这与人民公社体制把农民死死地束缚在土地上的"不自由"相比,是农民自由发展进程中的一次重大进步。同时,土地承包权的不放弃,又给予农民万一从事非农产业选择失败而退回农业、重新耕作的自由权利,使他们能比较安心地自由选择,包括可能会出现的"试错"。正是因为有土地承包权作保障,或者更通俗地说,因为有"退路",

农民才能更放心、更切实地从事非农产业,享受"不种地的自由"。

最后,农户土地承包权的可转让、可交易使现行农村土地承包制更开放、更灵活,使农村土地资源能更好地优化配置,并从制度上进一步拓宽了农民自由选择的空间。

承包地不能由农民自由买卖,是因为农民不是土地的最终所有者,不能自由地处置作为所有者"集体"的共同财产。但是,这并不意味着农民的土地承包权也不能交易,不能转让,不能买卖。事实上,农民的"承包权"不是"共同财产",不是"公共产权",而是一种"私有财产",是"私权利"。同时,这种"私权利"也是一组"权利束",土地承包权与土地使用权(实际耕作权)也可以分离。当然,分离的前提,就是必须确认土地承包权作为一种"私权利"可以转让、可以交易。如果把"承包权"固化,承包者与实际耕作者必须同一,那么,也就无所谓土地承包权与土地实际耕作权的分离。科斯等认为,即便初始权利配置无效率,只要允许权利的自由交换,最终也会达到资源优化配置的均衡。农村土地承包权的可转让、可交易,使不愿意种地的农民在不放弃土地承包权、不使土地"撂荒"的前提下享受"不种地的自由";使愿意种地的农民或其他经济组织能得到更多的可耕土地,形成适度的土地规模经营,提高种地的比较利益。这无疑是一种"互利双赢"的结果,是在现有制度框架内土地资源优化配置、劳动资源优化配置的理性选择。

应该指出,目前占主流的农村土地承包权转让、交易的前提还是"不放弃土地承包权",即承包者具有索回承包地使用权的权利。如果进一步发展,就是土地承包权的完全转让与交易,即承包者永久性地放弃土地承包权利。所谓"用土地承包权交换城市社会保障权",就是属于土地承包权的最终交易,或者说"卖断"交易。农民有没有这种"卖断"交易的权利?农民进入城市,享受城市社会保障,是否必须以土地承包权作为"交易成本"?对此仁者见仁智者见智,争论很大,笔者在本章的下一节再作具体讨论。

现行的农村土地承包权赋予农民的自由不是绝对的,而是相对的,是有条件、有限制的。这些限制有些是合理的、必需的。限制是为了更切实地从制度上保障农民的自由权利,尤其是保障农民基本的生存自由权。例如,在农民还没有成为真正的城市居民,在城市还没有相对稳定的职业与收入来源，还不能享受与城市居民同等的社会保障权利以前，不允许其"卖断"土地承包权，这就是在农村保障农民基本生存自由权的必要限制。但是，有些限制并不合理。这些限制不利于提升农民实现"实质性自由"的"可行能力"。这突出地表现为本章第7节将要讨论的"公权利"对农民土地承包权这一"私权利"的不当干预和侵犯。这些干预和侵犯损害了农民的自由权利。

农村土地家庭承包制中的"土地"，依据《中华人民共和国土地承包法》的规定，"是指农民集体所有和国家所有依法由农民集体使用的耕地、林地、草地，以及其他依法用于农业的土地"。耕地的承包无疑走在农村土地承包制的最前面。这一是因为耕地在农业土地中的极端重要性。当时的主要矛盾是"吃饱肚子"，而耕地与"吃饱肚子"有直接的依存关系。二是耕地承包比林地、草地的承包相对要简单，耕地的外部性没有林地、草地的外部性复杂。耕地承包后逐步展开的牧区草场承包和农村集体林地的承包，严格说来，都是农村土地承包制的必然延续。草场与林地有其特殊性，它们的承包与耕地承包本质一致，但路径、措施、方法有差异。

◇【专栏3—5】 农村集体林权改革：农村土地家庭承包制的必然延续

新中国成立六十多年来，中国集体林权制度大体经历了四个阶段，即土改时期的"分山分林到户"，农业合作化时期的"山林入社"，人民公社时期的"山林集体所有，统一经营"和改革开放初期的林业"三定"。但是，随着社会主义市场经济体制的逐步建立，随着农村土地家庭承包制的拓展与延伸，中国林权制度的弊端也日益凸显，即集体林产权不明晰，经营主体不落实，经营机制不灵活，利益分配不合理。它严重制约了农民发展林业的积极性，制约了林业生产力的发展。同时，这种林权制度也与《中华人民共和国土地承包法》的相关规定相冲突。

为了推进集体林权制度的进一步改革，党中央、国务院于2003年6月25日颁布了《关于加快林业发展的决定》，对改革提出了总体要求；2008年6月8日颁布了《关于全面推进集体林权制度改革的意见》，决定用5年左右的时间完成明晰产权、承包到户的主体改革任务。

新一轮的林权改革,被农民概括为"山定权,树定根,人定心"。其核心是明晰产权,切实给予农民平等的集体林地承包权并保持长期稳定不变。即在林地集体所有制不变的前提下,把林地使用权,林木所有权、经营权、处置权和收益权交给农民。中国共有集体林地25亿亩,涉及5亿农民的切身利益。因此,农村集体林权改革是继农村耕地实行家庭承包制后的又一次农村土地制度的重大变革,是农村土地家庭承包制的必然延续。

六　均分承包:农民基本生存权集体保障功能的继承与延续

人民公社体制从总体上看是一个效率低下的经济组织,但它所内含的农民基本生存权村社集体保障的功能仍然是有价值的。它对于防止几千年来在传统"小农经济"基础上的贫富两极分化,尤其是防止大规模无地农民,即黄宗智所说的"无产阶级化农民"的大规模出现,对于保证农村贫困、弱势群体的生存,保持农村经济社会的基本稳定有着十分重要的作用。农村土地家庭承包制虽然使人民公社作为一种"政社合一"的垄断性经济组织形式解体了,但它依然保持和延续了农民基本生存权村社集体保障的功能,这就是在农村土地村社集体所有制基础上的均分承包。

一方面,人民公社体制对农民基本生存权的集体保障是建立在对村社资源,主要是村社土地资源集体所有与集体经营、集体使用基础之上的。农村土地家庭承包制并没有改变村社集体对土地资源的集体所有,改变的只是集体经营、集体使用。这也就是说,农户承包的是村社集体共有土地的经营权、使用权,而不是土地的终极所有权。为什么要实行"均分承包"?这里体现的是"公平"原则,实际上延续的则是农民基本生存权村社集体保障的功能。其背后的逻辑是:在正常状况下,农户利用均分的土地资源,保障基本生存是没有问题的。换句话说,农民基本生存保障的前提是必须拥有一定数量的、不可随意被他人(包括名义上的所有者"村集体")随意剥夺的土地资源的使用权,以及依赖这一使用权而获得的土地收益。只要这一底线不被突破,绝大多数农民的基本生存权,也就是"温饱"问题,就有了比较可靠的物质与资源保障。

另一方面,从诱致性的组织与制度变迁的角度看,"路径依赖"使得"人们过去作出的选择决定了他们现在可能的选择"。那种与过去彻底决裂的改革,一是会激起社会矛盾的极度尖锐化而使得改革成本过高,最终使得改革无法推进,只能中途夭折;二是与"过去",也就是历史,根本就无法彻底决裂,这点是更为重要的。马克思曾经指出:"新的生产力和生产关系不是从无中发展起来的,也不是从空中,也不是从自己设定自己的那种观念的母胎中发展起来的,而是在现有的生产发展过程内部和流传下来的、传统的所有制关系内部,并且与它们相对立而发展起来的。"[1]

农民土地承包权所内含的基本社会保障功能是在近几年来的城市化进程,尤其是在"农民变市民"的进程中进一步体现与确认的。以农村土地承包权置换城镇社会保障权的前提就是二者的"等质性",即二者都具有基本生存保障权的共性。至于二者是否"等价",在不同的地区则有很大的不同。

◇【专栏3—6】 农村"土地保障"交换城市"社会保障"是否可行

以农村的"土地保障"交换城市的"社会保障"是目前许多地方推进"农民市民化"进程的一项重要政策举措。虽然对此评价不一,但实践中的进展依然较快。

为什么这二者能够交换?其本质是二者都具有基本生存权的社会保障功能,虽然二者的内在"含金量"并不相等。

在农村拥有承包土地,或至少拥有承包土地的资格与权利,是目前为绝大多数农村居民所有的一种最基本、最主要的权益。从这一既定的制度安排出发,遵从市场经济自主、自愿、公平交易的原则,以农村的"土地保障"交换城市的"社会保障",有可能打破"农民市民化"进程中城市社会保障体系所面临的"资金瓶颈"僵局,走出一条与市场导向的经济体制改革相

---

[1] 马克思:《1857—1858年经济学手稿》,《马克思恩格斯全集》第30卷,人民出版社1995年版,第236页。

吻合的社会保障转轨途径。

市场交换的本质是平等的交易主体之间产权的相互让渡。因此，产权的明晰是市场交换的基本前提。农村居民要以承包土地的权利交换在城市享受社会保障的权利，首先需要确认他们有没有"买卖"这种权利的权力；其次，他们有没有"卖断"这种权利的权力。这就是说，农民的土地承包权是不是他们排他性的"私权利"，他们有没有足够的、充分的、法律上许可的最终处分权（买卖权）。在此基础上，他们就可以自主、自由地选择是否交换城市"社会保障"权利。[①] 如果他们选择进城享受城市居民同等的社会保障福利，他们就可以"卖断"土地承包权，所获收益将转为城市社会保障的初始基金。当然，他们也可以选择不"卖断"，不交易。任何组织和个人都没有权力"逼农民进城"。

现在许多学者认为，农民应该在不放弃农村土地承包权的前提下进城享受城市社会保障。这固然十分有利于农民，但其弊端有三。

第一，城市社会保障并非"免费的午餐"，把进城农民全部、同等地纳入城市社会保障网，最大的障碍就在于这笔"巨额资金"从哪里来？中央政府与各级地方政府目前有这么大的财力吗!？笔者曾与多位地方主政官员交谈，他们一致认为："并非无心，实在无力。"很多城市官员告诉笔者，目前的城市社会保障资金维持现有城市居民的社会保障需求都很吃力，更不要说覆盖进城农民了。[②] 进一步说，用农民的土地承包权交换城市的社会保障权并非无偿剥夺农民，它是以一种权利平等地交换另一种权利。只要坚持自主、自愿的平等交易原则，这种交换就是"互利双赢"的：通过自由交换，既可以解决城市社会保障资金的巨大"缺口"，又可以促进农村土地的适度规模经营。有些学者建议，可以通过发行公债来筹集这笔社保资金。这断不可取。目前欧洲国家的债务危机是前车之鉴。发达国家的经验告诉我

---

① 温家宝在 2011 年第十一届全国人民代表大会第四次会议上所作的《政府工作报告》指出："要充分尊重农民在进城和留乡问题上的自主选择权。"过去的主要倾向是设置重重障碍限制农民进城，现在又出现了另一种倾向，就是"逼"农民进城，其实就是要剥夺农民的土地。

② 由国家发改委主持的国家城镇化专题调研组发现，户籍制度改革方案几乎遭到所有市长的反对（见《新华每日电讯》2012 年 8 月 12 日）。其反对的主要原因之一就是地方财政无力支付城镇化所需的社会保障资金。

们，社会保障支出是一笔"刚性"的利益支出：支出易，收回难；提高易，降低难。执政者不可不察。

第二，如果不放弃农村土地承包权，又可以得到城市居民同等的社会保障，这种"两全其美"的事情谁不想要？如果真是如此，势必会引发城市无法招架的"进城潮"。世界银行发布的《世界发展报告1999/2000》曾经指出，非洲一些国家农村居民无成本地涌入城市来免费分享城市社会福利，对这些国家的经济发展十分不利。用农村土地承包权交换城市社会保障权，就是防止出现无成本涌入城市的现象。很显然，农村的土地承包权就是进城农民得到城市"社会保障"需要付出的成本。

第三，即使从公平的角度看，如果不放弃农村的土地承包权，就能享受与城市居民同等的社会保障，也未必公平。与那些仍在农村未享受城市居民同等社会保障的农村居民比，他们多得了一项"城市社会保障权"；与那些在城市虽享受了城市社会保障但未享有农村土地承包权的城市居民比，他们则多得了一项"农村土地承包权"。

以农村土地承包权交换城市社会保障权在江苏、浙江等地比较普遍。例如，被称为"嘉兴模式"的浙江省嘉兴市，2008年启动了所谓"两分两换"的改革试点：宅基地与承包地分开，搬迁与土地流转分开；以宅基地置换城镇房产，以土地承包权置换城市社会保障。在实践中，这种"两分两换"加快了实质性的"农民市民化"进程，也推动了农村土地适度规模经营和农业产业化进程。据笔者2012年9月参与湖北省农办组织的对监利、仙桃、汉川、大冶的"三化（新型工业化、新型城镇化、农业现代化）同步"调查，基层干部普遍反映，即便在县城与乡镇一级的城镇化进程中，大多数农民也愿意用农村土地承包权交换城镇的社会保障权，现在的主要问题是农村的土地承包权还交换不到包括城镇居民最低生活保障、失业救济、医疗保障、养老保障等在内的全套的城镇基本社会保障。

——部分内容节选自曹阳《中国农村非农产业群体社会保障研究报告》第三章第七节

不可否认，土地的"均分承包"并不是土地资源最优效率的配置。按照经典的经济学理论，最有效率的资源配置应遵循"出价高者得之"的原则。这就是说，土地资源的最佳配置应使土地产出率最高。如何才能保证土地产出率最高，这就要求最会种田的农民得到土地的使用权。但是，其他的农民怎么办？如果不能保证所有的农民在村社范围内取得村社集体土地的平均使用权，那么，不仅有悖于"公平"的原则，更为重要的是，农民的基本生存权保障就缺乏最基本的物质条件。因此，我们就可以理解中央为什么一再强调农户土地承包权的长期稳定了，即使对于所谓"公平"与"效率"兼顾的"两田制"（口粮田＋招标承包田）也不提倡、不支持。《中华人民共和国农村土地承包法》明确规定："承包期内，发包方不得单方面解除承包合同，不得假借少数服从多数强迫承包方放弃或者变更土地承包经营权，不得以划分'口粮田'和'责任田'等为由收回承包地搞招标承包，不得将承包地收回抵顶欠款。"

七 "公权力"：对农民土地承包"私权利"的主要威胁

如前所述，在当代中国，农民对村社集体土地不可剥夺的均分承包权是确保广大农民生存自由的最基本物质条件，而"生存的基本自由是其他一切自由的基本条件"。从法理意义上说，农民土地承包权是一种建立在土地村社集体所有制基础之上，同时又超越土地集体所有权并得到国家法律保障的"法定私权利"。作为"法定私权利"，意味着这种"私权利"受到法律保障，也就是受到"公权力"的保障。因为法律无疑是一种"公权力"。然而，"公权力"有许多种形式，或者说，有许多种权力来源。在现实生活中我们也看到，对农民土地承包权这一"私权利"最主要的威胁也往往来自于各级政府部门及村一级"准政府"的"公权力"，即层级政府与政府部门"公权力"对国家法律"公权力"的违背与挑战。

首先，建立在农村土地集体所有制基础之上的农民土地承包权面临着来自"组织""所有者"的侵权威胁。

农村土地村社集体所有，"所有者"身份界定模糊，极不确定。这种不确定性带来了"所有者"侵害"承包者"利益，"组织""所有者"侵害"个体""所有者"利益的内在隐患。从法理上讲，"农村集体"不是一个严格法律意义上的"组织"，而是一个特定区域内"全体农民的集合"，是

"一个抽象的没有法律人格意义的集合群体"。因此，在现实生活中必须有一个"实体性"的"组织"来充当事实上的"所有者"，或者履行"所有者"的基本职能。虽然现行的法律偏好于将农业生产合作社等农村集体经济组织作为"所有者"，但是，在绝大多数农村地区，由于人民公社体制"政社合一"、"三级所有"的历史遗规，也由于这种能覆盖村社所有农民的农业生产合作社等农村集体经济组织[①]寥寥无几，因此，"实体性"的所有者必然是村委会这一级"准政府"[②]，甚至是乡镇一级政府。从理论上讲，作为"承包者"的农民也是作为"所有者"的"农民集体"中的一员。但是，作为"承包者"，农户是实实在在的排他性微观经济主体；而作为"所有者"，单个农民往往只具有"抽象的所有者意义"。在现实生活中，作为组织的"所有者"（村委会、乡镇政府）拥有农村土地实际上的处置权。在转让、出租、买卖农村集体所有制土地时，单个的农民"所有者"并没有多大的话语权，即使反对也无力、无奈。不管他们情愿还是不情愿，事实上都处于一种"被代表"的状态。

◇【专栏3—7】　究竟谁是农村土地集体所有制的所有者

《中华人民共和国宪法》第十条规定："农村和城市郊区的土地，除由法律规定属于国家所有的以外，属于集体所有；宅基地和自留地、自留山，也属于集体所有。"问题在于，集体所有的"所有者主体"究竟指的是谁？

《中华人民共和国土地管理法》第十条确立的"农民集体主体"有三个：村集体经济组织或者村民委员会；村内各该农村集体经济组织或者村民小组；乡（镇）农村集体经济组织。但是，《中华人民共和国民法通则》第七十四条第二款确定的"农民集体主体"只有二个，即"村农民集体所有"和"乡镇农民集体所有"。其中，村农民集体所有的土地，"由村农业生产合作社等农

[①] 并不是所有的农业合作社等农村经济组织都可以充当农村村社土地的"所有者"。事实上，当前绝大多数各类农民专业合作社等农村经济组织都不适宜充当"所有者"。这是因为这类组织没有无差异地覆盖村社所有的农民。因此，只有那种覆盖了村社所有居民的社区性农村经济组织才能充当"所有者"。从这个角度看，如果是经济组织充当农村社区土地的集体"所有者"，"政社合一"则是必然的，有内在的逻辑上的合理性。

[②] 村民委员会在法理上不是"一级政府"，而是"村民自治组织"。但是，在现实生活中，村委会的职能更多的是乡镇一级政府职能的延伸，真正体现"自治"的职能并不多。笔者更倾向于把村委会看作一级"准政府"，而不是"村民自治组织"。

业集体经济组织或者村民委员会经营、管理"。"村民小组"并不在所有者主体之列。《中华人民共和国土地承包法》第十二条确立的"农民集体主体"也是二个，但与《中华人民共和国民法通则》所确立的二个主体又不同，即"村农民集体所有"和"村内两个以上的农村集体经济组织的农民集体所有"，"乡镇农民集体所有"不在其列；"村民小组"则被给予了一席之地，"已经分别属于村内两个以上农村集体经济组织的农民集体所有的，由村内各该农村集体经济组织或者村民小组发包"。《中华人民共和国物权法》所确立的"农民集体主体"也是三个，即与《中华人民共和国土地管理法》相同。

"农民集体所有"的三个"所有者主体"，即乡、村、村民小组很显然是沿袭了人民公社"三级所有"的历史传统，对应了公社体制中的公社、生产大队、生产队。其中，过去的"公社"，现在的"乡镇"，既是一级所有者主体，又是一级基层政府，这就为"集体所有"的土地转变为"政府所有"的土地提供了一个便捷的通道。事实上，村一级的村民委员会也不是一个单纯的村民自治组织，而是具有"准政府"功能的组织。在中国绝大多数农村地区，村民委员会延伸政府的功能远大于村社自治的功能。

其次，农民的土地承包权乃至农民集体的土地所有权都面临着来自各级政府以"公共利益"为名的"公权力"的威胁。

由于现行法律规定为了"公共利益需要"可以征收土地，包括征收农村集体所有制土地[①]；又由于对"公共利益需要"缺乏明确的界定，可以对之任意解释，随意扩张，这就为各级地方政府以"公共利益"之名剥夺农民的土地承包权乃至"农民集体"的土地所有权留下了极大的运作空间。尤其是在中国工业化、城市化高速推进的时期，土地出让金远远高于征地补偿金的巨额收益，这就诱使各级地方政府想方设法把农村集体所有制土地转变为国家所有的城镇用地或建设用地，并从中获取巨额的土地收益。2007年，国土资源部的权威数据显示，"目前从涉及违法的用地面积来看，地方政府为违法主体的

[①] 《中华人民共和国土地管理法》第二条规定："国家为了公共利益的需要，可以依法对土地实行征收或者征用并给予补偿。"

案件，用地面积为80%，公民、个人或者企业违法占地的面积是20%"。①

从更深层次看，为了"公共利益需要"可以征收农村集体所有制的土地，可以违背关于农民土地承包权的规定，内含着"公权力"高于"私权利"的逻辑。虽然相关法律也规定了要给予被征收土地以"补偿"，但这种"补偿"不能等同于市场交易的"等价交换"。长期以来，国家实行的征地补偿标准制定方法是产值倍数法，这里的产值又定位于农业产值，而且是政府的单边定价。"被征地"的农民不仅没有定价的话语权，而且也没有讨价还价的合法渠道与合法途径。事实上，"被征地"的价格既不能反映土地内在的价值，也没有体现土地市场的供求关系。再加上从征地的政府到承包土地的农户之间还有重重的中间环节，每一环节都希望从"征地款"中"分利"，最终到农民手中的征地款更是少得可怜。据朱明芬、常敏2010年6月对浙江省F县X镇土地整理台账的发现，"县政府下拨到乡镇的土地整理费为每亩5万元，乡镇下拨到村为每亩2万元，村集体土地整理招标成本为每亩0.7万—0.8万元，作为土地所有者的村集体所得为每亩1.3万—1.2万元"。②另据温铁军、郎晓娟、郑风田的调查，在当前引发的农村社会冲突中，土地问题是占比最高的引发原因；而在土地问题中，农民对土地补偿不公、土地征用不合法的不满又首当其冲。③

◇【专栏3—8】 "土地财政"对农民基本生存权的侵害

"土地财政"，通俗地说，就是指地方政府依靠出让土地使用权的收入来维持地方的财政支出。在这里，地方政府土地使用权的取得往往依赖于将农村的集体所有制土地征收为国家所有制土地，而地方政府支付给失地农民的征地补偿金远远低于地方政府的土地使用权出让收入。土地使用权出让收入减去土地征收补偿金的差额就成为地方政府财政收入的重要源泉。因此，"土地财政"所带来的利益联结机制，事实上造就了"征地——卖地——收税收费——抵押——再征地"的滚动开发模式。在这一过程中，地方政府、房地

---

① 见《上海证券报》2007年7月13日。
② 朱明芬、常敏：《农用地隐性市场特征及其归因分析》，《中国农村经济》2011年第3期。
③ 温铁军、郎晓娟、郑风田：《中国农村社会稳定状况及其特征：基于100村1765户的调查分析》，《管理世界》2011年第3期。

产开发商、银行成为最大的受益者，而失地农民则成为最大的利益受损者。

据有关部门统计，近十年来，各地土地出让金收入迅速增长，在地方财政收入中所占的比重不断提升。资料显示，2001—2003年，全国土地出让金收入达9100多亿元，大约相当于同期全国地方财政收入的35%；2009年，全国土地出让金收入高达1.5万亿元，相当于同期全国地方财政总收入的46%左右，占当年全国GDP的4%—5%；2010年，全国土地出让金收入突破了2万亿元。在有些地区，土地出让金收入占地方财政收入的比重已超过50%，有些地区甚至高达80%以上。即便是北京这样的经济发达地区，2009年，土地出让金收入也高达928亿元，占北京市当年地方财政收入的45.8%。

最后，"公权力"对农民土地承包权这一"私权利"的侵害还表现在附加于土地之上的各种税费、摊派上。

土地能保障农民的基本生存权，其前提是土地产出的收益能维持农民基本的生存需要。如果附加于土地之上的各项税费、摊派超过了土地产出的收益，或者说，土地产出的纯收益微乎其微，甚至是负收益，农民的基本生存权也无法得到切实的保障。用农民的话说就是，"种地养不活一家人"。

产权作为一组"权利束"，最核心或者说最终的归宿应该是收益权。如果收益为负，拥有产权就失去了任何实际的意义，反而会成为一种"产权负担"。农村税费改革前的农田大面积弃耕、抛荒，农民土地承包权的无偿转让甚至赔钱转让，其主要原因就是附加于农地之上的各种税费负担太重，农民种田收益甚微，甚至是负收益。① 因此，只有清除附加于土地之上的各种税费负担，才能确保土地具有真正的而不是形式上的，实在的而不是虚幻的基本生存权保障功能。很显然，把各种税费、摊派强加于农村土地之上的只能是各级政府，包括村委会这一级"准政府"。

---

① 据王习明的调查，在2002年农村税费改革前，湖北有些乡镇农民的负担最高时曾达到亩平400元，即1亩地要承担400元的各种税费、摊派，而一亩地的纯收入还不到400元。1998年，湖北荆门市被市政府批准进入合同内的农民负担为亩平147元，人平233元，这里还不包括县、乡、村三级"搭便车"加入的各项税费、摊派（见中国（海南）改革发展研究院编《中国农民组织建设》，中国经济出版社2005年版，第198页）。

八　土地均分承包制的内在矛盾
——来自农村人口动态变化的挑战[①]

农村土地均分承包制外在的威胁主要来自不受制约的"公权力";内在的威胁则主要来自农村人口动态变化的挑战。完整的农村土地制度不仅包括现行的土地占有制度,即现行的土地产权安排,而且也应包括土地占有的继承制度,即未来的土地产权安排。继承权,从本质意义上说,是现行产权安排的动态化,它决定了现行产权安排的未来走向。因此,全面地、前瞻性地研究一种产权的制度安排和制度演变,就不仅要着眼于它现行的静态配置格局,而且更应把握它未来的动态发展走向。这里事实上有两种可能性:一是继承权的安排与现行的产权制度安排内在逻辑一致,它将保证现行的产权制度安排长期化,即长期保持稳定不变;二是继承权的安排与现行的产权制度安排内在逻辑相悖,即二者内在矛盾冲突,它将导致现行的产权制度安排在未来发生变异。

中国农村现行的土地占有制度,即现行的土地产权安排,从全国的普遍状态看,是由村社(集体)拥有所有权,家庭拥有经营(承包)权的"两权分离"制度所构成,也就是农村土地村社(集体)所有制与家庭承包制的组合。

农村土地社区集体所有是保证农民基本生存权集体保障的基础,它必然会导致土地经营权,或者说土地使用权的平均分享,即农村土地的均分承包。首先,这是因为在大多数农村地区,土地是最主要的(有些地方甚至是唯一的)公共财产。村民对村社财产的平等所有权就必然体现为对村社土地的平等使用权。经营权的形式,归根到底要取决于所有权的形式。其次,农村土地在现阶段对广大农村居民有着不可替代的就业保险与最低生活保障功能,是农村社会稳定的"最后一道防线"。由于中国农村人多地少的严峻约束,在国家还不能提供城乡一体化的社会保障前提下,农村土地的社会保障

[①] 本节的基本内容已发表,见曹阳《农村土地继承制度与农村土地社区所有制:矛盾冲突及发展走向》,《理论月刊》2005 年第 9 期。

功能就越来越重要、越来越突出，由此，土地均分承包的格局就难以从根本上得到改变。

农村土地的继承权制度也应该包括土地所有权的继承权和土地经营权的继承权。二者虽然相互制约，并有相对的独立性，但从根本上说，还是土地所有权的继承制度决定着土地经营权的继承制度。

从土地所有权的层面看，村社成员平等所有的制度安排从法理上排斥了"子袭父权"的家族式继承，这一点与中国传统的小农经济尤其是自耕农经济迥然不同。成为社区土地所有者的资格，其最根本的标志是该社区的"户口"，而不是血缘。当然，血缘在一定意义上也是重要的，它是你成为该社区成员的一个重要因素，但决不是唯一的因素，也不是决定性因素。你的户口一旦迁出了该社区，即使你祖祖辈辈都生活在该社区，你也得不到任何所有者继承人补偿（相比较而言，你依然可以拥有你父辈家庭财产的平等继承权）；相反，你与该社区任何人都无血缘关系，但只要你的户口迁进了该社区，你就是当然的所有者。社区，重的是地缘，而不是血缘。诚然，如果你父母生活在该社区，你也继续生活在该社区（即使你进城打工，但户口仍在该社区），你就会天然地拥有该社区土地所有者的资格，但请注意，这并不是继承你父母的资格。即使是从社区整体的代际继承角度看，社区的后一代也是整体继承他们的前一代，而不是个体的继承。这是因为社区财产、社区土地整体上外延清楚，边界分明；但就社区内的个体而言，并没有特定的社区财产、特定的物与其所有者身份相对应。即使你正承包经营的土地，也非你个人及你家庭所有。你只有该土地一定时期的使用权，而无所有权。这也就是说，现行的社区土地所有制在内在逻辑上排斥了私有制性质或准私有制性质的家庭继承制。

再从土地经营权，或者说土地承包权层面看，土地社区所有的制度安排从内在逻辑角度也应排斥经营权的"子袭父权"继承。虽然有学者一直呼吁完整的土地承包权应包括使用权、转让权、继承权与抵押权，但《中华人民共和国农村土地承包法》事实上把土地承包的继承权排除在土地承包权之外。该法唯一涉及土地承包权继承的是第五十条。它规定："土地承包经营权通过招标、拍卖、公开协商等方式取得的，该承包人死亡，其应得的承包收益，依照继承法的规定继承；在承包期内，其继承人可以继续承包。"可见，这里的继承有极为严格的限定，不是实质意义上的土地承包权的继承。这是因为社区土地总体上是有限的，是一个常量，而各个家庭的人口则处于变动之中，有的家庭人口增加，有的家庭人口减少。这种土地有限性与家庭人口的变动性使得"子袭父权"的土地承包权继承有可能导致一段时期后承包土地的多寡不一，这与土地资源社区全体成员平等占有与享用的社区所有制内在逻辑相悖。因此，土地社区所有制的内在法则必然要求社区按变动的人口不断调整与重新分配承包土地。这也是中国大多数农村地区过去土地承包"三年一小调，五年一大调"的根本原因。从历史经验来看，实行土地村社所有制的德国"马尔克"之所以能维持1500年之久，就是因为其依据家庭人口变动而定期进行土地分配的调整。其后期改为土地租赁权的"世袭制"，实际上就注定了它最终必然解体的结局。

不可否认，这种土地承包权的频繁调整固然考虑了社区所有成员平等享有土地收益的"公平"准则，但也严重地损害了"效率"，并带来了一系列尖锐的矛盾与问题：

第一，这种制度安排有一种内在的刺激人口增长机制，不利于农村的人口控制。这是因为土地均分承包的权利是与人口（尤其是男丁）紧密相伴的，人口越多，获得的权利相应也越多。对多生有一种利益的诱因。诚然，许多地方对多生有一定的惩罚（例如罚款，甚至在一段时期里不分承包地）；《社会抚养费征收管理办法》则对违背计划生育规定的多生子女征收社会抚养费。尽管如此，政府与社会不可能惩罚多生子女一辈子。作为农村社区的天然成员，违背计划生育规定的多生子女最终仍会获得与其他社区成员平等的权利。在中国大多数农村地区，最重要的权利也就是土地的平均承包权。从这个角度看，以土地社区所有为基础的土地均分承包制度似乎也不公平，因为多生家庭的增量权益（承包土地的增加）实质上是对少生家庭权益（承包土地的减少）的一种变相剥夺。

第二，由于耕地的难以增加（实际上正不断减少）与人口的继续增加，土地的均分承包必然会导致耕地越分越细，土地经营越来越不具有规模效益，纯农业的劳动生产率越来越低，农村人口压迫土地的现象亦越来越严重。

第三，由于土地承包权的不稳定，承包人缺乏对土地长期投资的积极性，短期行为的掠夺式经营难以避免，由此损害了土地肥力，不利于土地的可持续利用。

第四，承包土地的频繁调整，耗时耗力耗资，增加了社区的组织成本与土地调整成本，因而也增加了社区全体成员的经济负担。

正是由于以上弊端，各地在实践中也探索了种种解决问题的途径与方法。这些途径与方法大致可分为两大类：一大类是在坚持土地社区所有、土地承包权均分的基本前提下相对稳定农户的承包地，并减少土地调整的成本。例如，一些地方预先保留机动地以解决增加人口的承包地；一些地方采取"动账不动地"，或"动账少动地"的办法使农户承包的土地基本稳定。《中华人民共和国农村土地承包法》第二十八条规定："下列土地应当用于调整承包土地或者承包给新增人口：（一）集体经济组织依法预留的机动地；（二）通过依法开垦等方式增加的；（三）承包方依法、自愿交回的。"这一类办法可看作土地承包权调整的技术性途径。另一大类则实际上动摇了土地社区所有、均分承包的根基，因为它背离了土地社区所有制的内在逻辑。

贵州湄潭自 1987 年开始实施了"明确土地集体所有权主体，完善农户使用权，新增人口不再分地，稳定农户投资预期"的土地制度改革试验方案，这一方案被人们简单地概括为"增人不增地，减人不减地"。在当时承包地全国普遍实行"三年一小调，五年一大调"的背景下，湄潭的改革明确了"土地使用权 20 年不变，承包期内不因人口增减而调整承包地"的方针。至于 20 年以后是否随人口增减而调整承包地，当时的改革方案没有回答。

湄潭试验最明显的政策效应是稳定了农民的土地预期，促使农民增加了对土地的投入，防止了土地越分越细的细碎化，并消除了农村社区频繁调整承包地的成本；对于促使农民生育观的转变虽然政策效应不是十分明显，但也有一定程度的影响。湄潭的试验无疑引起了中央决策层的高度重视与关注。1997 年，党中央"土地承包期三十年不变"的政策出台是对湄潭试验的充分肯定；更重要的是，它在全国范围内，在较长一段时期里，以中央文件的权威稳定了农户土地承包权，稳定了农民的土地预期。2002 年 8 月 29 日，第九届全国人大常委会第二十九次会议通过的《中华人民共和国农村土地承包法》以法律的权威进一步明确："耕地的承包期为三十年。草地的承包期为三十至五十年。林地的承包期为三十至七十年；特殊林木的林地承包期，经国务院林业行政主管部门批准可以延长。"

然而，《中华人民共和国农村土地承包法》事实上也还有一些不明确的地方，例如，"国家依法保护农村土地承包关系的长期稳定"，"长期"是否就意味着"三十年"（就耕地而言），30年以后还变不变？这里最为要害的问题是土地承包权的继承权如何明确界定，如果不明确，将会导致"三十年不变"必然出现异变。例如，农民A在30年内有两个儿子成人立业并分了家，农民A有没有权力把自己承包的土地一分为二，让两个儿子分别继承？如果能，土地越分越细的细碎化现象并不能得到解决，土地承包重新分配的权力不过是从社区转向了家庭；如果不能，是否意味着长子（或一子）继承权。同时，如果另一个儿子仍生活在该社区，他将怎么办？进一步讲，如果允许农民A将自己现有的承包土地分给两个儿子继承承包，而农民B只有一个儿子，那将意味着农民B的儿子的承包地是农民A的儿子的承包地的两倍。如果真是如此，这种社区成员之间土地承包如此悬殊（实质上是社区成员权益的悬殊）的格局还能称为土地的社区成员平等所有，或集体所有吗？

很显然，我们遇到了一个无法调和的矛盾。这也是现行《中华人民共和国农村土地承包法》所确立的两大基本原则内在逻辑相悖而又无法解决的矛盾。一方面，我们要维持土地的社区所有制，其核心内容就是社区成员"人人有份"的平等承包权，它必然要求土地承包权随社区成员的变动而变动；另一方面，我们又要维持土地承包关系的长期稳定不变，其核心内容就是土地承包权一次性界定后将与人口变动分离。很显然，现行土地承包期"三十年不变"乃至"长久不变"的制度安排与现行土地社区所有制的制度安排虽然在初始的静态配置中有可能相容，但由于内在逻辑的冲突，其根本无法在动态发展中相容（除非所有农户的家庭成员同步变动）。如果要长期维持农村土地的社区所有，即社区全体成员对土地"人人有份"的平等占有，那么，土地承包权就必须依据人口的变动而调整，不可能保持几十年长期不变，因为人口不可能几十年长期不变。反过来，如果要保持土地承包权的"长久不变"，就必须排除土地承包随家庭人口变动而变动的不确定性，这又意味着土地均分承包的格局难以长期维持。① 就刘守英、邵夏珍对贵州湄潭实行"增人不增地,减人不减地"这一政策实施24年后的调查结果看,农村土地承包制虽然延续着,但"均分承包"事实上已经消亡。1987—2010年,该县农村新增人口12万没有再分到承包地,农村无地人口已占到总人口的25%;有无地人口的户数2011年占总户数的84%。很显然,每户的承包土地不可能再平均。他们对500农户入户调查的数据显示,有无地人口农户的人均耕地不到没有无地人口农户人均耕地的一半:前者人均耕地0.69亩,后者为1.53亩。②

不可否认,在土地承包权依然是农民最为重要的一项财产权利时,农民要求"均分"的呼声依然强烈。刘守英、邵夏珍的实地调查表明,贵州湄潭有93%的被调查者同意按人口进行土地再分配,即回到"均分承包权"的初始格局。就全国的实际情况看,自第二轮土地承包以来,有30%—50%的村进行过土地调整。究其原因,最主要的就是人口的变化,它占到调地原因的63.5%,远远高于土地征收(17.3%)、土地整理(13.3%)、土地流转到期(5.9%)这些原因。③ 这也意味着这30%—50%的村并没有严格执行中央政府倡导的"增人不增地,减人不减地"政策。

九 劳动自由:农民"自由地实现自由"的关键性权利

自人民公社解体、土地家庭承包制推行以来,广大农民得到的最为重要的权利,除了土地承包权外,就是劳动自由权。

在人民公社集体劳动、集体经营的体制下,农民并不能自由地支配自己的劳动。在日常的生产活动中,农民必须等待生产队派工派活,队长要我做

---

① 要解决这一矛盾,笔者的想法是实行土地承包的永佃制(详细的论述见曹阳《农村土地继承制度与农村土地社区所有制:矛盾冲突及发展走向——关于"农村土地承包期三十年不变"及推行土地承包永佃制的思考》,《理论月刊》2005年第9期)。

② 刘守英、邵夏珍:《贵州湄潭实行"增人不增地,减人不减地"24年的效果与启示》,《中国乡村发现》2012年冬之号。

③ 杨学成、赵瑞莹:《农村土地关系思考——基于1995—2008年三次山东农户调查》,《管理世界》2008年第7期;朱明芬、常敏:《农用地隐性市场特征及其归因分析》,《中国农村经济》2011年第3期。

什么我就做什么，自己没有劳动的自主权与自由选择权。只有在生产队的集体劳动之外，农民才能自由地从事自留地劳动，或家务劳动，或享受闲暇。

农村推行"大包干"的土地家庭承包制以后，农民在对各项生产要素的支配中，对自身劳动的支配权最为自由。这是因为对土地的支配还有村社集体所有权的限制，对资本的支配则受制于农村资本的极度稀缺与融资的极度困难。正如世界银行《2003年世界发展报告》所指出的："劳动是生产的最重要因素，也是人们，尤其是穷人最重要的资产。"因此，广大农民对自身劳动的自由支配，使劳动资源有效配置有着极为重要的意义。

从公社体制的劳动不自由到土地家庭承包制下的劳动自由，是广大农民"自由地实现自由"必不可少的关键性步骤之一。广大农民有了这种自主、自由地支配自己劳动的权利，才有了中国历史上甚至世界历史上绝无仅有的超大规模的农业劳动力转移，才有农业与农村经济结构的调整、优化与升级，也才有形态各异、丰富多彩、"百花齐放"的各种农业生产组织形式。

中国农民"劳动自由"的实现，正如中国整体的经济体制改革一样，是一个渐进性的历史过程。劳动者获得自主、自由地支配自己劳动的权利只是实现"劳动自由"的基础性前提条件，更为重要的是还需要一个自由的经济社会环境，使劳动者能自由地实现"劳动自由"。从一定的意义上说，中国农村的经济、社会改革进程乃至整个国家的经济、社会改革进程，也就是一个构建劳动越来越自由的经济社会环境的进程。

1979年，《中共中央关于加快农业发展若干问题的决定》虽然还明文规定"不许分田单干……也不要包产到户"，但在当时人民公社集体经济的制度框架内，开始松动了"劳动自由"。该决定原则性地指出："对那些不利于发挥农民生产积极性，不利于发展农业生产力的错误政策，必须坚决加以修改和纠正。"同时，该决定提出"应当鼓励和扶持农民经营家庭副业，增加个人收入，活跃农村经济"。不过，这一时期农民的"劳动自由"，除了可以"经营家庭副业，增加个人收入"外，主要体现为生产队生产经营自主权的扩大，即生产队（以及生产大队）有更大的多种经营和发展乡镇企业的权力。农民个体在生产队集体劳动之外从事其他非农产业，尤其是外出经营的劳动自由度并不大，它需要生产队和相关部门批准，还得"持证"。1980年，中共中央《关于进一步加强和完善农业生产责任制的几个问题》

第八条就明确规定:"要充分发挥各类手工业者、小商小贩和各行各业能手的专长,组织他们参加社队企业和各种集体副业生产;少数要求从事个体经营的,可以经过有关部门批准,与生产队签订合同,持证外出劳动和经营。"

1981年,中共中央、国务院转发国家农委《关于积极发展农村多种经营的报告》的通知,是中国农民实现"劳动自由"的一个极其重要甚至可以说是"里程碑式"的文件。该通知明确提出:"积极鼓励和支持社员个人或合伙经营服务业、手工业、养殖业、运输业等。凡是适宜社员个人经营的项目,尽量由农户自己去搞,生产队加以组织和扶助。"此外,该通知还提出:"除农忙季节外,应允许一些半劳力和辅助劳力不出集体工,以便专心从事力所能及的家庭副业(即允许存在群众所说的'自留人')。"很显然,该通知为农民个体自主、自由地从事各类非农产业打开了政策的闸门。此外,在"自留地"基础上延伸的"自留人",表明农民获得了更大的劳动自由权利。当"自留人"从半劳力和辅助劳力扩展到全劳力和主要劳力时,农民的劳动自由就进入了一个新的更高的起点。

然而,在改革开放的初期,农民的劳动自由还主要局限在农村区域内部;农民跨地域尤其是进入大中城市从事第二、三产业,则在相当长的一段时期里仍然被视为"禁区"。政府政策鼓励在农村发展乡镇企业、多种经营和其他非农产业,即"离土不离乡,进厂不进城"。农民进城务工经商依然被当作所谓的"盲流"加以阻止与限制。在制度层面,由于人民公社解体,限制农民进入城市的主要制度壁垒是严格的城市户籍管理制度和粮食统购统销制度。只有具有城市户口的居民才能凭"购粮证"获得国营粮店供应的"口粮";城市除了不合法的"黑市"外,没有合法的粮食自由市场。"民以食为天",没有合法的粮食供应渠道,农村居民自然就难以在城市长期立足。直到1984年的中央"一号文件",也仅仅是允许各省、直辖市、自治区"选若干集镇进行试点,允许务工、经商、办服务业的农民自理口粮到集镇落户"。而且,同年10月,国务院又发出了《关于农民进入集镇落户的通知》,明确规定集镇仅指乡镇,不包括县城。

◇【专栏3—9】 农民自发进城就业与所谓"盲流"

在世界各国的工业化、城市化进程中,农民进入城市就业,农民转变为市民是一个普遍的现象。但在中国计划经济时期，工业化与城市化脱节，农民进城受到极其严格的限制，农民的自发进城就业被视为"盲流"。这也形象地表明中国农民没有进入城市就业的自由选择权，更没有自由的居住迁移权。

"盲流"，是中国特定历史时期的一个特定概念，指那些所谓从农村盲目（即自发、非计划）流入城市的劳力与人口。1953年4月，当时的政务院发出了《劝止农民盲目流入城市的指示》，据考证，这是新中国首次提出"盲流"的概念。1956年，在大规模的疾风暴雨式的农业合作化运动后，大批农民自发地涌入城市谋生，形成了所谓"盲流"高潮。党中央、国务院在不到1年的时间内连续下发四个有关"盲流"的文件，措词已从"劝止"逐步上升为"防止"、"制止"。这四个文件是：1956年12月30日《国务院关于防止农村人口盲目外流的指示》；1957年3月2日《国务院关于防止农村人口盲目外流的补充指示》；1957年9月14日国务院《关于防止农民盲目流入城市的通知》；1957年12月18日中共中央、国务院《关于制止农村人口盲目外流的指示》。这些指示和通知强调：公安机关要严格户籍管理；粮食部门严禁供应没有城市户口人口的粮食；盲目流入城市和工矿企业的农民必须遣返原籍；严禁乞讨；防止农民弃农经商；主要铁路沿线要严格检验车票，防止农民流动太远或流入城市；组建以民政部门牵头，公安、铁道、交通、商业、粮食、监察等部门参与的专门办事机构。

人民公社体制确立后，农村劳力与人口被严格地限制在公社体制内；再加上十分严格的城乡户籍管理制度与粮食统购统销制度，农民自发流入城市就业的现象基本上被消除。"改革""开放"以后，人民公社解体，限制农民自由流动的主要组织障碍消除。再加上各种政策逐步放宽，农民自发流入城市就业的现象又开始出现。在20世纪80年代，这些自发进城务工经商的农民还依然被视为"盲流"。

粮食统购统销制度的废除，城乡粮食自由市场的出现，对于广大农民的"劳动自由"确实是双重的"利好"。一方面，农民没有"统购"的束缚，可以更自由地调整种植结构和农业结构，因地制宜地发展商品化、市场化农业；另一方面，由于城市粮食市场的开放，农民进城务工经商再也不需要"自带口粮"，这就为广大农民大规模地跨地域进城务工经商清除了一个极大的制度性障碍。

由于城市经济体制改革带来了民营企业、个体企业以及各类外资企业的迅猛发展，由于经济全球化的产业分工带来了中国尤其是东南沿海地区出口导向的劳动密集型企业的迅猛发展，广大农民获得了历史上空前的跨地域流动、进城务工经商的自由与机会。但是，在一个相当长的时期里，由于城乡分离的户籍管理制度尚未发生根本性的变革，他们并没有获得可以选择在城市定居的自由。一方面，城市欢迎能为城市创造财富的"农民工"；另一方面，城市又不接纳同时要享受城市社会福利的"新市民"。广大农民有了转移到城市劳动就业的自由，但还没有迁居城市并转变为市民的自由。这种"半自由、半不自由"的状态使得农民在城市就业与生活依然遇到了种种限制和束缚，还有一系列"明文的"（例如就业的户籍规定、小孩上学的户籍限制）或"隐形的"（例如城市人的言语讥讽、对农村人的心理排斥）就业歧视和其他社会歧视。这些限制、束缚和歧视就意味着农民在城市就业与生活的劳动自由还没有得到真正地全面实现。

广义地理解，劳动自由并不仅仅意味着劳动者对自己的劳动有自主、自由的支配权，也不仅仅是劳动主体的自由；更进一步而言，劳动自由还意味着劳动者的劳动价值要能得到真正的体现，劳动者能分享自己应该得到的劳动收益。如何才能保证劳动者的劳动价值得到真正实现？如何使劳动者能合理地分享自己应得的劳动收益？实践证明，这比单纯的劳动支配权的实现更困难，其任务也更艰巨。

农民工与城市工在劳动报酬上的巨大差异，尤其是农民工在社会保障方面的缺失表明，农民工的劳动价值还没有得到真正体现，劳动自由还极不充分。据北京大学中国经济研究中心课题组对上海市 1998 年本地工与农民工的一次调查，二者的平均用工成本比高达 5:1。这意味着农民工得到的各种收益仅为同等层次上海城市工的 1/5。这其中除了城市工的工资是农民工的 2 倍以外，其余 3 倍的差距则来自城市工享有而农民工没有的失业保险金、养老保险金、医疗保险金、住房公积金"四金"福利。[①] 据笔者 2001 年底

---

① 北京大学中国经济研究中心"城市劳动力市场课题组"：《城市职工与农村民工的分层与融合》，《改革》1998 年第 4 期。

组织的一次农村千户调查，在被调查的820位农民工中，只有38人所在的企业为其缴纳了政府规定的养老保险金和失业保险金，仅占调查人数的4.6%。一些学者对于农民工与城市本地工人工资差异中的歧视因素也进行了定量分析：谢嗣胜、姚先国估计工资差异的55.2%要归结于歧视；邓曲恒认为，歧视的因素占到60%；王美艳引用的数据则表明，歧视的因素高达76%。① 不可否认，近几年来，由于就业市场供求关系的变化，农民工的工资有了较大幅度的增长。据农业部农村经济研究中心分析研究小组提供的资料，"十一五"时期前4年农民工的平均月收入由872元提高到了1417元，年均增长12.9%。② 与此同时，在政府的干预下，农民工享受各种社会保障的状况也有了较大程度的改善。例如，农民工参与养老保险总体上已达到15%左右。虽然这种覆盖的比率还很低，但相比过去毕竟有了较大幅度的提升。不过，我们更应看到，要真正实现农民工与城市工的"同工同酬"、"同城同利"，保障农民工劳动价值的充分实现，提升农民工实质上的"劳动自由"，依然有相当大的难度和相当长的距离。

诚然，按照马克思的观点，在劳动尚未成为"人的第一需要"，劳动还是"谋生的手段"时，"劳动自由"总体上说还是相对的、不完全的。这也就是说，社会上还不可避免地会存在"劳动异化"的现象；人们参加劳动并非完全出于自觉自愿，可能主要是由于生活所迫，是谋生（生存）的需要。但是，人们走向充分的"劳动自由"总是一个漫长的过程，限于经济社会条件，不可能一蹴而就。"千里之行始于足下"，因此，"劳动自由"的每一进步都是通向最终自由所必不可少的阶梯。

◇【专栏3—10】　中国农民"改革开放"后劳动自由的渐进性实现进程

● 家庭承包制推行　农民有了支配自己劳动的初步自由权。

---

① 谢嗣胜、姚先国：《农民工工资歧视的计量分析》，《中国农村经济》2006年第4期；邓曲恒：《城镇居民与流动人口的收入差距：基于Oaxaca-Blinder和Quantile方法的分解》，《中国人口科学》2007年第2期；王美艳：《转轨时期的工资差异：歧视的计量分析》，《数量经济技术经济研究》2003年第5期。

② 农业部农村经济研究中心分析研究小组：《"十二五"时期农业和农村发展面临的挑战与选择》，《中国农村经济》2010年第8期。

- 刚性计划种植废除 农民获得承包土地上的种植自由权。
- 发展乡镇企业 农民有了"离土不离乡"的就业选择权。
- 允许农民"自理口粮"进城 农民有了有限制的进城就业权。
- 城市粮食市场、劳动市场放开 农民有了较充分的跨地域就业自由选择权。
- 城市户籍管理制度放开 农民有了是否转变为市民的自由选择权。

十 劳动自由：自愿合作与多样化组织形式的基础与前提

自由劳动并不等同于单干。孤独的个体劳动只有形式上的劳动自由，并不能实现真正的劳动自由。马克思指出："人是最名副其实的政治动物，不仅是一种合群的动物，而且是只有在社会中才能独立的动物。孤立的一个人在社会之外进行生产……是不可思议的。"① 马林诺夫斯基也指出："在个体行动中也不存在自由，只有在有组织的群体中，大家基于一个整合的共同目标，通过共同协作来完成目标并分享劳动成果，才会存在自由。"②

人类的合作与组织是人类实现自由的基础和前提，而劳动自由则是自主自愿合作、自主自由组织的前提。从人类的历史看，只有在劳动自由的基础上，才会有广泛的、多种形式、多重层次的合作，也才能产生出各具特色的多样化的生产组织形式。在历史上劳动不自由的时期，人类的合作往往是强制性的，合作的组织形式也往往单一、僵化。在中国，最为明显的对比就是农村改革的前后。在人民公社化时期，除了公社及官办的供销社、信用社外，基本上不存在其他类型的尤其是民间自发组织的任何经济组织形式。人民公社作为高度垄断、"大一统"的经济、政治、社会组织，不允许任何民间组织形式在公社内部产生。农村推行经济体制改革以来，由于广大农民有

---

① 马克思：《〈政治经济学批判〉导言》，《马克思恩格斯选集》第2卷，人民出版社2012年版，第684页。
② 马林诺夫斯基：《自由与文明》，张帆译，世界图书出版公司2009年版，第97页。

了基本的劳动自由权,各种类型的经济组织形式如雨后春笋般地涌现,形成了一种"百花齐放"的态势,而且新的经济组织形式还在不断地涌现。很显然,伴随着"劳动不自由"逐步走向"劳动自由",中国农村的经济组织形式也从"单一化"走向了"多元化"。

为什么只有在劳动自由的基础上,才能有广泛的、多种形式的、多重层次的合作?才能产生出各具特色的多元化的生产组织形式?

首先,劳动自由为不同形式、不同层次的合作及多元化的经济组织提供了广阔的社会制度空间。

劳动自由并不是一项孤立的自由制度,必然会有一系列与之相配套的制度,形成一个比较完整的制度系统;同样的道理,劳动不自由,也必然会有一系列限制、束缚劳动自由的制度安排。如果劳动不自由,劳动者具有经济强制和超经济强制的人身依附关系,那么,很多不同类型的、来自民间的自由合作、自发组织就缺少最基本的劳动者来源,更缺乏必要的制度保护与制度支持。更进一步而言,在劳动不自由的制度背景下,垄断劳动资源的垄断者为了保持自己的垄断地位,也会利用自己手中的强制性权力千方百计地扼杀任何能动摇其垄断地位的劳动自由。因此,那种基于劳动自由的合作,尤其是民间自发形成的合作组织在这种劳动资源被垄断的制度环境中就很难产生。

其次,劳动自由使民间能自发地、源源不断地涌现出广泛的、不同类型的"组织者"("企业家"),这为多元化的组织形式提供了各种不同类型的组织人才。

马歇尔早就指出,任何合作与组织都不是人员的简单堆积与集合,它需要"组织者"来组织各种生产要素(当然也包括劳动要素),因此,组织是劳动、资本、土地之外的第四生产要素。在劳动不自由的制度背景下,社会不仅不能为民间"组织者"提供自由产生、自由成长、自由施展组织才能的空间与舞台,反而会扼杀来自民间的任何组织,首当其冲的就是要扼杀民间的"组织者",即"枪打出头鸟"。因此,在劳动不自由的制度背景下,"组织者"要么来自于传统的家族世袭,要么来自于行政的指令和选拔。其最重要的职责之一就是维护对劳动资源的独占与垄断。与之相反,在劳动自由的社会经济背景下,劳动者有自由流动、自由选择的基本权利,当然也就有自己"组织",或选择自己认可的"组织者"的权利。由于社会经济的复杂性,由于各个地区、各个时期、各种行业不同的资源结构,也由于"组织者"个性及能力的差异,不同类型劳动者对不同类型"组织者"的认可程度也会有差异,这种自主、自愿、自发的组织形式必然是千差万别、形态各异的。

最后,劳动自由为一个开放、竞争的组织格局提供了基本的劳动资源保障,因而促进了经济组织形式的多元化发展。

多元化总是与开放、竞争联系在一起的;单一化则往往与封闭、垄断相伴随。多元化的经济组织形式需要一个开放、竞争同时包容的社会环境;它鼓励、至少能容忍各类经济组织共生、共存,在竞争与合作中共同发展。各类经济组织都需要劳动者,需要劳动资源。对劳动资源的竞争一方面促进了劳动力的流动,有利于劳动资源的有效配置,也有利于劳动者价值与地位的提升;另一方面也会促进组织者不断改进组织管理,提高组织效率。同时,开放式的竞争又与组织间互补、合作紧密相连,这又促进了组织形式差异化与多样化的发展。从更深的层次看,开放、竞争、包容的多元化组织格局为劳动自由更全面地实现提供了一个广阔的组织与制度平台。这是因为劳动者的异质性以及不同的需求、不同的偏好需要不同的经济组织类型与其相匹配,而且,这种合适的匹配不见得第一次就能实现,往往需要多次的流动、比较才能逐步完成。此外,劳动者本身的素质、才能也在不断地变化之中,因而与劳动者素质才能相适应的匹配需要不断变化、不断更新。

十一 二元经济社会结构:束缚农民自由的历史积淀与制度安排

农民劳动自由的不充分,尤其是农民工在城市劳动就业所遭受的种种不平等待遇和就业歧视,在中国主要源于城乡二元经济结构和城乡二元社会结构以及与之相应的一系列制度安排。

按照刘易斯的二元经济结构模型,所谓二元经济结构是指发展中国家并存着传统的自给自足的农业经济体系和城市现代工业体系这两种不同的经济体系。在刘易斯之前,伯克在考察荷兰殖民地印度尼西亚的社会经济时,提出了"二元社会结构"理论，即传统的前资本主义制度与从宗主国引进的资本主义制度的并存。人们普遍认为，二元经济结构与二元社会结构是当代发展中国家的主要特征。

中国是世界上最大的发展中国家，因此，二元经济结构与二元社会结构的特征也十分明显与突出。应该看到，中国目前的二元经济结构与二元社会结构既有长期形成的历史原因，即"历史积淀"，也有计划经济时期政府主导的一系列制度安排。

中国在计划经济时期，保证重工业优先发展的工业化发展战略，以严格的城乡户籍管理制度为核心，构建了一个"城乡分治"的二元经济社会管理体系。所谓"城乡分治"，就是利用严厉的行政手段，把城市与乡村分割为两个互相封闭的地域空间，实施不同的管理政策（陆学艺把它称为"一国两策"）；城乡之间的联系被严格地限制在行政计划的渠道内，它禁止城乡各类生产要素，包括劳动力资源的自由流动与自由交易。还须指出的是，"城乡分治"并不等于城乡"井水不犯河水"的各自独立发展，"城乡分治"的根本原因之一就是要从制度上保证"城市"不等价地获取"乡村"资源。计划经济体制利用行政指令，通过行政渠道，把大量的农业剩余从农业、农村转移到了工业、城市，这进一步加剧了历史上已经存在的城乡经济社会发展的不平衡。因此，"城乡分治"的二元经济社会管理体系固化、强化了历史上业已存在的二元经济社会结构。

中国的改革是一种"渐进式"改革，各项改革措施并非同步推进，而是非均衡推进。中国的社会管理体制改革就明显滞后于经济体制改革。当农村劳动力市场已经放开，农村劳动力可以进入城市比较自由地从事非农产业的时候，城市户籍管理制度在相当长一段时期里依然没有从根本上得以松动。这种状况是形成农民工被歧视的主要制度原因，也是现阶段束缚与限制农民"劳动自由"充分实现的主要制度原因。

从更广阔的视野看，二元经济社会结构以及与之相应的制度安排还从多方面束缚与限制了农民"自由地实现自由"。用森的语言说就是，这种二元经济社会结构以及与之相应的制度安排束缚和限制了农民实现实质性自由的"可行能力"。

首先，二元经济社会结构加深了农村的"金融抑制"和对农民的"金融歧视",这使得农民提升实质性自由的"可行能力"缺乏必要的金融资本支撑。

在现代社会里,劳动并不能孤立地创造财富,它必须与资本相结合才能形成现实的生产能力。因此,无论是"资本雇佣劳动",还是"劳动雇佣资本",劳动就业都必须有资本作为必要的支撑。麦金农指出,在发展中国家,"金融抑制"是一个十分普遍的现象,而"金融抑制"的主要原因就在于经济被"割裂",市场"不完全"。[1] 在中国,经济"割裂"最重要的特征就是二元经济社会结构,它不仅把广大的农民排斥在正规的金融市场之外,而且还把农村本来就十分稀缺的"资本"资源大规模地抽入城市,形成农村、农民严重的"金融贫血"。据有关部门统计,国有商业银行每年在农村吸收存款2000亿以上,这些存款大部分都流入了城市;邮政储蓄银行只存不贷,每年约有1000亿以上的农村资金也转入了城市;即便是农村信用社,其逐利行为也使得大量资金流向了城市。与城市金融市场相比,农村金融市场资金供给量小,供给渠道狭窄,再加上农村金融服务机构单一,服务品种单一,结算手段单一,农民及各类农业、农村经济组织从正规金融市场获得资金支持十分困难。截至2009年6月底,全国有2945个乡镇没有1个正规的金融机构,8000多个乡镇仅有1个银行网点。[2] 在这种状况下,广大农民以及各类农业、农村经济组织只能够求助于非正规的民间金融,即民间借贷、地下钱庄和典当行。但是,政府长期的金融市场准入管制压抑了民间金融的正常发展。虽然非正规的民间金融在一定程度上缓解了农村资金的供求矛盾,与正规金融形成了互补,但由于其没有取得合法地位,被视为非法的"草根金融","有为而无位",所以一直博弈于"合理性"与"非法性"之间。同时,非正规民间金融的贷款利率一般都要高于正规金融机构的贷款利率[3],这使得农民及农业、农村经济组织的借贷成本高于城市居民及城市的经济组织。

其次,二元经济社会结构带来了教育、卫生等公共资源分配的城乡严重

---

[1] R. I. 麦金农:《经济发展中的货币与资本》,卢骢译,上海三联书店1988年版。
[2] 方松海、王为农、黄汉权:《增加农民收入与扩大农村消费研究》,《管理世界》2011年第5期。
[3] 2001年,笔者在湖北洪湖的调查发现,农村私人放款的月率为15‰,比农村信用社放款的月率高4.02个千分点。洪湖的这一私人放款月率在湖北只处于私人放款利率的中等水平。

不均衡，导致了人力资本社会投资的城乡巨大差异，这使得农民实现实质性自由的"可行能力"缺乏必需的人力资本支撑。

所谓人力资本，按照舒尔茨的说法，就是凝结在劳动者身上的知识、技能及其所表现出来的能力。人力资本的获得不是与生俱来的，而是要通过教育、培训、卫生保健、劳动迁移、"干中学"等多种途径才能获得的，因此，人力资本的获得需要投资。人力资本的投资固然要来自个人及家庭，但也要来自社会。尤其是对教育、卫生等外部性很强的公共资源的投资，政府负有极其重要的责任。在中国，由于二元经济社会结构以及与之相应的制度安排，教育、卫生等公共资源的投资及分布城乡严重不均衡。无论是资金投入、教育卫生设施，还是教育卫生人员的分布，城市都大大优越于农村。就教育而言，根据2002年全国人口变动情况的抽样调查数据，在6岁及以上农村人口中，不识字或识字很少的人口比重高达13%，高中文化程度的农村人口只占6%，大专以上文化程度的仅占1%。初中及以下文化程度的农村人口比重高达90%以上。与此相比较，在6岁及以上城镇人口中，高中及大专以上文化程度的人口比重达到34%，是相应文化程度农村人口比重的5倍。就卫生保健而言，2002年，城镇居民每万人口医院、卫生院床位数为47.8张，而每万农村人口仅为7.4张，城镇居民每万人口拥有的床位数是农村居民的6.5倍；农村居民每万人口卫生院人员数为11.8人，而城镇居民每万人口仅医生数就达到19.2人，是农村居民拥有卫生院人员数的1.6倍。从人均医疗保健支出的城乡对比来看，2002年，城镇居民人均医疗保健支出为568.4元，而农村居民人均仅为128.1元，城乡人均医疗保健支出差距达到4.4倍。由于城乡居民医疗卫生资源占有的不平等，农村居民的年死亡率长期高于城镇居民至少1个百分点以上。另据中国（海南）改革发展研究院《中国人类发展报告2007/2008》提供的数据，虽然城乡教育资源分布的差距有所缩小，但2004年小学阶段农村生均教育经费为1326元，城市为1980元，农村比城市低33%；初中阶段农村生均教育经费为1487元，城市为2288元，农村比城市低35%。2006年，中国人均卫生总费用城市为1145.1元，农村为442.4元，城市为农村的2.59倍。

人力资本的提升对于实现人的实质性自由有着极为重要的意义，它是提升人们"实质性自由""可行能力"的关键性因素之一。森提醒我们，在讨论人力资本时，必须与人们实现"实质性自由"的"可行能力"联系在一起。森指出："人力资本是一个有用的概念，但是重要的是从更广阔的视角来看待人类（打破人与'衣柜'的等同性）。在承认'人力资本'的重要性和有效范围之后，我们必须超越'人力资本'概念。这里所需要的拓宽，是添加性、包容性的，而不是在任何意义上取代'人力资本'的视角。"①很显然，农村人力资本投资的不足，是形成城乡居民收入差距的重要原因，是导致农民认知能力与行为能力低于城市居民的重要原因，也是阻碍农民提升实现"实质性自由""可行能力"的重要原因。

最后，二元经济社会结构带来了交通、通信、自来水、电力供应、排污设施等经济性基础设施城乡分布的严重不均衡，这使得农民实现实质性自由的"可行能力"缺乏必要的基础设施支撑。

基础设施有广义与狭义之分。广义的基础设施包括教育、文化、卫生、体育等社会性基础设施在内的所有支撑社会发展的一般性物质条件。我们这里仅指狭义的基础设施，即世界银行《1994年世界发展报告》中所定义的经济性基础设施："这些基础设施包括公用事业公共设施（电气、通讯、供水、管道煤气、环境卫生设施和排污系统、固体废弃物的收集和处理系统），公共工程（大坝、灌溉和道路）以及其他交通部门（铁路、城市交通、海港、水运和机场）。"总之，经济性基础设施是为社会生产及人民生活提供公共服务的物质基础。它所提供的公共服务系统关系到人们生产与生活的运行与质量，也是提升人们实现"实质性自由""可行能力"不可缺少的公共产品。

在中国的二元经济社会结构中，基础设施的分布也是严重的城乡不均衡。以自来水为例，按照卫生事业发展的"十一五规划纲要"，2010年，中国农村自来水普及率要达到75%，但截至"十一五"末期，黑龙江、甘肃农村自来水普及率仅为51%，陕西为57%。全国"还有2亿多人饮水不安全，其中大部分人饮用水有害物质超标。不少地区的农村不通自来水，甚至连日常生活饮水也成问题，更无法使用洗衣机等现代电器"。② 至于环境卫

---

① 阿马蒂亚·森：《以自由看待发展》，任颐、于真译，中国人民大学出版社2002年版，第294页。

② 方松海、王为农、黄汉权：《增加农民收入与扩大农村消费研究》，《管理世界》2011年第5期。

生设施和排污系统、固体废弃物的收集和处理系统,广大农村地区更是极为罕见。再以互联网为例,根据中国互联网络信息中心(CNNIC)《2008—2009年中国农村互联网发展状况调查报告》的统计,城镇居民的互联网普及率为35.2%,农村居民为11.7%;而且超过一半的农村网民都集中于东部发达的农村地区。该中心《2009年中国搜索引擎用户行为研究报告》还指出,截至2009年6月底,搜索引擎用户城乡分布的比例为76.6∶23.4,城镇是农村的3倍多。

经济性基础设施的匮乏也是限制和束缚农民实现"实质性自由""可行能力"的一个重要原因。例如,交通不便限制了农民与外界的自由交往和联系,互联网的缺失导致了信息不畅、信息闭塞,因而限制了农民信息接收与信息处理的能力。

综上所述,城乡二元经济社会结构的存在,不仅使农村居民在私人物品的占有和享用上远远低于城市居民,而且在公共物品的占有和享用上也远远低于城市居民。这也导致许多学者强烈呼吁要给农民平等的"国民待遇"。

十二　面对市场的机遇与困惑:"市场化小农"实现"实质性自由"的外部环境

实现土地家庭承包制后,中国的农户经济就其生产经营规模而言,无疑还是以"小农经济"为主体的,因此,一些批评者把中国农村这场具有划时代意义的改革看作传统小农经济的回归,是历史的倒退。[①] 这种批评把经济组织形式上的"相似"等同于本质意义上的"相同"。他们忽视了当代中国农村经济改革宏观历史背景的深刻变化:当代中国的农户经济,或者说小农经济,是在中国全面转向市场经济体制这一宏观大背景下的农户经济。它保留了传统小农经济小规模家庭生产经营的组织形式,但逐步改变了传统小农经济以自给自足为主的自然经济属性。当代中国的小农经济在本质上,或

---

① 例如,贺雪峰教授认为:"1980年代初的土地承包制并不是中国历史上的一次革命性创新,而不过是对1956年初级社之前农地制度的某种回归,是中国几千年来农地制度的常态。"(见《三农中国》2004年第1期)

者说从发展趋势看，是"市场化"或"正在市场化的"小农经济。

中国具有千百年传统的小农经济是与自给自足的自然经济紧密联系在一起的。小规模的家庭生产是传统小农经济的外在生产组织形式，而自给自足的封闭性则是传统小农经济更为本质的内在经济特征。中国的农业合作化运动乃至随后的人民公社化运动，用"归大堆"的强制性方式把千百年来建立在私有制基础上的分散小农虽然"组织"了起来，但不仅没有从根本上触动，反而从很多方面进一步强化了农村自给自足的自然经济。如果说，传统的个体农户是一种"小而全"的自给半自给经济，那么，"一大二公"的人民公社依然是一种"大而全"的自给半自给经济。整个农村经济虽然把基本的微观经济组织搞得又大又公，但依然处在一种封闭性和半封闭性的自然经济状态。而且，与合作化以前相比，农村生产的商品化、市场化与社会化不仅没有得到发展，反而出现了严重的倒退。例如，过去长江三角洲、珠江三角洲地区已较为发达的农村商品经济遭到了毁灭性的打击，许多过去以繁华的农村集市为依托的小城镇失去了往日的辉煌，以至于萧条、萎缩。费孝通先生对此有过非常逼真的描述。曾任国务院副总理、财政部长的李先念在一份《人民公社所见》的调查报告中也有如下的描述：过去在手工业和农业社之间，农业社和农业社之间，农民和农民之间，许多通过商品流通的产品，现在变为自产自用，在社内直接分配。过去为卖而生产的东西，现在变成为自己需要而生产；过去需从市场上购买的东西，现在也能自给。总之，在人民公社时期，发展商品经济成了发展资本主义的同义语。所谓"堵住资本主义的路"，实质上也就是堵住商品生产的路，堵住市场经济的路。这种视商品、市场如洪水猛兽的理论与实践，阻碍和延缓了中国农村经济从自然经济形态向社会化市场经济形态转化的历史进程，使中国农村经济长时期停滞不前。

农村经济改革，农户经济再生，单一垂直集中型的生产组织形式被分散型的家庭生产组织形式所取代。但是，分散型的家庭经营不是要把社队经济那种"大而全"的自给性封闭经济体系又分散为农户"小而全"的自给性封闭经济体系。与传统的小农经济相比，中国当代的农户经济继承了小规模家庭生产的外在经济组织形式，但正逐步改变与抛弃那种封闭性自然经济的内在属性。

这首先是由于外在宏观经济环境的改变，组织必须适应环境。中国已确立了建设社会主义市场经济体制这一改革的终极目标，改革的"市场导向"必定会带来经济生活方方面面的市场化，农村也不例外。诚然，在家庭承包责任制推行之初，分散的家庭经营大都带有"小而全"的特点，与传统小农经济似乎区别不大。但是，这种"小而全"的家庭经营只不过是一次大的历史性变革进程中的一种短暂的过渡性经济形态，它不代表当代中国农户经济的本质特征，更不能代表当代中国农户经济未来的发展趋势。

建立在市场经济这一宏观经济背景下的当代中国农户经济的分散与建立在自然经济这一微观经济背景下的传统小农经济的分散有着本质性的差异。传统小农经济的分散是"一盘散沙"的分散：每个分散的农户都是一个个封闭型的孤零零的点，他们之间缺乏一个内在的经济联系纽带，没有一股凝聚力在经济上把他们凝聚或联结在一起，以致可以"鸡犬之声相闻，老死不相往来"，就像马克思所形象地比喻的"马铃薯经济"①。而当代中国农户经济的分散，从发展趋势看，则是一种"网状型"的分散：分散的农户通过市场这一纽带被联系在一个整体的市场经济网络之中。分散的农户既是相对独立的经济主体，又是不能完全独立的，它不能完全独立于市场经济体系之外。

市场经济是众多独立的"经济人"自由交易的一种经济体系。相比于自给自足的自然经济，市场经济所带来的分工、专业化以及广泛的交易与社会化合作产生了更高的劳动效率与社会生产率，创造了更多的社会财富，为人类追求实质性自由奠定了更雄厚的物质基础。事实上，没有物质基础的自由只是一种空想的、乌托邦式的自由。"人们为了能够'创造历史'，必须能够生活。但是为了生活，首先就需要吃、喝、住、穿以及其他一些东西。因此第一个历史活动就是生产满足这些需要的资料，即生产物质生活本身。"②从历史上看，市场与自由是紧密相连的。首先，"自由人"的自由交

---

① "每一个农户差不多都是自给自足的，都是直接生产自己的大部分消费品，因而他们取得生活资料多半是靠与自然交换，而不是靠与社会交往。一小块土地、一个农民和一个家庭；旁边是另一小块土地、另一个农民和另一个家庭。一批这样的单位就形成一个村子；一批这样的村子就形成一个省。……好象一袋马铃薯是由袋中一个个马铃薯汇集而成的那样。"（马克思：《路易·波拿巴的雾月十八日》，《马克思恩格斯选集》第1卷，人民出版社2012年版，第762页）

② 马克思、恩格斯：《德意志意识形态》，《马克思恩格斯选集》第1卷，人民出版社2012年版，第158页。

易，本身就是自由的一种体现，"通过任意制定限制而否定人们从事交易的机会，本身就可以是不自由的一个源泉"①。其次，市场经济的高效率源于自由的"经济人"（自由企业）的自由竞争和自愿合作，市场经济的本质就是一种自由经济。最后，市场经济为自由的"经济人"提供了较为广泛的自由选择机会，因此，市场经济为人们个性与创造力的发展提供了一个更为广阔的天地。

中国广大农民在人民公社体制的束缚下劳动效率的低下，其关键就在于缺乏基本的自由，尤其是劳动自由。单一化、标准化的强制性组织形式只有"组织人"，没有"个人"；社会没有为广大农民提供自由选择和展示个性及创造力的机会和平台。在农村经济体制改革以后，随着市场化进程的逐步和迅猛推进，农民自由选择的空间空前扩大，各种类型的"能人"大量涌现，不同类型的经济组织"百花齐放"。套用《共产党宣言》中的一句话，过去有谁能够料想到有这么多的"能人"潜伏在广大的草根农民之中!?

不可否认，长期的自然经济与计划经济导致广大农民对市场以及市场经济，尤其是对现代市场经济并不熟悉。但是，市场经济所激发的劳动致富欲望，劳动力流动所带来的开放眼界，"自由人"的自由选择，尤其是"干中学"的反复实践，加快了他们认识、熟悉并逐步驾驭市场的能力。

◇【专栏3—11】 "干中学"：农村微观市场经济主体成长的主要途径

1962年，美国经济学家阿罗发表了《干中学的经济含义》一文，提出了"干中学"的概念。从理论上讲，阿罗的这篇经典论文是经济增长模式中技术进步内生化的最初探索，由此成为内生经济增长模型的思想先驱。

"干中学"强调实践在技术进步与经济增长中特殊的重要意义，也暗含人力资本投资与积累有一条不同于学校教育的途径。"干中学"与毛泽东讲过的"从战争中学习战争"异曲同工。

中国广大农民从人民公社体制进入市场经济新环境，逐步认知、熟悉并驾驭市场经济，不是靠书本，不是靠开会，也不是靠学校教育，而主要是靠

---

① 阿马蒂亚·森：《以自由看待发展》，任颐、于真译，中国人民大学出版社2002年版，第19页。

"干中学"。"实践出真知。""干",有成功,也有失败;但无论是成功还是失败,他们都增长了见识,积累了经验,而经验则是"递增的生产力"。同时,"经验"作为一种实践的知识,也是一种"公共产品",具有"外溢效应"。"经验"的扩散使"后进入者"节省了学习成本,少走了弯路。

当然,市场经济并非就是铺满鲜花的天堂,市场经济体制也不是十全十美的经济体制。市场经济有机遇,也有风险;机遇与风险并存。

首先,农户经济是有效率的生产组织,但不是有效率的流通组织。单个分散的农户面对广阔的大市场,信息不对称,交易成本太高,这就构成了"小生产"与"大市场"的尖锐矛盾。

流通与生产是社会再生产过程中既相互联系又具有相对独立性的两个重要环节。在自然经济占主导的社会环境中,作为自给半自给型的农户,流通只是他们生产过程末端的一个并不十分重要的补充。这就是说,他们只是把一小部分剩余的农产品投入流通领域,与他人交换。即便这种交换不成功,也就是说产品卖不出去,对于农户的再生产过程也不会构成致命的影响;至于生产过程的产前、产中环节,自给型农户对流通,实质上就是对他人、对社会的依赖微乎其微。但是,在市场经济的条件下,对于"市场化"或"正在走向市场化"的农户而言,流通已经从生产过程末端的一个并不十分重要的补充转变成了农业再生产过程中必不可少的关键性环节。这是因为市场化农业在本质上是依赖于大市场、大流通的现代农业的。市场化农户主要是为他人、为社会生产农产品,并不仅仅是为自己的消费而生产。因此,产品能否卖得出去,按什么价格卖出去,就是马克思所说的致命的"惊险一跃"。如果这"一跃"不成功,摔坏的不是商品,而是商品生产者。与此同时,市场化农业的产前、产中环节,也高度依赖市场,依赖流通。例如,产前的种子,产中的农药、化肥都要依赖市场购买,依赖市场流通。因此,在现代市场经济中,流通已不是简单地充当生产与消费的媒介,而是渗入了生产的全过程,提高了生产的市场化水平和效率,并引导生产者以市场导向组织生产。正是在这个意义上,我们可以说在市场经济条件下流通决定生产。

在农村的市场经济发展中,流通虽然十分重要,但农户并不是适宜的、有效率的流通组织。这是因为:(1)相比于农产品生产,农产品的流通要求有更准确快捷的市场信息、更广泛便利的市场网络,并要求有交通工具、仓储等流通基础设施,这些都不是单个农户能够做到的;(2)相比于农产品的生产,农产品的流通需要更大的经济规模,例如,大批量的商品,而单个农户所生产的农产品的量毕竟有限,形不成必要的甚至最起码的规模收益;(3)农产品生产与农产品流通需要不同的专业化知识与技能,要求每个农民同时具备这两种不同的专业化知识与技能,既不现实,也不经济,不符合现代社会的专业化分工趋势。

农户不是有效率的流通组织,因此,如何把市场化农户纳入现代市场体系,使农户生产与市场有效对接就成了市场经济条件下建设现代化农业的主要矛盾之一。这也是中国现代小农经济面对市场经济最尖锐的挑战之一。

其次,在现代市场经济中,农户要真正成为有效率的生产组织,还必须依赖于完善的社会化服务体系。社会化服务体系总体而言是公共产品。在分散经营的农户基础上,如何保证社会化服务体系这一类公共产品的有效供给是农户面对市场经济的又一尖锐挑战。

市场经济是一个由无数独立的微观经济主体("经济人")所构成的、由市场网络所连接的社会化开放型经济。微观经济主体的效率不仅源于自身独立的经济利益以及对自身利益最大化的追求,不仅源于"经济人"之间的市场竞争,也源于"社会化"的合作与"社会化"的服务体系。总体而言,社会化服务体系是公共产品,它满足的不是"经济人"的个别需要,而是"经济人"总和的"社会公共需要"。因此,追求自身利益最大化的"经济人"是缺乏为社会、为他人生产与提供公共产品的内在动力的。然而,公共产品对于社会化市场经济运行中"经济人"的效率又有着极端的重要性。因此,如何保证市场经济基础上公共产品的供给是自亚当·斯密以来经济理论与经济实践一直关注的课题。

在人民公社体制时期,公社及下属的生产大队、生产队是农村公共产品的主要生产者与提供者。在公社体制解体后,分散经营的单个农户不可能成为合适的公共产品供给主体;而合适的公共产品供给主体在一段时期里又没有培育形成,或没有补充进来,由此形成了农村公共产品供给主体的缺位。这使得单个农户在面对自然灾害,面对市场经济的挑战时往往势单力薄,力不从心。这也在很大程度上阻碍了农户市场化、农村经济市场化的进程。例如，在相当长的一段时期里，中国相当大一部分农村地区的农田水利建设、农田水利设施的维护就处于一种"无资金、无组织、无人管"的"三无"状态，以致沟渠堵塞，塘堰干涸，无力应对大自然所带来的洪涝、干旱。

再次，农民存在着异质性，那些由于地域、人力资本差异等原因处于劣势地位的农民，如果没有一定的救助机制与合作机制，在市场竞争中往往处于"无奈"、"无能"和"无助"的境地。

市场竞争是一个优胜劣汰的进程。它固然可以促进社会的进步，但不加节制、过于残酷的竞争对弱者、对弱势群体往往有太过强烈的损害。这不利于共同富裕理想的实现，不利于和谐社会的建设，也不利于"每个人"追求实质性自由的实现。当然，要解决这个问题，不是要消灭市场竞争。消灭了市场竞争，实际上也就消灭了市场经济。但是，理性的社会对此也不能听之任之、自由放任。社会必须建立一定的救助机制与合作机制，以帮助、保护市场竞争中的弱者与弱势群体。很显然，这种救助机制与合作机制的建立、完善与发展不是单个农户力所能及的。中国当前一些农户对市场经济的"抱怨"、"指责"，在很大程度上就是因为这种救助机制与合作机制的缺失，或者是极不完善。

最后，现实的市场不是一个和谐、完善的市场，现实的市场经济是一个利益博弈的经济，强势利益集团往往利用其信息、组织甚至"话语"优势来谋求自身利益。农民虽然人数众多，但由于组织力不强，整体而言，还是一个弱势群体，或弱势集团。

马克思主义认为，人们所奋斗的一切都与他们的利益相关。市场经济在本质上就是一种利益博弈的经济。理性的市场经济是一种良性的、互利共赢的利益博弈，非理性的市场经济则往往是恶性的利益博弈。中国现实中的市场经济还不是一个和谐、理性的市场经济，一些强势利益集团往往利用其信息、组织甚至"话语"优势来谋求自身利益，而不惜损害其他利益集团和社会整体的利益。在这种非理性的利益博弈中，农民作为一个整体，虽然人数众多，但由于组织力弱，组织化程度不高，其利益往往会受到损害。

美国经济学家利普顿（Michel Lipton）1968年在《为什么穷人总是穷？——关于发展中的城市偏向问题研究》一书中提出了城市偏向理论。他认为，在城市利益集团与农村利益集团的博弈中，政策天平总是倾向于城市利益集团。这是因为农民居住分散而导致集体行动中沟通成本过高，组织力过弱，"搭便车"现象普遍，因而对政府政策制定的影响力微弱。这也就是说，在整个政治系统和政策制定系统中，农民利益集团的输入压力低于城市利益集团的输入压力，因此，在利益博弈中会出现不利于农民利益集团的情形。

在中国，农民是市场化改革的启动者，总体而言，也是市场化改革的受益者。但由于中国经济体制改革的重点从农村转向城市，由于改革不均衡的推进，城市中传统体制的受益者与受益阶层，尤其是改革进程中的一些既得利益者与既得利益阶层，在一段时期内，利用农民组织化程度不高、组织力弱的劣势，也推动了一些不利于农民的政策的出台。例如，城市就业对农民的歧视政策①，尤其是"土地财政"背后对农民土地权益的侵害。因此，如何在市场经济的利益博弈中争取农民有组织的"话语权"和对政策制定的影响力是分散经营的农户面对市场经济更深层次的挑战。

十三 中央政府、地方政府、农民的三重博弈："市场化小农"对政策环境的参与和政策互动

当代中国的经济体制改革包括农村经济体制改革，在本质上都是广大人民群众为"自由地实现自由"所推动的制度变迁。执政党和政府顺应了人民要求变革的需求，形成了"群众与领导互动"、"上下互动"的改革格局。因此，把当代中国的改革进程判断为"政府主导型"的制度变迁是片面的，严格的表述应该是"民间（市场）与政府互动型"的制度变迁。当代中国的改革进程也表明，改革能否顺利推进的关键就在于民间与政府是否能良性互动、理性博弈。如果二者缺乏沟通与合作，或者出现非理性博弈局面，那么，无论是民间的自发力，还是政府的强制力，都难以推动实质性的改革进程，反而会引发诸多社会矛盾，引发各种利益摩擦与利益冲突。

在这种"上下互动"的改革进程中，政府的政策无疑是影响广大农民

---

① 例如，一些城市政府曾经实行的"腾笼换鸟"政策，就是典型的对农民工的就业歧视。所谓"腾笼换鸟"，就是把农民工清退，把就业岗位腾出来，以解决城市职工的就业问题。

经济决策的一个极其重要的因素。但是，广大农民对于政府政策并非只是被动地接受，事实上他们也可以积极主动地参与，使政府政策向有利于自己利益的方向发展，由此形成在政策制定过程中政府与农民的良性互动和理性博弈。

一般而言，可以将农民的经济决策看作理性"经济人"在一定的自然环境、技术条件与制度环境约束下追求自身利益最大化的经济行为。沿着这一思路，政府政策作为制度环境的核心部分之一就构成了对农民经济决策的外在约束因素。农户不仅会如同舒尔茨所言对市场环境作出理性反应，他们也同样会对政策环境作出理性反应。史蒂芬·R.鲍彻等（Stephen R. Boucher et al.）就研究过成为美国就业移民的墨西哥农民是如何理性地应对美国移民政策的变化的；轩尼诗和拉赫曼（Hennessy & Rehman）、内田等（Uchida）也讨论过政府政策如何影响农户的经济决策行为这一问题的。①

政府政策对农户经济决策的制约、影响在当代中国尤为重要和突出，这是因为当代中国农村历史性的制度变迁是农民自发创新与政府主导推动紧密交织在一起的。因此，农户与政府的互动博弈无疑就成为理解当代中国农户决策的关键性因素之一，农户的经济决策过程在一定意义上就可以被理解为农户与政府政策的互动博弈进程。沿着这一思路，政府政策就不仅仅是一个农户决策模型中的外生变量，它完全可以内生内化于农户的经济决策模型之中。这是因为政府政策可以在农户的收益成本曲线及效用函数中得到体现，政府政策的变化也会带来农户收益成本曲线及效用函数的相应改变；反过来，农户的经济行为通过一定的传导机制也可以制约、影响甚至在很大程度上改变政府的政策。

进一步而言，现代社会的政府并不是一个单一型主体。在中国，政府至

---

① Boucher, S. R., A. Smith, J. E. Taylor and A. Yunez-Naude, "Impacts of Policy Reforms on the Supply of Mexican Labor to U. S. Farms: New Evidence from Mexico, *Review of Agricultural Economics*, Vol. 29, No. 1 (2007), pp. 4-16; Hennessy, T. C. & Tahir Rehman, Assessing the Impact of the 'Decoupling' Reform of the Common Agricultural Policy on Irish Farmers' Off-farm Labor Market Participation Decisions, *Journal of Agricultural Economics*, Vol. 59, No. 1 (2008), pp. 41-56; Uchida, E., Scott Rozelle & Jintao Xu, "Conservation Payments, Liquidity Constraints and Off-farm Labor: Impact of the Grain-for-green Program on Rural Households in China," *American Journal of Agriculutral Economics*, Vol. 91, No. 1 (2009), pp. 70-86.

少要分为中央政府与地方政府①两个基本层次。从逻辑上推导，如果把农户经济决策仅仅看作农户与政府（单一主体）的二重互动性博弈，那么这必须符合如下两个条件中的一个：第一，中央政府与地方政府的目标函数、利益诉求乃至政策取向完全一致。地方政府没有自己独立或相对独立的政策，只是中央政策不走样的执行者。第二，农户处于一个完全封闭性的经济、社会环境之中。由于信息的闭塞，知识的有限，农户无法了解和分辨地方政府与中央政府的政策差异。中央政府离他们十分遥远，他们只是、也只能与地方政府打交道。这就如同"改革开放"以前许许多多基层老百姓都把基层党支部书记看作党的化身相类似，基层党支部就代表了党中央。

然而，在当代中国的现实中，以上两个假定条件都不能成立。第一，无论是用"中国特色的联邦主义"，还是用"中国地方官员的晋升锦标赛模式"来解释，中央政府与地方政府的目标函数、利益诉求乃至政策取向显然并非完全一致。中央政府与地方政府有着各自相对独立的利益格局，中央政府说"普通话"，地方政府说"地方话"，为了各自利益的最大化，在政策层面形成了互动博弈。第二，当代中国的农户已不是传统的自给型封闭小农，而是"市场化"或"正在市场化"的农户。由于市场化和信息化的进程，由于大规模的人口与劳动力流动，农户可以通过电视、报刊、网络等多种渠道了解和分辨中央政府政策与地方政府政策的差异，而且还会利用这种差异来争取自身利益的最大化。

于是乎，现实生活向我们展示了几种可能出现的结果：（1）中央政府、地方政府的政策与农户的利益高度一致，利益均衡带来政策均衡。谁也不愿意改变既定的利益格局，因而谁也不愿意改变政策。这无疑是人们最为理想的"帕累托最优状态"，也是政府政策应该努力追求的目标。（2）中央政府的政策与地方政府的政策取向基本一致，但不符合农户的最大化利益。农户希望改变政策，但改变政策的难度很大。在农村经济体制改革以前就可看作是这种状态。（3）地方政府的政策比中央政府的政策更有利于农户。在这种状况下，农户可以与地方政府达成默契，形成利益同盟，并努力促使中央政府修正政策。（4）地方政府的政策不利于农户，而中央政府的政策更有

---

① 地方政府还可以分为多个层次，但本书不再作进一步细分。

利于农户。在这种状况下，农户则可以利用中央政府政策对地方政府形成压力，迫使地方政府修正政策。以上的第（3）（4）种状况在中国农村的制度变迁中实例颇多。例如，改革早期安徽农村包产到户的推行可以看作是第（3）种状态。地方政府顶住了中央官方文件"不允许包产到户"的压力，支持或默认（在当时的环境下默认就等于支持）了农民包产到户和包干到户的实践，最终也推动中央政府改变了政策。而近年来很多地方出现的土地产权纠纷则是第（4）种状态。地方政府违背中央政府的政策侵犯了农户的土地权益，导致农户越过地方政府，直接到北京向中央政府上访、告状，借助中央政府的权威来维权。总之，现实中的农户经济决策是农户、地方政府与中央政府的三重博弈，而不是简单的农户与政府单一主体的二重博弈。

在这种农民与中央政府、地方政府的三重博弈中，农民如何才能把自己的利益诉求传递到各级政府尤其是中央政府，以影响政府的政策？各级政府尤其是中央政府，又如何才能真正了解农民的利益诉求，并在政策制定、政策修改与政策完善过程中自始至终地反映农民的切身利益？这不仅需要一个民主政治的制度环境，也需要"组织化"的农民。

森把"政治自由"列为"工具性自由"的第一条。政治自由需要民众广泛的自由的政治参与。森指出："政治和公民权利，特别是那些与保障公开的讨论、辩论、批评以及持有不同意见有关的权利，对于产生知情的、反映民意的政策选择过程，具有中心意义。"[1] 广大农民要参与与自己利益密切相关的政策选择过程，仅有知情权还不够，还必须有决策前的意见表达权，决策过程的参与权，决策执行的监督权和决策结果的评估权。所有这些权利应该是农民"公民权利"中的基本权利，而不是政府恩赐的权利。就农民参与政策选择的可行性而言，关键在于体制机制的建设，尤其是通畅的民情民意表达、传递、反馈渠道的构建。不可否认，中国农村"政治自由"的一系列基础设施建设还远远滞后于"经济自由"的基础设施建设。

众多学者都曾指出，农民组织化程度低是农民不能以集体的力量、组织的力量来维护自身利益，有效参与政策选择过程的一个重要原因。人民公社

---

[1] 阿马蒂亚·森：《以自由看待发展》，任颐、于真译，中国人民大学出版社2002年版，第154页。

化虽然名义上、形式上把农民高度地"组织"起来了，但大多数农民是被动的"被组织"，而不是主动的"自组织"。而且，人民公社是政府用来推行重工业优先工业化的"政社合一"的组织，而不是维护农民利益的组织。农村推行土地家庭承包制后，分散经营的农户如何在市场经济的基础上，在自由选择的前提下"组织"起来，是一个需要认真探讨，并关系到中国农村、农民未来走向的大课题。无疑，这也是广大农民能切实参与政策选择过程的基础性工程。

十四 当代中国农村制度变迁的未来趋势：进一步拓宽农民"自由地实现自由"的制度空间，提升农民实现"实质性自由"的"可行能力"

当代中国农村经济体制改革使广大农民获得了两项重大的自由权利，即农村土地承包权和自由劳动权，但是，由于二元经济社会结构及相应的制度安排，由于面对市场经济机遇与挑战的并存，也由于农民组织化程度不高，广大农民实现自由的空间还不够广阔，实现"实质性自由"的"可行能力"还亟待加强。

人类制度变迁的历史虽然有反复，也有短暂时期的倒退，但总体趋势是越来越文明，越来越现代化，越来越自由。人类自由的尺度是衡量人类文明程度、衡量现代化程度最终的、也是最重要的尺度。因此，我们应该从自由的视角，而不仅仅是从效率的视角把握中国农村的经济体制乃至社会体制的改革，把握中国农村的现代化进程，以及把握中国农业生产组织的现代化进程。

中国农村制度变迁与组织变迁的未来趋势，总体而言是要进一步拓宽农民"自由地实现自由"的制度空间，进一步提升农民实现"实质性"自由的"可行能力"。围绕这一总体目标，我们还需要进行如下一系列的改革。

第一，进一步明确农民土地承包权作为"私权利"的神圣不可侵犯性，赋予广大农民在土地承包权转让、交易与继承方面更充分的自由权利。

农村土地承包权是当代中国广大农民"自由地实现自由"的最为重要的物质基础与财产保障。尽管来自承包土地的收入在越来越多的农民总体收入中已不占主体,尽管有相当一部分土地承包者已不是土地的直接经营者与耕作者,但土地承包权作为农民独有的、区别于城市居民的一项"私权利",依然有着独特的、其他私人财产无法替代的功能与作用。保障农民土地承包权的神圣不可侵犯,最为关键的就是要阻止来自各类"公权力"利用强势地位的侵犯与侵蚀。因此,有必要沿着"强化承包权、弱化所有权、规范征收权、放活交易权"的思路进一步修改与完善《中华人民共和国农村土地承包法》,使各项随意改变与剥夺农民土地承包权的作法失去任何可利用的法律依据。与此同时,进一步赋予广大农民在土地承包权转让、交易与继承方面充分的自由权利。更具体而言,可允许农民进城后"卖断"土地承包权,即以"农村土地承包权"交换"城市社会保障权";同时,在农村可试行土地承包权一子(或一女)继承权。

◇【专栏3—12】 《中华人民共和国农村土地承包法》修改建议

将第一条中"赋予农民长期而有保障的土地使用权"修改为"赋予农民长期而有保障的土地承包权"。这是因为需要适应农村土地承包权与实际使用权分离的状况,赋予农民有土地承包权但可以"不种地"的自由。

第三条"不宜采取家庭承包方式的荒山、荒沟、荒丘、荒滩等农村土地,可以采取招标、拍卖、公开协商等方式承包",可以修改为"荒山、荒沟、荒丘、荒滩等农村土地,在公平确定家庭承包者的基础上,可以采取招标、拍卖、公开协商等方式选择实际经营者"。这是因为荒山、荒沟、荒丘、荒滩等农村土地,也是农村社区所有居民的共同财产,将承包权界定给每一个农民家庭,并不妨碍采用灵活的土地经营方式与使用方式;更为重要的是,它可以防止少数村干部或政府官员利用"所有权"或"公权力"随意侵犯全体村民的这部分共同财产。

第十条"国家保护承包方依法、自愿、有偿地进行土地承包经营权流转",可以修改为"国家保护承包方依法、自愿、有偿地进行土地承包经营权流转与交易"。这是因为加上"交易",可以赋予农民对土地承包权更广泛的处分权利,包括"卖断"土地承包权的权利。

第十八条"按照规定统一组织承包时,本集体经济组织成员依法平等地行使承包土地的权利,也可以自愿放弃承包土地的权利",可以修改为"按照规定统一组织承包时，本集体经济组织成员依法平等地行使承包土地的权利，也可以自愿、有偿地放弃承包土地的权利"。之所以加上"有偿"，是要强调土地承包权的财产权利属性，农民不能也不应该无偿地放弃土地承包权。

第二十六条"承包期内，承包方全家迁入小城镇落户的，应当按照承包方的意愿，保留其土地承包经营权或者允许其依法进行土地承包经营权流转"。"承包期内，承包方全家迁入设区的市，转为非农业户口的，应当将承包的耕地和草地交回发包方。承包方不交回的，发包方可以收回承包的耕地和草地。"可将其统一修改为"承包方全家迁入城市，并取得城市户口和享受城市社会保障福利的，可以将土地承包权依法、有偿卖断给发包方"。这是因为要适应以农村土地保障交换城市社会保障实践的需要。

第三十三条删除"受让方须有农业经营能力"和"在同等条件下，本集体经济组织成员享有优先权"的条款。这是因为这些限制性条款与接下来的第三十四条有冲突。第三十四条明确规定："土地承包经营权流转的主体是承包方。承包方有权依法自主决定土地承包经营权是否流转和流转的方式。"

第四十六条删除"荒山、荒沟、荒丘、荒滩等可以直接通过招标、拍卖、公开协商等方式实行承包经营"，保留"荒山、荒沟、荒丘、荒滩等""可以将土地承包经营权折股分给本集体经济组织成员后，再实行承包经营或者股份合作经营。"这与第三条的修改相同。

第二，进一步改革"城乡分治"的户籍管理制度，给广大农民充分自由的居住选择权与相应的自由迁徙权。

直至今日，广大农民实现充分自由的最大体制性障碍依然是"城乡分治"的户籍管理制度。一方面，许多在城市出生、城市长大的农民工"第二代"甚至"第三代"依然是农村户口，在理论上他们仍然是农村居民。另一方面，一些地方为了侵占农民的土地，即农民村社集体所有、农户实际占有的农地，又"逼迫"农民进城，"逼迫"农民市民化。这两种不同的倾向有一个共同的病因，即农民还没有充分自由的居住选择权与相应的自由迁徙权。

户籍制度改革的核心是恢复户籍的基本信息功能与剔除其附加的管制功能。户籍的基本信息功能就是记载和留存住户人口基本信息的法律文书。用户籍来人为地区分"农业人口"与"非农业人口",限制人口流动,限制人口迁徙,限制人们自由地选择居住地是中国计划经济时代附加给户籍的管制性功能。诚然,人口流动、人口迁徙也是需要管理的,但管理不是管制,管理更主要的是服务,而不是违背人们自由意愿的禁止、限制。

第三,进一步改革"城市偏向"的公共服务供给政策,实行公共服务向农村必要的倾斜,以提升农民实现"实质性自由"的"可行能力"。

阻碍农民实现"实质性自由""可行能力"的一个重要外部环境是农村公共产品、公共服务的落后,因此影响了农民人力资本的投资和积累,影响了农村投资的效率,也影响了农民的生活水平与生活质量。

改革"城市偏向"的公共服务供给政策,其目标是基本公共服务的"城乡一体化",即全体国民,不论城乡,都享受均等的、由政府提供的基本公共服务。由于现阶段农村公共服务严重滞后于城市,在一段时期里新增公共服务向农村的倾斜是矫正这种严重不均衡、逐步实现基本公共服务"城乡一体化"的必要措施。

第四,进一步提高农民的"组织化"程度,提升农民政策制定的"话语权"。

"我"的自由与"我们"的自由紧密依存,单个农民的自由与整体农民的自由密不可分。农民的"组织化",归根到底是为了提升农民实现"实质性自由"的"可行能力",而不是为了怎样去"管"农民。

农民"组织化"程度的提高,无疑有利于农民整体在利益博弈中的"话语权"。不可否认,过去一些关系到农民利益的政策往往是从城市的角度,由"城里人"制定的。这些政策侵害了农民的利益。还有一些政策,虽然本意是想帮助农民,但由于不了解农民的真正诉求,其政策效果也不理想。出现这些问题的一个重要原因是农民缺乏在政策制定中的"话语权",或者说其"话语权"力度不够。提升农民在政策制定中的"话语权",关键在于农民的"组织化"程度。作为"我们"的农民无疑比作为"我"的农民更有力量。

第五,进一步推动农村的民主政治建设和文化建设,全面提升农民实现实质性自由的"可行能力"。

经济自由必然内在地要求政治自由，也必须依赖政治自由作为经济自由的切实保障。同时，自由是全方位的，它不仅仅是基本生存，不仅仅是"吃饱穿暖"。尤其是在当代中国的农村，当"温饱"问题已基本解决以后，农民对自由的诉求会更广泛，更强烈。同时，农民追求进一步自由的动力也是农村改革深化、农民自由地全面发展的最重要的源泉。

第四章
多元共生:当代中国农业生产组织的基本构架

【提要】广大农民的自由选择是当代中国农村呈现多元共生组织构架的基本前提;反过来,多元共生的组织构架又为农民的自由选择提供了极具包容性、开放性的制度与组织空间。

一 何谓"共生"

在150多年前,一代经济学大师阿尔弗雷德·马歇尔虽然是"经济力学"(新古典主义)的集大成者,但他从内心深处感受到了"经济力学"有可能会给后来的经济学科发展带来危害①,并天才地预见到经济学与生物学之间比经济学与力学之间有着更加密切的联系。他指出:"经济学家的目标应当在于经济生物学,而不是经济力学。""经济学家必须从生物学的新近经验中学许多东西。"② 目前,"经济生物学",或者更确切地说,借助"生物学"的相关理论与概念来研究社会经济现象的"经济学"有两大趋势:一是建立在达尔文进化论基础上的"演化经济学";二是借助"共生"理论

---

① "自马歇尔的《经济学原理》出版后的一百年间,经济学作为一门学科已呈现出急剧的狭窄化和形式化……他们不去把握和解释真实的经济结构和经济过程,而是潜心于建立方程。"(杰弗里·M. 霍奇逊:《演化与制度——论演化经济学和经济学的演化》,任荣华等译,中国人民大学出版社2007年版,第2页)

② 马歇尔:《经济学原理》,陈良璧译,商务印书馆1965年版,第18、70页。

与概念所逐渐形成的"共生进化经济学"①。

"共生"（Symbiosis）一词来源于希腊语，其概念最早由德国真菌学家德贝里（Anton de Bary）于1879年提出。据生物学家的研究，"共生"是生物界中的一个普遍现象，它表明有着长期性物质联系的某些生物体共同生活在一个给定的生物圈内。从一定的意义上说，"共生"概念的提出是对过分强调种的独特性，过分强调生存竞争的达尔文进化论的一种纠偏。它强调物种间相互依存的共生关系。但是，"共生"并不等于停滞、封闭。"共生进化"可以看作是另一条进化道路，是生物群体的共同进化，是"合作互利"、"合作双赢"甚至"合作多赢"的进化，而不是所谓的"你死我活"、"赢者通吃"。中国学者洪黎民指出："普通生物学者深刻体会到群落中生物相互关系的复杂性，鲜明地揭示了个体或群体胜利或成功的奥秘，在于他们在这个群体中密切联合的能力，而不是强者压倒一切的'本领'，自然界如此，人文科学中的生物哲学亦可如此理解。"②

德贝里以后，很多生物学家及其他领域的科学家就"广义共生"、"狭义共生"、"共生起源"、"共生进化"、"内共生"、"外共生"、"共生界面"等一系列极其广泛的问题展开了卓有成效的研究。美国哈佛大学的威尔逊（Edward O. Wilson）教授总结出自然生物体中的群体寄生、群体偏利共生、群体互惠共生这三种基本的共生模式。所谓群体寄生，是指一种生物生活于另一种生物的体内或体表，并在代谢上依赖于后者而维持生命活动的现象，它只是共生的一种特殊形态；所谓对一方无害但对另一方有利的偏利共生则不太常见；只有互惠共生才是共生模式的常态。《辞海》对"共生"的解释是："生物间的一种普遍现象。泛指两个或两个以上有机体生活在一起的相互关系。一般指一种生物生活于另一种生物的体内或体外相互有利的关系。"

威尔逊教授还进一步区分了对称性互惠共生与非对称性互惠共生。对称性互惠共生是最有效率、最有凝聚力因而也是最稳定的一种共生模式。它以共生单元的分工与合作为基础，产生新能量；共生界面则具有在所有共生单

---

① 所谓"共生进化经济学"是笔者提出的，其用意是与现在学术界比较流行的"演化经济学"有所区别。

② 洪黎民：《共生概念发展的历史、现状及展望》，《中国微生态学杂志》1996年第8卷第4期。

元之间实现对称性分配的功能特性，因而使所有共生单元都获得同等的进化机会与进化成本，这奠定了共生机制的基础；共生过程不仅存在频繁的双边交流机制，而且还存在广泛的多边交流机制，这极大地提高了共生能量，降低了共生成本。然而，作为一种理想化的共生模式，对称性互惠共生并不是最常见、最普遍的共生模式；最常见、影响最广泛的还是非对称性互惠共生模式。非对称性互惠共生模式与对称性互惠共生模式最根本的区别是，在共生界面的作用下新能量的分配在各共生单元之间是非对称的。

由于生物生态系统与人类社会经济系统的相似性[1]，最近几十年来，"共生"理念在哲学及人文社会科学领域得到了极广泛的应用。例如，日本久负盛名的学术出版社岩波书店推出了 8 卷本《新哲学讲义》，其中的第 6 卷就冠名为《共生》。东京大学还设立了共生哲学国际交流中心。中国学者李燕概括出共生哲学的如下基本理念：生命理念（共生是不同生物密切生活在一起的，它是生命之间的存在关系）；过程理念（共生具有时间上的连续性与空间上的宽容性，生命的创生与生命境界的提升过程是共生性的）；异质共存理念（异质性普遍地存在，是系统演化不可缺少的因素，而且是事物共生互利的基本条件）；中和理念（共生在社会形态层面的价值选择）；关系理念（共生在本质上是一种存在关系）；生活理念（共生是不同生活方式的共存）。[2]

将"共生"理念引入经济学与管理学始于 20 世纪 70 年代。正如生物共生是生物种群生态学种间关系分析的方法论工具一样，工业共生理论也成为工业生态学的一个重要分析工具。1976 年，联合国欧洲经济委员会在一次主题为"无废物技术和生产"的会议中，提出了对工业共生的最初构想。工业共生被看作废物利用、实现清洁生产的一种企业之间的合作。然而，共生所蕴含的丰富内核决不限于这一狭窄的领域。《工业生态学杂志》总编瑞德·利费斯特（Reid Lifest）指出："工业共生并不仅仅是关于共处的企业之

---

[1] "生物学思想之所以与经济学相关的另一个极端重要的理由是，经济系统和生物系统都是极为复杂的系统，都带有繁杂的结构和因果关系，既包含了连续的变化，也包含极大的多样性。"（杰弗里·M. 霍奇逊：《演化与制度——论演化经济学和经济学的演化》，任荣华等译，中国人民大学出版社 2007 年版，第 72 页）

[2] 李燕：《共生哲学的基本理念》，《理论学习》2005 年第 5 期。

间的废物交换，而是一种全面的合作。"沿着这一思路，工业生态、区域经济、循环经济、环境管理、企业集群、生态金融等极为广泛的领域都开始应用共生理念；它也深入了社会学、政治学、人类学等社会科学的众多领域。

二 共生、和谐、包容性发展与"自由地实现自由"

共生理念体现的是一种个体之间、群体之间的和谐共处。"和谐"，按中国古代哲学的理解，就是在多样性、差异性的基础上，追求不同主体之间的协调统一、共生共存。在这里，"不同"是前提，是在"不同"基础上的"和"，即共处、相容、共生共存。因此，中国传统的和谐理念就包含现代意义的开放性、包容性思想。孔子说："君子和而不同，小人同而不和"，肯定了多样化、差异性基础上的共生共存，否定了那种党同伐异的垄断性思维与行为。进一步讲，中国古代哲学家还提出了"和生万物"的理念，指出了多样化、差异性是万物生存与发展的基础和前提。《国语·郑语》说："夫和实生物，同则不继。以他平他谓之和，故能丰长而物归之。"这也就是说，只有在多样性、差异性的基础上，也就是在"不同"的基础上，"以他平他"，世间万物才能茂盛地生长；高度的同一，以同裨同，以水兑水，不能产生任何新的东西，"同则不继"。

无论是"共生"还是"和谐"，所隐含的前提就是承认客观世界的多元化、多样性与异质性、差异性。如何在多元化、多样性与异质性、差异性的前提下做到"共生"、"和谐"，这里的关键性环节与关键性路径就是"包容"。如果是一种模式、一种类型、高度同一，也就无所谓"包容"。"包容"是在明确自身主体地位，追求自身利益最大化的同时，也尊重其他人、其他群体、其他组织的主体地位，尊重其他人、其他群体、其他组织也有追求自身利益最大化的同等权利。因此，"包容"必须摒弃"不同即敌对"、"唯我独尊"的思维模式，确立"海纳百川，有容乃大"的宽广胸怀。

把"包容"理念引入经济与社会发展的进程中，就是包容性增长、包容性发展。包容性增长是 2007 年亚洲开发银行在《以共享式增长促进社会和谐》的报告中首次提出的概念。包容性增长的实质也就是共享式增长、普惠式增长，其核心是社会各阶层、各群体公平、合理地分享增长的成果，以避免两极分化与社会的分配不公。它的目标是促进经济与社会的和谐发展。胡锦涛就世界范围的包容性增长指出："实现包容性增长，根本目的是让经济全球化和经济发展成果惠及所有国家和地区、惠及所有人群，在可持续发展中实现经济社会协调发展。"①

正如"经济发展"比"经济增长"的内涵更丰富一样，"包容性发展"也比"包容性增长"具有更广泛的内容。它不仅包括经济增长的成果共享，也包括社会发展的成果共享；同时，它还应包括经济、社会、政治、文化、生态"五位一体"的协调发展。2011年，胡锦涛在主题为"包容性发展：共同议程与全新挑战"的博鳌亚洲论坛年会上发表的主旨演讲中，全面阐释了中国政府对包容性发展的基本构想，并把包容性发展与和谐社会的建设紧密相连。② 根据博鳌亚洲论坛副理事长曾培炎的概括，包容性发展可以从四个方面理解：第一，包容性发展是所有人机会平等、成果共享的发展；第二，包容性发展是各个国家和民族互利共赢、共同进步的发展；第三，包容性发展是各种文明互相激荡、兼容并蓄的发展；第四，包容性发展是人与社会、自然和谐共处，良性循环的发展。

共生、和谐、包容性发展有着内在紧密的逻辑联系。这就是在异质性、多元化、多样性的基础上，尊重每一个独立的利益主体合理的利益诉求和自由选择，在共同参与、机会平等的前提下实现包容性、共享式、普惠式的发展，以增进每一个利益主体独立的利益以及各方共同的利益。

从更深的层次看，共生、和谐、包容性发展与人类追求"自由地实现自由"的理想与实践内涵相通。一方面，只有尊重并允许人们自由选择，才有可能出现异质性、多元化、多样性基础上的共生；只有尊重并保护人们自由选择的机会与权利，才有可能出现"和而不同"的共生和谐；只有惠及大众的普遍性自由，也才能有发展成果共享、利益普惠的包容性发展。另一方面，多元共生的组织格局与利益格局、和谐的社会氛围、包容性发展的理念与实践，其实质也就是我们所追求的理想的自由的经济社会环境；只有在这种自由的经济社会环境中，人们才有可能全面实现普遍性自由，才能切实提

---

① 胡锦涛：《深化交流合作，实现包容性增长》，《人民日报》2010年9月16日。
② 胡锦涛演讲的题目就是"推动共同发展，共建和谐亚洲"。

升"我"和"我们"实现"实质性自由"的"可行能力"。

三 多元共生：当代中国农村经济组织的基本构架

在当代中国，伴随着农村土地家庭承包制的推行，农户无疑成为最基本的农业微观经济组织形式。由于人多地少的基本国情，由于农地均分承包的必然性，就农村土地的经营规模而言，当代中国的农户普遍都是所谓的"小农"。与此同时，伴随着农村市场化的改革、农村土地的适度流转与农村经济社会发展的进程，农村各类专业合作经济组织、社区合作经济组织、农民专业协会、农业企业（尤其是农业产业化龙头企业和农业股份公司）、家庭农场等也是"百花齐放"，呈现出与"小农"农户经济交织在一起的多元化组织发展势态。① 毋庸置疑，中国农业、农村的生产组织形式已从人民公社体制的"单一化"进入了"多元化"发展的新阶段。

还须指出的是，这种多元化的农业、农村生产组织格局并非"井水不犯河水"的封闭、隔绝、各行其道，也不是"你死我活"、"谁战胜谁"、"谁消灭谁"的此消彼长，而是越来越明显地呈现出一种多元化组织在市场化、社会化、现代化网络联结下相互依存、共同发展的组织共生格局。我们认为，多元化的组织共生也就是当前乃至21世纪中国农业生产组织形式的基本构架。

这种多元共生的组织构架有如下基本特征：

1. 多元是共生的基础和前提，多元反映了中国农村经济社会发展的多样性、复杂性与不平衡性。

中国人口众多、国土辽阔，各地经济、社会发展水平差异极大。东部长江三角洲的一些农村（例如江苏江阴华西村）与西北、西南一些贫困、边远的山村相比，就生产力发展水平而言，差距接近1个世纪。人民公社体制用一种单一化的组织模式套用全国，实践证明并不成功。中国20世纪70年

---

① "坚持家庭经营在农业中的基础性地位，推进家庭经营、集体经营、合作经营、企业经营等共同发展的农业经营方式创新。"（《中共中央关于全面深化改革若干重大问题的决定》）

代末推行的农村经济体制改革,虽然在土地家庭承包制推行的后期,在一些地方,也的确伴有自上而下的强制推行现象,但是也宽容了一些具有传统人民公社性质的经济组织(例如河南临颍县南街村、广东中山县崖口生产大队、河北晋州市周庄人民公社)的存在,允许多种类型、不同性质的经济组织形式的试验,没有"一刀切"。更为重要的是,农村土地家庭承包制的本质是赋予广大农民自主、自由的选择权,包括"试错权",这就为农村经济组织的多元化、多样性、异质性发展提供了一个较为广阔的自由空间。由于不同地区经济、社会、文化、生态、资源禀赋等"区情"千差万别,由于不同个体、不同人群的经济状况、人力资本状况以及利益取向、价值偏好千差万别,适应不同"区情"、不同人群、不同环境的经济组织形式也必然会千差万别,由此形成了多元化、多样性的组织共生格局。

2. 组织共生的基础是承认并尊重不同经济组织、不同经济主体独立或相对独立的利益诉求,在利益独立的前提下追求利益共生、利益互补。

在多元共生的组织构架中,有大中型的经济组织,例如农业产业化龙头企业,也有小型的甚至微型的经济组织,例如小农户。此外,在多元共生的组织构架中,有比较强势的经济组织,例如拥有广泛经济、社会、政治资源的农业股份制上市公司,也有比较弱势的经济组织,例如没有任何官方背景的纯"草根性"的农民互助组织。但是,不管什么性质、什么类型的经济组织,都有自己独立或相对独立的利益诉求。如果经济组织之间以大压小,以强凌弱,"赢者通吃",那么也就谈不上组织共生了。因此,组织共生的基础是利益共生,进一步讲则是利益互补所形成的"双赢"与"共赢"。

大中小各类经济组织、比较强势的经济组织与比较弱势的经济组织之所以能做到利益互补,能够存在并有所发展,就是因为它们在不同的领域、不同的方面具有自己独特的比较优势。套用德国哲学家黑格尔的名言就是,"凡是存在的,都是合理的"。反过来,任何经济组织都不可能在一切领域、一切方面都具有优势,这意味着它们在另一些领域、另一些方面会处于劣势。例如,大型超市在组织大宗农产品流通、销售方面具有明显的规模经济及信息优势,但是,在具体组织农产品的生产方面,由于远离现场,监督成本过高,生产效率就不如农户。农户生产具有利益直接、节省监督成本等生产效率方面的优势。所谓利益互补，事实上也就是优势互补，"取长补短"，而不是一类组织对另一类组织的利益施舍或利益恩赐。事实上，建立在利益施舍或利益恩赐基础上的组织共生是不牢靠、不持久的；只有建立在优势互补、利益互补基础上的组织共生，才具有可靠性与可持续性。

3. 组织共生的界面是市场经济的大环境，各类组织只是市场化、社会化、现代化网络中相对独立的节点。在现代社会里，离开了市场化、社会化、现代化网络，就谈不上组织共生。

决不能将组织共生理解为各类经济组织之间"鸡犬之声相闻，老死不相往来"，"井水不犯河水"似的各自封闭的孤立存在。组织共生也不是马克思所说的"马铃薯经济"，一袋马铃薯由一个个孤立的马铃薯集成。恰恰相反，组织共生的本质是互利共存，即威尔逊教授所说的"互惠共生"。因此，组织共生必须以组织之间开放性的相互联系作为先决条件。没有开放，就谈不上各类经济组织，即共生单元之间的物质交流、要素交流、信息交流，也就更谈不上互惠互利了。

当代中国既不同于传统的乡土中国，也不同于计划经济时期的封闭性中国。中国经济、社会向市场经济、向现代化开放社会的转型已是不可逆转的大趋势。在这种市场经济的大环境中，连接各类经济组织的主体要素已不是行政渠道、行政网络，也不是传统社会的人际网络，而是市场化、社会化、现代化的网络。因此，各类经济组织都只是市场化、社会化、现代化网络中一个个相对独立的节点，它不能脱离这一网络而封闭式地孤零零存在。即便那种具有人民公社本质的经济组织，例如，河南临颍县南街村，也不能脱离市场经济的大环境而封闭性存在。南街村的所谓"外圆内方"，"外圆"，说到底，也就是要融入市场化的网络之中，与市场经济接轨。实践表明，在现代社会里，离开了市场化、社会化、现代化网络，就谈不上组织共生。

4. 组织共生不是停滞、僵化。"共生"并不排斥"进化"。"共生进化"是进化的一种和谐状态，是包容性发展的一种进化。

组织共生不是先进与落后的长期并存，不是静止、停滞与僵化。组织共生强调合作，强调包容，但并不排斥竞争；因此，组织共生的"共生进化"

也会有优胜劣汰。不过,在组织共生的"共生进化"中,判断先进与落后,判断优与劣,并非单一尺度、单一标准、单一模式;竞争也并非"你死我活"、"谁战胜谁"、"谁消灭谁"、"赢者通吃"。总之,多元化组织的"共生进化"是一种共生组织群中各类组织共同获益、普惠式的进化,本质上也就是包容性的发展。当然,在多元化经济组织的"共生进化"过程中,有一些组织会随着时代的要求、形势的发展、环境的变化而兴起,另一些组织则会随着时代的要求、形势的发展、环境的变化而改变,还有一些组织则会随着时代的要求、形势的发展、环境的改变而消亡。总之,各类经济组织的形式并非千古不变,而是有生有死、有兴有亡,但是,多元化经济组织的"共生进化"决不会归于"大一统"、"清一色"的垄断。垄断,就排斥了差异性、多元化、多样性,组织共生就失去了基础与前提。从根本上说,马克思所构想的"自由人联合体"也会有多种经济组织形式,而绝非一种垄断性的模式,一个封闭式的框框。一种模式、一个框框就无所谓自由选择、自由发展。因此,多元化经济组织"共生进化"更深层次的本质依然是"自由地实现自由"。

表 4—1　　　　　　　　　当代中国农村各类经济组织形式

经济组织形式	内容
生产型组织	小农户、种植大户、养殖大户、家庭农场、私人农庄、集体农庄、农业生产合作社、农业生产企业、农村土地股份合作社、农业上市公司
流通型组织	小商贩、经纪人、农产品零售市场、农产品批发市场、粮食现代物流体系、鲜活农产品冷链物流、供销合作社、农产品期货市场
生产服务型组织	田保姆、植保专业户、植保专业队、植保公司、农机专业户、农机合作社、农机作业协会、农机专业服务公司、农机租赁服务公司、科技示范户、农民用水合作组织
生活服务型组织	沼气技术服务站、农家乐餐馆、农民旅游合作社
金融服务型组织	农村信用社、农村土地信用合作社、农村小额信贷组织、农村信贷担保组织、村社银行
综合型服务组织	农民服务社、农村社区服务中心、农村公益服务站、农村信息服务中心
产权交易组织	土地承包经营权流转市场、农村集体产权交易市场、农村土地银行
战略联盟型组织	企业+农户、合作社+农户、企业+合作社+农户、超市+合作社+农户、超市+基地+农户、农业科技院所+农业企业+农户

表4—1是笔者归纳的当代中国各类农村经济组织形式。毋庸置疑，现实中的经济组织形式会比笔者所归纳的更丰富。

四　分中求合、私中求公
——来自浙江温州的案例①

温州是浙江南部的一个地级市，总面积11783.5平方公里，其中平原和山地分别占17.5%和78.2%。温州人多地少，农村经济体制改革之初的1978年，人均耕地面积仅0.53亩，是典型的人口压迫土地的地区。

在农业合作化与人民公社时期，为了解决吃饭的问题，温州是中国较早创造与推行农村土地家庭承包责任制的地区之一。② 早在1956年，当时温州地区下辖的永嘉县委就有组织地进行了"包产到户"与"包干到户"的改革试验。在当时的历史条件下，这场改革以当时主持农村工作的县委副书记李云河被打成"右派"、开除党籍而宣告失败。"野火烧不尽，春风吹又生。"在20世纪70年代末，温州农民在农村推行土地家庭承包制的改革中又一次走在了浙江省的前头。此外，在人民公社时期，"温州的农村集体企业无论是规模还是素质都微不足道。而且随着家庭联产承包责任制的推行，这类小规模的集体社队企业也迅速土崩瓦解"③。因此，农村经济体制改革后，所谓的集体统一经营层次在温州大都有名无实，集体经济只剩下一个"空架子"。人们曾普遍认为，温州农民只有单干的积极性，而没有合作的动力和热情，所谓"私营经济看温州"。

然而，"改革""开放"以后，浙江省第一个新型的农民专业合作社就出现在温州的苍南县铁龙乡。1985年5月14日，由135人合股投资87300元组建的，以向农民提供产前、产中、产后服务为主旨的"苍南县铁龙乡农

---

① 本节的案例主要来自本课题组2008年7月9—17日对浙江温州市所属瑞安、乐清、永嘉、文成等地的调查，课题组成员尹作亮主持了此次调查。

② 早在1956年，温州所辖的永嘉县就试行了包产到户，其主持人受到了错误处理。1981年8月20日，中共中央书记处第282期《简报》刊登《1956年永嘉县试行包产到户的冤案应该彻底平反》的来信，并加按语肯定永嘉"当年首创这种责任制"（见史晋川等《制度变迁与经济发展：温州模式研究》，浙江大学出版社2004年版，第469页）。

③ 史晋川等：《制度变迁与经济发展：温州模式研究》，浙江大学出版社2004年版，第64页。

民服务社"正式挂牌成立。① 进入 21 世纪以来,温州市的农民合作经济组织及农业产业化企业发展十分迅速。据温州市农村工作办公室 2008 年的调查,2007 年全市农民专业合作组织共有 1015 个,社(会)员总数 5.33 万名;其中农民专业合作社 902 个,社员总数 4.16 万名,社员人均增收 1192 元,带动 28.4 万农户,连接基地面积 72.48 万亩。与此同时,温州市农业产业化龙头企业的发展也异常迅速。截至 2008 年 10 月,全市拥有销售额 500 万元以上的农业龙头企业 200 多家,固定资产 50 亿元,年销售额 139 亿元,利润 10 亿元,连接种养基地 85 万亩,带动 35 万农户。其中国家级农业龙头企业 3 家,省级农业龙头企业 24 家,市级农业龙头企业 116 家。又据 2011 年温州市农业局的更新数据,全市农村的专业协会、专业合作社、股份合作社等各类合作经济组织已达 2000 多家,带动 30 多万农户。市级以上农业产业化龙头企业 185 家,省级以上农业产业化龙头企业 29 家,国家级农业产业化龙头企业 4 家,其中产值超亿元的企业 12 家;企业资产总额 57.3 亿元,建基地 454 万亩,带动 83.7 万农户。从以上的数据可以看出,温州已成为中国农村专业合作组织、农业产业化龙头企业发展最为迅速的地区之一。事实表明,温州农民不仅有"单干"的积极性与创造性,同样也有"合作"、"组织"的积极性与创造性。

需要着重指出的是,一方面,温州市农业专业合作经济组织、农业产业化企业的发展并没有导致农户经济的消亡;恰恰相反,它还促进了农户经济的更加繁荣与发展。究其原因,归根结底是温州的农业合作社、农业企业、农村的各类经济组织植根于农户经济发展的内在需求,是农民内在的"我要合作"、"我要组织",而不是外在的"要我合作"、"要我组织"。例如,我们采访的温州文成县日新兔业合作社(原双凤兔业合作社)的负责人田金新,谈到了他们当初创办合作社的五大内在原因:(1)农民单家独户养兔无法及时获得市场供求信息,卖难问题难以解决,市场经营风险大,养兔农户常常增产不增收;(2)养殖规模小,销售能力弱,经济效益差;(3)标准化生产难落实,产品质量无保证,缺乏品牌效应,难以开拓市场;(4)农户集约化、组织化程度低,容易受中间商盘剥与控制;(5)难以获

---

① 苍南县把这家合作社称为全国首家农民合作社(苍南新闻网,2008 年 10 月 16 日)。

得产前、产中、产后服务，经营成本高，经济收益低。合作社的成立，正是为了解决走向市场化的"小农"凭一家之力难以解决的这五大问题，而不是要替代农户，重新"归大堆"。因此，即使加入了合作社、成为合作社社员的农民，也没有改变其家庭所拥有的私有财产，没有放弃其土地长久不变的承包经营权，没有改变农户作为独立经济主体的地位。合作与私营相互补充，农户经济与合作经济组织、农业企业共生共存，并没有出现非此即彼的"谁战胜谁"、"谁消灭谁"的现象。

◇【访谈4—1】 田金新访谈录

访谈时间：2008年7月12日

访谈地点：温州文成县大峃镇城东北路11号

访谈对象：田金新（1966年生，男，中共党员，大专文化程度，文成县日新兔业专业合作社负责人）

问：合作社最初形成的动机与原因是什么？

答：1. 农民单家独户养兔无法及时获取市场供求信息，难以同大市场对接，卖难问题不能得到有效解决，市场经营风险大，养兔农户常常增产不增收。2. 养殖规模小，销售能力弱，经济效益差。3. 标准化生产难以落实，产品质量不能保证，缺乏品牌效应，市场竞争力弱，市场开拓难。4. 农户集约化、组织化程度低，凝聚力弱，不能真正成为市场主体，容易受到中间商的盘剥和控制。5. 农户养殖得不到产前、产中、产后服务，养兔经营成本高，经济收益低。合作社最初由7家养兔的专业户发起组成，目前形成了股份制合作社，由发起的7人作为股东，其他农户为合作社社员，目前共有社员1172户。成立合作社可以保证养兔的数量与质量。因为，公司有专人来管理兔子的质量，每一个乡镇（村）都有一名专门的联系人，利用大基地（大兔场）带动周边农户养殖。通过合作社的管理可以达到"五个统一"：统一标准、统一种兔、统一疫苗、统一养殖、统一销售，把零散的千万农户统一起来。这样既降低了养殖成本又降低了农户的养殖风险，提高了农户的养兔收益，还可以实现一定的规模经济效益。

问：怎样处理公司与合作社二者之间的关系？

答：公司与合作社之间是各自分离的，彼此独立核算，人员虽有交叉，但分工很明确，互不干扰。在合作社与农户之间通过签订合同来明确双方的权利与义务，但在数量上保证最低基数，由农户自己决定，上不封顶；价格有最低保护价，并根据市场行情随行就市，不会让社员在价格上吃亏。这样可以使得农户不愁销路，放心养兔，解决其后顾之忧。从合作社的角度来看，合作社要做强做大，就必须把农户的利益摆在第一位，要有自己的加工企业做后盾和稳定的销售渠道。

问：公司或合作社的长远目标是什么？

答：总的目标是将小白兔变成发家致富的"金凤凰"。5年规划（2010）将文成县所有养兔农户都转变成合作社社员，集养殖、加工销售于一体，优化种兔，打造文成肉兔品牌（注册商标），最终使合作社向股份合作制企业转变，走企业化经营道路。

问：合作社在发展过程中的优势与劣势有哪些？

答：优势主要有以下几个方面：一是国家对畜牧业发展的政策扶持，如在养兔的用地方面给予支持，免征土地使用税；二是兔肉质量好，市场需求大；三是养殖户的信任，合作社以服务为目的，而不以营利为目的，在农户养殖数量和销售价格上对农户提供优惠并提供产前、产中、产后的服务。劣势主要在于合作社缺少专门的技术、管理和营销人才，对市场供求信息有时把握不准。

问：合作社目前发展的主要障碍是什么？

答：主要障碍，其一在于税法和合作社法在税收上的冲突，农户自己养兔销售所得不必纳税，但加入合作社之后就必须缴纳销售税，这影响了农户入社的积极性；其二是合作社亏损了，社员不愿承担风险责任，盈利了却要分享，双方难免会产生利益上的冲突。

问：你如何定位政府在合作社发展中的功能与作用？

答：政府应主要起引导和服务的作用，而不是领导和监督，政府重在制定好政策与发展规划，而不是以各种名义干预合作社的经营与管理。

问：合作社如何应对经营过程中的风险问题？

答：合作社首先是通过投保来规避风险；其次在亏损时争取政府的支持，合作社社员一般不愿承担风险，因而风险主要由公司股东来承担。

问：如何理顺公司股东与合作社社员之间的权利与义务关系？

答：公司与合作社、合作社与农户之间主要通过签订合同来明确双方的权利与义务。需要特别指出的是，公司要为合作社社员服务，公司还采取二次返利和奖励等措施激励农户养殖的积极性。

另一方面，农户、合作社、农业企业作为独立或相对独立的、共生共存的经济主体，又有着千丝万缕的联系。这种联系不是行政强制性的"拉郎配"，而是建立在自主、互利和契约（显性契约和隐性契约）基础上的市场化网络联结。例如，案例4—1提供的文成县肉兔养殖户、日新兔业专业合作社、浙江双凤食品有限公司就是这样一种以相关利益者共同利益为基础，以契约为法律保证而形成的"农户+农民合作社+农业产业化龙头企业"的"组织共生体"。案例4—2则提供了永嘉县壶山香芋合作社与芋农及相关利益者基于共同利益所形成的"和谐合作"。

【案例4—1】　　　温州文成兔业"组织共生体"

温州文成县位于浙江南部山区，山地面积占全县总面积的82.5%，素称"八山一水一分田"。文成过去是一个经济不发达的山区农业县。进入21世纪以来，该县立足于山区饲草资源丰富、劳动力充裕、兔子饲养传统悠久和养殖基础扎实等区域性比较优势，把发展兔业作为农业结构调整、农民增收的重要途径，兔业发展十分迅速。在此过程中，该县还形成了以肉兔养殖户、日新兔业专业合作社、浙江双凤食品有限公司这样一个"农户+合作社+农业产业化龙头企业"的"组织共生体"。

首先，双凤食品有限公司与日新兔业合作社签订收购合同，合作社按公司要求的标准提供活兔，公司则保证按合同价格全部收购。这样既保证了公司稳定并有质量保证的兔源，又解决了合作社与养兔农户"卖兔难"的后顾之忧。其次，日新兔业合作社又与乡（镇）农技站及农户订立三边合约，乡（镇）农技站负责农户养兔的技术指导，合作社与农户缴纳技术指导费。这样既解决了农户养兔的科技支撑，又拓宽了乡（镇）农技站科技覆盖的空间和利润来源。最后，合作社与养兔专业场及养兔农户签订契约，规定双方的责任、义务与权利。合作社要求养兔专业场与养兔农户必须做到"五统一"，即统一购种、统一生产、统一编号、统一防疫、统一布局。在此基础上，合作社保证统一收购，并承诺在价格趋高时，随行就市，在价格低迷时，设立最低保护价。

这种"组织共生体"的构架使相关利益者共同获利。首先，农户增收。2007年，文成县的养兔户达3.2万户，户均养兔收入为2188元，兔业产值占到全县农业产值的13.6%。兔业收入对于当地农民，尤其是山区农民的脱贫致富有很重要的作用。所谓"家养一只兔不愁酱油醋，家养十只兔不愁衣和裤，家养百只兔走上致富路"。其次，合作社获利。2007年，日新兔业专业合作社年销售收入2452万元，实现利润37万元；2008年被评为浙江省示范性农民专业合作社。再次，公司（企业）也获利。由于货源及质量有保障，"双凤"食品有限公司成为国内首家有机兔肉松生产厂家，其产品被评为浙江省名牌产品，"双喜凤"商标被评为浙江省著名商标。2008年，该公司实现生产总值6028万元，其中利税495万元，被评为浙江省农产品加工示范企业、温州市十佳农业产业化龙头企业。最后，获利的还有当地政府、乡（镇）农技站等利益相关者。

【案例4—2】 温州永嘉县芋农与壶山香芋专业合作社的"和谐合作"

永嘉县壶山香芋专业合作社是2003年5月由8户香芋种植、营销大户发起、组织的。截至2008年，已有社员325户。与此同时，与之有联系的农户（所谓"辐射农户"）则达到2115户。

在我们对合作社负责人麻庆杰的采访中，他多次提到壶山香芋合作社坚持"和谐合作"的理念。这不仅包括对内实施"和谐合作社"建设方案，也包括对外努力构建与芋农的和谐合作关系，并努力服务社会，履行合作社的社会责任。

永嘉壶山香芋专业合作社的"和谐合作"具体体现为如下几个方面。（1）该合作社是永嘉县与温州市的残疾人扶贫基地。2008年，合作社有残疾人社员16人，有相关残疾人芋农62户。残疾人社员与残疾人芋农都可享受合作社免费供种、回收、技术培训、肥料补贴、贴息贷款、自然灾害补助、产品外包装赠送等各项优惠；残疾人社员还可以获得每年6000多元的固定劳动工资，并按季度打入他们的邮政个人工资卡。此外，对5户孤寡、贫困的残疾人社员，合作社还每年出资2.5万元，给他们投保了养老险。

（2）合作社在内部开展"和谐合作社"建设，一年一度进行"和谐之星"社员的评比，以营造和谐的合作社文化，并帮助社员解决香芋种植之外的其他困难。例如，有位社员的两个子女患有先天性心脏病，合作社通过多种途径为其筹措医药费10万元。（3）合作社与芋农建立了紧密、和谐的互利合作关系。例如，2006年，合作社耗资16万元免费向社员、芋农提供香芋种子，并向芋农提供技术培训2115人次，免费发放技术资料1500多份，与3600亩种植香芋的农户订立了回收合同，以保护价回收香芋540万公斤；2007年合作社又从信用社争取到100万元的支农贷款，以贴息形式发放给芋农，并提供统一供种、统一生产标准、统一品牌、统一收购、统一销售的"五统一"服务。（4）合作社建立了"中国香芋人"网站（www.zgxyr.com），并开通了壶山香芋农民信箱、壶山香芋人博客，与芋农及香芋产业的各类利益相关者建立了更广泛、更开放的联系。

温州的案例与经验给予我们如下一些启示：

1. 农户家庭经营与合作经营、农业产业化企业经营并非水火不相容，而是能够共生、共存，并且互补互利的。

传统计划经济和人民公社体制的"大一统"观念及绝对化的思维总是把"公"与"私"、"集体"与"个体"看作水火不相容的对立两极，二者是"谁战胜谁"、"谁消灭谁"的非此即彼的对立关系。这种对立思维观念至今仍有很大的影响。在有些学者看来，发展合作经济就必须改变农村土地家庭承包制，就必须消灭农户经济，并片面地、错误地阐释邓小平"两个飞跃"的思想。例如，有人认为，从长远来看，家庭承包终究只是权宜之计。搞社会主义，终究还是要发展规模化的集体经济，并把河南临颖县南街村作为提前实现"两个飞跃"的样板与典型。由于把农村土地家庭承包制看作一种过渡性的权宜之计，而不是当代中国农村最基本的经济组织制度，他们所提出的所有政策主张都是尽可能快地消灭农户家庭经营，并回到人民公社体制，或本质上类似于人民公社体制但名称上不叫"人民公社"的其他体制。

农户家庭经营与合作经营，以及农业产业化的企业经营能否共生、共存，并互补互利？这是一个关系到中国农业生产组织格局未来发展的极其重大的理论与实践问题。温州及全国许多地方的实践经验告诉我们，这种农户家庭经营与合作经营以及农业产业化的企业经营共生、共存,并互补互利的组织格局适应于中国大多数农村地区,并受到大多数农民的欢迎,因此,也是中国农业生产组织现代化未来发展的基础。

2. 农户家庭经营发展到一定阶段会内在地产生对合作经营的需求,在农户经营基础上发展的合作经营比行政命令性的合作经营更有生命力,更具可持续性。

如前所述,理解中国的农村土地家庭承包制,不能局限于"家庭经营"这一生产组织形式,而应从更深的层次上把握农村土地家庭承包制是农民"自由地实现自由"的一个比较宽广的组织平台。农村土地家庭承包制给予农民一个比较广阔的自由选择空间,这包括他们可以基于自身利益内在地选择合作与组织,也包括他们可以自愿地放弃土地的家庭经营权而保留承包权(或股份),甚至还包括他们可以完全放弃土地的承包权而成为城市市民。相比人民公社时期行政命令式的集体化,这种基于农户经营内在要求的合作经营,或集体经营,虽然进展不会轰轰烈烈、极其迅速,不可能像人民公社化一样一年就覆盖全国,甚至在合作与组织的过程中还会出现一波三折,"合合分分",又"分分合合";但是,从长远来看,这种基于农户经营内在要求的合作经营生命力会更强,也更能适应外在环境的变化,因此也更具可持续性。这是因为微观经济主体内在的利益需求是"我要合作","我要组织",而不是外在强制性的"要我合作","要我组织"。实践表明,基于农户内生的合作需求是各类农村合作经济组织能长期发展的最根本动力。

3. 农户经营与合作社经营、企业经营长期共生共存的关键是利益独立基础上的利益互补与互利。

农户经营与合作社经营,以及农业产业化企业经营要长期共生、共存,关键在于各自的优势互补,并形成利益独立或相对独立基础上的互利、共赢格局。农户经营、合作社经营、企业经营都有各自的相对优势,也有各自的局限性。它们的共生共存,也就是各自扬长避短、优势互补,并由此形成社会经济资源的最优配置。一般而言,农户经营的劳动成果与个人利益紧密相连,节约监督成本与管理成本,但缺乏规模效益,市场流通中的交易成本也偏高。合作社经营有一定的规模效益,并能体现合作者平等及民主管理的诉求,但管理成本较高,而且富有"合作"精神的"组织者"资源较为稀缺。企业经营有较好的规模效益,管理成本虽高于农户经营但低于合作社经营,不过,在同农户打交道时不仅交易成本高,而且农户的认知程度也不如合作社。基于此,三者只有互利合作才能放大优势,避免劣势,分享"合作收益"。

表4—2　　　农户经营、合作社经营、企业经营的优劣比较

	优势	劣势
农户经营	内在的生产积极性、节约监督成本与管理成本	市场流通交易成本高,规模效益不高,技术开发能力弱
合作社经营	有一定规模效益,与农户联系较紧密	组织成本高,"组织者"资源稀缺,组织稳定性差
企业经营	有较高的规模效益,组织成本低于合作社	与农户联系不如合作社

五　公中容私、公私共存
——来自新疆生产建设兵团和黑龙江农垦总局的案例①

新疆土地辽阔,总面积166.49万平方公里,占中国陆地总面积的1/6。正如人们所说,不到新疆,不知祖国土地之辽阔。新疆生产建设兵团是中国最大的兼具戍边屯垦,实行"军、政、企合一"的特殊经济组织与特殊社会组织。据2006年的数据,全兵团土地总面积745.63万公顷,农用地总面积419.86万公顷,其中耕地104.31万公顷,园地6.52万公顷,林地44.39万公顷,牧草地242.65万公顷,建设用地21.05万公顷,未利用地304.72万公顷,其他农用地21.99万公顷。

与全国大部分地区小规模的农户生产经营不同,新疆生产建设兵团无疑具有农业土地大规模经营的优势。与此相联系,兵团的农业机械化水平较

---

① 该节有关新疆生产建设兵团的实际数据、案例主要来自本课题组曹阳、马新智2008年10月11—25日,以及2012年9月对新疆进行的实地调查考察。课题组实地访问了新疆生产建设兵团农八师(石河子市)的一个蔬菜连和一个农业连、农一师(阿克苏市)三团的科技连和十四团;还实地访问了温宿县红旗坡实验林场的一个苹果种植户,农一师的一个红枣种植户;与阿瓦提县的一个有1.2万亩土地的经营农场主进行了访谈。此外,课题组还访问了石河子大学的经贸学院、兵团党校(五家渠市)、新疆师范大学、新疆财经大学;拜会了当时的农一师师长吴慧泉。

高，有一些农业生产技术在全国乃至全世界都处于领先水平。例如，本课题组调查过的、地处阿克苏地区的兵团农一师三团科技连，就是全国农业现代化示范基地。

【案例 4—3】　　全国农业现代化示范基地：兵团农一师三团科技连

新疆生产建设兵团农一师三团科技连原为工程二连，1995 年初成立，2003 年改编为科技连，现为以农业种植为主体的国家农业现代化示范区。

该连队现有耕地 1.8 万亩，其中种植棉花 1.2 万亩。其棉花种植的全程机械化率高达 90%以上，并在较大范围的棉田建立了可视农业信息监测平台、农作物病虫害自动监测系统、棉田膜下滴灌自动化控制系统、灌区水量自动化监测系统、微机决策平衡施肥系统等国内领先、世界先进的自动化、信息化、现代化农业生产体系。2006 年，该连 11700 亩棉花总产籽棉 527 万公斤。

需要指出的是，拥有如此高机械化水平和高科技水平的科技连也实行了土地的职工家庭承包制。2007 年，266 名连队职工人均承包土地面积 60 多亩，人均年收入 4.8 万元。

在相当长一段时期里，作为一个带有"准军事"性质、具有"屯垦戍边"特殊使命[①]的特大型农业生产组织形式，新疆生产建设兵团实行的是"大一统"集体经营模式。兵团下属各个团场实行"三统一"，即统一计划、统一生产、统一分配；职工"敲钟上班、按月领薪"，"生产论大堆、分配大锅饭"。虽然农用土地面积辽阔、农业机械化程度较高，但土地产出率、人均劳动生产率并不高。1974 年，兵团粮、油、肉都不能自给，还需国家提供 1695 万公斤的返销粮，成为当时全国农垦系统的亏损大户。[②] 人们曾十分推崇的"大农业"一度走入绝境。

---

①　"屯垦戍边是中国几千年开发和保卫边疆的历史遗产。据史料记载，中国历朝历代都把屯垦戍边作为开发边疆、巩固边防的一项重要国策。中央政府在新疆地区大规模屯垦戍边始于西汉，以后历代相袭。这对统一国家、巩固边防，促进新疆社会和经济发展都发挥了重要的历史作用。1954 年，中央人民政府决定在新疆组建生产建设兵团，则是这一历史经验在新的历史条件下的继承和发展。"（新疆生产建设兵团网站）

②　1974 年，新疆生产建设兵团亏损 1.96 亿元；加上十多年的连续亏损，到 1975 年，累计经营亏损达 7.94 亿元，以致 1975 年撤销了兵团建制；1981 年才重新恢复。

为了适应社会主义市场经济的变化，改变兵团大面积亏损、职工大面积贫困的局面，自20世纪80年代以来，兵团也在逐步推进经营管理体制的改革。其核心内容就是逐步确立农户（职工家庭）在兵团中的微观经济主体地位。例如，在兵团175个农牧团场大面积推行了"一主两翼"（以兴办职工家庭农场为主体，以发展职工家庭庭院经济和开发性农场为两翼）的家庭承包制改革，形成了70多万户以职工家庭农场为主体的微观经营层次。现在，兵团不仅土地已经绝大多数承包到户[1]，牲畜、农业机械，包括许多人认为不可分的大型农业机械（例如大型农业收割机）也作价归户，或作价出售给了职工个人，即"私有化"了。这表明在新疆生产建设兵团这种"大农业"的特殊生产组织形式中，农户经济依然可以生存，依然有生命力，并且可以成为最基本的微观经济组织层次。与此同时，兵团作为"组织"并没有"散伙"，它的原有的众多管理性功能正逐步向服务性功能转化。就"统"的方面而言，兵团的各团场普遍要求农户统一种植品种、统一生产标准、统一施肥、统一植保、统一灌溉；大型农业机械的使用也由连场统一安排，但受益户要向农机户按市场价格支付劳务报酬。此外，农业生产资料也由兵团集中采购，这既可保证农资的产品质量，又降低了农资价格，受到了农户的普遍好评与欢迎。兵团还提出了"产品订单收购"的目标，希望进一步解决农户产品出售，即马克思所说的商品到货币这"惊险一跃"的难题。2006年6月，兵团党委用"土地承包经营，产权明晰到户，农资集中采供，产品订单收购"这四句话概括了兵团基本经营制度的总体框架。[2] 其中，"土地承包经营，产权明晰到户"体现了"分"；"农资集中采购，产品订单收购"则体现了"统"。由此可见，兵团作为一个多层次的经济主体，事实上与农业产业化龙头企业、农业专业合作社的许多功能相类似。此外，兵团在大力推进职工家庭经营的同时，也大力发展股份制公司、集团公司以及农业产业化龙头企业等多种不同类型的经济组织。截至2009年，兵团控股的上市公司有"新疆天业"等13家，有国家级和兵团级农业

---

[1] 与中国农村土地家庭承包制不同的是，新疆生产建设兵团的土地是"国家所有制土地"，而不是"集体所有制土地"。

[2] 在笔者的调查访问中发现，"产品订单收购"在实践中还存在很多问题，推进情况不理想。

产业化重点龙头企业 61 家，其中国家级 11 家。总之，"农户经济"、"公司（企业）经济"和"兵团经济"各种不同类型、不同层次的经济组织都共生于新疆这一具有区域特色的社会主义市场经济体制之中，"公中容私，公私共存"，这里也不存在"谁战胜谁"、"谁消灭谁"的问题。

有意思的是，新疆的一些私人大农场也借鉴了兵团这种"组织共生"的架构。新疆的私人大农场大都是通过承包开发大面积荒地（生地）而形成的。开荒完成后，私人大农场主一般也不自己集中经营土地，而是承包给农户经营，所谓"大农场套小农场"，形成双层相对独立的经济主体。我们采访了阿瓦提县一个有 1.2 万亩土地使用权（承包权）的农场主（土地所有权属于国家）吴××，他开发的土地就承包给了 50 多家农户，每户平均承包土地 20 多亩。但是，他也要求在集中连片的土地上各农户要统一种植品种（棉花）、统一生产标准、统一施肥、统一植保、统一灌溉，大型机械统一调配使用。这意味着这个农场主行使了类似于兵团的众多"统"的职能。

新疆生产建设兵团的案例与经验给予我们如下启示：

1. 农户家庭经营不仅适合于小规模的土地经营，也适合于大规模的土地经营；不仅适合于农业机械化程度较低的地区，也适合于农业机械化程度高的地区。

在有些人看来，中国农村的土地家庭承包制、农户的家庭经营是农村人多地少、劳多地少不得已而为之的一种制度安排。这就是说，农户家庭经营只适合于小规模的土地经营，大规模的土地经营还是只能搞集体化。因此，他们往往把规模经营与集体经营等同在一起。一谈规模经营，就指责农户家庭经营的局限性，就想方设法要改变农户家庭经营。然而，新疆生产建设兵团以及与此相类似的东北国有大农场的改革实例告诉我们，就大规模的土地经营而言，农户、家庭农场也是有效率的微观经济组织形式，而那种"花架子"的集体经济组织形式则往往组织成本极高，劳动生产率极低，并不适宜于农业生产。

此外，还有一种比较流行的观点，认为农户家庭经营只适应那些农业机械化程度较低的地区，而不适应那些农业机械化程度较高的地区。他们往往以生产关系与生产力相适应作为理论依据。但是，新疆生产建设兵团以及黑龙江北大荒国有农场的实例告诉我们，那些农业机械化程度很高的地区也同样适应农户家庭经营。例如，案例4—3中的新疆生产建设兵团农一师三团科技连是全国农业现代化示范区，有很高的农业机械化、信息化水平，但仍然实行了农场职工的家庭承包制。农一师三团的领导还告诉我们，由于农业机械化水平的逐年提高，职工劳动强度降低，每个职工平均承包的土地面积已从过去的37亩扩大到67亩。这表明，农业机械化可以提高农户家庭经营的土地规模，但并不是农户家庭经营的障碍。案例4—4提供的黑龙江垦区（"北大荒"）的实例也表明，虽然该垦区田间作业综合机械化率已高达94%，基本上实现了农业机械化，但家庭农场，即农户家庭经营依然是农业生产最适宜的微观经济组织形式。

【案例4—4】　　　　　　　　北大荒的家庭农场

"北大荒"，即黑龙江垦区（黑龙江农垦总局），是新疆生产建设兵团以外全国规模最大、机械化程度最高的特大型国有农场。全垦区田间作业综合机械化率已达94%，基本上实现了农业机械化。

1985年初，黑龙江垦区兴办家庭农场工作开始全面铺开，但关于家庭经营、家庭农场与农业机械化、农业现代化是否相容的争论很大。直到20世纪90年代末，"两自理"（生活费、生产费自理）和"四到户"（土地、机械、核算、盈亏到户）的家庭农场经营机制和"大农场套小农场"、"统分结合"的双层经营体制才逐步完善，并基本确立。现在，20多万个家庭农场成了这片广袤国有土地的微观经营主体；价值数十亿的农机具，包括大型农业机械，除了50架农用飞机以外，都作价出售给了各家庭农场；4000多万亩耕地，也由家庭农场分散自主经营。

纯朴憨厚的王木存，是黑龙江垦区第一个"吃螃蟹"的人。他1958年从部队转业到北大荒开拖拉机，虽然一年到头累个贼死，过的还是穷日子。1983年春节，他回河南老家过年，看到红红火火的家庭联产承包和家家由穷变富的日子，他希望在农场也搞"承包单干"。他的想法得到了农场队领导的支持。全家5口人，包了2200亩耕地，还养了1000只蛋鸡，租赁了一套农具。人手不够，他们招了两个驾驶员、一个农具手。这8个人起早贪黑，干得特别卖力和精心。那年虽闹了水灾，这个垦区第一个家庭农场仍获纯利2.7万元，是整个生产队利润的3倍！王木存家庭农场被黑龙江农垦总局授予"模范家庭农场"称号，大照片被挂到了北京的中国农展馆。

位于乌苏里江畔的859农场，有个葛柏林家庭农场。老葛1968年从佳木斯下乡到这个僻远的地方，从普通农工一直干到分场场长和党委书记。1985年春天，他放弃官职领着也辞去农场工会副主席的妻子林莉办起了家庭农场。最初的创业十分艰苦，林莉用四根木棍支着一块帆布，脚站在泥水里给工人做饭，老葛则开着拖拉机挖沟开地。第一年开了2000亩地，第二年被水淹没，第三年接着开。十多年过去了，葛柏林家庭农场现有耕地7000亩、林地2000亩、湿地900亩。葛柏林还是中国第一个自费进口大型农机具的农户，中国第一个自费保护湿地的农户。他用200亩熟地换回将被别人开垦的湿地，再花12万元修了围堰，让湿地恢复了原貌。

——贾宏图：《仰视你，北大荒："中华大粮仓"》，《人民日报》2010年9月3日

2. 农户的大规模土地经营必须依托广泛的市场化、社会化服务。大农业的关键是社会化服务的大，而不应片面追求微观经济组织的大。

农户可以作为土地大规模经营的主体，但这里的农户不是那种万事不求人、自给自足型的农户，而是市场化的现代农户。如果万事不求人，单个农户凭一己之力，能经营的土地面积的确是极为有限的；或者只能广种薄收，土地产出率极低。即使农户拥有现代化的农业机械，这些机械也需要从市场购买，需要专业人员维修。此外，大规模经营的土地产品绝非农户自产自食，自我消费。它必须依托大市场销售，将产品转变为他人所需要、社会所需要的商品。因此，现代市场化农户之所以能高效率地经营大规模的土地，是因为它能依托广泛、完善的市场化、社会化服务。从这个意义上说，大规模的土地经营主体并非单一的农户，而是农户+市场化、社会化网络。

"他山之石，可以攻玉。"从世界范围看，所谓"大农业"，其本质也是农业市场化、社会化服务之大，而不是单纯的土地经营微观主体之大。例如，美国、加拿大是公认的现代化大农业典型，但家庭农场依然是农业微观经营的基本主体。不过，这种家庭农场并非自给自足、自我封闭，而是建立在广泛的市场化、社会化服务基础之上的，后者是"大农业"之所以能"大"的关键所在。

【案例 4—5】 **美国的家庭农场、农业社会化服务与现代化大农业**

美国是当今世界最发达的国家。其国土面积 937 万平方公里，其中耕地面积 1.87 亿公顷，占国土面积的 20% 左右。美国具有丰富的自然资源、得天独厚的生产条件、先进发达的科学技术，是世界上农业最发达、农业劳动生产率最高、农产品出口量最大、农业竞争力最强的国家之一。

美国农业是公认的典型的现代化大农业，但仍以家庭经营为主，家庭农场是美国农业最基本的微观经济主体。目前，美国共有 200 万个左右的家庭农场，每个家庭农场土地经营的面积平均达到 130 公顷左右（相比较而言，中国 95% 的农户土地经营面积在 2 公顷以下）。2007 年，家庭农场平均年销售额为 15 万美元。

在美国，农业的专业化生产分别体现在区域布局的专业化和家庭农场产业分工的专业化两个层面。就区域布局专业化而言，美国形成了中北部玉米带、大平原小麦带、南部棉花带等九大农业生产产业带；产业带内的家庭农场专业化分工与产业带的分工则基本吻合。

与高度专业化的生产相适应，美国农业的社会化服务非常发达。美国的农业社会化服务主要由四部分内容组成：(1) 农业生产环节专业化服务。美国有大批农机租赁公司以及直接向农场主提供各种生产性服务的专业公司，比如耕翻土地公司、播种公司、中耕公司、施肥公司、收获公司、仓储公司、运输公司，等等。这些专业服务公司从备耕、播种、施肥、收获、储运等生产作业的全过程为农场主提供优质的专业化服务。这种分工、专业化服务的生产方式，可以大大节约家庭农场的资本、劳务投入，降低各项成本，使农场的生产效益递增。(2) 植保和防疫服务。农业社会化服务不仅包括对粮食生产的专业服务，还扩展到蔬菜、果树的病虫害防治和家禽、畜牧业的卫生防疫等领域。农场主根据县农业技术推广站提供的虫情、疫情通报和科普宣传、咨询，及时发现虫情、疫情，通知专业服务公司或合作社，就会得到及时有效的防治，若因防治不当而造成损失，农场主可以得到合理赔偿。(3) 新技术的推广和应用。美国农业的优势地位与其他产业一样，靠的是技术的不断更新和快速广泛应用。美国农业技术发展速度之快，即使科技素质相对较高的农场主也无法迅速跟上，因此，必须不断地取得有关服务。比如县农业技术推广站经常为推广某项新技术举办培训和示范活动，教农场主尽快理解和掌握新技术的机理和操作方法。(4) 管理技术的咨询服务。美国农场表现出的日益增长的高效率，在很大程度上还取决于社会为其提供的管理经营咨询服务，如信息服务、财务管理和审计咨询服务、管理服务、法律及其他服务。

——笔者根据相关资料整理

3. 建设广泛、完善的市场化、社会化、现代化服务网络，应最大限度地利用和改造传统的组织构架，以节约组织成本。

农户是有效率的农业生产组织，但不是有效率的市场流通组织，也不是有效率的市场化、社会化服务组织。建设有效率的市场化、社会化服务组织固然可以有多种途径，例如新建、引进，但利用和改造既有的、传统的组织形式，在特定的状态下，则是一种更现实可行又相对节约的途径。在新疆生产建设兵团，在黑龙江农垦总局，经历了五十多年的历史积淀，既有的兵团组织构架和农垦总局构架就提供了这么一种建设市场化、社会化网络可依托、可利用、可改造的组织资源，不需要另起炉灶，白手起家，因而可加快网络化组织建设，并大大节约组织成本。事实上，一个市场化、社会化网络组织的构建，决不是一件可以一蹴而就的简单事情，它需要花费大量的资源、时间，需要付出较高的组织成本。一般而言，改造一个既有的组织构架比新建一个组织构架成本要低，时间要短。而且，它还可以避免新旧体制过渡时期过于强烈的社会震荡，减少利益摩擦与利益冲突，从而有利于改革的推进。从全国范围看，农村供销合作社、农业科技推广站、农机站、植保站，等等，都是可以利用和改造的既有组织资源。

六 流通带生产、大中小组织共生
——来自"农超对接"的案例

所谓"农超对接"，就是指大型超市（商家）通过农业生产合作社或农业企业，再由农业生产合作社或农业企业与农户签订合同或意向性协议书，由农户向超市直供农产品的一种新型流通方式。

在"农超对接"中,有三类相对独立的经济主体,代表大、中、小三类不同规模的经济组织。一是大型商业超市;二是农业合作社或农业企业;三是农户。一般而言,大型商业超市联系着若干个农业合作社或农业企业,而每个农业合作社或农业企业又联系着众多的农户,形成一个两级放射状的组织构架。通过这种两级放射状的组织构架,大型商业超市事实上也间接地联系着千万家农户。

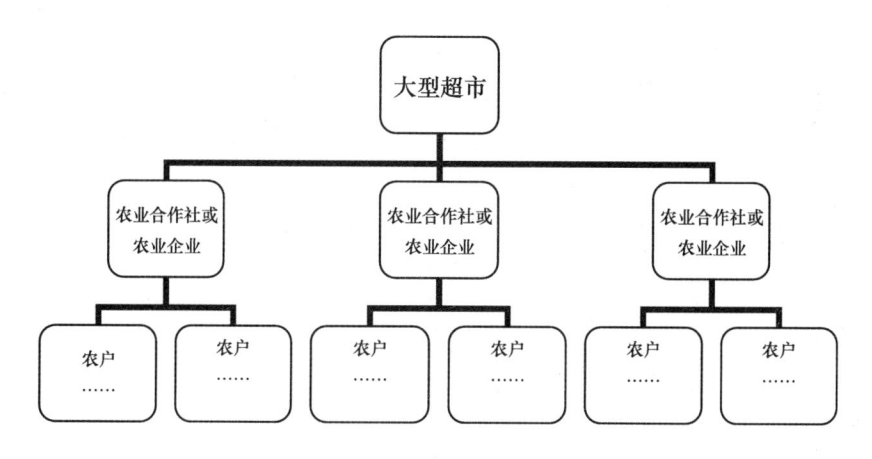

图 4—1　"农超对接"组织结构图

为什么大型商业超市一般要通过农业合作社或农业企业间接联系农户而不直接联系农户?这是因为大型商业超市直接与上千家甚至上万家农户打交道,订购销合同,不仅交易成本太高,而且监督、履约也十分困难。因此,大型超市通过农业合作社或农业企业间接地联系农户,把成千上万的小辫子梳成若干个大辫子,能大大节约交易成本和监督成本,也能提高实际履约率。

为什么农业合作社或农业企业不直接销售农产品,而要作为大型超市的代理商,或中间商?这是因为农业合作社或农业企业缺乏大型超市在市场流通、商品销售领域的专业优势,包括门店、仓储、运输、场地等"硬"的基础设施优势和信息、品牌、销售技巧等"软"的优势。

为什么大型超市、农业合作社或农业企业不自己直接生产,而是要组织或指导千家万户的分散农户生产?这是因为农户作为农产品的直接生产者,既有内在的利益激励,又可以节省外在的监督成本,是最有效率的生产组织形式。反过来,大型超市、农业合作社或农业企业直接生产,组织成本高、监督成本高,往往得不偿失。

为什么农户不直接在市场上销售自己生产的农产品,而要以合作社、企业作为中介,最后通过超市去销售?这是因为农户虽然是有效率的生产组织形式,但缺乏市场流通、销售的专业优势。农户自产自销,从表面上看,似乎是减少了流通环节,农民不仅得到了生产利润,而且还得到了销售利润;但是,农户自产自销,销路无保证,而且大大增加了交易成本和信息搜寻成本,所得利益远远弥补不了所付成本。

总之,这种大中小组织共生互补的格局是相关利益者各方利益博弈所形成的一种组织均衡。它可以发挥所有利益相关者各自的优势,弥补各自的缺陷,以形成最大化的组织合力,产生最大化的"组织剩余"。

表4—3　　大型超市、农业合作社或农业企业、农户优劣势比较

组织	组织规模	组织优势	组织劣势
大型超市	大	销售、规模经营、市场信息	直接生产、与农户直接联系
合作社、农业企业	中	组织、指导农户生产;农产品加工	市场销售
农户	小	直接生产	市场销售、市场信息

在"农超对接"中,是市场引导生产,流通带动生产。大型超市作为专业化的商业流通组织,具有经济实力强、市场信息灵、销售渠道广(大型超市一般都有众多的连锁店)、仓储能力强、运输能力强等独特的优势,知道"市场需要什么","消费者需要什么"。因此,在"农超对接"中它起着主导作用。这种主导作用包括主导农产品质量标准、主导农产品生产及流通规范、主导可追踪的农产品全程信息管理,等等。大型超市与农业合作社、农业企业订立购销合同,农业合作社、农业企业则按照超市所要求的安全标准与质量标准提供稳定的货源,超市则保证按合同价格收购;在此基础上,农业合作社或农业企业再与农户订立合同,组织和指导农户按规范化、标准化统一生产,并保证按合同价格统一收购。收购的农产品大部分直接进入超

市，也有一部分农产品经过农业合作社或农业企业再加工后进入超市。因此，形成了"从田头到餐桌"的"一条龙"无缝对接。

"农超对接"的生命力在于各相关利益者的利益共享，即多方获利，形成互惠共生的利益联盟关系。首先，农民解决了农产品尤其是生鲜农产品的"卖难"问题，农民获利。生鲜农产品具有易损耗、易变质、保鲜难、季节性上市集中等特点，因此，价格极不稳定，波动极大。单个农户在一定程度上可以控制生产环节，保证高产稳产，但不能控制总体的市场供给，不能控制市场的需求，更不能控制市场价格。市场的剧烈波动往往会导致农民遭受极大损失，即便"丰产"，也不能确保"丰收"；甚至相当部分的农产品由于卖不出去而只能烂在地里，造成社会稀缺资源的极大浪费。通过"农超对接"，农户不用再单打独斗地为农产品找市场、找销路，并且，通过购销合同、"订单农业"的稳定价格稳定了收入。同时，农户在农业合作社或农业企业的指导下，根据超市的要求，实行规范化、标准化的科学生产，提高了农产品质量，增加了农产品价值，农业劳动生产率与土地产出率也有了较大幅度地提高，由此促进了农民收入的增长。其次，农业合作社、农业企业作为上连超市、下连农户的中间组织，获得了更为广阔的发展空间。通过上连超市，农业合作社、农业企业解决了农产品销售难、销售价格不稳定的难题。此外，许多超市还为农业合作社、农业企业大宗农副产品进入超市提供"绿色通道"优惠政策，"零门槛"进场费政策，也降低了农业合作社、农业企业的销售成本。同时，通过下连农户，农业合作社、农业企业既可以获得一定的组织收益，又可以为农业合作社、农业企业发展农产品加工和深加工提供稳定和有质量保证的货源。再次，大型超市也获利。这主要表现在大型超市减少了不必要的中间环节和信息搜寻成本，因而降低了流通成本；同时，大型超市通过全过程的质量监控，保障了农产品的质量安全，也赢得了广大消费者的信赖，凝聚了市场"人气"。事实表明，在超市购买农产品的消费者也会顺带购买其他商品，形成购买的连锁效应。最后，广大消费者也是获利者。由于超市相比于一般的农贸市场有更为严格的质量控制，消费者买得更放心。例如，武汉中百仓储就制定了严格的农副产品入场规则：《中百仓储生鲜食品卫生管理规范》《中百仓储蔬菜质量卫生安全规范》，等等。同时，由于流通环节的减少，流通成本的降低，超市的农产品价格也相对便宜。很显然,"农超对接"作为一种组织共生的利益共同体,农户、农业企业、农业合作社、超市既相对独立又相互依赖,并不存在"谁消灭谁"、"谁吞并谁"的问题,而是互利共赢,互惠共生。

【案例4—6】　　　武汉中百仓储主导的"农超对接"

武汉中百连锁仓储超市有限公司(简称"中百仓储")是武汉中百集团(上市公司)的全资子公司,成立于1997年。目前拥有超市网点120余家,不仅遍及湖北全省,还扩展到了重庆等外省市,是全国第三大连锁超市。

中百仓储是中国最早开展"农超对接"的大型超市之一。早在2004年7月,中百仓储就在国内同行业率先提出农产品进超市"零门槛",免收进场费。并逐步探索了多种"农超对接"的模式。例如,超市+基地+农户;超市+合作社+农户;超市+企业+农户。

超市+基地+农户。2006年,中百仓储在武汉市东西湖区柏泉农场投资580余万元,兴建了当时全市规格最高、设备最先进、辐射带动面积最大的标准化快生菜生产基地。其中,基地核心区内110亩大棚蔬菜生产区配备了独立的喷灌设施,排水渠、田间路全部水泥硬化;基地还配备了占地30亩的蓄水池和2口配套深水机井,作为蔬菜的清洗和灌溉水源。该基地与市蔬菜技术服务总站合作,共同研究超市生鲜市场,制定基地快生菜生产、采收、流通上市等各个环节的企业标准;同时利用标准化的生产程序、生产计划安排生产,统一生产设施和生产资料的投入,确保生产程序的高标准以及产品质量的高标准和供应、上市的均衡稳定。此外,基地还试行快生菜质量安全追溯系统,做到源头可追溯、流向可跟踪、信息可存储、产品可召回,确保快生菜的质量安全。在此基础上,由具有丰富快生菜生产经验的菜农根据企业标准进行种植,并对农户实行"六统一",即"统一品种、统一农机作业、统一收购、统一价格、统一包装、统一品牌"。为了保证农户获得稳定的收益,在蔬菜收购价格上,参考前3年蔬菜的平均售卖价格,制定当季蔬菜收购指导价或随行就市,让农户掌握每季种植蔬菜的大致收益。

超市+合作社+农户。湖北长阳县常家洞茶叶专业合作社成立于2008年,有社员1500户,"常家洞牌""长阳毛尖"被湖北省正式确定为全省"十大旅游名茶"。2008年,中百仓储与该合作社实现"农超对接"。"常家洞牌""长阳毛尖"直接进入中百仓储,合作社则按中百仓储要求的质量标准组织与指导茶农的生产。

超市+农业企业+农户。湖北恩施市巨鑫现代农业开发有限公司于2005年11月登记注册,落户于恩施市板桥镇海拔1800米以上的大山顶村。该公司采用"订单农业"模式,高起点、标准化、规模化、规范化地发展以高山反季节蔬菜为主体的农特产业。2007年通过与中百仓储连锁(恩施)超市有限公司的成功对接,进一步拓宽了该公司农产品的市场销售渠道。

目前,中百仓储一年的"农超对接"营业额就达到了40多亿元,通过基地、农业合作社、农业企业联系着20多万农户。在湖北省,有40多种农产品通过中百仓储的"农超对接"走向了规模化生产。

2007年1月,中百仓储的总经理程军获得了2006年度CCTV中国经济年度人物提名奖。评委会给他的评语是:"他把超市办到了乡镇,镰刀、锄头在万村千乡统一配送;蔬菜、鲜果在田间地头直通车收购。2006年的中国中部,新农村从超市开始。"

——该案例主要来源于笔者的调查。感谢中百仓储及程军总经理提供的相关资料及其帮助

"农超对接"的实践给予我们如下启示:

1. 农户是有效率的生产组织,但不是有效率的市场流通组织。"农超对接"实现了有效率生产组织与有效率流通组织的优势互补。这是组织共生、互利共赢的制度安排。

就农业生产而言,尤其是在农业生产的产中环节,中外的经验都已证明,农户经营是有效率的,但是,就农产品的市场流通而言,农户经营并没有效率。这也就是说,农户是有效率的生产组织,但不是有效率的市场流通组织。这是因为市场流通需要专业化的知识,需要专业化的运输、仓储等基础设施,需要广泛、准确、快捷的市场信息,需要覆盖面极其广泛的市场销售网络,这些都是单个农户难以具备的。"农超对接"弥补了农户在市场流通领域的劣势,使农户能专注于直接的生产过程,提供了"小农户"与"大市场"如何对接的一种可选择的现实途径。

2. "农超对接"不仅要求单个农户生产的专业化,而且要求农业生产

区域布局的专业化,这将有力地推动中国农业生产专业化的发展水平。

作为大型的商业流通组织,超市收购农产品客观上要求大批量、大规模,以节约流通成本与交易成本。大批量的农产品不是一家一户的农户可以生产、提供和满足的,因此,"农超对接"一般都要求同一种或同一类农产品连片集中种植,或连片集中养殖,形成区域生产布局的专业化。区域生产布局的专业化是在农户生产专业化基础上更高层次的发展,它往往成为该地区的"特色农业",并构成该地区独特的农业竞争优势。从各地的实践看,那些"农超对接"发展得比较迅速的地区,农产品区域生产布局的专业化发展也比较迅速,形成了一批"特色村"、"特色乡"和"特色农业区域"。例如,山东济南市通过"农超对接",推动了农产品区域生产布局的专业化,形成了龙山小米、西郊盖韭、张而草莓等特色农产品生产区域。

【案例4—7】 "农超对接"与长阳火烧坪乡高山生态绿色蔬菜基地的发展

火烧坪乡位于湖北省长阳土家族自治县中西部,平均海拔1800米,年平均气温7.6℃,冰雪覆盖期长,没有明显的夏季,素有"天然冰箱"之称。全乡总面积105.5平方公里,辖3个村,18个村民小组。

由于得天独厚的自然条件,火烧坪乡是发展高山生态绿色蔬菜的理想场所。但是,长期以来,火烧坪乡的这一独特生产优势并没有发挥出来,农民种菜基本上是自食,生产量极其有限。很显然,制约火烧坪乡高山生态绿色蔬菜发展的主要障碍不是生产,而是销售,市场规模决定了生产规模。

自20世纪80年代开始,火烧坪乡契合消费者追求绿色、追求生态的潮流,以市场开拓为抓手,发展高山生态蔬菜。在这一进程中,"农超对接"起了很大的作用。世界著名的超市——法国"家乐福",武汉的中百仓储等先后与火烧坪乡进行"农超对接",为该乡的高山生态绿色蔬菜拓展了广阔的市场。"家乐福"在武汉的各门店还专门主办了为期一周的"火烧坪乡蔬菜节"。目前,火烧坪乡高山生态蔬菜的种植基地面积已达到8万亩,年产量25万多吨,蔬菜冷冻冷藏加工能力达到每天3000吨,年实现蔬菜产值达2亿多元,占全乡农业生产总值的70%左右。火烧坪已成为全国最大的高山生态蔬菜基地,其各类蔬菜通过"农超对接"等渠道畅销武汉、长沙、广州、南昌、上海、福州等三十多个大中城市，并出口日本、新加坡、泰国、中国香港、中国台湾等国家和地区。

——本课题组的实地调查

3. 进入超市的农产品要求标准化、绿色、健康、安全，这将推动农户生产及农业生产的规范化、标准化。

相比于小型的农贸市场，超市对于进入的农产品质量要求更为严格，这是因为超市还负有农产品质量安全的主要责任。根据现代社会健康消费、绿色消费、安全消费的新潮流，超市一般都要求进入的农产品必须让消费者安全、放心、满意。因此，"农超对接"不是简单的"你卖我收"，也不是简单的超市为农户提供一个农产品销售平台。事实上，超市往往会直接或间接（通过合作社、农业企业等中间组织）介入并指导农户的生产。例如，提供良种、技术指导、限制与禁止农药及污染物的使用、统一包装标准，等等。这无疑有利于农户生产以及农业生产的规范化和标准化。同时，农业生产区域布局的专业化也为农户生产、农业生产的规范化、标准化提供了有利的空间环境。

4. 农户作为小型或微型经济组织，农业企业、农业合作社作为中型经济组织，超市作为大型经济组织，各有其优势与劣势，只有互补、共生，才能使各方得利。

就普遍情况而言，"农超对接"不是超市与单个农户的直接对接，而是通过专业合作社或农业企业或基地与广大农户的间接对接。因此，至少有三类最基本的经济主体，即超市、中间组织、农户。超市作为大型的商业流通组织，它与几十个甚至成百上千个农业专业合作社、农业企业相连；农业专业合作社、农业企业可以看作是中型的经济组织，它又与成百上千的农户直接相连。因此，超市间接地联系着上万甚至几十万农户。很显然，这三类经济主体体现了大中小三大类组织的共生共存。为什么要共生共存，而不是纵向一体化，"大鱼吃掉小鱼，小鱼吃掉虾子"？这是因为这三大类组织各有优势，也各有劣势，共生共存才能扬长避短、优势互补，才能实现各方的最大化利益。

七 农户主体、多方参与、组织共生、共同赢利
——来自乡村旅游的案例

乡村旅游,古已有之,例如中国传统的"踏青",就是人们到乡村、野外的一种休闲型旅游。但是乡村旅游,作为一个产业的崛起,则是现代社会特有的现象。

乡村旅游产业在现代社会的崛起,有其客观必然性。(1)在现代社会里,人们在"温饱"问题已经得到基本解决之后,越来越追求生活质量的提升,追求绿色、生态、自然。尤其是城市化的扩展使大多数人的大多数时间都生活在"水泥丛林"之中,在享受现代工业化文明的同时也疏远了大自然,禁锢了人们自由的心灵。乡村的青山绿水、田园风光能弥补人们在工业化社会的缺失,能更好地满足人们崇尚自然、追求自由的精神需求。(2)在现代社会里人们的闲暇时间,即可以自由支配的时间增加,也为人们参与式的乡村旅游提供了越来越充分的时间保证。例如,一周五天工作制的普遍推行,假期的增加和适度集中(例如中国的"小长假"),带薪休假制的逐步实施,各类学校假期的延长,等等。(3)在现代社会里,人们对农业多功能性的认识越来越全面,越来越深刻,这带来了农业、农村产业结构的一系列深刻变革。现代农业维持生态平衡和生物多样性、维护原有乡村生活形态、保留农村文化多样性遗产、承传传统历史文化等多方面的功能,以及现代农业绿色、生态、可持续发展的一系列新理念也推动和拓展了乡村旅游业。

中国乡村旅游业的崛起还有其特殊的重要意义。

1. 乡村旅游对于中国农村尤其是偏远山区、湖区、牧区,以及革命老区、少数民族地区的扶贫开发有独特的作用与功效。

中国相当大一部分贫困地区是过去交通不便的偏远山区、湖区、牧区,这些地区又有相当一部分是革命老区,或少数民族地区,脱贫致富难度很大。不过,这些地区虽然经济落后,交通不便,但由于长期未进行工业化开发,反而"因贫得福",生态得到了较好的保护,有许多得天独厚的自然旅游资源。同时,这些地方多是革命老区,红色旅游资源比较丰富。少数民族

地区则由于独特的风俗民情，也拥有重要的人文旅游资源。因此开展各具特色的乡村旅游业，在保护生态环境的前提下，合理利用与开发各种旅游资源，是加快这些地区脱贫致富的重要途径。笔者到过的江西井冈山、湖北大别山、湖北洪湖是"红色旅游"的典型地区；广西龙胜各族自治县和平乡平安村的"龙脊梯田"、贵州黔东南苗族侗族自治州雷山县的"千户苗寨"、内蒙古呼伦贝尔的"草原旅游"，则是偏远贫困的少数民族地区通过发展乡村旅游业脱贫致富的典型。

2. 乡村旅游可促进和带动中国社会主义新农村的建设与发展。

保护乡村的自然风光与生态环境，不是要长期维持传统乡村落后的生活方式，不是要排斥现代化的生活设施与物质条件。乡村同样需要电力、公路、电话、自来水、互联网，同样需要卫生厕所、污水与垃圾处理系统。这些基本的现代化生活设施与物质条件，既是乡村旅游必不可少的"硬件"基础设施，也是社会主义新农村建设的具体内容。实践表明，乡村旅游的发展，带来了旅游区域农村交通通信的改善、卫生条件的改善、环境治理的改善、村容村貌的改善，最终也带来了村民文明程度的提高，促进了社会主义新农村建设。

【案例 4—8】　　　　　　　　刘家山村的嬗变

刘家山村地处大别山余脉，是武汉市最偏远、海拔最高的行政村，是一个有着光荣革命历史的老区山村，也是过去武汉市最穷的一个村。以前该村没有公路，村民出一次山十分不易。当地有一首民谣："有女莫嫁刘家山，二十四道狗急弯（指上下山的山道崎岖坎坷）。男人前面背犁走，女人后面送中饭。"

刘家山村虽偏僻贫穷，但却有着十分丰富的旅游资源。首先，该村位于高山之巅，山清水秀，景色宜人，有众多的自然景观。尤其是该村夏季气候凉爽，是素有"火炉"之称的武汉居民避暑度夏的好去处。其次，刘家山村曾是新四军五师的重要活动区域，李先念、陈少敏等老一辈革命家曾在这里频繁活动，有许多红色旅游资源。最后，刘家山村有近千年的历史，民间传奇故事众多，有深厚的历史文化底蕴。

从2004年开始，刘家山村结合武汉市的"农村家园行动计划"，引进开发商，积极发展乡村旅游业，几年时间便发生了翻天覆地的变化。现在的刘家山村，既保持了自然、生态、古朴的传统，又通过"四通、四改"注入了现代化的因素。所谓"四通"，即路通、水通、电通、信息网络通；所谓"四改"，即改水、改厕、改圈、改垃圾堆放方式。以该村为中心打造的"清凉寨风景区"，已成为武汉市乡村旅游的一道靓丽风景线，被誉为"武汉的神农架"，每年接待游客上万人。

乡村旅游业的发展，带来了刘家山村经济结构的转型。旅游业已成为该村的主导产业与支柱产业。绝大多数村民吃上了"旅游饭"，并由此走上了富裕路。例如，村民刘国富说，过去一家7口人承包3亩薄田，"收成最好时一亩田才产300公斤粮食，野猪啃雀鸟啄，一家人吃了上顿愁下顿"。开展乡村旅游后，他"洗脚上岸"，吃上了"旅游饭"。老刘将自家房屋和院子改成了农家乐，还起了个好听的名字"老房子"；自家农田改种蔬菜、瓜果，每年毛收入近10万元。20世纪，该村村民人均年收入不到1000元；2004年，该村村民人均年收入也仅为1300元；到2010年，该村村民人均年收入已超过8000元。

——笔者根据实地考察及《长江日报》相关报道资料整理

乡村旅游业是一项涉及多个行业（例如农业、林业、交通运输业、餐饮服务业、邮电通信业、文化表演业等）、多个领域（例如乡村规划、习俗文化、经济、非物质遗产保护、生态保护等）、多方利益主体（主要的利益主体是农户、旅游开发商、旅行社、政府）的系统工程。乡村旅游资源，无论是自然景观资源还是文化历史资源，从理论上说，都是该区域内的公共产品，理应由区域内所有村民共享，而不能由少数人或个别利益集团独占。因此，构建一个多方参与者、相关利益者共同获利、共享旅游资源的利益机制和"组织共生体"就是和谐及可持续发展乡村旅游的关键。

首先，必须确立乡村旅游的"农民主体"理念。乡村旅游资源是该区域内全体村民的公共资源，因此，"以人为本"发展乡村旅游，当地村民应该是主要的获利者。而且，乡村旅游是否"以人为本"，最终的检验标准也应该是当地村民是否受益。更进一步讲，当地村民受益、当地村民获利不应是被动的、由开发商或旅行社"恩赐"似的"分一杯羹"，而应该主动参与、合理分配、利益共享。大量的实际调查表明，那些乡村旅游不和谐的地区，往往是利益配置中过分偏向开发商、旅行社而忽视当地村民利益的地区，以致出现当地村民围堵旅游景区的现象，使当地村民、旅游开发商或经营者、旅行社以及当地政府多方受害。例如，案例4—9中提到的近几年来各地出现的村民围堵旅游景区的现象，其根源都是利益分配的矛盾与冲突。

【案例4—9】　　近几年来村民围堵旅游景区的若干案例

江西婺源李坑村　从穷乡僻壤到"中国最美乡村"，江西婺源村庄旅游开发不过十多年。村民与景区经营者的纷争，十多年间此起彼伏，核心都是利益分成。

李坑是婺源的一个乡村，开展乡村旅游已有十多年历史。2011年，该村村民采用集体的"不合作"方式，与景区经营者对抗。一开始，李坑的村民选择了闭门谢客，并且聚集到村口的景区大门阻拦游客，团队和散客都不放行。该村集体决定，每户轮流派出人手，以老人和女性为主，平均每天有100多人参与。这种"非暴力不合作"持续了整整一个月，从7月13日一直到8月13日。

李坑村民的不满并非针对游客，而是针对景区的经营方——婺源旅游公司。村民们的要求是门票收益分成从19%增加到21%。

甘肃景泰县龙湾村　景泰黄河石林位于甘肃省白银市景泰县的东南部，毗邻中泉乡龙湾村。由于长年的地质作用形成了以黄色砂砾岩为主，造型千姿百态的石林景观，2004年，该地被国土资源部批准为国家地质公园。

"在公园对外营业的几年里，景区与当地村民的矛盾一直没有得到解决"，因为矛盾不断升级，以致从2011年9月初开始，村民采取了激烈的围堵景区行动。一条铁链拦住了公园入口，几辆农用拖拉机和摩托车挡住了进入景区的路。十多个村民站成一排在景区门外席地而坐。村民的不满主要是公园旅游中若干经营项目的运营权之争。

江苏连云港渔湾村　2009年8月21日，地处江苏省连云港市素有"苏北张家界"之称的国家4A级旅游景点——渔湾风景区，被当地村民围堵，这一行动一直持续到23日下午。村民不满的主要原因是该景区1994年由村民集体自建，后被政府接管，景区利益与村民脱钩，村民利益受损。

——以上案例源于相关新闻报道

当地村民分享乡村旅游的利益，景区收入分成只是其中的一个方面。当地村民作为独立经营的经济主体，主动参与乡村旅游还有多种可供选择的形式。第一是开办"农家乐"餐馆、家庭旅社；第二是生产、制作、推销具有本地特色的农特产品和旅游产品；第三是经营一些小型的旅游项目，例如照相、游船、骑马、骑骆驼等。此外，当地村民也可以作为旅游开发商、旅游景区经营者或旅行社的雇员获得就业机会，领取工资，这也有利于农民的增收。在一些乡村旅游比较发达的地区，旅游业及其相关产业的收入已成为当地农民的主要收入来源。

农民组织起来，成立旅游专业合作社的现象虽然还不是十分普遍，但也是农民以集体行动、组织的力量主动参与乡村旅游的一种组织形式。从各地的实践来看，组建旅游专业合作社的好处是：（1）能以集体的力量、组织的力量在与旅游开发商、景区经营者、旅行社的谈判中更有效地维护合作社社员、维护全体村民的利益。（2）可以避免村民之间为争夺旅游客源的无序、恶性竞争，并统一制定旅游接待标准，维护村民与旅游消费者双方的利益。例如，山东枣庄市第一个旅游合作社——田坑村桃花源农家乐旅游专业合作社成立以后，由合作社统一安排客源，避免了过去农户之间为争抢客源所引发的各种矛盾；统一了旅游接待的质量标准，统一了价格，严禁欺诈消费者，游客也比较满意。（3）可以形成一定的规模经济，组织一些单个农户难以组织的、较大规模的旅游项目。（4）更容易获得银行或农村信用合作社的贷款，更容易获得当地政府的政策优惠支持。但是，从实践方面看，组建旅游专业合作社的组织成本也很高；同时，如何处理合作社与社员之间的利益关系，如何处理合作社社员之间的关系，如何处理合作社社员与非合作社社员之间的关系，这些问题都十分棘手。很多地方的旅游专业合作社实际上是挂着合作社牌子的私人旅游企业。一般而言，即使组建了旅游专业合作社的地方，农户依然是独立核算、自负盈亏的经营主体，像河南临颍县南街村那种完全由集体经营、农户个体不能参与的乡村旅游组织形式极为少见。笔者到过的、曾闻名全国的山西昔阳县大寨村，虽然村集体也组建了旅游公司,但还是允许农户个体经营餐馆、经营土特产品的销售。①

其次,旅游开发商、旅游景区经营者、旅行社也是乡村旅游的重要参与者,是十分重要的利益主体方。不可否认,旅游开发商对乡村旅游产业的发展很重要,在有些情况下甚至起着关键性的作用。即便是自然的生态景观,要形成旅游景区,形成旅游产业,也需要先期开发,需要作旅游规划,需要大量的资金投入。例如,旅游景点要进行必要的整治,要建立旅游安全的保护实施,修建必需的景区道路,有的高山还要建缆车。此外,所有的景区都要建设停车场,要修建公共卫生间,要有自来水,也需要启动旅游广告宣传,等等。案例4—8提到的武汉刘家山村的旅游,最早的启动者就是旅游开发商易友清。如果没有他几千万元的先期投入,刘家山村的旅游业就很难起步,刘家山村的嬗变也是不可能的。因此,在确认乡村旅游资源是公共资源,应该利益共享的同时,也必须承认旅游"企业家"在开发旅游资源进程中的独特功绩,并赋予他们应得的利益报酬。一般而言,旅游开发商往往就是旅游景区的经营者(当然也有分离的现象),开发商投资旅游景区的先期开发,看中的也就是后来的、长期的旅游景区经营收入。不可否认,目前乡村旅游的利益矛盾也主要集中于旅游开发商、经营者与当地村民之间。有远见的企业家往往是那些善于处理与当地村民利益关系的企业家。他们知道,只有在当地村民获利的基础上,只有在一种"和谐"的区域社会环境中,企业才能有长期的、稳定的、可持续的获利,这是"组织共生"的"双赢"格局;以大欺小、以强凌弱,或者借助行政力量打压当地村民,最终只能是二者俱伤,是一种"双败"的结局。案例4—9提到的当地村民围堵景区现象就是明证。

当地政府在中国的乡村旅游发展中也有着极为重要、不可替代的作用。当地政府作为当地乡村旅游的主要参与者之一,也是一方利益主体,自然应该分享利益。但是,需要指出的是,当地政府的利益应以社会利益居先,经济利益其次,切不可颠倒主次。乡村旅游,尤其是偏远地区的乡村旅游,

---

① 山西昔阳县大寨村曾是人民公社时期全国的先进典型——"农业学大寨"。现在,大寨的集体经济依然占主导地位,但个体、私营、家庭经济有了很大的发展。农业生产实行了家庭承包,允许个人从事私营生产,个人可拥有拖拉机、汽车等大中型生产资料。笔者参观大寨时,与部分村民作过交谈,最重要的感受是,村民有了较充分的自由选择权,既可以参与集体经济,也可以搞私人经济。

"路通"极为关键。像广西龙胜的"龙脊梯田"，贵州西江的"千户苗寨"，修建进山公路决不是当地村民，也不是旅游开发商能单独承担的。它是政府义不容辞的责任。案例4—8提到的武汉刘家山村的进山公路，就是当地政府结合"农村家园建设行动计划"投资建设的。此外，通电、通水、通网络，其主干工程也主要是依赖政府投资的。在一些旅游资源丰富但比较贫困的地区，政府集中利用扶贫开发资金发展乡村旅游，这是扶贫开发从"救助型"向"开发型"转变，从"输血型"向"造血型"转变的一种有效途径。还有一些地方，政府为了打造"特色乡村"，用政府补助的方式鼓励、带动农民按统一样式改造民宅。如果不是强迫命令，这也会促进乡村旅游业的发展，并得到当地村民的欢迎。例如，武汉市东西湖区的石榴红村，政府按照徽式建筑风格统一规划民房，采取农户自愿、政府补贴的方式，改造村容村貌，打造特色旅游。实践证明，这种政府引导、以"农户"为主体的投资效率较高，而且引发的矛盾较少，是一种"多赢"的制度安排。但是，政府如果把经济利益放在首位，越俎代庖地自己经营或隐形地由自己经营旅游企业，经营旅游景区，与民争利，就极有可能引发多种矛盾。案例4—9中的三个个案，或多或少都与当地政府的越位争利有关联。特别是江苏连云港渔湾风景区风波，其直接起因就是村集体开发的旅游景区被当地政府强行接管。

最后，村级组织，即村委会，作为一级"准政府"，在乡村旅游中也应起组织、协调的重要作用。第一，要防止村民在争夺旅游客源方面的无序与恶性竞争，建立必要的规则与秩序。在中国大多数开展乡村旅游的地区，还没有旅游专业合作社等村民合作经济组织；即使有旅游专业合作社的地区，如果合作社没有覆盖到当地所有农户，也存在合作社与非合作社村民争夺旅游客源的现象。因此，村委会有必要以社区组织的名义出面协调，减少利益摩擦。例如，广西龙胜的平安村（"龙脊梯田"景区）村委会为避免每天所有村民都到村口拉客的混乱以及引发的各种利益摩擦与冲突，确立了按村民小组分户轮流到村口接客的规则。就笔者与当地村民的访谈看，绝大多数村民对这一规则都是认可与赞同的，认为它"公平"、"可行"，尤其是保护了村里"弱势人群"的利益。第二，村委会要出面建立各种制度和村规民约来确保生态环境的延续，确保传统建筑、传统文化的传承，以保护具有地方特色的乡村旅游资源，维持乡村旅游业长期和可持续的发展。例如，贵州西江的"千户苗寨"有 800 多栋历史遗留下来的、传统的苗家吊脚楼，是全国最大、最典型的苗族吊脚楼村寨群落聚居区，被誉为"苗族露天博物馆"。为了保护这一具有 2000 多年历史的苗族建筑群，村委会与景区管理委员会共同制定了保护规则，并根据吊脚楼的建筑年代、原始风貌、房屋结构以及消防安全等多种因素加以评分。对于那些得分高、保护好的农户给予物质和精神奖励，以调动村民内在地保护古建筑的积极性。此外，该景区还定期公布村民的居民建筑分、传统文化分、行为规范分，并与奖惩挂钩。

各地乡村旅游的案例给予我们如下启示：

1. 在多元主体共同参与的基础上，利益共享是各利益主体方和谐合作、共生共荣的核心与关键。

作为区域性公共产品的乡村旅游资源，其保护、开发、利用、经营是一项涉及多方参与者、利益相关者的系统工程。在这一系统工程中，每一方都有其独特的、不可或缺的作用与优势，也有其合理的利益诉求。实践表明，各方和谐合作才能互利互赢；不和谐，相互拆台则必然是各方俱伤。因此，要使乡村旅游长期、和谐、可持续发展，就必须建立起当地村民、旅游开发商、景区经营者、旅行社、地方政府、村委会等多元化利益主体共生共存的合作与组织机制，兼顾各利益主体方合理的利益诉求，在利益共享与利益公平分配的基础上和谐合作。

2. "以人为本"发展乡村旅游，必须树立"村民主体"的观念，当地村民利益的增进是发展乡村旅游的出发点与落脚点。

乡村旅游资源，作为一种地方性、区域性的公共资源，理应由该区域所有村民共同拥有。因此，开发、利用、经营乡村旅游资源，必须把当地村民的利益放在首位，把当地村民利益的增进作为发展乡村旅游的根本出发点与落脚点。诚然，旅游资源并不等于旅游产品，更不能等同于旅游产业。原始的旅游资源要成为旅游产品，发展成旅游产业，还需要开发，需要加工和再加工，而分散经营的村民并不适宜做旅游开发的主体。当然，村民也可以组织起来，例如成立旅游合作社共同开发。但由于成立旅游合作社面临着组织成本太高或资金不足等实际困难，大多数乡村旅游的开发还是要引进资金雄厚，而且有开发、经营经验的开发商，或者由当地地方政府组织公司开发。无论是何种开发形式，都必然会面对开发者以及后来的景区经营者与原始旅游资源所有者（当地村民）的利益冲突和矛盾。目前乡村旅游出现的不和谐大多数也是源于这二者利益的失衡，而失衡的关键又在于当地村民正当利益的受损。因此，乡村旅游强调"村民主体"并非无的放矢。

乡村旅游强调"村民主体"，是要把当地村民的利益放在中心位置，不能把乡村旅游变成单纯的个别企业的利润来源，或者单纯的当地政府的收入来源，更不能把乡村旅游搞成当地地方政府的"面子工程"。即便是旅游开发商投资开发并获得旅游景区的经营许可权，也必须防止景区开发商、景区经营者独家垄断与旅游相关的所有资源，尤其要防止景区开发商、景区经营者利用强势地位封杀当地村民本可以作为独立主体经营的项目，例如农家乐餐馆、家庭旅店，等等。

3. 地方政府的主要职责是协调矛盾、制定规则、维护秩序，而不应直接参与旅游经营，"与民争利"。

地方政府在发展乡村旅游的进程中具有极其重要和不可替代的作用，包括旅游资源前期开发的公共基础设施的资金投入、地方旅游规划的制定，等等。但是，地方政府不适宜作为旅游景区的经营者。地方政府的主要职责是协调矛盾、制定规则、维护秩序。当地村民与旅游开发商、景区经营者以及旅行社有利益矛盾在所难免，地方政府应站在公正立场上作为"第三方"来听取各方合理的利益诉求，并协调处理各种利益矛盾。来自各地的很多案例表明，乡村旅游利益矛盾激化的根源往往是当地政府本身充当景区经营者"与民争利"；或者从自身利益出发，从唯 GDP 的政绩观出发，过分偏袒旅游开发商、景区经营者，而漠视当地村民正当、合法的权益。此外，地方政府，包括一级"准政府"的村委会，还必须用政府独特的权威制定必要的制度与规则，包括乡村旅游资源的保护规则、乡村旅游资源的开发与经营规则、乡村旅游消费者的权益保护规则，等等，以防止旅游开发商、景区经营者以及当地村民为了短期利益而对旅游资源进行掠夺式过度开发，并防止各种无序、恶性的竞争，以维护乡村旅游资源的可持续利用，营造一个和谐的乡村旅游秩序。

八 互利则共生,损人亦损己
——广东新兴县"三温一古"的不同命运

广东新兴县簕竹镇在20世纪80年代初几乎同时诞生了四家以养鸡为主业的农业公司,即广东温氏食品有限公司(当时称"簕竹畜牧联营公司")、温木辉养鸡公司、温树汉养鸡集团、古章汉万益公司,被当地人称为"三温一古"。

"三温一古"作为农业产业化的龙头企业,都先后不约而同地采用了"公司+农户"的组织构架及养殖方式。其具体运作过程是:公司负责种鸡繁殖、小鸡孵化,饲料的生产与供应,养鸡生产过程的防疫,养鸡生产技术的开发,成品鸡的收购与销售;农户则投入养鸡场地、设备,按照公司提供的小鸡和饲料负责日常的饲养,并根据公司的要求控制质量。总而言之,在这种"公司+农户"的生产组织运行模式中,农户发挥了直接组织生产优势,并承担一定的生产风险,但不承担技术风险和市场风险,因而避免了农户的市场流通劣势和技术开发劣势;公司作为"公司+农户"的主导方,负责产前的供给和服务,产中的技术性能控制,产后的产品质量控制与市场销售,承担了技术风险、市场风险和整体经营风险,但也省去了大量的鸡场建设投入和日常饲养费用,并节约了生产过程中的监督成本。因此,这种合作是公司和农户双方优势互补、组织共生的双赢合作。

然而,到了20世纪90年代末21世纪初,"三温一古"就有"两温一古"先后破产、倒闭,而温氏食品有限公司("温氏集团")则蓬勃发展成为一家以养鸡业、养猪业为主导,兼营生物制药和食品加工的多元化、跨行业、跨地区的现代大型畜牧企业集团,成了"国家级农业产业化重点龙头企业"、"国家火炬计划重点高新技术企业"、"改革开放三十年标杆企业"、"广东省百强民营企业"(名列第四位)。目前,该公司已在广东等全国二十多个省(市、自治区)建成110多家分公司与子公司。2007年,该公司成为广东省首家百亿元级规模的农业产业化龙头企业。2004年,该公司还成立了温氏集团博士后科研工作站,2007年获准组建广东省温氏研究院,承担了国家"星火计划"、"863计划项目"以及国家生物育种高技术产业化项目等重大项目的研发工作。目前，该公司联系的合作农户有4万多，其中养鸡户有3万多。"温氏品牌"被评为2008年度中国畜牧业最具影响力品牌。

为什么同一地方、同时起步，并从事相同产业，有相同组织构架的"三温一古"，命运会如此迥然不同？其中的一个关键性原因就是合作各方的利益是否均衡：互利则共生，损人亦损己。

温氏集团成功的关键环节之一就在于集团决策层善于平衡利益相关者各方的利益关系，做到以互利促共生，以共生求互利。其中，最为重要的又在于"公司善于处理与农户的利益联结关系"，"长期恪守与农户'五五分成'的利益分配准则，做到公司与农户利益均沾"，因此，"与农户取得了长期互动合作的成功，真正实现了公司与合作农户的双赢"①。即便是1998年初受香港禽流感影响最严重的时期，该公司承受着每天亏损130万元的巨大压力，仍坚持对合作农户给予适当的补贴，保证每个合作农户每养1只鸡能获得1元至2元的利润，由此赢得了广大合作农户的信任和尊重。据统计，2007年，温氏集团36500多合作农户获利11.35亿元，户均达3.1万元；2008年，户均获利又上升到3.4万元。2009年，本课题组在广东罗定市对与温氏集团合作的养鸡农户的实地调查（调查农户12家）也证实，每只鸡能获利1.5元至2元；每个农户每批养鸡约1万只，每年出栏2批至3批。而且，合作农户不需要担心市场销售与技术问题，收入相对稳定。与此相反，另外"两温一古"的失败则在于其短视的机会主义行为。为了公司单方面的短期利益，"擅自提高饲料和育肥料价格，甚至无法将农户定金和鸡款全额返还"，"成为农户群起攻击的目标"。"由于缺乏信任、互惠等关系治理手段，公司失信于农户的不良声誉扩散，'两温一古'散失农户基础，最终走向失败。"②

除了与合作农户的关系之外，温氏集团还照顾到了合作各方，即其他相关利益者的利益。这包括集团内部股东与员工的利益、公司与销售客户的利益、公司与技术合作方的利益。例如，1992年，华南农业大学动物科学系

---

① 万俊毅：《准纵向一体化、关系治理与合约履行——以农业产业化经营的温氏模式为例》，《管理世界》2008年第12期。

② 同上。

以技术入股的形式获得了集团10%的股权，成为当时集团最大的股东。

"三温一古"不同的命运告诉我们，在"公司+农户"的"组织共生"格局中，有如下值得特别关注的经验与教训：

1. 互利才能建立长期的信任关系，这是"公司+农户"长期合作的基础。

"公司+农户"成功的案例固然很多，但失败的案例也不少。就"三温一古"的结局看，失败的案例三倍于成功的案例。为什么有如此之多的失败？关键就在于合作者各方短视的机会主义行为，总想损人利己，占对方的便宜，"捞一票算一票"。博弈的最终结果则是双方利益互损、合作散伙。温氏集团成功的关键，就是各方利益关系的均衡，互利才能共生共存。事实表明，农户的信任与支持对于公司长远发展也至为关键，二者是互动互利的，并非一方对另一方的利益恩赐。正如温氏集团办公室的一位负责人所说："当遇到自然灾害，公司会与农户同甘共苦，按实际情况给予农户一定的补助。""反过来，当企业遇到危机时，温氏集团也得到了合作农户的理解和支持。正是'精诚合作、和谐为魂'的经营理念以及共赢的利益机制，为温氏集团一次次渡过养殖业危机创造了'人和'的条件，促进了公司的持续快速发展。"

2. 公司作为"公司+农户"合作的主导方，应把公司的长期利益置于发展战略的核心，主动与农户建立长期互惠关系，决不能以强凌弱、以大欺小。

与分散经营的农户相比，公司无疑具有更强的经济实力，更广的社会关系，更强的抗风险能力，是"公司+农户"合作的主导方。一般而言，"公司+农户"合作能否成功，关键在于公司这一方。有些公司利用自己的强势地位，不把农户作为平等的合作伙伴，而是作为可利用、可剥削的对象，以强凌弱、以大欺小。在市场行情好的时候，压级压价；在市场行情不好的时候，则想方设法向农户转嫁危机。其结果必然是众叛亲离，农户弃公司而去，"公司+农户"的合作"散伙"。应该看到，当今农户长久不变的土地承包权给予农户经济独立的基本保障，他们拥有较为广泛的自由选择权，决不会在一棵树上吊死。当合作有利时，他们当然会选择合作；如果合作方借"合作"之名损人利己，他们可以不与你玩，即选择

"不合作"。

九 带农兴镇,"三化"同步发展
——湖北监利的"福娃模式"①

"福娃模式"是湖北省在探索"三化"(新型工业化、城镇化、农业现代化)协调发展进程中总结的典型模式。用湖北省委书记李鸿忠的话说,就是要"把'福娃模式'打造成全省'三化'同步发展的一面旗帜"。

湖北福娃集团地处监利县新沟镇。其前身是1993年在新沟成立的大米加工企业——银欣粮油公司。近二十年来,该集团立足监利县"粮食"的资源优势,从一个当初不到10人的乡镇小米厂,抓住了三次难得的发展机遇②,成长为目前拥有近3000名员工的全国知名食品企业。2001年,该集团公司被认定为全国首批农业产业化国家级重点龙头企业;2007年"福娃"牌大米被评为"中国名牌产品";2008年,"福娃"商标被评为"中国驰名商标"。2011年,该集团实现销售收入64.5亿元,利税1.2亿元。

福娃集团所在的湖北监利县,是中国水稻生产第一大县。2011年,其水稻产量达到13.4亿公斤。水稻虽然是监利的生产优势,但由于长期以来局限于"种植",产业链条短,水稻收益并不高,"产粮大县"又是典型的"财政穷县",农民收入普遍较低,社会矛盾在一段时期里曾十分突出。在监利当过多年乡镇干部及乡镇党委书记的李昌平,2000年上书当时的国务院总理朱镕基,直言"农民真苦,农村真穷,农业真危险"。

福娃集团是从大米加工起步的企业,它立足于监利的粮食尤其是稻米的资源优势,以粮食的精加工、深加工为突破口,对稻谷"吃干榨净",大力延伸与拓展大米的产业链条,最大限度地增加其附加值,从而将大米加工这

---

① 本节案例主要来自于笔者2012年作为湖北省"三农研究院"特约研究员随省财经办(农办)的实地调查,并参考了相关资料,特别要感谢湖北省委财经办(农办)及福娃集团公司提供的帮助。

② 第一次机遇是国家粮食流通体制的改革,实现了从小米厂向国家级农业产业化龙头企业的跨越;第二次是休闲食品快速发展的机遇,实现了从大米粗加工向食品深加工的跨越;第三次是北京奥运会。由于奥运会吉祥物"福娃"与福娃集团早年注册的"福娃"商标类似,福娃集团实现了从做产品向做品牌的跨越(见彭贤荣等《福娃模式——"三化"同步发展的典型案例》,《荆州日报》2012年6月19日)。

个微利产业做成了利润丰厚、产业链极致延伸、发展前景十分广阔的大产业。目前，福娃的糙米卷系列食品市场占有率居全国第一，雪饼系列产品市场占有率居全国第二。集团已经或正在计划将大米加工过程中的碎米用来提取大米蛋白和结晶葡萄糖，从米糠中提取米糠油，用加工米糠油的剩余物糠粕生产出富含膳食纤维的营养饼干。

大米的综合利用和广阔的市场使得福娃集团每年加工转化的粮食达到8亿公斤，约占监利全县粮食产量的2/3。依托食品精加工、深加工的利润与企业日益雄厚的经济实力，同时为了确保优质粮源，集团自觉地"以工补农、以工促农、以工兴农"，推进农业现代化的建设，富裕农民。集团按照"公司+基地+农户"的组织运作模式，与全县23个乡镇签订了120万亩的优质水稻订单合同，其收购价比周边市场要高10%以上，仅此一项就使监利农民年增收2亿元左右，因此极大地调动了农民种粮的积极性。基地的建设还带动了水稻品种的优化，监利县过去杂、乱的近70个水稻品种被整合为5个主推优质稻品种；同时推进了水稻连片种植的区域化、标准化生产。例如，在优质稻种植示范区，实现了水稻生产的"五统一"，即统一连片种植、统一品种、统一配方施肥、统一防治病虫害、统一机械整收。2011年，监利全县实行"五统一"种植模式的农田为24万亩。基地的建设也促进了农村的土地流转，加快了农田水利基础设施的建设与整治，推动了农业生产的专业化、规模化、集约化经营，并提升了农业机械化水平。2011年，监利水稻生产的综合机械化水平已达到80%。此外，福娃集团还采用牵头（福天下有机稻专业合作社）、联合（隆欣农产品专业合作社）、参股（三丰农机合作社）三种不同的方式积极参与农业专业合作社的建设，努力探索农民、合作社、企业多方互利共赢的利益连接机制。近几年来，监利县的粮食产量保持了8%以上的增长速度，连续多年荣获"全国粮食生产先进县标兵"称号。与此同时，监利县农民的收入也有了较大的增长。2011年，监利农民人均纯收入为7334元，高于同期湖北省农民年均纯收入6898元。

福娃集团的发展也推动了其所在区域——新沟镇的城镇化发展，做到了企业发展与区域（社区）发展的协调、同步，工业化与城镇化的协调、同步。目前，福娃集团有正式员工2600多人，临时工600人左右，其中一半以上来自附近农村。由于有了稳定的工作和收入，这些员工逐步举家从乡村迁居到了城镇。福娃集团与新沟镇政府联合开发的福娃社区，2012年底就有400多名员工举家迁入。此外，福娃集团对在新沟镇落户的员工还实施了专门的住房补助政策。新沟镇政府也规定，凡该镇农民入住城镇新社区的，由镇政府一次性奖励5000元。与此同时，福娃的发展也带动了一大批相关企业、配套企业落户新沟。新沟已成为湖北省农产品加工产业集聚区、全国农产品加工示范镇。人口的集聚又推动了商业零售、交通物流、餐饮住宿、文化娱乐等第三产业的发展。2000年以来，新沟镇城镇建成区面积从2平方公里拓展到了7平方公里，城镇居住人口从1.5万增加到6.4万，新沟镇的城镇化率高达54%，超过监利全县城镇化率18.1个百分点。由于有企业的经济实力作为城镇化的依托，新沟的城镇建设做到了功能完善、环境优美。近几年来，仅福娃集团在城镇社区项目上的投资就超过了3亿元。

"福娃模式"给予我们如下一些启示：

1. 在农业大县（市），尤其是粮食生产大县（市），应该把农产品加工业的突破性发展作为连接新型工业化与农业现代化的桥梁和纽带。以农产品加工业带动农产品种植业（养殖业），使农产品加工业与农产品种植业（或养殖业）同步发展、共生共赢。其核心与关键又在于构建企（企业）农（农民）利益共生共享的连接机制。

农产品加工业，既姓"工"，也姓"农"。依据国家科委、农业部等中央10部委1998年共同发布的《中国农业科学技术政策》，农产品加工业是广义的全产业链现代农业体系的一部分。因此，发展农产品加工业，既是农村工业化的要求，也是农业现代化的要求，它是连接新型工业化与农业现代化的桥梁与纽带。中国的农业之所以被称为"弱势产业"、"微利产业"，就是因为农业生产链条太短，附加值不高，粗放开发，粗放经营。"福娃模式"告诉我们，努力延伸、拓展农业产业链，对稻米等农产品"吃干榨净"，充分挖掘、利用、提升其内生的潜在价值，集约开发、集约经营，这种全产业链的现代农业依然可以成为"强势产业"、"丰利产业"。

必须看到，农产品加工业要真正做强做大，离不开农产品种植业（养殖业）的基础支撑，二者相互依赖、相互促进、共生才能共赢。"福娃模式"的一个重要经验就是以农产品加工业的发展带动农产品种植业的同步、协调发展。荆州市委把它概括为"工农共生"。由于农产品加工业以企业为经营主体，农产品种植业以农户为经营主体，因此，"工农共生"的核心在于构建企业与农户利益共生共享的连接机制。福娃集团从保证优质粮源的自身利益出发，以农产品深加工、精加工所带来的利润空间为依托，主动、自觉地"以工补农、以工促农、以工兴农"，走出了一条企业、农民以及当地政府都满意的利益共生共享的和谐发展之路。相比之下，有一些农业县（市），把农业当作"包袱"，热衷于发展离"农"的工业，工业化与农业现代化成为"两张皮"，实践表明，其效果并不好。不仅工业发展不起来，农业也受到了极大的伤害。还有一些农产品加工企业，把农产品种植业（养殖业）当作企业的廉价原料来源，农民与企业关系紧张，利益矛盾尖锐，最后只能招致"两败"的结局。例如，湖北省与福娃集团同时第一批被列入国家级农业产业化龙头企业中的一些企业，其中有些长期止步不前，有些甚至破产倒闭，被淘汰出局，其原因虽然是多方面的，但不能正确处理企业与农民的关系也是其中的一个重要原因。我们上一节提到的广东新兴县的"两温一古"，就是损农最终损己的典型案例。

2. 企业的发展需要一定的空间区域，企业向园区、城镇的集聚，必然会推动城镇化的进程。企业（产业）发展与区域（社区）发展的良性互动，城企同兴共赢，利益共生共享，是可持续和谐发展的必然要求。

中国农村的工业化不能再走"村村点火、处处冒烟"的老路，更不能以牺牲农业、牺牲环境为代价。因此，在工业向园区、城镇集聚的同时推动经济与生态的协调、同步发展，是新型工业化的必然趋势。

城镇化不是简单地把人口从农村迁往城市。拉美、南亚、非洲的一些国家，大批农村人口蜂拥进入城市，集聚于城市贫民窟，虽然表面上城市化率极高，但带来了严重的两极分化、普遍贫困、犯罪猖獗等一系列"城市灾难"。这显然不是我们理想的城镇化。世界银行发布的《世界发展报告1999/2000》对非洲一些国家的"城市灾难"有如下评述：

> 城市化一般都伴随着人均收入水平的提高，但非洲一些国家是个例外。
>
> 1970—1995年，非洲国家城市人口增长率平均每年为4.7%，与此同时，其人均GDP平均每年下降了0.7%。

非洲一些国家这种"没有经济增长的城市化"在很大程度上是由于城市的"福利病"。农村居民大量涌入城市不是因为在城市有更多的就业机会，也不是因为可以在城市工作，而只是要分享只有城市才有，农村没有的各种补贴、救济和福利。非洲一些国家社会福利过于偏向城市而歧视农村的政策加剧了人们非生产性的向城市流动。

要防止人们非生产性的向城镇流动，防止"空心城镇化"，最基本的前提就是迁入的农民必须有业可就；而且就业的收入减去迁移成本，必须高于过去务农的收入。这种城镇化是"伴随经济增长的城镇化"；这种人口向城镇的流动才是"生产性的流动"。如何才能使进城的农民"有业可就"？个人自主创业固然是一个重要方面，但依托企业的就业或许更为重要。因此，"就业是民生之本，企业是就业之基"。只有企业发展了，才能吸纳大量的就业者，城镇化才有实在的内容，而不是"空心城镇化"。因此，要推进实质性的城镇化，就必须把企业的发展放在首要的位置。

而企业要想健康发展，也离不开良好的区域（社区）环境。应该看到，政府的资金毕竟有限，尤其是那些农业大县（市）的乡镇一级政府，有限的财力制约了它们在城镇建设、社区建设上的作为。如果城镇、园区、社区的环境不佳，企业要想吸引人才、留住人才，吸引客户、留住客户都将十分困难，因此，企业拿出一部分资金，主动参与城镇（社区）建设，改造、提升城镇（社区）环境，使城镇成为"宜居城镇"，既可以为企业赢得"美誉"，争取到政府、社区居民的更大支持，也有利于企业的长远、可持续发展，实际上是"花小钱赢大钱"。从这个角度看，提升企业所在城镇的吸引力，事实上也是提升企业的竞争力。"城""企"是利益共生的"命运共同体"。

荆州市委把"福娃模式"概括为"工农共生、镇企共赢、城乡共兴"，很有见地。这里的关键字就是"共"，核心则是各利益相关者的利益共生共享。

十 林水结合,各得其利
——来自湖北仙洪新农村建设试验区的案例[①]

湖北省仙洪新农村建设试验区[②]位于湖北省中南部、江汉平原腹地。它以仙洪公路为主轴,环洪湖展开,目前包括仙桃市、洪湖市、监利县所属的23个乡镇(办事处、管理区、工业园区),729个行政村,共有31.34万户,123.22万人,耕地面积154.09万亩,养殖水面69.51万亩。

仙洪地区在历史上是著名的"鱼米之乡",是湖北省的粮食与水产品主产区之一。同时,该地区由于地势较低,易涝易旱,又是著名的"水袋子",水利对农业生产的制约作用十分明显。基于覆盖或受益的区域不同,水利是一种具有多层次性的公共物品。大江大河的治理,特大型水库(例如三峡工程)的建设是国家层次的公共物品。地方性流域的治理,中小型水库的建设、维护与管理,水库干渠的建设、维护与管理则是不同区域层次的公共物品。就乡村的农田水利而言,公共水源、与大干渠连接的支渠,农田之间连接的渠网则是典型的乡村公共物品。

一方面,在人民公社时期,由于几乎所有的资源(土地、劳动力、资本)都是集体占有,集体使用,农田水利这一类的乡村公共物品生产、维护与运行,在生产队内部似乎并不存在所谓的"搭便车"问题;或者说,外部性问题由内部一体化解决了。在农村土地家庭承包责任制广泛推行以后,仙洪地区如同全国大多数农村地区一样,乡村的农田水利建设、维护与管理一度陷于困境。分散自主经营的小农户虽然都知道农田水利对农业生产的极端重要性,但既"无力"也"无心"单个投入乡村农田水利的建设。所谓"无力",指单个农户的财力与经济资源控制力的有限。即便有一些外出经

---

　① 本节案例主要来自本课题组2010年9月在洪湖的调查,感谢洪湖市水利局、林业局,洪湖市曹市镇、湖北昌兴农林开发有限公司提供的帮助。

　② 2008年4月,湖北省委、省政府决定建立仙洪新农村建设试验区,当时的省委书记罗清泉亲任试验区领导小组组长;同年7月,省委、省政府正式印发了《仙洪新农村建设试验区总体规划实施纲要》,明确提出,要把仙洪新农村试验区建设成湖北省深化农村改革的试验区、发展现代农业的示范区、建设社会主义新农村的先行区。

商或在本地经商而发财的富户，由于农业已不是他们的主业，农业收入已不是他们的主要收入来源，他们有钱也不愿意出资挖沟渠、搞水利。事实上，这一地区有出资修路者、出资建桥者、出资建学校者，但鲜有出资挖沟渠、兴修水利者。道理很简单，修路可通车，有利于商业经营；挖沟渠、搞水利对于经商者似乎好处不多。此外，修路、建桥、盖学校有十分明显的建筑标志，也更容易使个人扬名；而挖沟渠、修水利则往往吃力难讨好。所谓"无心"，即指"集体行动"中普遍的"搭便车"情结。"如果该物品取得了，个体将享受这一好处而没有贡献成本；如果该物品没有取得，那么个体则节省了贡献成本。因而，每一个成员都决定不做贡献，该物品将不会取得；这就是集体行动定理。"①

另一方面，本应承担村一级公共物品和公共服务提供者的村一级"准政府"组织，由于自身经济实力普遍空虚，集体经济是"空架子"，即便"有心"也"无力"。据有关方面的统计数据，仙桃、洪湖、监利所辖的乡村普遍欠债。例如，2005年，监利县778个村总负债高达41亿多元，其中负债在100万元以上的村有82个；负债在50万至100万元之间的村有139个。2008年，洪湖市出台的《洪湖市关于化解村级债务的目标任务及措施》指出："在过去的几年里，我市化解村级债务工作虽然取得了一定成效，但由于受诸多因素的影响，村级债务额度仍然居高不下。"因此，依靠村一级组织来建设、维护与运行乡村农田水利设施遇到了难以逾越的资金"瓶颈"。

为了维持最基本的农田水利设施的运行，村一级组织有时不得不采取摊派的方式来筹集资金。然而，这种摊派由于各种原因难以持续运行：（1）因管理成本高昂、管理漏洞导致腐败而引起农民的强烈不满，并引发和加剧了各种社会矛盾。例如，1999年，监利县朱河镇姜李村为解决全村2000多亩农田的抗旱排渍难题，打算集资5万元建泵站。方案一提出，就遭到村民们的强烈反对，村民们打着旗帜到镇政府集体上访，最后集资方案不得不停止。（2）资金分摊的公平性经常引发争议。不管是按人头分摊、按土地面积分摊，还是按用水量多少分摊都会引致部分农民的不满，导致部分农户抗拒不缴；也有个别农户确实因经济困难而无力缴纳。不管是何种原因，只要

---

① 李丹：《理解农民中国》，江苏人民出版社2008年版，第18页。

有部分农民不缴款，就极有可能形成"多米诺骨牌效应"而使整个筹资计划泡汤。(3) 这种摊派本身无制度性保障，每次都要"一事一议"，而且很难达成协议，交易成本与管理成本都很高。再加上乡村内大多数青壮年外出打工，过去"以劳代资"、依靠劳动积累来搞乡村农田水利建设也难以组织实施。由于以上种种困难，大多数村一级组织就采取了"多一事不如少一事"的方针，依赖村一级组织筹资搞乡村农田水利建设事实上也走入了死胡同。

虽然国家近几年来加大了对农村农田水利建设的投入力度，但国家的投入主要是大中型的水利项目，国家还没有足够的财力可以包下作为乡村一级公共物品的乡村农田水利。用基层乡村干部的话说就是，乡村一级的农田水利工程在县里根本就立不上项；用县（市）一级水利部门的话说就是，大中型水利项目我们都顾不过来，且经费尚且捉襟见肘，哪还有钱管到村一级。

在这种国家、集体、个体都"无力"或"无心"投资于乡村农田水利建设，"投资主体"缺位的状况下，仙洪地区乡村的农田水利设施不仅长期没有新的投入，而且人民公社时期遗留下来的农田水利设施也缺乏维护，因年久失修，原有的农田水网体系基本瓦解。乡村渠网二十多年来没有清沟洗淤，河床抬高，尤其是那些支渠、斗渠几乎与田平齐。河床沟渠淤积堵塞，水系不通，排灌不畅。最为严重的是荒沟死渠使水源不能循环，水质严重受污染，既影响了粮食种植业的生产，也影响了水产品养殖业的生产。有的沟渠杂草丛生，成为钉螺等寄生虫的繁衍场所，滋生的血吸虫病也严重威胁到村民的身体健康。据洪湖市政协2007年的一次调查，该市血吸虫病流行村达256个，占全市行政村总数的54.6%；受威胁人口56.8万，占全市总人口的64.5%。因此，如何在坚持农村土地家庭承包制的前提下[①]可持续性地解决乡村的农田水利建设、维护与运行问题，就成了仙洪试验区在新农村建设中广大农民要求最紧迫，反应最强烈，利益最直接的问题之一。

[①] 也有部分学者认为，在提供农村公共物品尤其是农田水利建设方面，人民公社体制最有效率，因为人民公社通过扩大组织规模，成功地节约了农户之间为达成公共服务所需的高昂交易费用。不过，这些学者似乎也不否认人民公社体制高昂的管理成本。因此，回归人民公社体制不是一种现实的选择。

与此同时，仙洪试验区内乡村的集体土地资源也没有得到高效、充分地利用。最明显的是灌溉沟渠两岸的集体林地成活率极低，用当地农民的话说就是，"一年青，二年黄，三年四年见阎王"，但是其种植、管理费用却居高不下。村集体对林地的投入不仅得不到相应的经济、生态效益的补偿，有时甚至是负效益，"赔本种树"。"年年种树不见树，年年造林不见林。"因此，村集体造林的积极性普遍不高。有的村对林业部门要求的植树任务敷衍了事；林业部门与涉林企业也为在平原水网地区找不到宜林地资源而发愁，植树造林与乡村集体林地的发展也陷入了困境。

困境的突破就意味着新的生机。面对这双重困境，仙洪试验区的部分乡村创造性地将水利与林地这两大难题"捆绑"在一起进行市场化运作，走出了一条"林水结合"的市场化运作新途径。

所谓"林水结合"，是指以乡村的河道沟渠的疏挖为条件，换取河岸、沟渠岸植树造林的权益，即"以疏挖沟渠换取营林权"。更具体地说，也就是村一级社区组织对所辖集体沟渠的堤面林权，坡面经营权和河道使用权实行拍卖转让，所得收入用于乡村农田水利渠网的机械化疏挖及维护的市场化运作模式。

实践证明，"林水结合"的市场化运作模式"一石数鸟"、"多方共赢"，取得了良好的经济、社会和生态效应。原湖北省委书记罗清泉在考察了洪湖市曹市镇的"林水结合"模式后指出，根植于基层的鲜活经验往往是破解发展难题的"金钥匙"，"当我们很多领导为农村渠道无钱无人疏浚而着急发愁的时候，洪湖市的干部已经很好地解决了这个问题"。

首先，困扰乡村近30年的农田水利建设与维护的难题从组织运作层面上得到了较好的解决，并由此带动了农业与农村的可持续发展。据有关方面统计，截至2010年，仅洪湖市通过"林水结合"模式就已疏洗河渠450多公里，过去淤塞得只见杂草、蚊蝇、死水、污水的河道现在变成一渠清水、活水，10多万亩农田的排灌条件得到极大的改善。其中，由湖北昌兴农林开发有限公司一家疏挖的水利土方量就相当于洪湖市前10年农田水利基本建设完成土方量的总和。当地农民在没有支付沟渠疏挖费用的前提下，享受到了以往无法想象的、比较完善的农田水利服务，解决了二十多年来急盼解决但难以解决的难题。

其次,"林水结合"模式有效地提高了林木成活率,改变了以往集体林木成活率低的状况,并为平原水网地区的植树造林与林业发展提供了更为广阔的空间。实行"林水结合"模式,将沟渠两岸的营林权转让给公司或个人后,由于产权更明晰,承包商加强了对林木的管理,大大提高了造林成活率和林木保存率。据有关方面统计,"林水结合"模式实施以前,集体林地的成活率大约为30%;实施了"林水结合"模式后,由于产权明晰,再加上沟渠的淤泥成为岸边林木的绝好肥料,"变废为宝",林木成活率普遍提高到了目前的90%以上,林业的高产出效益得到了充分体现。仙洪地区是典型的平原水网地区,沟渠纵横,水域多、良田多,宜林地资源少,因此,林业发展遇到了宜林土地资源不足的制约。通过"林水结合"以及由此延伸的"林路结合"、"林滩结合"、"林湾结合",极大地拓展了宜林土地资源,为平原水网地区的植树造林与林业发展开辟了一条新的途径。

最后,通过"林水结合",在大力实施沟渠清淤疏挖,连通沟渠河湖水网后,逐步恢复了大自然的自我修复能力,改善了水生态环境,并有效地解决了乡村内部和周边河湖沟渠水资源恶化问题,抑制了血吸虫病感染率回升的势头。实行了"林水结合"的乡村,沿线沟渠在治理下变得通畅、美观、整洁,中心村人居环境明显改善,实现了沟渠林网风景化,凸显了林、田、路、渠交相辉映的田园风光。此外,农村饮水不安全问题也得到了有效解决,并成功遏制了血吸虫病在农村的传播。例如,"林水结合"模式启动较早的洪湖市曹市镇"锦绣梅园"片所辖的15个行政村,2009年,血吸虫病感染率从2006年的7.9%下降到了2.1%;整个试验区内人禽血吸虫病感染率也从过去的7%以上降到了3%以下。同时,由于沟渠两边都普遍配备了护林员,昔日那种随意向沟渠和两岸倾倒垃圾、污水的现象也得到了制止,村民们的良好卫生习惯也在逐步形成。这进一步证明,良好的生态环境有利于乡风文明建设;反过来,乡风文明建设也有利于良好的生态环境。

"林水结合"模式之所以能够成功,是因为这种新的市场化组织模式是一项组织共生、多方共赢的互利互惠模式。

首先,"林水结合"模式的投资主体,或者说承包商无疑是获利者。据目前"林水结合"模式最大的投资者——湖北昌兴农林开发有限公司总经理胡兴江介绍,一条普通沟渠每公里的清淤费用为7万元,以一条全长4公里的沟渠为例，其清淤成本为28万元，两岸可种上约2万株意杨，其苗木、人工、肥料、管理成本为30万元，10年贷款本息支出50万元，按10年成材周期、每株成材林木100元计算，可实现营林收入200万元，扣减投入成本108万元，可创收近100万元。此外，公司还为林木的深加工获得了稳定的林木资源。林木的深加工利润更为可观。该公司正在筹集年产10万立方中密度纤维板项目，逐步形成了林板一体化的产业结构。

其次，地方政府和村一级"准政府"（或者说村一级集体经济组织）也是获利者。它们不仅不掏一分钱就解决了二十多年来积压的乡村农田水利老大难问题，并改善了干群关系，大大提高了乡村森林覆盖率，有较为明显的政绩；而且，村一级还可以从承包商那里获得一定数量的租金，用于村级公共事业。

最后，广大农户（村民）必然是、也应该是受益者。这是检验"林水结合"模式最终能否成功的关键。农户的受益不仅体现为他们不掏一分钱就能大大地改善农业生产条件，因而促进了当地的粮食生产与水产品生产，提高了农民的农业收入；而且还大大地改善了他们的居住环境与生态环境，提高了他们的生活质量。与此同时，"林水结合"模式还为广大农户提供了更为广阔的发展空间与就业机会。例如，湖北昌兴农林开发有限公司近两年来在推行"林水结合"的过程中就聘请了当地的固定员工268人，每人年工资收入1.6万元；近5万农村剩余劳动力通过造林护林，获利413万余元；2200多农户在6800多亩林地套种瓜豆作物，创收近400万元。

还需要指出的是，"林水结合"模式的推行，也进一步推动了乡村的"村民自治"与民主政治建设，并有利于普及和加强利益各方的法律意识。乡村是否搞"林水结合"，如何搞"林水结合"，都需要全体或至少绝大多数村民的同意。村民代表大会具有最终的决定权。正如一些村民所说，现在我才真正体会到我的一票有多么重要。这是因为承包商与村里签订的合同需要有与沟渠相关的所有村民的签字和授权作为附件备案。否则，承包商不能开工，也不敢开工。在"林水结合"模式推行之初，很多村确有部分村民有疑虑并表示反对。乡镇与村干部虽然做了说服工作，但没有采取压服的方法强制推行，而是耐心等待。当疑虑与反对的村民看到已推行"林水结合"模式村的实效后，都主动要求村干部推行"林水结合"模式。湖北昌兴农林开发有限公司的张副总经理说,过去是我们主动找村镇,"我要挖沟洗渠造林",现在是村镇干部上门找我们求援,"请我挖沟洗渠造林"。与此相关,通过"林水结合"模式,村民与承包商的法律意识都普遍得到加强,合同的权威性得到普遍认同与尊重。正如洪湖市的一些干部所说,这是一次实实在在的普法教育。因此,在推行"林水结合"的进程中,极少出现村民为此事上访的现象。①

更进一步讲,"林水结合"模式也为中国农村部分公共物品的市场化改革提供了新的经验,因而具有在全国普遍推广的价值。

1. 市场化能否作为农村公共物品供给模式的一种选择?

在中国推进"市场导向"的改革进程中,公共物品的供给满足不了社会需求将是一个长期性的矛盾。由于经济、社会发展的二元结构和根深蒂固的"城市偏向",公共物品供给滞后、严重不足,在农村地区尤为严峻。

基于公共物品的特殊性,受益者存在隐瞒信息和"搭便车"情结,致使受益者通过自愿贡献与成本分摊来提供公共物品的所谓"林达尔均衡"很难实现,因此,人们往往寄希望于政府通过强制性融资方式来充当公共物品的供给主体。但是,政府在提供公共物品时也会遇到两大难题。一是政府的管理与监督能力有限,这可能会导致政府提供公共物品的成本高、效率低,而且易于滋生腐败;二是政府的财力毕竟有限。政府过于集中财力又会损害民间的创业积极性,不利于整体的经济发展。因此,能否在政府主导或引导下借助民间与市场化的力量来更高效地提供公共物品,就成了改革进程中必然会出现的一种探索。

不可否认,在一段时期里中国公共物品市场化改革的探索确有走过头的现象。政府有"推责任"、"卸包袱"之嫌,把一些不应或不能市场化的公共物品也推向了市场。但是,我们也不能因噎废食,反过来断定所有的公共物品都不能市场化。就中国农村地广人多的实际情况看,政府还没有能力、也没有必要包下所有公共物品的供给。仙洪试验区"林水结合"模式则以实践经验证明了农村部分公共物品的市场化不仅具有现实的可行性,而且还是各种可选择模式中效率最高的模式。

---

① 洪湖市的干部告诉我们,在洪湖至今还没有一例由于"林水结合"模式而上访的。

2. 农村哪些公共物品可以纳入市场化组织运行？

农村公共物品是一个极为广泛的概念，具有不同的属性和不同的层次。因此，应有明确的分类，不能"一刀切"。对于那些不宜进行市场化供给的公共物品，例如农村居民最低生活保障、基本养老金、公共教育、基本医疗，政府应承担主要职责，不仅不能市场化，也不宜"小区域化"或城乡"二元化"，而应由国家或至少是大区域省级统筹，努力做到此类基本公共物品受益的全民均等。然而，对于另外一类有盈利空间与潜能，又适宜市场化运作的公共物品，政府则不应大包大揽，而应积极鼓励、支持并引导市场化。这不仅是政府"包不了"的，而且政府也"包不好"。这就是说，即使政府财力充裕，此类公共物品也应该纳入市场化组织运行。

可以纳入市场化组织运行的农村公共物品应具有哪些基本特征？首先，这类公共物品应具有公益性与赢利性的双重性质，而且二者之间还有极强的互补性。以"林水结合"模式为例。灌溉沟渠的"水"是公益物品，但岸边的"树"有赢利的空间与潜能。把二者有机地结合起来，进行"捆绑式"的市场化运作，以"树"赢利的资金来提供"水"这一公益物品的有效供给，就不失为一种两全其美的选择。其次，这类公共物品的市场化能为各利益主体提供共赢的结局。"林水结合"模式之所以成功，是因为有关利益各方都能从中获利，因此，它得到了地方政府、投资者、村级组织、农民各方的积极支持。当然，利益均衡是一个动态的过程，要使"林水结合"模式长期持续下去，还需要不断健全和完善利益分配机制与体制。最后，这类公共物品应易于检测和监督。人们对公共物品的市场化运作有一种担心，即承包商受利润最大化驱使，对公共物品的供给以劣充优，以次充好，偷工减料，损害广大民众的利益。因此，那种不易检测、不易监督，或检测成本太高、监督成本太高的公共物品确实不宜市场化。就"林水结合"模式而言，灌溉沟渠疏挖的质量，水系是否畅通，是易于观察、易于检测的，也是易于监督的；或者说，检测成本、监督成本都不太高。

3. 地方政府在公共物品市场化组织运行中应该做什么？

公共物品的市场化运作确实可以减轻地方政府的财政压力，但不等于地方政府就可以无所作为、放任自流，或者采取一种"卸包袱"的心态来推进市场化。实践表明，地方政府的适度介入对于此类农村公共物品市场化改革的顺利推进至为关键。

就仙洪试验区的"林水结合"模式而言,地方政府的职责与介入主要体现在如下几个方面:(1)地方政府作为具有权威性的外部"第三方",对保证合同的履行、保障合法产权具有不可替代的作用。(2)地方政府的介入更多的是在宏观上加以推广、引导、扶持,并提高办事效率和服务水平,创造一个良好的外部环境,而不是从微观上干预农户及村级组织对于"林水结合"模式的选择。(3)对于承包商,试验区内的各级地方政府除了给予必要的行政支持和国家政策范围内的优惠政策外,并没有给予更多的地方政策优惠。这与当前中国有些地方在招商引资过程中当地政府给予税收、土地等的大量扶持形成了鲜明对比。

4. 投资(承包)主体应如何选择?

仙洪试验区"林水结合"模式的投资(承包)主体主要有以下几类:第一类承包商是试验区内的国家机关干部。这类承包商熟知国家的政策,有广泛的人脉关系,在早期启动与推广"林水结合"模式中有良好的带头作用。第二类承包商是本地、本村的农民。这类承包商有一定的经济实力,有乡土情结和乡土人缘,并敢于承担风险。第三类是个体工商业主。这类承包商有经济实力与经济眼光,并有较强的开拓能力与组织能力,但是,他们大多还有自己的主业,他们对"林水结合"模式的参与也就带有"试水"的性质。第四类是带有专业化性质的企业、公司。例如湖北昌兴农林开发有限公司,就是荆州市农业产业化重点龙头企业和湖北平原水网地区民营造林第一大企业,其承包的河道沟渠已遍及洪湖市20个乡镇、管理区的300多个村,以及监利、嘉鱼、仙桃、天门等部分县(市)的部分村。

从"林水结合"模式的实际运行效果看,带有专业化性质的企业、公司作为承包商效果最好。这是因为:(1)这类公司对河道沟渠的疏挖维护和林木管理有专业化、规范化、规模化的优势。它们在河道沟渠的疏挖中一般会采用大型机械作业,并有专业的技术人员负责,质量比较有保障。(2)这类公司资金比较雄厚,并有比较规范的财务管理制度,资金的投入也比较有保障;而且金融机构也愿意向这类公司贷款。(3)这类公司在许多村都有类似投资,并希望不断拓展业务,一个村的毁约、违约会传遍相邻的各村,因此,"口碑效应"迫使这类公司更重视信誉,毁约、违约的事情极少发生。（4）当地政府、村委会及村民监督或制裁这类公司的违约行为时，也较少有"本地人"的"面子"、"熟人"观念作祟。

十一 村民主体、多方参与、社区共管
——来自云南山地生态系统生物多样性保护示范项目的案例①

"中国云南省山地生态系统生物多样性保护示范项目"（YUEP项目）是由全球环境基金与联合国开发计划署资助的国际合作项目。2001年8月，在云南大理白族自治州南涧彝族自治县沙乐乡无量山自然保护区和临沧地区云县后箐彝族乡两个项目点正式启动。

在贫困山区，生态、自然以及生物多样性的保护往往与当地村民的生存需要产生矛盾。只有减少当地村民对自然资源的过度依赖程度，才能有效缓和与解决这一矛盾。YUEP项目的目标就是要通过一定的外部资金投入，引入一种新的制度设计和社区组织形态，从而建立一种可持续的、具有生长性的减贫、发展和自然保护机制。因此，除了技术层面必要的支撑以外，制度设计与组织运行模式的创新是YUEP项目能否成功的核心与关键。"村民主体、多方参与、社区共管"就是这样一种创新的区域性生态和生物资源保护，同时又具有减贫、发展功能的组织运行模式。"这一模式是以社区村民为主体的所有利益相关者，经协商结成的一定的组织，按照达成的协议，对社区内自然资源进行有效保护、合理使用、利益共享、风险共担的管理方式。"②

村民主体是社区共管的基础。"村民主体"不是一句口号，而是要具体落实在一系列配套的制度、规则之中。例如，由村民通过直接选举的方式选举乡或流域一级的社区共管委员会以及自然村一级的村民共管小组；社区共

---

① 本节案例主要来自赵俊臣、罗荣淮《贫困农民的民主与组织意识为什么这样强》，赵俊臣、宋媛《农民基层金融组织是现代农业和现代政治的核心——云南省社科院在一国际项目中试验自然村村民基金组织的案例分析》[中国（海南）改革发展研究院编：《中国农民组织建设》，中国经济出版社2005年版]。

② 赵俊臣、罗荣淮：《贫困农民的民主与组织意识为什么这样强》，中国（海南）改革发展研究院编《中国农民组织建设》，中国经济出版社2005年版，第171页。

管中的重大事项必须由社区共管委员会在征求全体村民和各方利益相关者意见的基础上，进行民主讨论与表决；社区内属于全体村民所有的自然资源，必须由全体村民共同开发利用，而且要创造条件使那些贫穷农户、妇女等弱势人群广泛参与，并从中受益。截至 2004 年 8 月，该项目已在两个项目点建立了两个项目区流域共管委员会和 35 个村民共管小组。

多方参与也就是所有利益相关者的平等参与，并尊重与照顾所有利益相关者合理的利益诉求。社区共管委员会、社区共管小组要有效地运转，就必须处理好与各级政府包括村委会这一级"准政府"，以及政府相关部门尤其是林业资源管理部门的关系。实践表明，社区自然资源管理中的诸多矛盾冲突往往源于村民与其他利益相关者的利益矛盾与利益冲突。在这种"村民主体、多方参与、社区管理"的模式中，"矛盾冲突的解决一般都能达到双赢的结果"，"社区资源共管组织能够把冲突双方叫到一起，建立交流机会，营造谈判气氛，帮助双方寻找解决问题的办法，直到矛盾冲突的解决。此外，在 YUEP 项目中，国际合作组织，即项目的资助者——全球环境基金与联合国开发计划署无疑也是极为重要的利益相关者。虽然它们并不谋求在经济上获利，但是，它们要保证资助资金的有效利用、高效利用而不是被浪费、被挪用；保证项目的有效实施并达到资助的目的依然是它们要谋求的基本利益。因此，处理好与国际资助方的关系也十分重要。

社区共管的关键点是"共"，共同参与、共同管理。过去政府的单一管理模式往往把当地村民作为被管理的对象，村民则与政府林业资源管理部门为争夺相关利益而对立博弈。例如，自然资源保护区的山林资源，政府"禁伐"，少数村民"偷伐"，形成政府管理人员（"护林员"）与当地村民玩所谓"猫捉老鼠"游戏的局面，双方严重对立，管理成本极高，管理效率很差。实行以村民为主体、多方参与的"社区共管"模式后，村民本身就是管理者的一员，而非过去的单纯被管理者。由于管理规则是所有村民共同制定的，关系到所有村民的切身利益，村民能从自身利益出发自觉遵守；即便有极少数人想违规牟利，但由于形成了村民人人监督、互相监督的氛围，违规被发现的概率也很高，所以，管理效率远远高于过去的政府单一管理模式。

以前许多的国际资助项目往往存在资助期到、资助经费花完、项目就终结的现象。YUEP 项目最为宝贵的经验就是它在试验期内着力培育了试验区可持续发展的内生能力。2004 年 8 月，3 年资助期限结束，但由于留下了一个新的制度设计与组织运行模式，项目希望达到的目的并未随项目的结束而结束，而是在原有基础上得到了进一步发展，社区共管的模式和组织架构继续存在与运行，并且还在向周边山区扩散。

支撑试验区可持续发展的内生能力，一个关键性的组织与制度因素是在试验期内已经建立起来的"社区保护与发展基金"，它保证了社区共管必要的经费支出。社区保护与发展基金是由社区共管委员会和自然村共管小组管理的、有偿有息、长期滚动的民间互助基金，使用范围仅限于与本社区森林、生态自然保护与生物多样性保护有关的业务。基金以自然村为基本单位，由村民自己所有，自己管理，自己监督，自己受益；使用社区保护与发展基金的成员必须以一定数量的自用资金入股作为借贷的前提条件。

社区保护与发展基金按小额信贷扶贫到户的方式运作。贷款不需要抵押物与担保物，但需要贷款小组成员互保互助互督，小额度、短周期。贷款期限一般在 1 年以内，具体时间由村民大会制定，各个贷款小组也可以自己制定。虽然贷款利率并不低（这可以防止低成本争夺稀缺资源，保证贷款用于最需要并且有较高收益的项目），但由于同村村民之间知根知底，信息对称，信息透明，互相监督力度强，因此违约率极低。

社区保护与发展基金对于社区共管模式具有十分重要的作用。首先，它为当地村民在保护生态资源、保护生物多样性前提下的生存需要与经济发展提供了必要的金融支持，减少了当地村民的"偷伐"、"偷猎"、"毁林开荒"等破坏山林资源、生物资源的行为，并帮助当地村民利用绿色经济、生态经济减贫、脱贫；其次，其利息的一部分可以用来维持社区共管组织机构的正常运行，支持社区共管模式的可持续发展。

不管云南这两个项目试点区的"社区共管"模式还会存在多少困难与曲折，"社区共管"作为一种新的组织与制度运行模式已经在中国很多地方，尤其是在众多的自然保护区大面积推行。2002 年，国家林业局野生动植物保护司特地编印了《自然保护区社区共管指南》一书，以指导各个自然保护区的社区共管实践。

自然资源、生态资源、生物资源无疑都是社会的公共资源。公共资源是一种在一定区域内人们公有公用，即可以共同使用、共同受益的资源。但由于"集体行动的困境"，公共资源的使用与收益往往具有个体性，而保护则具有公共性。因此，基于个体利益对公共资源的过度开发与过度利用就必然会造成加勒特·哈丁（Garret Hardin）所说的"公有地悲剧"，即"公共资源的自由使用会毁灭所有的公共资源"。

如何才能避免"公有地悲剧"？如何实行公共资源的有效管理？实践表明，完全私有化的市场化管理和完全国有化或公有化的政府行政化管理都有难以克服的内在弊端。例如，对于公共资源，私有化方案要把各种权利明确界定给个人，明晰所有权，不仅界定与明晰的成本过高，而且有些在技术上根本就不可行。政府的行政化管理则存在信息不对称、官僚主义低效率等内在的制度弊端，而且它缺失公有资源保护的微观激励基础。因此，跳出"市场"与"政府"两极思维的束缚，走出"第三条道路"，就是公共资源有效管理的一种可供选择的创新性思维。

埃利诺·奥斯特罗姆（Elinor Ostrom，2009年度诺贝尔经济学奖获得者之一，世界上第一个女性诺贝尔经济学奖获得者）在总结了世界上许多国家的众多公共资源治理案例的基础上，发表了其公共资源管理与治理的名著《公共事务治理之道：集体行动制度的演进》。正如诺贝尔经济学奖评选委员会的公告所指出的，埃利诺·奥斯特罗姆获奖的主要原因就在于她在公共资源管理方面所作出的独到的分析。

埃利诺·奥斯特罗姆提出了通过自治组织管理与治理公共资源的新途径。她认为，在一定区域内共同使用公共资源的人们相互依存，有共同的利益，是利益相关者，因此，可以通过合理的制度设计，通过合作与集体行动，自己组织起来，进行自主治理，从而能够在所有人都面对"搭便车"、规避责任或其他机会主义行为诱惑的情况下，实现资源保护与开发利用"双赢"的持久性共同利益。很显然，"社区共管"的理论基础就是奥斯特罗姆的公共资源自主自治的管理理论。

依据奥斯特罗姆的理论，社区成员自主组织、自主管理的"社区共管"模式需要解决三个关键性的难题。

首先，谁来设计"社区共管"的组织模式，即制度供给的难题。

YUEP项目作为一个国际援助项目，制度供给及组织模式的设计是"外部输入型"。"外部输入型"制度的优势是理念先进、视野开阔,并且较少内部的利益牵制与羁绊,可以"跳出来"较快地突破组织与制度"瓶颈"。就此而言,"外来的和尚好念经"。但是,"外部输入型"制度要在当地生根,要可持续发展,还必须将"外部输入型"的制度及其组织模式内生化。"外部输入型"的"社区共管"模式之所以能在云南贫困山区获得成功,就是因为其外部的理念、制度、组织模式的输入能与当地内部的"区情"协调统一,这也就是奥斯特罗姆所反复强调的规则与当地条件要保持一致。更进一步讲,"外部输入型"制度及其组织模式还要依据当地的"区情"有所"变通"与发展,以适应当地的资源、生态、经济、政治、文化环境。

其次,自主、自治的"社区共管"模式要有效地解决可信承诺的问题,集体行动中"信任"具有极端的重要性。

"集体行动的困境"在很大程度上源于个体行动者彼此之间的不信任。集体行动的"合作"必须以可信承诺为基础,即个体行动者彼此信任。这种信任机制的建立与维护,是多元因素共同作用的结果,而不能寄希望于单一因素。

云南 YUEP 项目试验区的"社区共管"模式,其信任机制的建立既有制度、规则、契约等"正式制度"作为保障,也有社区传统社会中"熟人圈"的关系网络因素,即知根知底。此外,传统社会讲诚信的文化、道德因素,还有山区社会原始、淳朴的乡风、民风,也是信任机制建立与维护的重要因素。文化、道德、关系、风俗等用现代制度学派的学术语言,都可归结为"非正式制度"。在组织与制度的变迁中,"正式制度"固然重要,"非正式制度"也有不可或缺、不可替代的作用。正是"正式制度"与"非正式制度"的有机结合,才使得云南 YUEP 项目试验区"社区管理"的可行承诺达到了一个比较适宜的水平。

最后,自主、自治的"社区共管"模式还要解决相互监督的难题,以克服"道德风险"、"搭便车"等机会主义行为。

集体行动中的机会主义行为损人利己、损集体利益谋求个体利益,是导致集体行动效率低下、行动失败的重要原因。追逐私利的动机,信息不对称,特别是制度设计漏洞,致使个体行动者能通过欺骗、违约("道德风险"),或者不付成本、少付成本("搭便车")来获得他人努力的集体收益。

这种机会主义行为如果得不到遏制,就会像传染病一样迅速蔓延,最终导致人们无法合作,集体行动失败。在这里,制度设计漏洞的,一个关键性环节就是缺失相互监督的机制。

云南 YUEP 项目试验区的"社区管理"模式,尤其是其中的"社区保护与发展基金"的管理就比较好地解决了这种相互监督的难题,建立了一种与当地"区情"、"民情"比较适应的相互监督机制。"社区保护与发展基金"以贷款小组为单位互保互助互督,降低了贷款风险,保障了90%以上的高还款率。由于"社区共管小组"、"社区保护与发展基金"的"贷款小组",都是以自然村为基础,以"熟人圈"为边界,信息对称、信息透明,失信者会被亲戚、朋友、当地村民所不齿,会被"熟人圈"边缘化,违约成本极高,因此节约了监督成本,提高了监督效率。同样,在这个"社区共管小组"的"熟人圈"内,要想"搭便车",自己不努力而去沾他人和集体便宜的行为,也受到了很大的制约。

十二 本章结论:多元共生的组织构架为农民"自由地实现自由"提供了具有广泛包容性的制度空间

从人民公社体制的"大一统"走向以农户家庭经营为基础的微观经济组织形式的"多元化",是中国农业、农村经济组织制度变迁的一个极其重要的发展阶段。当代中国农业、农村经济组织形式的基本格局就是"多元共生",即以家庭经营为基础,家庭经营、集体经营、合作经营、企业经营等共同发展。这一基本组织格局是当前条件下,也是今后一个相当长时期最适应广大农民"自由地实现自由"的组织构架。

第一,多元共生的微观经济组织格局适应中国不同农村地区经济、社会发展的多样性、差异性。

中国是一个发展中大国,不同地区经济发展、社会发展的差异性很大。例如,2010年,浙江农村居民人均纯收入为11303元,而贵州农村居民人均纯收入仅为3472元,前者是后者的3倍多。因此,不同地区应该有适应本地区经济、社会发展水平的不同组织架构,而不能千篇一律地套用一种框架、一种模式。多元共生的微观经济组织格局,其前提就是承认多样性和差异性，它没有一个固定不变的组织与制度框框。实践证明，这种多元共生的微观经济组织构架，具有较强的适应性与广泛的包容性。小规模经营的农户、大规模经营的家庭农场、农业专业合作社、农业股份合作社、农业产业化龙头企业、个体经纪人、小商小贩、农产品集贸市场、大型超市等"百花齐放"。宜大则大、宜小则小；宜合则合、宜分则分；宜公则公、宜私则私。总之，各类经济组织共生共存，以适应不同农村地区经济、社会发展的多样性与差异性。

第二，多元共生的微观经济组织格局适应中国不同农村地区历史、文化的多样性与差异性。

中国是一个多民族、多宗教信仰、多文化形态的国家。即使在汉族地区，浙江温州的"永嘉学派"文化、广东的"岭南文化"、河南的"中原文化"、陕西的"商洛文化"、湖北的"荆楚文化"等也各有特色。这种历史、文化的多样性、差异性对于不同农村地区的经济组织形式有着深层次的影响。因此，适应儒家文化区的一些微观经济组织形式，不一定适应伊斯兰文化地区，也不一定适应藏传佛教文化地区；重商文化浓厚的江浙一带农村组织构架也不一定适应中西部的一些农村地区。多元共生的微观经济组织格局不仅尊重不同地区经济、社会发展的多样性与差异性，也同样尊重不同地区历史、文化的多样性与差异性，因此，它具有比较广阔的发展空间。

第三，多元共生的微观经济组织格局适应中国不同农村地区资源禀赋的多样性与差异性。

中国不同的农村地区不仅经济、社会发展具有多样性、差异性，历史、文化发展具有多样性、差异性，资源禀赋也有很大的差异。例如，江苏、浙江等地人多地少，人均耕地面积狭小；而新疆、黑龙江等地土地辽阔，人均耕地面积广阔。山区虽然耕地少但林地资源丰富；有些地区虽然交通不便，但生态环境良好，具有生态资源的独特优势。资源禀赋的差异性决定了多样化的产业结构，也决定了多样化的组织模式。一般而言，组织格局也必须与当地资源禀赋的格局相适应。

第四，多元共生的微观经济组织格局适应中国广大农民的异质性。

虽然从宏观大视野的角度我们往往把"农民"看作一个整体，但事实上农民个体绝非千人一面。且不论江浙一带农民、青藏一带农民、中原一带农民等的整体地域性差异，即便是在同一区域，例如在同一村庄，农民也有贫有富，文化程度有高有低，性格、爱好、秉性也有差异。组织，归根到底是"人"的集合，组织是"一群人"，而不是"一个人"。人的异质性决定了不同类型的人对组织有不同的诉求，不同类型的人需要不同的组织形式与其相适应、相匹配。单一性的经济组织模式最根本的缺陷就是忽视了现实生活中异质性的"人"，试图把所有的人改变成单一类型的"组织人"。

第五，"共生进化"的包容性适应中国农村经济、社会、文化发展的不断变化与运动，也适应广大农民人力资本的变化与提升。

当代中国的一个重要特征是处于急剧的变化之中。这种变化之快、变化之广、变化之深刻在几千年的中国历史上都是少有的。显而易见，一成不变的僵化的组织构架无法适应急剧变化的经济、社会环境，更无法适应变化中的人。多元共生的组织构建并不排斥进化；"多元共生"本身就包含着"共生进化"。不过，这种进化不是"谁战胜谁"、"谁消灭谁"的非此即彼，不会走向"大一统"的垄断；而是在承认异质性、多元性的前提下，使多元共生的组织构建自身不断完善、不断更新，与时俱进，以适应变化了的外部经济、社会、文化环境，也适应变化了的人。

总而言之，广大农民需要组织。农民"组织"起来，归根到底是为了农民更"自由地实现自由"，为了提升广大农民实现"实质性自由"的"可行能力"。实践表明，在当代中国农村，只有多元共生的微观经济组织构架才能为广大农民更"自由地实现自由"，为提升广大农民实现"实质性自由"的"可行能力"提供一个广阔的、具有广泛包容性的制度与组织平台。

第五章
改造小农：当代中国农业生产组织现代化的关键

【提要】用市场化的方式"改造小农"，将传统小农转变为市场化小农、现代小农，是当代中国实现农业生产组织现代化的关键；"改造小农"的根本目的是要提升广大农民实现"实质性自由"的"可行能力"。

一 如何定义和认识"小农"

所谓"小农"，即"小农户"、"小农业"、"小农经济"。对于"小农经济"，有多种不同的定义与解释。但归纳起来，大致有三类。第一类定义强调小块土地个体所有制。所谓小农就是以小块土地个体所有制为基础的，以家庭为劳动组织形式，家庭成员共同劳动的自耕农。自耕农，即耕种自己所有的土地，"耕者有其田"。所有者、经营者、实际耕作者高度统一。第二类定义则比第一类定义更宽泛，它的主要特征是指以农户为耕作主体，土地经营规模较小，以家庭劳动为主，但并不局限于土地是否为农户私人所有。在这个意义上，不仅租种地主土地的佃农是小农；在实行土地国有制的地方，在实行土地集体所有制或村社所有制的地方，那些分种或承包小块耕地的农户，也可以被看作"小农"。这一定义强调的是农业的经营规模。"最常用的方法是用农业经营面积来衡量，例如，户均耕地面积低于2公顷即视为小农。"小农事实上就是小规模农业，"小规模农业的另一种定义是指资源的有限性，包括土地、资本、技能、劳动力等"①。很显然，中国当代农村的农户经济也正是在这一种意义上才被称为"小农经济"的。第三类定义则主要强调农业的经营主体：是家庭经营还是公司化经营或集体化经营？市场经济发达国家的所谓"现代小农制"，也就是以现代化（市场化）方式经营农业的家庭农场。这一定义并不特别关注农业土地的经营规模。众所周知，美国、加拿大等国家家庭农场的耕作面积都大大高于2公顷。

表5—1　　　　　　　　　　小农的不同定义

	强调重点	标准定义
自耕农	土地个体所有	以小块土地个体所有制为基础的，以家庭为劳动组织形式的自耕农
传统小农	土地经营规模	土地经营规模较小，以农户为劳动组织形式
现代小农	农户经营	以现代化（市场化）方式经营的家庭农场

总结以上三类关于小农经济的定义，它们之间的共同交集是农户家庭经营。在传统农业社会里，由于科学技术的落后，农业生产主要依赖手工劳动，排除不计土地产出率的广种薄收，如果要实现大规模的土地经营，就必须依赖大规模的雇工。因此，以家庭劳力为主体的农户家庭经营必然是小规模农业，农户经济＝小规模农业经济。但是，在现代社会里，由于科学技术的进步，机械化、自动化、信息化在农业中的推广应用，特别是由于农业生产市场化、社会化服务的完善与发达，不依赖大规模雇工，农户家庭也能从事大规模的土地经营，例如美国、加拿大的私人农场，中国新疆、黑龙江的私人农场。因此，在现代社会里，农户经济并不一定就是小规模的农业经济，二者不能画等号。

主要是依据英国农业资本主义化的经验，工业化早期的农业现代化理论在制度层面与组织层面被看作资本主义市场化大农业取代封建主义自然经济小农业的必然进程。大规模雇佣农业工人的资本主义大农场被视为现代化大

---

① 加尼什·塔帕（Ganesh Thapa）：《亚洲和拉美地区经济转型过程中小规模农业面临的挑战和机遇》，《中国农村经济》2010年第12期。

农业唯一的生产组织形式,而"小生产"的农户经济则是注定要消亡的经济组织,农民的出路就是雇佣农业工人。"无论是在斯密的自由经济论中,还是在李嘉图的国民分配论中,都是没有自耕小农和小农制的历史地位的,他们所描述的未来图景是农民小生产者必将被资本主义大生产所吞没。"① 马克思、恩格斯持有与斯密、李嘉图相同的观点。马克思认为:"在农业领域内,就消灭旧社会的堡垒——'农民'并代之以雇佣工人来说,大工业起了最革命的作用。"② 恩格斯则说得更明确:"资本主义生产形式的发展,割断了农业小生产的命脉;这种小生产正在无法挽救地灭亡和衰落。"③ 华裔美国学者黄宗智指出:"斯密和马克思的经典观点均设定小农家庭生产会随着商品化的蓬勃发展而衰落。"④

然而,历史的发展并非单线条的进化。在资本主义大农业发展的同时,以家庭农业、家庭农场为主导的"小农"也逐步适应了现代科学技术与市场经济的发展,被改造成为"现代小农",并显示出了顽强的生命力,"现代小农制在当代世界具有绝对的优势"⑤。在发展中国家,"小农"无疑依然是农业微观经济组织形式的主体,"根据估计,全世界拥有 5 亿个小农户(经营土地面积低于 2 公顷)……仅中国和印度就分别拥有 1.93 亿个和 9300 万个小农户"⑥。在市场经济发达的国家里,"现代小农制"的家庭农场也依然占据着农业生产组织的主体地位。"在美国,210 万个农场中家庭农场在 90% 以上,丹麦的 12 万多个农户都是以家庭农场形式进行生产,其他一些资源相对紧缺的国家,如日本,农业经营管理制度都是建立在家庭农场基础之上的。"⑦

---

① 董正华:《现代小农制的历史地位——对 19 世纪马克思主义有关讨论的回顾》,载俞可平、李慎明、王伟光主编:《农业农民问题与新农村建设》,中央编译局出版社 2006 年版,第 46 页。
② 马克思:《资本论》第 1 卷,《马克思恩格斯全集》第 44 卷,人民出版社 2001 年版,第 578 页。
③ 恩格斯:《法德农民问题》,《马克思恩格斯选集》第 4 卷,人民出版社 2012 年版,第 356 页。
④ 黄宗智:《长江三角洲小农家庭与乡村发展》,中华书局 2000 年版,第 44 页。
⑤ 文礼朋:《农业生产的特殊性与家庭自耕农场的生命力》,载俞可平、李慎明、王伟光主编:《农业农民问题与新农村建设》,中央编译局出版社 2006 年版,第 232 页。
⑥ 加尼什·塔帕(Ganesh Thapa):《亚洲和拉美地区经济转型过程中小规模农业面临的挑战和机遇》,《中国农村经济》2010 年第 12 期。
⑦ 黄祖辉、林坚、张冬平等:《农业现代化:理论、进程与途径》,中国农业出版社 2003 年版,第 103 页。

农业部门究竟是企业化或集体化的"大生产"更有效率，还是农户的"小生产"更有效率？小农经济的历史命运是"消亡"，还是在新形势下仍"富有生命力"？近两个多世纪以来，学术界对此一直存在着异常激烈的争论。早在19世纪70年代，一些学者就认为："农业的发展中并没有走向大生产的倾向，恰恰相反，在农业发展的范围以内，大生产并不常是较高的生产形式。"[①] 恰亚诺夫的"自给性小农""劳动消费均衡理论"、舒尔茨的"理性小农""最大效用化理论"、黄宗智的"农业内卷化理论"，虽然对小农经济性质的判断迥然不同，但都从不同角度、不同层面认定小农经济是一种有效率的经济，并且可以长期存在。森（Sen）通过实证研究发现，印度农户规模与农业效率之间存在负相关关系。这意味着小规模农户经济不仅比企业化、集体化农业经济更有效率，[②] 而且比大规模农户经济也更有效率。普罗斯特曼（Prosterman）引用包括中国在内的十几个发展中国家的实证研究结果也表明，粮食生产的规模报酬并不明显，即使有，也十分有限，而规模不经济的事实则大量存在。[③] 奥林托（Olinto）、伯吉斯（Burgess）的研究说明，农业生产不存在规模经济，但农产品加工和销售有可能存在一定的规模经济。[④]

为什么小农经济或者说农户经济是一种有效率的经济？

许多学者对此提出了种种解释。（1）农业生产周期长，产出受外部随机影响大，对劳动的监督难度大、成本高，家庭经营生产者劳动与自身经济利益紧密结合，劳动监督问题可以从根本上得到解决，因此有高的劳动积极性与劳动效率。（2）"小农户的特征是较少地使用资本而较多地使用劳动力和其他家庭自有资源，以及通常具有更高的复种和套种指数"[⑤]，因此有较

[①] 考茨基：《土地问题》，梁琳译，三联书店1955年版，第14页。

[②] Sen, A. (1962), "An Aspect of Indian Agriculture," *Economic Weekly*, 14 (4-6), pp. 243-246; Sen, A. (1966), "Peasants and Dualism with or without Surplus Labor," *Journal of Political Economy*, 74, pp. 425-450.

[③] Prosterman, R., etc (1966), "Scale Agriculture in China: Policy Appropriately Do?" "*China's Rural Observation.*, pp. 17-29.

[④] Boucher, S. R., A. Smith, J. E. Taylor and A. Yunez-Naude (2007), "Impacts of Policy Reforms on the Supply of Mexican Labor to U. S. Farms: New Evidence from Mexico," *Review of Agricultural Economics*, Vol. 29, No. 1, pp. 4-16.

[⑤] 加尼什·塔帕（Ganesh Thapa）：《亚洲和拉美地区经济转型过程中小规模农业面临的挑战和机遇》，《中国农村经济》2010年第12期。

高的土地产出率。(3) 农业是一个不存在显著规模经济性的产业,土地产出率与规模经营没有必然联系,即使大农比小农有较高的农业劳动生产率,大农的边际劳动生产率也比小农低。(4) "农业是一种生活方式,不仅仅只是一种职业,它被赋予特殊的价值观、感情和激情,这远远超出了经济刺激和组织结构的局限。家庭农场已经克服了与专业化农业的明显矛盾,经受住了从劳动密集型向资本密集型、知识密集型农业过渡的考验。"①

不可否认,对农户经营、小农经济,包括中国当前的农村土地家庭承包制也有许多批评。很多学者从不同的角度、不同的层面指出了农户经营、小农经济以及中国当前的农村土地家庭承包制的种种局限与缺陷:(1) 小农经济缺乏规模效益;(2) 在小农经济基础上不能实现农业机械化;(3) 小农经济缺乏技术创新的动力与能力;(4) 小农经济导致了农村公共产品供给短缺;(5) 小农经济难以应对市场风险;(6) 小农经济的分散不易形成对农民权益的群体保护;(7) 小农经济容易形成农民的两极分化,等等。这些批评,有的混淆了不同性质的小农经济,有的把发展中的问题看作永久性的问题。当然有些批评也确有道理。其关键在于,即使这些批评都有道理,它们就必然会导致农户经营和小农经济的被替代和必然消亡吗?如果被替代,"替代者"或者说替代的经济组织形式就一定会优越于农户经营吗?更进一步讲,在保留农户这一独立经营主体的基础上,通过外部的"改造小农"和内在的"小农自我改造",这种种局限与缺陷就注定不能被矫正、被弥补或被缓解吗?总之,有缺陷、有局限性的经济组织形式并不一定必然是"被替代"或"被消灭"的经济组织形式。

二 此"小农"非彼"小农"
——"现代小农制"绝非"传统小农制"

家庭农业并未伴随着资本主义经济的发展,工业化、城市化的发展而被消灭,这是任何人都无法否认的一个事实。无论是在人多地少的日本、荷

---

① 拉南·魏茨:《从贫苦农民到现代农民——一套革命的农场发展战略及以色列的乡村综合发展》,杨林军、何大明等译,中国展望出版社1990年版,第35页。

兰，还是在土地广阔的美国、加拿大、澳大利亚，或是在人地比例中等的法国、德国，农业生产组织的主体形式都是家庭农场而不是雇工经营的资本主义大农场。因此，从形式上看，斯密与马克思的"小农家庭经济"被消灭，"农民"被"农业雇佣工人"所取代的预言并没有被历史发展的实践所证实。但是我们也应该看到，"现代小农制"绝非"传统小农制"，不能将二者简单地混为一体。这也就是说，它们在外在形式上的相同或相似，并不能掩盖它们内在本质上的差异。遗憾的是，许多学者包括持有对立的"小农经济消亡论"和"小农经济永存论"的两派学者往往都把二者等同起来。

"现代小农制"与"传统小农制"最根本的区别是什么？归根到底就在于它们的市场化、社会化程度的区别。这个区别不是简单的量的差异，不是市场化率百分之几与百分之几的差异，而是基本性质的不同。"现代小农"本质上是"市场化小农"、"社会化小农"，而"传统小农"本质上是"自给型小农"，是"封闭型小农"。当然，"自给型小农"、"封闭型小农"不是一夜之间就能转化为"市场化小农"、"社会化小农"的。这种转变是一个漫长的历史进程，在不同的国家、不同的历史时期有不同的路径、不同的特点。

传统小农制的本质特征，概而言之，就是马克思曾形象地比喻的"马铃薯经济"："每一个农户差不多都是自给自足的，都是直接生产自己的大部分消费品，因而他们取得生活资料多半是靠与自然交换，而不是靠与社会交往。一小块土地，一个农民和一个家庭；旁边是另一小块土地、另一个农民和另一个家庭。一批这样的单位就形成一个村子；一批这样的村子就形成一个省。……好象一袋马铃薯是由袋中一个个马铃薯汇集而成的那样。"① 很明显，传统小农制有两个最基本的特征：一是建立在个体所有制或私有制或村社所有制基础上的分散；二是建立在自给半自给的自然经济基础上的封闭。长期以来，尤其是中国社会主义制度建立以来，决策者与理论界关注的焦点往往过度集中于传统小农经济的"分散"上，而忽视了实际上更为本质性的自然经济的"封闭"。中国农业合作化与人民公社化的目的之一，就

---

① 马克思：《路易·波拿巴的雾月十八日》，《马克思恩格斯选集》第1卷，人民出版社2012年版，第762页。

是要把所谓"一盘散沙"的农民组织在一个大集体之中,变"分散"的农民为"集中"的社员,但是,它并没有解决自然经济的封闭性问题,反而在一定程度上强化了这种封闭。农户"小而全"的自然经济封闭转变成了人民公社"大而全"的自然经济封闭。

中国农村在推行土地家庭承包制后,"集中"的社员又转变为"分散"的农民。从表面上看,历史转了一圈,似乎又回到了原来的起点。[①] 然而,一个更为重要的历史场景的根本性转换,以及由此带来的农户内在机理的本质变化却被一些批评者忽视了。

当代中国的"小农",还是那种"小而散"、"小而全"的封闭性"小农"吗?就整体而言,就发展趋势而言,当然不是!笔者认为,当代中国的"小农"是"市场化和正在市场化的小农"。所谓"市场化小农",是说小规模农户家庭各种主要经济行为决策已经在较大程度上取决于市场力量,其经济行为依赖于各种市场化的社会服务体系,并越来越广泛地参与市场交易进程,以市场为导向来配置各类经济资源,尤其是劳动力资源。所谓"正在市场化的小农",则是说这种农户市场化的进程是一种动态演化的过程。这种过程体现了农户参与市场,其生产、消费、交换等基本经济环节越来越依赖于市场的发展趋势。如果说"市场化小农"是从农户参与市场运行状态上讲的小农的发展程度,那么"正在市场化的小农"则是从动态演变发展的角度上讲的发展趋势。从现象形态上看,当代中国的"小农"依然是分散经营,但是,它与传统"自给型小农"似的分散经营有着本质性区别。传统小农的分散是"马铃薯经济"的"一盘散沙"的分散,分散的各点(单个小农)是一个个孤零零的点,它们之间没有联系的经济纽带,没有一个中心凝聚力把它们凝聚和联结在一起。当代中国"市场化和正在市场化的小农"的分散则是一种"网状型"的分散。分散的各点(单个小农)通过各种各样的经济渠道、经济纽带紧密地联结在一个大的市场化、社会化网状体系之中。任何一点既是相对独立的,又是不能完全独立的。它不能独立于这种市场化、社会化网状体系之外。它只有在这种市场化、社会化网状体系之

---

① 在农村改革初期,当时有一种流行的顺口溜——"辛辛苦苦几十年,一夜回到土改前",就形象地表达了这种认识。

中才能生存，才能发展，才有生命力。

三 改造小农＝消灭小农：集体化的改造小农路径

如前所述，在斯密、李嘉图、马克思、恩格斯等的语境中，小农是必然会被消灭的。不过，在斯密、李嘉图看来，小农将被资本主义大农所消灭，而在马克思、恩格斯看来，小农除了被资本主义大农所消灭以外，还有一条途径是被社会主义的合作化农业、集体化农业所取代。在实际的社会主义进程中，无论是苏联的集体农庄，还是中国改革前的人民公社，走的都是一条通过集体化①来"改造小农"，即本质上"消灭小农"的路径。

马克思和恩格斯所预见的社会主义是建立在资本主义高度发达的社会生产力基础之上的，是建立在社会化大生产基础之上的，因此，在他们看来，"大农业"、"大生产"取代"小农业"、"小生产"也必然是社会主义农业发展的基本趋势。按照理论的逻辑来理解，资本主义的"大农业"已经摧毁了"小农经济"的"小农业"，之后的社会主义只需要把资本主义私有制的大农业、大农场转变成社会主义公有制的大农业、大农场而已。然而，即使在所谓发达的资本主义国家里，"大农业"消灭"小农业"也是一个漫长的过程。这意味着在相当长的一段时间里，"小农"还可以、并且必然会与资本主义大农业并存。马克思指出："小农经济和独立的手工业生产，一部分构成封建生产方式的基础，一部分在封建生产方式瓦解以后又和资本主义生产并存"②。如何对待这部分与资本主义大农生产并存的"小农"？恩格斯在《法德农民问题》中作了较为详细，并且对日后社会主义实践具有重大影响的阐述。首先，恩格斯肯定了"小农"必然灭亡的命运："我们的小农，同过了时的生产方式的任何残余一样，在不可挽回地走向灭亡。"③其次，恩格斯提出，"小农"是所有农民中的"重心"，是制定农民政策的立

---

① 虽然现在理论界都认识到合作化与集体化有区别，但在相当长一段时期里，无论是苏联还是中国，合作化都被等同于集体化。
② 马克思：《资本论》第1卷，《马克思恩格斯全集》第44卷，人民出版社2001年版，第389页。
③ 恩格斯：《法德农民问题》，《马克思恩格斯选集》第4卷，人民出版社2012年版，第359页。

足点。他指出:"在所有的农民当中,小农不仅一般说来对于西欧是最重要的农民,而且还给我们提供了解开整个问题的关键。只要我们搞清楚了我们对小农应有的态度,我们便有了确定我们对农村居民其他组成部分的态度的一切立足点。"① 最后,恩格斯特别强调,如果社会主义政党取得了政权,"我们对于小农的任务,首先是把他们的私人生产和私人占有变为合作社的生产和占有,不是采用暴力,而是通过示范和为此提供社会帮助"②。

现实中的社会主义并不是在发达的资本主义国家里首先取得胜利的,而是在过去比较落后的一些欠发达国家里首先取得胜利的,因此,社会主义在农村面对的主体经济组织形式并不是资本主义雇工经营的"大农业"、"大农场",而是"象汪洋大海一样的个体农民的所有制"③。因此,现实中的社会主义在农业、农村中所面临的主要任务就是如何对待小农,如何"改造小农"。毋庸讳言,列宁、斯大林、毛泽东等实践中的社会主义领袖依然秉承了恩格斯的基本思路,即以集体化的方式"改造小农",而"改造小农"的目的和本质则是要"消灭小农"。

还须指出的是,在社会主义实践中,以集体化方式"改造小农"、"消灭小农",还有政治上的考量。列宁认为:"小生产是经常地、每日每时地、自发地和大批地产生着资本主义和资产阶级的。"④ 因此"改造小农"、"消灭小农"与铲除资本主义土壤被紧密地联系在一起。毛泽东继承了列宁的这一思想,他认为,土改以后,在小农经济的基础上,中国农村中的资本主义自发倾向十分严重:"农村中的资本主义自发势力一天一天地在发展,新富农已经到处出现,许多富裕中农力求把自己变为富农"⑤。这里的"富农"就是资本主义性质的"大农"。因此,"我们对农业实行社会主义改造的目的,是要在农村这个最广阔的土地上根绝资本主义的来源"。由此可见,按照列宁与毛泽东的逻辑思路,"改造小农"、"消灭小农"不仅是经济发展的

---

① 恩格斯:《法德农民问题》,《马克思恩格斯选集》第4卷,人民出版社2012年版,第358页。
② 同上书,第370页。
③ 毛泽东:《关于农业合作化问题》,《毛泽东文集》第6卷,人民出版社1999年版,第437页。
④ 列宁:《共产主义运动中的"左派"幼稚病》,《列宁选集》第4卷,人民出版社2012年版,第135页。
⑤ 毛泽东:《关于农业合作化问题》,《毛泽东文集》第6卷,人民出版社1999年版,第437页。

趋势，而且也是政治的需要。在一定的历史时期里，政治的考量甚至要高于经济的考量。列宁与毛泽东的这一观点与马克思、恩格斯的观点是否一致是一个饶有趣味的问题。马克思与恩格斯认为，资本主义每日每时都在消灭小生产，列宁与毛泽东则认为，小生产每日每时都在产生资本主义。当然，在小农经济中分化和产生出来的资本主义反过来要消灭小农经济，这也符合历史的辩证法进程。

从更为广阔的视野看，集体化的"消灭小农"路径与以计划经济取代市场经济的路径有不可割裂的内在逻辑关联。传统的社会主义排斥市场经济，实行计划经济体制，并在此基础上推行重工业优先发展的国家工业化发展战略，而小农经济则被认为是与社会主义工业化、与社会主义计划经济不相适应的。斯大林说，小农经济与社会主义大工业是不能并存的，"出路何在呢？出路就在于使农业成为大农业"①。毛泽东说得更明确："社会主义工业化是不能离开农业合作化而孤立地去进行的。"② 所以，在传统的以计划经济为主导的社会主义时期，无论是在苏联，还是在中国，小农经济（或者说以家庭为经营主体的农业）都必须被改造成为集体化经济。当然，这种改造并没有完全遵循恩格斯所说的"示范和为此提供社会帮助"的路径，而是更多地依赖于政府主导的强制性制度变迁，其政治收益的考量要远远大于经济收益的考量。

四 现代小农制：市场化的"改造小农"路径

家庭经营的农业是否就必定是与自然经济相联系的"小生产"？家庭经营这一农业生产组织形式，或者说农户经济，是否就与商品经济、市场经济不相容？

对于这个问题的回答，中国长期以来的传统思维与传统观念是极其肯定的：家庭经营农业＝小农经济＝自然经济。这种认识的绝对化与僵化使人们

---

① 斯大林：《论苏联土地政策的几个问题》，斯大林：《列宁主义问题》，人民出版社1964年版，第342页。

② 毛泽东：《关于农业合作化问题》，《毛泽东文集》第6卷，人民出版社1999年版，第431页。

在相当长的一段时期里不敢想象还有与社会化大生产相联系的，与商品经济、市场经济相联系的农户经济。事实上，"美国式的道路"已经显示出，没有雇工的家庭经营的小农场完全有可能成为专业化的、与市场紧密相连的微观经济组织。在当今的美国，家庭农场专业化生产的农产品主要是作为商品供给市场的，家庭农场所需要的各种消费品（包括农产品）则主要依赖市场提供，农业的产前（例如种子）、产后（例如运输）甚至产中（例如施肥）都高度依赖市场化、社会化服务。由此可见，农户的小规模经营并不一定就是自给自足的自然经济，它完全有可能成为社会化大生产中的一个有机链条与环节。反过来，那种集中生产、统一经营的大规模农业组织也有可能形成"大而全"的自给自足的自然经济。例如，中国"一大二公"的人民公社实际上也就是一种较大规模的、自给自足的自然经济组织形式，它内在地排斥商品与货币关系，与马克思所说的社会化大生产相去甚远。因此，生产经营组织规模的大小并不是判定社会化大生产还是自然经济小生产的依据。特别是伴随着当代科学技术，尤其是信息网络技术的迅猛发展，小规模的生产经营组织形式完全可以被融入社会化大生产的网络之中，成为社会化整体经济中的一个个有机节点。不仅农业如此，工业、第三产业也如此。著名的未来学家阿尔温·托夫勒指出："我们开始认识到，不管是大的，还是小的，都不能说就是漂亮的，只有规模适当，大小有机地配合，才能说是最漂亮的。"这就是说"大中有小才美"[①]。事实上，马克思认为"大农"必定要取代"小农"，其理论精髓是社会化的大生产必定要取代自然经济的小生产，至于农业组织经营规模的大小并不是这一理论的精髓与实质所在。遗憾的是，在相当长的一段时期里，我们把非本质的外在形式当作了内在的本质，因而片面地理解了马克思。

我们还需要着重指出的是，在市场经济占主导的社会中，小农经济与市场经济生产方式的并存决不是所谓"井水不犯河水"式的并存。市场经济必然会侵蚀到小农经济的内部，并按照自己的方式逐步把自然经济的家庭农业改造成为市场经济的家庭农业，即把"传统小农制"改变为"现代小农制"。因此，市场经济占主导地位的"小农经济"与自然经济占主导地位的

---

① 阿尔温·托夫勒：《第三次浪潮》，朱志焱等译，三联书店1984年版，第335页。

"小农经济"不能被简单地等同,它的内部运行机理和外部运行环境都已经发生了极大的甚至是本质性的变化。这正如马克思所说:"在一切社会形式中都有一种一定的生产决定着其他一切生产的地位和影响,因而它的关系也决定着其他一切关系的地位和影响。这是一种普照的光,它掩盖了一切其他色彩,改变着它们的特点。这是一种特殊的以太,它决定着它里面显露出来的一切存在的比重。"①

总之,市场化"改造小农"路径与集体化"改造小农"路径的最根本区别就在于:集体化"改造小农"的目的与本质是要消灭农业的家庭经营,而市场化"改造小农"的目的与本质则是要把传统的农户经营改造成为现代化的农户经营;或者说,用"现代小农制"取代"传统小农制"。

五 当代中国小农市场化的定量分析②

当代中国,从总体上讲,正处于传统小农向现代市场化小农的过渡、转型时期。这种过渡、转型与整个中国经济从二元经济向现代化一元经济的转变,从计划经济体制向现代市场经济体制的转变是同步进行的。更准确地说,小农的转型是中国经济整体转型的一个极为重要的组成部分。

(一)当代中国小农市场化的纵向计量分析

市场化小农的计量要素主要分为如下几方面:第一,农户生产农产品的市场化(商品化)程度;第二,农户家庭消费支出的市场化率;第三,农业生产服务的市场化程度;第四,农户劳动力的市场化程度。

1. 主要农产品生产的商品化率

以农户家庭为基本生产单位生产的主要农产品商品化程度是决定农户市场化程度的一个极其重要的因素。农户生产出的农产品商品化程度越高,农户的生产行为也就越多地渗透着市场化的因素。

---

① 马克思:《〈政治经济学批判〉导言》,《马克思恩格斯选集》第2卷,人民出版社2012年版,第707页。
② 课题组成员王春超、胡继亮为本节定量分析的主要贡献者。

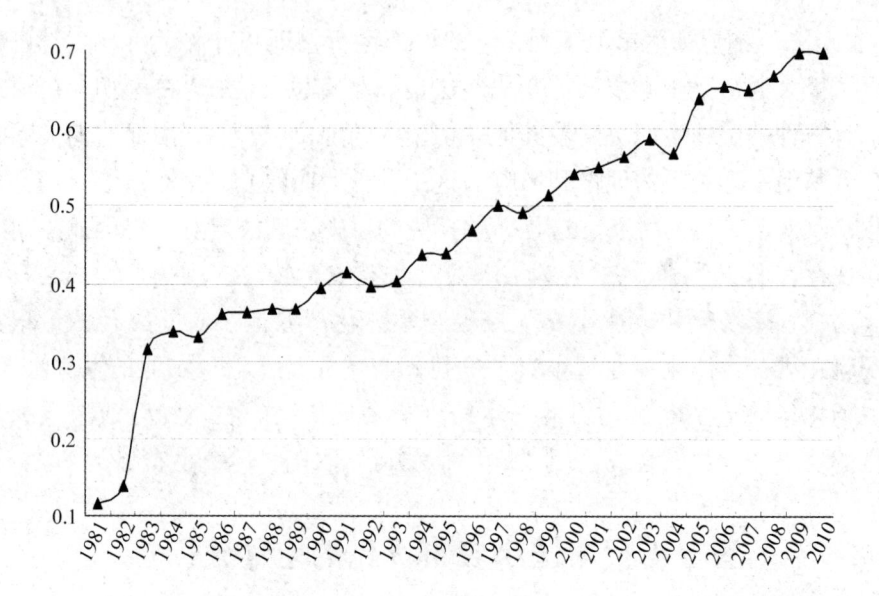

图 5—1　中国农村居民家庭主要农产品总体商品化率的变化（1981—2010）

资料来源：国家统计局：《中国统计年鉴—2011》，中国统计出版社 2011 年版；国家统计局农村社会经济调查司编：《中国农村统计年鉴—2011》，中国统计出版社 2011 年版；国家统计局农村社会经济调查司编：《中国农村住户调查年鉴—2011》，中国统计出版社 2011 年版。

定义农产品的商品化率 = 农村居民家庭平均每人出售农产品数量/农村居民家庭平均每人农产品生产数量 × 100%。[①] 在实际计量总体商品化率时，我们采用如下几种主要农产品：粮食、蔬菜、猪肉、牛羊肉、禽蛋、水产品。从国家统计局历年的农户调查数据中可以发现，中国农村改革以后，尤其是全面推行家庭联产承包责任制度以来，农户主要农产品生产的整体商品化程度呈现出逐步上升的趋势。总体商品化率已从 1981 年的 11.6% 稳步上升到了 2010 年的 69.7%，上升了 58.1 个百分点（见图 5—1）。各种不同的农产品所表现出的商品化演进速度和当前的商品化程度不尽相同。对于农民生活消费的必需品，诸如粮食、蔬菜等产品，商品化率增长得非常快。粮食

---

① 笔者在计量农村家庭居民生产的农产品总体商品化率时采用了国家统计局农户调查数据，将每户的"农产品销售量 + 农产品消费量"计为农户生产的农产品总量。采用此种计量方法虽然没有考虑到农户可能会种植某种农产品，而其自身消费这种农产品却从市场购买的情形，但若从农村家庭对农产品生产和消费的总体平衡上讲，这种计量方法可以反映出农村生产的农产品销售到城镇的商品化程度。

产品的商品化率在1981年仅为7.45%，到2010年已经增加到71.74%（见图5—2），增加了64.29个百分点。此外，蔬菜的商品化率水平也达到了64.33%，增速非常快。水产品的商品化率则在波动中相对缓慢地增长。至于猪肉、牛羊肉和禽蛋等相互之间替代性较强的农产品，其商品化率相对于粮食和蔬菜而言，增长速度相对缓慢（见图5—3）。这里的一个重要原因是这一类农产品的起始商品化率要高于粮食、蔬菜。

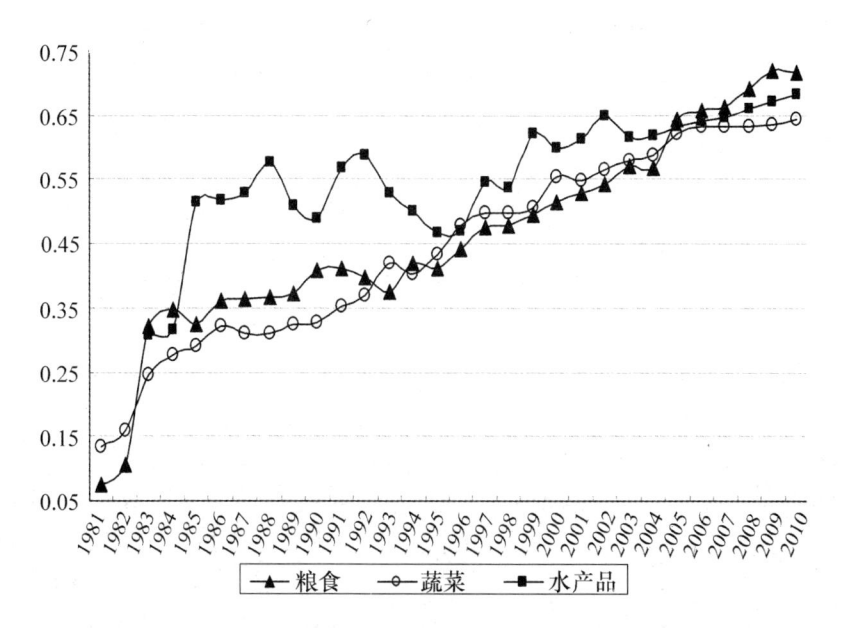

图5—2 中国农村居民家庭粮食、蔬菜、水产品等
农产品商品化率的变化（1981—2010）

资料来源：国家统计局：《中国统计年鉴—2011》，中国统计出版社2011年版；国家统计局农村社会经济调查司编：《中国农村统计年鉴—2011》，中国统计出版社2011年版；国家统计局农村社会经济调查司编：《中国农村住户调查年鉴—2011》，中国统计出版社2011年版。

2. 农村居民家庭消费支出的市场化率

自然经济状态下的农户家庭，其基本消费支出中的现金支出所占比例极低。这正如意大利学者卡洛·奇拉波所指出的："在全部需要物品中只有很小一部分农民才求之于市场，这是中世纪经济的一个重要特色。凡没有经历现代经济增长的地方都有此种特色。"①

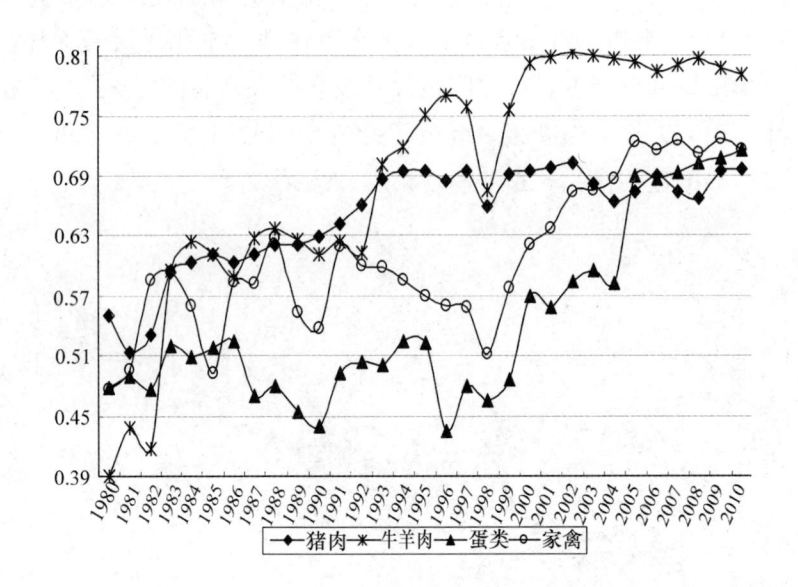

图5—3　中国农村居民家庭猪肉、牛羊肉、禽蛋等农产品商品化率的变化（1980—2010）

资料来源：国家统计局：《中国统计年鉴—2011》，中国统计出版社 2011 年版；国家统计局农村社会经济调查司编：《中国农村统计年鉴—2011》，中国统计出版社 2011 年版；国家统计局农村社会经济调查司编：《中国农村住户调查年鉴—2011》，中国统计出版社 2011 年版。

当代中国正在经历前所未有的现代经济增长。这意味着二元经济结构正在加速向现代一元经济转变。与此相伴随，市场化小农也就越来越多地参与以货币支出为基本形式的消费活动。为了持续提高整体的家庭消费效用，各种现金消费活动越来越频繁。因此，小农对消费效用的追求在现实生活中就转化成了对货币增长的追求。货币化的消费支出状况也表现出了农村居民消费行为的市场化程度。

为了刻画中国农村居民的家庭消费支出市场化演变趋势，我们根据农村居民消费支出中的货币支付比例来计量农户消费的市场化水平。这里定义：

---

① 卡洛·奇拉波主编：《欧洲经济史》，徐璇译，商务印书馆 1988 年版，第 129 页。

农村居民家庭消费支出的市场化率=农村居民家庭消费的现金支出/农村居民家庭消费支出×100%。将家庭生活消费支出的主要项目进行加总，包括食品支出、衣着支出、居住支出、家庭设备用品及服务支出、交通和通信支出、文教娱乐用品及服务支出、医疗保健支出、其他商品及服务支出等方面。从总体上看，农户家庭消费的市场化率由1980年的51.7%逐步上升至2010年的88.1%，平均每年上升1.2个百分点。在农户消费的各种商品中，食品消费的市场化水平最低（见图5—4），但其市场化水平的增长速度较快。1980年，农村居民家庭食品消费的市场化率仅为31.3%，到2010年，农户食品消费的市场化率已经增加到72.9%。平均每年的增长率达到1.4个百分点。在农户家庭消费的市场化率中，最高的是交通和通信支出、文教娱乐消费支出等项目，这两项消费支出的市场化率自1980年以来一直接近100%。[①] 农户家庭在居住、衣着等与生活密切联系的基本消费方面也表现出了越来越高的市场化水平。其中，农户家庭居住消费支出的市场化率呈现出稳步上升的趋势（见图5—4）。衣着消费支出的市场化率则自1980年以来一直保持着较高的市场化水平。

3. 农业生产服务的社会化

广义的农业生产包括产前、产中和产后各个环节，形成了一个完整的农业产业链。选种、育秧、耕田（地）、插秧（播种）、施肥、管理、收割，在传统的小农经济时期，每一个生产环节基本上都是由家庭劳动力自己完成的，分工也只是家庭内部性别、年龄的自然分工；种子、肥料也来自家庭，由此形成一个封闭性的内部循环系统。即使农户之间的合作互助，也大都是劳动的互换，即"换工"、"变工"。而在当代中国，上述的相当一部分生产环节，例如选种、耕田（地）、植保、收割，而且是越来越多的一部分，农户都是依赖于市场，依赖于市场化的社会服务的；种子、肥料、农药也大都从市场购买，农户与外部的市场联系越来越广泛，并逐步形成了一个开放性的市场交换系统。这意味着不依赖市场化的社会服务网络，当代中国的农户即使从事农业生产也困难重重。

[①] 根据国家统计局农村社会经济调查司编《中国农村住户调查年鉴—2011》（中国统计出版社2011年版）提供的数据计算得出。

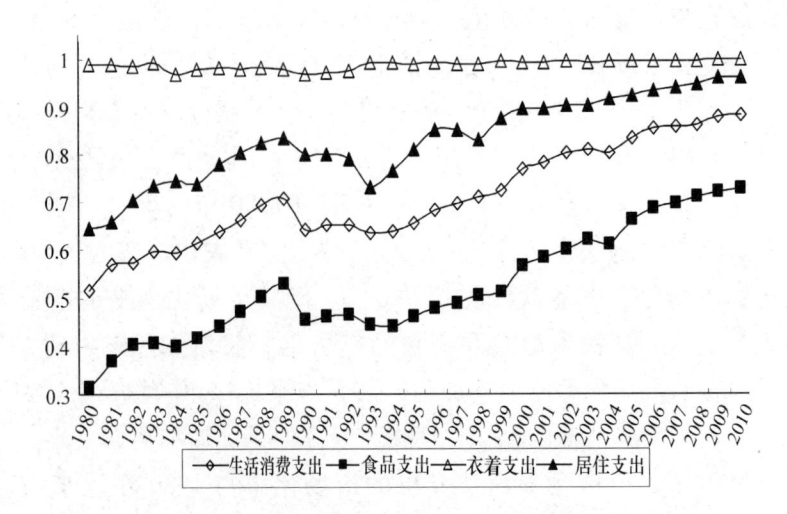

图 5—4　中国农村居民家庭消费支出市场化率的变化（1980—2010）

资料来源：国家统计局农村社会经济调查司编：《中国农村统计年鉴—2011》，中国统计出版社 2011 年版；国家统计局农村社会经济调查司编：《中国农村住户调查年鉴—2011》，中国统计出版社 2011 年版。

在农业生产的各个环节中，农户家庭使用动力机械的情形越来越普遍。中国农村家庭拥有农用动力机械的数量从 2000 年每百户的 11.6 台增加到 2010 年每百户的 15.1 台（见图 5—5），增长了 30.2%。与此同时，中国农村中农户平均的农业固定资产原值则从 2000 年的 4673.1 元/户增加到 2010 年的 10706.38 元/户，增长 129.11%。这表明，大中型农用动力机械的增长要高于小型农用动力机械的增长。事实上，农户购买农用动力机械并不限于自家使用。在当代中国，由于农户土地经营规模的有限，购买农用动力机械尤其是购买大中型农用动力机械自用显然是非理性的经济行为。因此，农业机械的户均占有量提高实际上是增加了更多的农机专业户。据估计，2012 年"三夏"期间，投入小麦收获的收割机超过 51 万台，其中参加小麦跨区机收的有 32.5 万台，河南、安徽、山东、江苏、河北等小麦主产区机收水平达到 96%。① 在整个夏收期间，全国投入了 1400 多万套农机具参加抢收抢种作业，全国冬小

---

① 新华社：《全国小麦跨区机收启动》，中央政府门户网站（http://www.gov.cn/jrzg/2012-05/31/content_2150076.htm），2012 年 5 月 31 日。

麦机收水平超过90%①，其市场化率达到了相当高的程度。

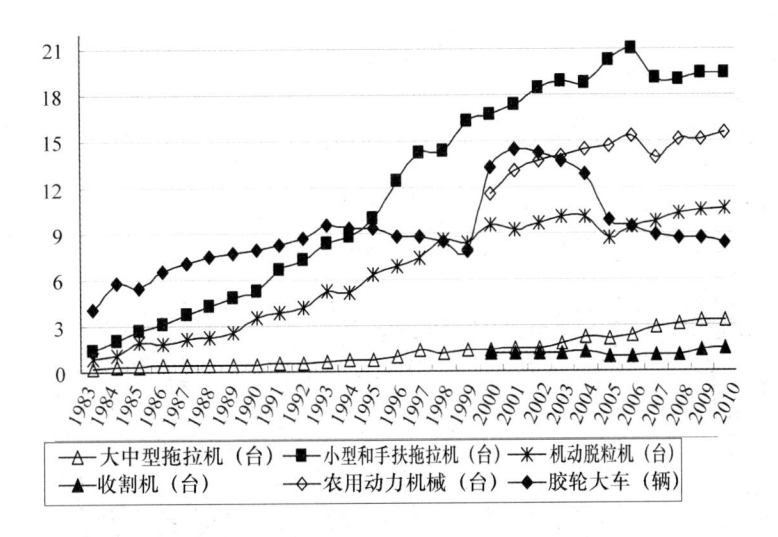

图5—5　农业生产服务的社会化水平变化（1983—2010）

资料来源：国家统计局农村社会经济调查司编：《中国农村住户调查年鉴—2011》，中国统计出版社2011年版。

4. 农户劳动力配置的市场化率

1986年以来，中国农户家庭经营的劳动投入量呈递减趋势，相应地农户家庭经营以外的劳动投入量则呈递增的趋势。② 1986年，全国农村平均每户家庭经营的劳动投入量与家庭经营以外的劳动投入量之比为5.00。到2002年，这一比例已经减少到2.16（见图5—6）。因此，相对于农户家庭经营劳动投入而言，家庭经营以外的劳动投入量增长迅速。家庭经营以外劳动投入量的增加，意味着农村中存在一定雇佣契约关系的劳动职位所吸纳的劳动力就业量增加。它表明，农户卷入劳动力市场的程度越来越高。农户家

---

① 于文静、杨玉华：《全国夏粮将喜获丰收》，新华网（http：//news.xinhuanet.com/2012-05/31/c_112086217.htm），2012年5月31日。

② 从计划经济时期到改革开放以后的1985年，中国农村家庭经营可以说并没有在真正意义上成为基本而重要的决策单位。因此，笔者在这里没有过多涉及1979—1985年家庭经营情况，而是重点考察1986年以来家庭劳动就业的演变。这里所说的投工量按照中共中央政策研究室和农业部农村固定观察点办公室的解释是："年内直接从事各业生产、经营的男女整半劳动力所投入的累计劳动日数。"

庭劳动力参与各种雇佣契约劳动，形式多样，有些劳动就业形式并不一定具有正式的劳动契约。例如，农户家庭作坊式的雇佣长工和短工可能并没有正式的劳动契约，然而它在实质上也形成了雇佣契约劳动关系，进而形成了农村中非正规的劳动力市场。至于城市中的非正规劳动力市场，其参与主体也主要是来自农村的劳动力。

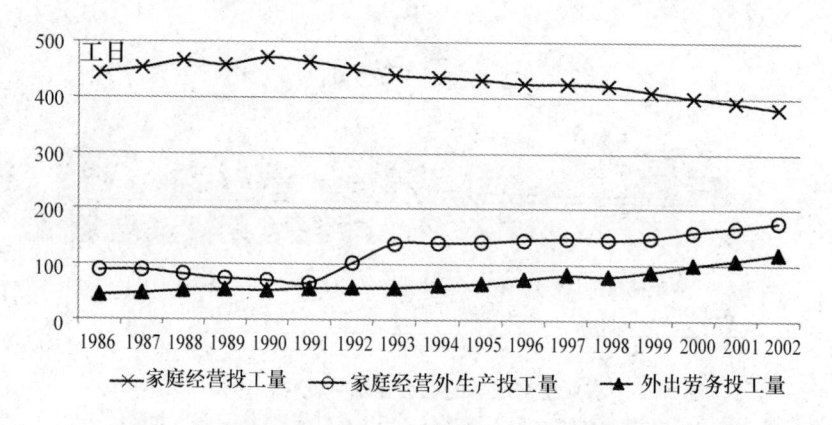

图 5—6　全国农户家庭劳动力投工量的变化（1986—2002）[1]

资料来源：1986—1990 年的数据来源于中共中央政策研究室、农业部农村固定观察点办公室编《全国农村社会经济典型调查数据汇编（1986—1990）》，中共中央党校出版社 1992 年版，第 11—15 页；1991—1999 年数据来源于中共中央政策研究室、农业部农村固定观察点办公室编《全国农村社会经济典型调查数据汇编（1986—1999）》，中国农业出版社 2001 年版，第 77、91、92 页；2000—2002 年数据来源于农业部农村固定观察点办公室编《全国农村固定观察点调查数据汇编（2000—2009）》，中国农业出版社 2010 年版，第 33、47、61 页。

注：1. 家庭经营外生产投工量 = 向集体统一核算单位投工日数 + 向统一经营的乡企业投工日数 + 向统一经营的村、组企业投工日数 + 向个人或合伙经营的乡、村、组企业投工日数 + 向经济联合体投工日数。

2. 1992 年的数据为 1991 年和 1993 年两年的均值，1994 年的数据为 1993 年和 1995 年的均值。

农户劳动力就业决策的市场化趋势与劳动力的流动强度密切相关。在农村就业的劳动力比重越来越低，而外出流动的农村劳动力数量则呈现出强劲的增长态势。根据农业部对农户的跟踪调查数据，1995 年，全国农村中有

---

[1] 1986—2002 年的数据为实际调查的数据，从 2003 年起，全国固定观察点调查数据的披露口径发生变化，不再公布家庭经营投工量、家庭经营外生产投工量和外出劳务投工量的数据，转而公布农村劳动力分行业情况（见图 5—7）。图 5—7 与图 5—6 的口径最为接近，可从侧面反映农户劳动力市场化的变迁情况。

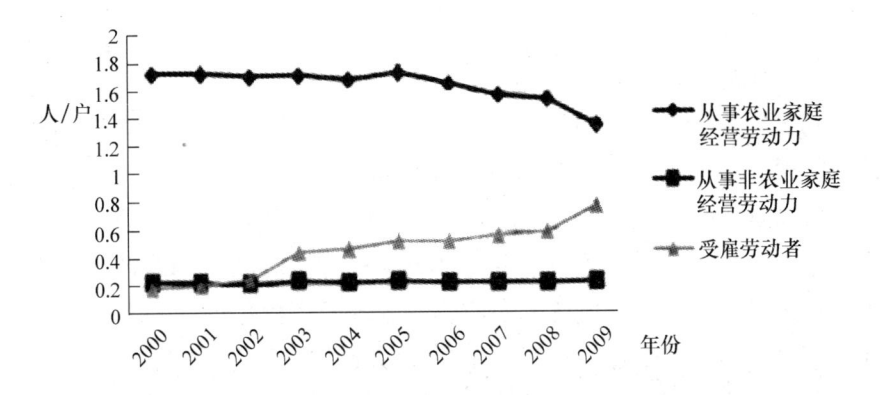

图 5—7　全国农村劳动力分行业情况（2000—2009）

资料来源：农业部农村固定观察点办公室编：《全国农村固定观察点调查数据汇编（2000—2009）》，中国农业出版社 2010 年版，第 3 页。

11.6% 的劳动力外出到不同的区域就业，外出流动就业规模为平均每村 94 个劳动力。到 2009 年，全国平均每个村外出劳动力数为 338.1 个，外出劳动力占劳动力总数的比例增加到 28.4%[①]（见图 5—8）。

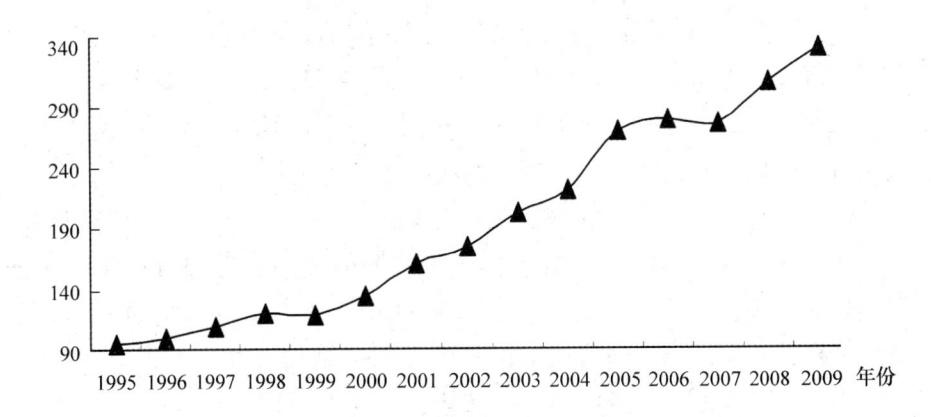

图 5—8　全国每个行政村外出劳动力数量增长情况（1995—2009）

资料来源：中华人民共和国农业部编：《中国农业发展报告》，中国农业出版社 1996—2010 年版。

[①] 中华人民共和国农业部：《中国农业发展报告—2010》，中国农业出版社 2010 年版，第 164 页。

(二) 当代中国小农市场化横向区域计量分析

中国农户市场化程度的计量不仅仅需要从纵向时间序列的角度进行考察，也需要从横向的空间角度来考察。由于不同地区存在农业生产经营条件、经济发展水平、人文和自然环境等方面的诸多差异，不同地区的农户市场化程度也不尽相同。下面我们将从如下几个方面对农户市场化程度进行横向计量和比较：第一，不同区域农户收入来源的市场化程度。第二，不同区域农户消费的市场化程度。第三，不同区域农户家庭经营的市场化程度。第四，不同区域农户劳动力配置的市场化程度。

1. 不同区域农户收入来源的市场化程度比较

中国传统农村居民的物品需求通常采取自给自足的方式，抑或以物物交换为主要交易手段。随着改革开放以来农村经济的市场化推进，农户对货币的依赖程度越来越深。收入的货币化程度显示了传统农村市场转变为现代农村市场的基本状况。因此，在农村居民各种收入来源中来自现金收入的比重也就基本上反映了农户收入来源的市场化程度。以 2011 年农户收入来源的市场化程度为例，全国农户总体收入来源的市场化程度达到了 87.55%。[①] 如果将中国农户按照地理区划分为东部地区、中部地区和西部地区，那么中国东部地区农户的市场化程度最高，达到了 94.43%；中部地区次之，为 85.16%；西部地区最低，为 82.84%（见图 5—9）。不同地区的市场经济发展状况与不同地区农户收入来源的市场化程度高度正相关。

2. 不同区域农户消费的市场化程度比较

农村居民家庭总体消费的市场化水平按照前述的定义进行计量。根据国家统计局农户调查提供的数据，我们发现，从总体上讲，中国各地区农户家庭消费的市场化率已经远远超过了 50% 的消费支出市场化的临界水平，平均达到了 83.5%。将现阶段中国农户进行横向区域比较后，我们也

---

① 这里将农户收入来源的市场化程度定义为：农村居民现金收入/总收入×100%。采用此种定义主要是因为当前中国农村居民收入中的货币收入绝大多数都是以现金的方式反映出来的。现金收入占总收入的比重在很大程度上反映了中国农户市场货币交易的程度，进而也能够反映农户参与市场化的程度。与市场化程度相反的则是采取自给自足或者以物易物的方式进行自我生产、自我消费或者在较小范围内进行交易的状态。

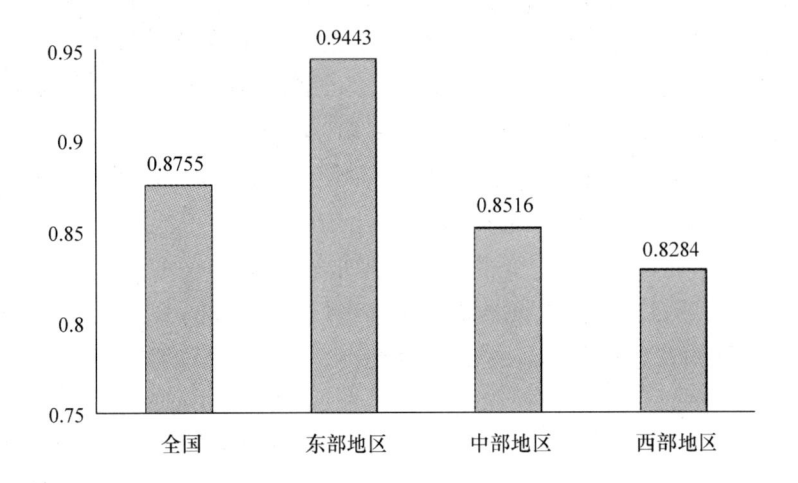

图5—9　各地区农村居民家庭收入来源的市场化程度比较（2011）

资料来源：中经网统计数据库。

发现，中国区域农户消费支出市场化程度从高到低依次为东部地区农户、中部地区农户、西部地区农户（见图5—10）。消费市场化程度最高的东部地区农户，

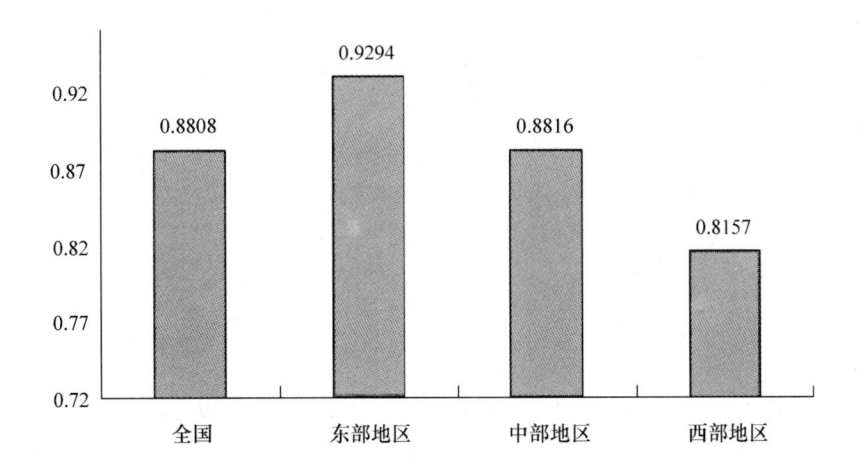

图5—10　各地区农村居民家庭消费的市场化程度比较（2010）

资料来源：国家统计局农村社会经济调查司：《中国农村住户调查年鉴—2011》，中国统计出版社2011年版。

其消费支出的市场化程度已经达到了89.6%，绝大多数消费品都已经市场化，极少部分消费品才依靠自给。消费市场化程度最低的西部地区农户，其消费支出的市场化程度为73.7%。由此可以看出，当前中国农户在生活消费上已经非常依赖于市场供给，而不是自给自足。据调查，大部分东部地区农户日常生活消费所需要的大宗食品也在很大程度上依赖于市场购买。因此，当前东部农户已经由以传统的自然交换为主转变成了以市场交换为主，已处于全面市场化时期。而中部和西部地区农户的消费状况则正处在市场化的演变之中。

3. 不同区域农户家庭经营的市场化水平比较

不同区域的农户在家庭经营中也表现出了不同的市场化程度。[①] 家庭经营的市场化程度显示出农户在参与各种经营活动中与市场联系的紧密程度。从家庭经营的劳动、资本和土地投入看，农户家庭经营与各种要素市场的联系也越来越紧密；相应地，农户经营行为受到农村要素市场或者产品市场的影响也越来越大。由于农户家庭经营是农户融入市场的核心行为，农户经营中参与各类市场的程度也成为衡量农户市场化总体水平的重要方面。当前中国各地区农户家庭经营的市场化程度从高到低的顺序依次为东部地区农户、中部地区农户、西部地区农户（见图5—11）。

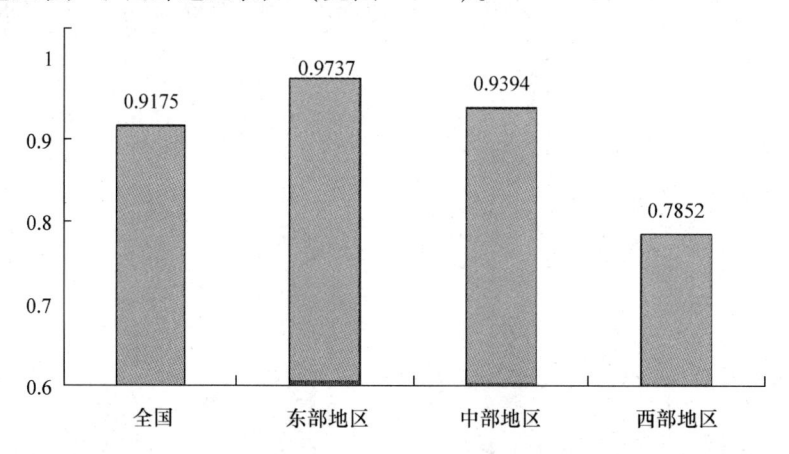

图5—11　各地区农村居民家庭经营的市场化程度比较（2010）

资料来源：国家统计局农村社会经济调查司：《中国农村住户调查年鉴—2011》，中国统计出版社2011年版。

---

① 这里定义农户家庭经营的市场化程度为：农村居民家庭经营现金支出/农村居民家庭经营总支出。

4. 不同区域农户劳动力配置市场化水平比较

当代中国农村劳动力的流动程度在很大程度上表明了农户参与劳动力市场化的程度。根据劳动力市场需求与供给运行的基本规律，在各种产业中市场化程度最高的是第三产业，其次是第二产业，最低是第一产业。我们比较了当前中国不同地区农户劳动力参与各大产业劳动就业的比重。全国第二次农业普查结果表明，东部地区农户劳动力在第三产业里的劳动就业所占比重最多，达到了18.8%；中部地区农户劳动力参与第三产业就业的比重次之，达到12.6%；西部地区农户劳动力参与第三产业就业的比重最小，仅为8.5%（见表5—2）。从第三产业劳动力劳动就业状况看，东部地区更多的农户劳动力参与了市场化程度较高的劳动就业，其次是中部地区农户，最后则是西部地区农户。在对第一产业的考察中，我们也相应地发现，东部地区农户参与第一产业劳动就业人员的比重最少，中部次之，西部地区在第一产业里的就业人员的比重最多。综合上述各产业劳动就业的情况来看，各地区农户劳动力市场化程度从高到低依次为东部地区农户、中部地区农户、西部地区农户。

表5—2　　全国各地区农户劳动力分产业劳动就业人员比重（2006）

	全国	东部地区	中部地区	西部地区
农村从业人员总量（万人）	47852	17652	13043	13927
第一产业（%）	70.8	52.4	76.8	86.3
第二产业（%）	15.6	28.8	10.6	5.2
第三产业（%）	13.6	18.8	12.6	8.5

资料来源：国务院第二次全国农业普查领导小组办公室、中华人民共和国国家统计局：《第二次全国农业普查主要数据公报》（第五号），2008年2月27日。

综合上述横向比较分析，我们发现，中国农户的市场化程度呈现出较强的区域差异性。在收入来源、生活消费、家庭经营、劳动就业等反映农户市场化水平的各个维度上，统计结果均显示出，市场化程度最高的地区是东部，其次是中部，最低的则是西部。

六 大幅度减少农民：市场化改造小农的必要前提

把传统的自给半自给性农户改造成为现代化、市场化、社会化农户，不是要把所有的农民都固定在土地上；恰恰相反，这种市场化改造小农的必要前提是大幅度减少农民。换句话说，只有农业劳动力实现大规模的转移，才能为市场化改造小农提供必不可少的资源、组织与制度空间。

传统农业社会之所以会陷入"低水平均衡陷阱"，是因为人地矛盾的紧张，即人口与土地资源矛盾的紧张。由于社会上绝大多数劳动力都从事农业，都依赖农业与耕地生存，再加上传统农业社会生产技术水平的长期停滞，人均耕地占用量就决定了人均粮食占有量，决定了人们的平均生活水准，也决定了土地的人口承载量。在和平时期，由于经济、文化等多种原因，传统农业社会有内在的高人口增长率，它导致了人口几何级数的增长；如果耕地的拓展赶不上人口的增长，人地矛盾就会越来越尖锐，由此导致人口与粮食等生存资料矛盾的尖锐、社会矛盾的激化，似乎就只能依赖马尔萨斯的所谓"积极抑制"或"消极抑制"来强制性恢复人口与生存资料的均衡。

在中国传统的农业经济社会里，耕地危机就意味着粮食危机和整个社会的经济危机。传统农业社会最本质的问题也就是土地问题。"在中国的历史上，当人口运动的周期抵达谷底，人口稀少而土地相对过剩之时，均田制易于推行，耕地的总量危机及结构性危机都不十分尖锐，这无疑有利于生产力的发展；但一旦经济得到恢复并走向繁荣，人口的大量增殖使得耕地总量危机尖锐，人地比例失调，耕地的结构性危机也会随之尖锐，这往往又是爆发新一轮战争、饥荒的起因。其结果，战争、饥荒导致人口再度急剧减少，新一轮的循环又重新开始。"[①] 这种状况正如马克思所说："亚洲各国不断瓦解、不断重建和经常改朝换代，与此截然相反，亚洲的社会却没有变化。这

---

① 曹阳：《中国农业劳动力转移：基于体制变迁的分析》，华中师范大学出版社1997年版，第23页。

种社会的基本经济要素的结构,不为政治领域中的风暴所触动。"①

要打破这种"马尔萨斯陷阱"的怪圈,一个基本的前提就是要大幅度减少依赖耕地生存的农民。如果绝大多数的社会劳动力依然要依赖耕地生存,那么,人地关系依然会高度紧张,自给自足型的农业社会就无法从根本上得到改变,现代化的市场经济社会也就无法建立起来。很显然,如果绝大多数的社会劳动力依然是农民,农业机械化以及一系列的农业科学技术的推广与运用就缺乏内在动力,这是因为农业机械化以及一系列农业科学技术的推广与运用会进一步加剧人地关系的紧张;如果绝大多数的社会劳动力依然是农民,每户生产的农产品基本上就只能维持自给性消费,农业的专业化、市场化也就无从谈起,非农产业则会因为缺乏广阔的市场而难以发展。

从世界历史上看,英国资本主义的起步,西方现代化的起步,就是把农民与土地强制性分离,把大批农民从土地上驱赶进城。虽然"这种剥夺的历史是用血和火的文字载入人类编年史的"②,但是它毕竟启动了资本主义现代化的进程,使人类从农业社会转向了工业社会。

中国的社会主义现代化进程当然不能、也不应该重复这种用暴力来剥夺与驱赶农民的历史③,但是大幅度减少农民也依然是中国现代化的必由之路。正如杜润生早在1988年就指出的,8亿人给两亿人搞饭吃的局面不改观,中国的农业没出路!进而推之,8亿人给两亿人搞饭吃的局面不改观,中国的现代化进程也没有出路!

中国市场化"改造小农"的路径与中国特大规模的农业劳动力转移进程是相伴相随的。特大规模的农业劳动力转移实质性地减少了依赖土地而生存的农业生产者,使中国极为丰富的劳动力资源在更为广阔的空间得到优化配置,因而不仅大大提高了中国的农业劳动生产率,而且大大提高了全国整体经济的劳动力配置效率。从过去劳动力冗积的纯农户到兼业户、专业户(包括就业充分的专业农业大户),中国的农民逐步向着市场化农户转化。但与此同时,由于中国城乡户籍制度改革的滞后,农民转变为市民依然存在着各种体制性障

---

① 马克思:《资本论》第1卷,《马克思恩格斯全集》第44卷,人民出版社2001年版,第415页。
② 同上书,第823页。
③ 十分遗憾的是,在我们一些地方以"城镇化"名义驱使农民离开耕地的强制性行为中依然可以看到这种暴力剥夺、暴力驱赶的影子。

碍，因此，中国特大规模的农业劳动力转移并没有伴随着相应的农民市民化进程。这使得中国大规模减少农民具有一定程度的脆弱性与不确定性。

表5—3是国家统计局给出的中国农业劳动力在改革开放三十多年的变化状况，它在一定程度上反映了中国大幅度减少农民的进程。之所以说它是在"一定程度上"，是因为这个统计还忽视了如下一些变化：（1）相当大一部分兼业农民依然被统计为农业劳动力，事实上，他们只有部分时间从事农业，甚至大部分时间都不从事农业。如果我们按实际从事农业的劳动时间计算，中国的农业劳动力可能比统计的农业劳动力要低。（2）与此相反的一个事实是，中国农村部分未计入劳动力统计的老年人、未成年人可能也在一定时间内从事了农业劳动。在人民公社时期，他们往往作为半劳力、辅助劳力。如果加上这一因素，中国的实际农业劳动力又有可能被低估。

表5—3　　　　　　　中国农业劳动力变化状况（1978—2011）

年份	农业劳动力人数（万人）	比重（%）	与上年比：人数变化	比重变化（%）
1978	28318	70.5	—	—
1979	28634	69.8	316	-0.7
1980	29122	68.7	488	-1.1
1981	29777	68.1	655	-0.6
1982	30859	68.1	1082	0
1983	31151	67.1	292	-1
1984	30868	64	-283	-3.1
1985	31130	62.4	262	-1.6
1986	31254	60.9	124	-1.5
1987	31663	60	409	-0.9
1988	32249	59.3	586	-0.7
1989	33225	60.1	976	0.8
1990	38914	60.1	5689	0
1991	39098	59.7	184	-0.4
1992	38699	58.5	-399	-1.2
1993	37680	56.4	-1019	-2.1
1994	36628	54.3	-1052	-2.1

续表

年份	农业劳动力人数（万人）	比重（%）	与上年比：人数变化	比重变化（%）
1995	35530	52.2	-1098	-2.1
1996	34820	50.5	-710	-1.7
1997	34840	49.9	20	-0.6
1998	35177	49.8	337	-0.1
1999	35768	50.1	591	0.3
2000	36043	50	275	-0.1
2001	36399	50	356	0
2002	36640	50	241	0
2003	36204	49.1	-436	-0.9
2004	34830	46.9	-1374	-2.2
2005	33442	44.8	-1388	-2.1
2006	31941	42.6	-1501	-2.2
2007	30731	40.8	-1210	-1.8
2008	29923	39.6	-808	-1.2
2009	28890	38.1	-1033	-1.5
2010	27931	36.7	-959.5	-1.4
2011	26594	34.8	-1336.5	-1.9

注：比重是指农业劳动力占全社会劳动力的比重。

资料来源：1978—2010 年数据来源于国家统计局《中国统计年鉴—2011》，中国统计出版社 2011 年版；2011 年数据来源于国家统计局《中华人民共和国 2011 年国民经济和社会发展统计公报》，中央政府门户网（http://www.gov.cn/gzdt/2012-02/22/content_2073982.htm），2012 年 2 月 22 日。

农民不再从事农业生产，或者主要精力不再从事农业生产，但依然保留农村土地的承包权。这种中国特殊的国情与特殊制度背景下的农业劳动力转移的不彻底性，使中国小农的市场化进程也具有长期性、艰巨性以及鲜明的"中国特色"。农村土地的集体所有制使得农户没有土地所有权，不能买卖土地。那种依赖土地买卖、兼并来实现农业的规模经营在当代中国既没有法律基础，也不具有现实可行性。但是，"淡化所有权，强化经营权"的农户土地承包权长久不变的政策承诺，《中华人民共和国农村土地承包法》对农村土地流转的法律界定，又为农村土地流转市场的推进、农业土地的适度规模经营，也为实质性地减少农民提供了必要的也是有限制性的制度安排。

七 土地流转：具有中国特色的市场化小农走向适度规模经营的渐进之路

在小规模农业基础上推进中国的农业现代化既取决于中国的特殊国情，又有一些发达国家的经验可资借鉴。然而，这并不意味着农业经营的规模越小越好。恰恰相反，在现有的资源、人口、技术、制度约束下，尽可能地扩大农户的土地经营规模依然是中国农业现代化进程中一个极其重要的方面。笔者主张土地承包权的永佃制，以及一子或一女的土地承包单嗣继承权，主张以农村的土地承包权交换城市居民的社会保障权来加快农民的市民化进程，其宗旨之一是防止农村土地经营规模的进一步细分化、微型化，是在大幅度减少农民的基础上推行小农的适度规模经营。市场化小农是中国农业走向现代化的必然选择，但微型化小农则是必须防止的趋向。

在一些人的传统思维定势中，一谈到农业的规模经营就想到集体化经营。他们至今仍念念不忘的人民公社的优越性之一就是所谓的规模经营，即所谓"大农业"。这正如温铁军所指出的："过去我们在生产力水平低下的情况下通过农业集体经济方式搞规模经营，但无论是一锄加一镰，还是一个小农加一个小农，个体的简单加合，当然不是生产关系的进步。"但是，笔者不能同意温铁军的另一个论断：世界上，"没有一个是靠所谓市场经济来实现其规模的"①。

中国目前在农村土地集体所有制不变的前提下展开的土地经营权的交易与流转，本质上就是以市场经济的方法来推进并实现土地的适度规模经营。在农村土地所有权与承包权"两权分离"的基础上，土地经营权的交易与流转进一步实现了农村土地所有权、承包权与经营权的"三权分离"。这种"三权分离"为发展多种形式的土地规模经营，为推进家庭经营、集体经营、合作经营、企业经营等共同发展的农业经营方式创新，为加快构建新型农业经营体系奠定了必要的制度前提。

---

① 温铁军：《"三农"问题与制度变迁》，中国经济出版社2009年版，第19页。

诚然，在早期，土地流转并不一定伴随着土地经营权的交易行为，例如，土地承包权（实际耕作权）在亲戚、朋友间的无偿转让。但是，这种带有传统社会人情的土地流转随着农村市场化的推进已日渐式微，并逐步被市场经济的交易行为所取代。在一些土地流转比较发达的地区，尤其是在大中城市的郊区，农村土地产权交易市场等一系列正规市场组织的出现，使得土地流转越来越规范化、规模化。

在中国，由于农村经济、社会、文化发展的多样性、差异性与非均衡性，农村土地流转的方式也如同农业生产组织形式一样，是多元共存的格局。大面积、成片的土地流转主要集中于大中城市的周边；在广大农村地区，更为普遍的则是小范围、小规模、农户与农户之间的土地流转。

伴随着中国农业劳动力的大规模转移，农村分工分业的深化，有相当大一部分农民尤其是青年农民已外出打工、经商。根据本课题组对湖北省天门市的调查，该市2010年近55万农村劳动力，有35万常年外出务工；而且，外出务工者以青壮年为主。该市外出务工者的平均年龄为35岁，留守农村劳动力的平均年龄则为50岁。一方面，由于大量青壮年劳动力外出，他们对在农村承包的土地无心也无力耕种；即便勉强耕种，也是粗放型经营，土地产出率极低。另一方面，一些在农村继续以务农为主业的农民则苦于耕地的不足，劳力闲置，有力无处用。农户之间的土地流转无疑缓解了这种矛盾，使得土地、劳动力这两大资源能更有效地配置。2011年，我们抽样调查了天门市2760户农户，已流转承包地的为846户，占调查户数的30.65%，平均每户流出的耕地面积为4.51亩；流入耕地的为581户，占调查户数的21.05%，户均流入耕地4.93亩。二者相加，有土地流转行为的农户为1427户，占调查户数的51.7%。诚然，天门可能是农村土地流转规模较大的特例之一。就全国范围看，根据有关部门的统计，截至2011年上半年，全国土地承包经营权流转总面积也达到了2.07亿亩，占承包耕地总面积的16.2%。[①] 这也意味着中国实际从事农业生产的劳动力耕作与经营的土地要比农户所承包的土地规模大。中国市场化小农的土地经营规模并非人们所想象的那么"微小"，而且，更为重要的是，伴随着农村土地流转的进一

---

① 见2012年1月19日《光明日报》第14版。

步发展，中国农户土地经营规模呈逐步扩大的趋势。

不可否认，在农村土地流转的起步阶段，土地流转往往是在农户之间私下、自发地进行的，出让方与受让方往往是亲戚、朋友，农地流转以口头承诺为主，很少以契约、文书等形式出现，因此它更多地带有传统农业"熟人社会"的互济互助性质，土地流转尚未形成市场化的交易。据国家统计局湖北调查总队2006年关于农村土地流转的一次调查发现，77.8%的农户反映土地流转是自发进行的，19.7%的农户反映是村里组织的；76%的农户反映确定土地流转时只有口头协议，13.5%的农户反映签订了流转合同，还有6.7%的农户反映通过了第三者证明。①

农村土地流转市场化交易形成的重要标志之一是区域性的土地市场交易价格的形成，其进一步的发展则是土地流转交易中心之类的规范性土地产权交易组织的出现。邓大才考察了四川红旗村、河北梨园屯村、湖南湖村、安徽小岗村四个不同的案例，区分了土地流转的四种不同类型，说明了土地流转的模式在中国也是一种多元共存的格局。

【案例5—1】　　中国农村土地流转模式的多元共存

华中师范大学中国农村研究院的邓大才考察了四川红旗村、河北梨园屯村、湖南湖村、安徽小岗村的土地流转状况，总结了目前中国农村土地流转的四种类型。

四川温江区万春镇的红旗村，属于规范的农地流转市场类型。所谓"规范的"主要标志就是建立了村级的农地流转服务中心，政府要求农地之间的流转必须签订合同，并需镇及镇以上政府审批，还要求进行公证。然而，农地流转服务中心完成的交易主要涉及农户与外来资本之间的土地流转，农户之间的土地流转依然是私下协商形成的（这里的主要原因是通过村级土地流转服务中心需要受让方缴纳管理费）。但不管是否通过村级土地交易服务中心，红旗村的土地流转都遵循基本的市场交易价格，即以500公斤大米为计量对象，以当年市场行情为价格依据，计算每亩土地的出租价格。

---

① 王春超、李兆能：《农村土地流转中的困境：来自湖北的农户调查》，《华中师范大学学报》2008年第4期。

河北威县的梨园屯村,属于初级的农地流转市场类型。所谓"初级的",是指梨园屯村没有土地流转交易服务中心,村级基层组织也不出面协调、服务,农地流转交易也无须审批与公证,一切交易皆由农户私下协商完成。但是,梨园屯村有基本的土地流转价格,即每亩600元。土地即使在父母、亲友之间流转,价格也是如此,"认钱不认人"。

安徽凤阳的小岗村,属于市场与非市场流转并存的类型。所谓"市场流转",即有市场交易价格;所谓"非市场流转",则是指土地流转没有租金,即无偿转让。

湖南汉寿县的湖村,至今依然未形成土地流转市场,但也有土地流转现象。这也就是说,农户之间的土地流转是无偿的。不过,2001年,该村把村级所有的130亩低湖田出租给外地人,也收了租金,每年每亩120元。

——邓大才:《农地流转市场何以形成——以红旗村、梨园屯村、湖村、小岗村为例》,《中国农村观察》2009年第3期

规范性的土地产权交易组织是中国农村土地流转进入比较成熟阶段必然会出现的组织形式,它也是中国多元共生的农村经济组织构架中的一种类型。改革开放后,规范性的土地产权交易组织从无到有,发展比较迅速。据统计,截至2011年上半年,中国已有800多个县(市)、12000多个乡镇建立了土地承包经营权流转服务中心。市场化、规范性的土地流转交易已逐步成为农村土地流转的主体形态。与此同时,在武汉、重庆等一些大中城市,农村土地产权交易已超越了农户土地承包权交易的范围,扩展到了农户宅基地、农村集体经济组织"共有土地"(如"四荒地"、集体林地)等更为广阔的土地层面。而且,它还进一步延伸到了集体经济组织股权、农业类知识产权等极为广泛的产权层面。在重庆,它甚至扩展到了用地指标。

【案例5—2】 武汉市农村综合产权交易所

2009年4月30日挂牌的武汉市农村综合产权交易所是我国中部地区首家农村产权交易所,也是继成都、重庆之后,中国推出的第三家农村产权交易所。

武汉农村综合产权交易所的设立初衷,是要让农村的各项经济资源流动

起来，为农村各种生产要素松绑，实现农村生产要素的市场化，尤其是要让农民手头最大的资源——农村土地经营权能够变现，从而增加农民的财产性收入。目前进所交易的产品有农村土地承包经营权、农村集体经济组织"四荒地"使用权、农村集体经济组织养殖水面承包经营权、农村集体林地使用权和林木所有权、农业类知识产权、农村集体经济组织股权、农村房屋所有权、农村闲置宅基地使用权、农业生产性设施使用权9大类。

在管理上，武汉农村综合产权交易所实行"六统一"的管理模式，即统一交易规划、统一交易鉴证、统一信息发布、统一收费标准、统一监督管理、统一平台建设，形成了武汉市农村综合产权交易监督管理委员会监管的农村产权交易市场管理体系。为了规范交易，武汉农村综合产权交易所还制定了《武汉市农村产权交易管理办法（试行）》《交易规则》等11项规章制度，同时规范了20多项交易细则。

为了切实保护农民的土地承包权，武汉农村综合产权交易所规定，土地经营权交易和抵押必须遵循农民自愿的基本原则。农交所在办理双方交易时严格按流程操作，规范交易合同，购买土地经营权企业将土地经营权拿出去抵押，必须征得原土地承包经营权人的同意，并签订书面合同。同时，农村综合产权交易所还发布了土地经营权交易价格，使农民在出让土地经营权时能得到合理的收益，既使土地经营权抵押合规，又避免损害农民意愿、损害农民利益以及规避农民失地、土地改变农业用途等风险。

截至2010年底，武汉市农村综合产权交易所已累计组织农村土地承包经营权等交易526宗，交易金额38.18亿元，涉及土地面积49.35万亩，涉及农户14万户。

【案例5—3】 重庆的城乡土地使用权改革与"地票"交易

重庆是中国面积最大、人口最多、城乡二元经济社会结构最明显的直辖市。作为全国城乡统筹综合配套改革先行实验区之一，重庆在"城乡统筹"的视野下，建立了全国第一家农村土地交易所，推出了"地票交易"的新举措，启动了"同权、同价、同市"的城乡土地使用权改革。

重庆农村土地交易所实行"实""虚"结合的运作模式，即"四个实盘"和"一个虚盘"的结合。"四个实盘"是指四种类型的实物资产承包经营权或使用权的流转。它包括农业生产用地承包经营权的流转；林业用地承包经营权或使用权的流转；农民宅基地、乡镇企业用地、公共设施和基础设施用地等农村集体建设用地使用权的流转；荒山、荒沟、荒丘、荒滩等农村未利用地使用权或承包经营权的流转。"一个虚盘"则是指"地票"，即用地指标的流转。这其中，"虚盘"，即"地票"的交易与流转最有创意。

所谓"地票"，是指包括农村宅基地及其附属设施用地、乡镇企业用地、农村公共设施和农村公益事业用地等在内的农村集体建设用地，经过复垦并经过土地管理部门严格验收审查后所产生的用地指标。由于中国实行严格的耕地保护制度，工业及其他建设用地有严格的指标限制，这使得用地指标成为一项十分稀缺的资源。"地票"交易实质上就是用地指标的市场化交易，是在现行制度约束下优化城乡土地资源配置的一种创新。时任重庆市委常委、常务副市长的黄奇帆就"地票"交易的意义与作用概括了四点：(1) 城市建设用地增加与农村建设用地减少挂钩，城乡建设用地总量不增加，耕地总量不减少。与现有"先占后补"的模式相比，土地指标交易制度是"先造地后用地"。先把农村建设用地转化成耕地之后，再在城市新增建设用地，对耕地的保护力度更大、保护效果更好。一方面，农村闲置土地资源依法有序退出，解决了农村建设用地浪费问题；另一方面，城市建设用地有比例有节奏地增加，解决了城市建设用地紧张的矛盾，但城乡建设用地总量不增加，耕地总量不减少。(2) 土地以指标形式，通过土地交易所公开交易，实现农村集体建设用地远距离、大范围的置换，提升农村特别是偏远地区的土地价值，实现城市反哺农村，发达地区支持落后地区发展的目的。(3) 坚持国家土地制度，依法保障农民的占有、使用、收益等权利。土地指标交易，不改变土地权属，不改变现行土地制度，并充分兼顾国家、集体和农民的利益。(4) 激活城乡要素市场，完善城乡市场体系。土地交易所成立后，通过开展远距离、大范围的土地资源优化配置，使固化的土地资源转化为可以流动的资本。

据统计，自2008年12月4日重庆农村土地交易所成立至2010年5月，共交易了"地票"85宗，总计1.8万亩，成交金额18.65亿元，成交均价10.36万元/亩。

八　工厂化农业：一条"激进"但须慎之又慎的"改造小农"之路

从目前各地在大中城市设立的规范化农村土地产权交易中心的交易情况看，土地交易的需求远远大于供给。需求方以各类农业公司、从事农业开发的工商公司（资本下乡）为主体，它们往往需要大规模的成片土地。出让的土地虽然也包括村级集体所有的"四荒地"、"共用地"（包括共有的耕地、林地、草地、水面），但仍以农户的承包地为主体。例如，武汉农村综合产权交易所交易的土地中有80%为农户的承包地。

排除那些把农业用地转为非农业用地（例如搞房地产开发）的违规案例后，各类农业公司在取得这些出让土地的经营权后，往往会伴随着大面积、标准化的土地整治，以形成规模化的大农业经营。出让土地的农民则有相当一部分成了公司雇佣的农业工人。即农地被改造为农业车间，农民被转变为农业工人，农业则被改造成为工厂化农业。用许多地方政府官员喜欢运用的政治术语表达就是，"用工业化的思维来经营大农业"。

从农业经营的主体意义上看，在工厂化农业中，"小农"似乎也被消灭了，即农户已经不是土地经营事实上的主体。不过，这种市场化、工厂化"消灭小农"的路径与传统的集体化"消灭小农"的路径仍有一些本质性的区别：（1）农户仍然是土地承包权的主体，凭借土地承包权，他们可获得出让土地的租金收益。（2）农户转让的只是一定时期（合同期限内）的土地经营权，而不是永久性的土地经营权，因此，他们有"进入"的自由，也保留着"退出"的权利，这意味着他们有可能重新成为土地经营主体，即回归"小农"。（3）是否成为农业工人完全取决于他们的自由选择，农业公司没有强迫他们成为农业工人的权力。事实上，有相当一部分出让土地经营权的农民并没有成为农业工人。与此相比较，人民公社式的集体化"消灭小农"路径则是用行政强制性手段把农民永久性地"锁定"为集体组织成员，从制度上彻底"消灭小农"。

【案例5—4】　　农地变成农业车间　农民转为农业工人

成片大棚如白色海洋，田间交叉着一条条水泥路，喷灌等设施一应俱全，这是江苏海门市新桥村正欣农业科技园区的景象，农田变成了标准化的农业生产车间。

新桥村正欣农业科技园由上海客商投资建设，总投资3000万元，目前已建成两座保鲜库，种植特色蔬菜500亩。园区租用农民土地，每亩支付一定租金，被租用了土地的农民可到公司务工。据新桥村相关负责人介绍，园区按农民的劳动强度，每天支付30元至50元工钱，最多的村民每年仅务工费就可挣到8000多元。该村村民钱老太今年已70多岁，她告诉记者，从2007年起，她就在园区里打零工，2009年拿了5000多元的工资。

——《海门日报》2009年8月18日

"工商资本下乡"内生于工商资本的逐利动机。上一章的湖北监利"福娃模式"已经证明，全产业链的现代农业完全可以成长为"丰利产业"、"强势产业"。另据相关资料，如果一吨玉米的收购价格为1500元，加工成玉米淀粉每吨可增值500元，加工成玉米汁每吨可增值1500元，加工成蛋白粉每吨可增值2500元，其利润率要远远高于2009年全国5.47%的工业企业平均利润率。再加上最近几年政府对于农业产业化龙头企业一系列的政策性优惠，因此，工商资本有向农业、农村拓展的积极性。[①]

"工商资本下乡"还受到了各级地方政府的热烈欢迎。这是因为"工商资本下乡"可以弥补地方政府农业投入的不足，而且招商引资也是各级地方政府政绩考核的重要指标，因此能享受地方政府许多自定的优惠"土政策"，包括政府出面的土地批租，或政府出面组织、协调的土地流转。

客观地说，"工商资本下乡"将农民转变为农业工人，在全国各地也都有一些成功或较为成功的案例。如果农民确实能增收，并且这种增收可持续，农民也会欢迎。例如，湖北监利将土地租赁给福娃公司，在基地务工（当农业工人）的农民算了一笔账：每年每亩土地租赁金可得680元；各项

[①] "工商资本下乡"的一个重大刺激因素是廉价"圈地"搞房地产开发。因为这种行为大多数是违规的，属于另一种性质的问题，本书不作具体讨论。

政策性补贴仍留给农民，可得 100 多元；当农业工人的收入，相当于每亩可得 480 元。这样算来，他们一年的亩收入将近 1300 元，而且省心、无风险，比自己种田划算得多。

但是，"工商资本下乡"将家庭农业转变为工厂化农业，把农地转变为农业车间，把农民转变为农业工人，实践表明也存在很大的不确定性，存在较大的风险。最大的风险就是公司经营万一失败，会带来一系列难以回避和难以解决的问题。例如，有些公司把租用的农民承包地作为抵押物获取贷款，一旦公司经营失败就会产生极其复杂的债务纠纷。又例如，一些公司经营失败后所留下的土地整治的"半拉子工程"，不管是回复到土地原状，还是继续整治，都需要大量资金，否则难以为继；而那些已经把土地出租给公司的农民，则处于一种"上不着天，下不着地"的尴尬局面：既收不到租金，拿不到工资，又要不回原有的土地。案例 5—5 提到的湖北洪湖瞿家湾农民在"蓝田模式"破产后的境况就十分典型。农民把土地、鱼塘甚至房屋都交给了公司，华丽转身为公司工人，按月拿工资；顷刻之间，公司突然破产，农民则变成了"无业可就，无地可种，无工资收入"的"三无人员"。

伴随着"工商资本下乡"，将家庭农业转变为工厂化农业，把农地转变为农业车间，把农民转变为农业工人，还有一种比较普遍的现象：一些较大的公司，为了得到较多的土地资源，在租用大片农地的同时，往往还在当地政府的协助下，拆分散的旧村，建集中的新村，以获得农民的宅基地。即便这种大规模拆迁不会发生像洪湖瞿家湾那种农户还未住上新房，公司已破产的现象；也就是说，即便农户能顺利搬入新居，但农民的总体生活成本也会大幅度提升。如果公司能为这些农民在提供新房、住上新楼的同时，还能提供稳定的就业机会和有保障的工资收入，使农民过上比过去更高质量（路通、水通、电通、网络通）的生活，当然会得到大多数农民的欢迎；但是，万一公司经营失败，农民就业无保障，或者农民收入并不高，那么，住新村楼房所带来的生活费用上升反而会大大降低农民的生活质量，降低农民的生活水平。陈锡文对此有一段很中肯的评述。

今年元旦和总书记到农村去调查，去了一个新村。镇里、市里帮助村庄经营一家企业，由这家企业出资进行村庄整治，把所有的房子都拆掉，整个村庄范围之内道路、坑塘等的都平掉，一共平出500亩地。企业在这500亩地中拿出140亩，帮助农民恢复村庄，建一个新村庄。新村建得很漂亮，都是一模一样的两层楼，连排房，前后都是柏油马路，前后院都是水泥地。住的条件也很好，暖气、煤气、自来水样样齐全。总书记在那户四世同堂的村民家中大概坐了20多分钟，谈得很高兴。这家人住的房子楼上楼下180多平方米，水电、煤气一应俱全，前后院子都是水泥的，有两台拖拉机，房子前后都是柏油马路，比绝大多数城里人住得好。出来的时候，总书记对那个老农民讲，我看到你住了这样的房子，真为你高兴。但是总书记又说了一句，我要问你个问题，你必须如实地告诉我。你的楼上楼下我都看了，你没有菜地了，没有空地了，也不能养鸡养鸭了，你跟我说一句，你搬了这个新居，生活费用是不是明显增加了？老头愣了半天醒过神来就说，总书记你真是清楚，搬过来之后，连喝一口水都是要钱的。

传统的村庄确实不好看，但是村边、地头、院子里头都是农民可以创造财富的地方，而且基本的日常费用都在那里产出，现在都没有了。住楼很高兴，住进去之后，他才明白过来，他的实际收入要减少很多。怎么办呢？如果有新的就业机会、有更高的收入，这个问题则好解决，没有的话就很麻烦。

总而言之，"工商资本下乡"将家庭农业转变为工厂化农业，把农地转变为农业车间，把农民转变为农业工人，尤其是大规模拆迁建新村，是一种激进的农地流转方式，也是一种激进的"改造小农"方式。在各地的实践中固然有一些成功或比较成功的案例，但失败的教训也不少。而且失败后所带来的麻烦，尤其是对农民的伤害，不是短时期能够平复的。因此，确需慎之又慎，万万不可"大跃进"，不可盲目推进。从更深层次看，工厂化"改造小农"的方式是否能提升农民实现"实质性自由"的"可行能力"？并不一定。当然，笔者并不绝对地排斥这种工厂化农业，但基本的前提是"水到渠成"，即它确实是经济发展的内在要求和农民的自由选择。

【案例 5—5】　　　湖北洪湖瞿家湾"蓝田模式"的破产

瞿家湾是湖北省洪湖市一个偏远乡镇，曾是第二次国内革命战争时期湘鄂西革命根据地的中心。1994 年，该镇人均年收入不足 650 元，属于湖北省 21 个重点老区贫困乡镇和全省六大贫困乡镇之一。

1993 年，当时的瞿家湾镇党委政府组织专门班子到全国各地招商引资，沈阳蓝田公司老总瞿兆玉决定回家乡投资 500 万元建一个冷藏加工基地，蓝田公司开始入驻瞿家湾。1996 年，蓝田公司上市，当时被称为"农业第一股"，蓝田的总部也从沈阳迁入洪湖，其主营业务变成农副水产品种养、加工和销售。从 1998 年开始，在洪湖市和瞿家湾镇政府的推动下，瞿家湾村相继将自己的土地以"参股联结"和合作开发的方式大规模转入公司。公司则向村集体按利润的 30% 支付土地红利，并安排全部劳动力进公司当工人。与此同时，公司还在当地政府的大力协助下，开展了大规模的拆村移民建镇行动。1999 年 8 月，湖北省在蓝田洪湖基地召开了"湖北省农业产业化重点龙头企业暨农村政策座谈会"，向全省推广所谓的"蓝田模式"。

陈永贤是瞿家湾镇陈湾村 7 组农民。他家过去有承包的 6 亩田地和鱼池，每年有 4000 多元纯收入。田地鱼池被蓝田公司征用后，他和妻子开始在公司上班，两人每月共有 1000 多元钱收入。同时，他们要从世代居住的老屋里搬出来，按照蓝田公司移民建镇的统一规划，在指定的地点盖新房。

瞿家湾镇一位干部回忆说，当时征地并非一帆风顺。不少农民担心：把土地、鱼池和房屋都交给蓝田公司，不等于失去了生存保障吗？因此，很多人不愿意让蓝田公司征地。为了做通工作，镇干部替农民收割油菜，还把油菜籽亲手送到农民家里。在蓝田公司的经济诱惑和政府的"说服"下，农民群众才不得已交出了自己的土地、鱼池和房屋。

然而，好景不长。2002 年 1 月，因涉嫌制造虚假利润，"生态农业"（原蓝田股份）董事长保田、董事兼财务总监黎洪福、董事会秘书王意玲 3 名高级管理人员和 7 名中层干部，被公安机关拘传接受调查。中国蓝田总公司总裁、"蓝田股份"原董事长瞿兆玉也被从北京传至湖北接受调查。一时间，蓝田核心企业——洪湖蓝田水产品开发有限公司陷入瘫痪。

时值春节前夕，突然而至的暴风骤雨在洪湖瞿家湾引发了一场"地震"。时任瞿家湾镇镇长的谢俊嵩说，这个消息无异于晴天霹雳。几年前，好不容易说服农民把土地、鱼塘交给蓝田公司统一经营,几千名农民后来陆续进入蓝田公司,成为上班拿工资的职工。现在却突然告诉农民蓝田出了事,没有工资发了,怎么向农民交代?

"去年9月就停发工资了,到现在公司还欠我们3000多块工资。"陈永贤最不满意的是蓝田公司逼迫他们搞移民建镇盖新房,"本来不想盖新房,公司强行把我家土地征去了,说每户补贴3万元建房费,可最后一共只给了1万块钱,房子建了一半就没钱了,只好借高利贷。好不容易盖了房子还没水没电,没法住!"

陈永贤还不算最倒霉的,他房子后面的一条街被农民称为"伤心街"。这条街两边近百户村民的房子基本上都没有完工,木板、塑料布、竹片、报纸都被用来遮挡四面来风。旧房子拆掉了,又没钱把新房子建成,一些农民借住在亲戚家,一些农民凑合着住在没完工的新房里。正值夏季多雨,尚未完工的屋内滴答滴答不停地漏雨,屋主只好用脚盆、水桶等接雨水。据调查,多数农户只从公司拿到5000元建房款。

由于灌溉水渠和原有作业格局遭破坏,蓝田公司征用的土地有1700多亩不能复耕,与蓝田公司联系紧密的4个村和两个渔场,共计1336户、5459人无田种、无鱼养、无班上,最低生活无法得到保障。蓝田公司许诺为腾出土地的1665户农民每户补贴3万元建房款,绝大多数没有到位,100多户农民的房子还没完工,有的刚开始做地基。公司近7000名职工3—5个月的工资未发,24处基建项目未结账付钱,外地近1500名打工仔未领工资。笔者与课题组成员2009年再访瞿家湾时,看到的依然是一大片"烂尾楼"。

"蓝田风暴"引发了人心大震荡和社会秩序大波动,纷繁复杂的各种矛盾集中爆发,当地党政部门不得不倾其全力来收拾"残局"。

为了妥善处理蓝田问题,湖北省、荆州市和洪湖市派出工作组进驻瞿家湾。临近春节,为了解决职工无钱过节问题,维持社会稳定,湖北省和荆州市共拿出600万元,蓝田公司也借款300万元,给职工支付部分拖欠工资。同时,民政部门调配了价值5万元的大米,分发给农户。

经多次研究,工作组决定将作业格局尚未完全打破的责任田和鱼池交回给农民经营,同时将公司投巨资整修的农田、鱼池承包给农民。

然而,土地恢复旧制困难重重。过去,在公司红火的气氛笼罩下,公司和周围村组的土地矛盾,公司和职工的劳资矛盾,公司和周围县乡的水系、资源之争等多种矛盾,都被掩盖了。"蓝田风暴"后,水系纠纷、财产产权、鱼池恢复等各种矛盾集中爆发,群众利益格局需要重新调整,社会秩序常常出现波动。群众围攻当地政府和公司的事件时有发生,偷盗、哄抢、损坏公司财物现象屡禁不止。

——本案例主要依据陈新洲、黎昌政《"蓝田风暴"后的洪湖瞿家湾》(新华社网,2002年7月24日)以及笔者与课题组成员2009年9月对瞿家湾的调研

    与把农地变成农业车间,农民转变为雇佣农业工人不同,另一种情况是农业公司在大规模、连片租赁农民土地进行开发、整治后,又把土地反租给农民,农民则按公司的要求进行规范化、标准化生产。在这里,农户仍然是生产主体,但生产的自主权受到限制,即要在公司的规范、指导下进行生产。更为重要的是,在这种情况下,农户的角色双重易位:起初是农户把土地的经营权(承包权)出让给公司,农户是出租方,而公司则是承租方;而后则是公司把已开发、整治的土地使用权或管理权又出让给农户,公司是出租方,农户则成为承租方。必须指出的是,农户起初出让承包权的土地与农户后来获得的土地经营权或管理权的土地有可能一致,但在大多数情况下并非一致。一般来看,农户经营土地的规模普遍扩大。这是因为有一部分出让土地的农民由于外出务工经商并没有再反包土地,还因为土地大规模开发、整治后,实际耕种面积往往也会增加。例如,案例5—6中的沙湾县西梁村,原有的640亩土地经过大规模整治后,就增加到了700亩,耕地面积增加了近10%。此外,农地大规模整治后,还会提高耕地质量。

    在实际生活中,农民专业合作社、农村社区集体经济组织在这种"先租后包"的运作模式中起到了很重要的作用。有的地方,农民先把土地承包权转让给村集体或农民专业合作社,再由村集体(村委会)或农民专业合作社转租给农业公司;有的地方,农民专业合作社则充当了农业公司的角色,即由农民专业合作社进行大规模的土地整治与开发。一般而言,大的农业公司并不希望与一家一户的农民直接打交道,通过村委会或农民专业合作社是农业公司降低交易成本的最优选择。

【案例5—6】　　　一份耕地、三份收入——"反租倒包"
　　　　　　　　使农民增收

"土地承包出去了，还能在这块土地上挣两份钱，简直太好了！"沙湾县商户地乡西梁村村民柯长德兴奋地说。

年初，柯长德将自己的33亩地以每亩地370元的价格承包给沙湾县屯河番茄酱厂种植亨氏高产机采番茄。企业支付柯长德每亩145元，让其负责番茄的田间管理。6月初，柯长德又以每亩每遍2.5元的价格帮助企业进行700亩番茄的药物喷洒工作。到目前为止，他已经从企业挣到2.5万元了。

今年，沙湾县商户地乡西梁村通过土地联片经营种植模式，在乡党委、乡政府的积极引导下，由村委会出面，将该村21户农民的700亩土地以流转反租倒包的形式租给了企业。据了解，西梁村租给企业的这700亩地是在原有的640亩土地的基础上破除田间大埂增加的，这就在很大程度上提高了土地的利用率。

——沙湾县政府网，2009年8月24日

九　市场化改造小农的一条可行途径：农业生产环节的专业化与农业生产环节的规模化经营

农业的规模经营应该包括两层含义。一是单个农业经营主体经营的土地面积具有一定的规模，即土地的规模化经营；二是单个农业经营主体所专业从事的农业生产环节具有一定的规模，即农业生产环节的规模化经营。这二者虽有联系，但并不完全相同。在中国，人们更多关注的是前一层次的规模经营，即土地的规模化经营，但在小农经济的基础上，农业生产环节的规模化经营或许更为重要。在中国特定的资源约束与制度约束下，农业生产环节的专业化与农业生产环节的规模化经营是市场化改造小农的又一关键性环节。

如前所述，市场化小农与自给性小农的一个本质性区别就在于它们对市场化、社会化服务网络的依赖性。就农业生产而言，产前、产中、产后构成一个完整的生产链。在传统农业社会里，这个完整的生产链基本上是由单个农户独立地、封闭地完成的。但在现代社会里，分工已细化到每一个生产环节，这意味着每一个生产环节都有可能发展成为一个独立的生产部门。很显然，作为一个独立的生产部门就必须突破单个农户的经营限制，为众多农户服务，形成一定规模的经营；否则就没有效益，也无法生存。

关于生产环节专业化对劳动效率的影响，亚当·斯密早就有所论述。在《国民财富的性质和原因的研究》的开篇，斯密就以扣针制造业为例说明了工厂内部生产环节的分工与专业化如何促进了劳动生产率的增长。斯密所概括的"原因有三：第一，劳动者的技巧因业专而日进；第二，由一种工作转到另一种工作，通常损失不少时间，有了分工，就可以免除这种损失；第三，许多简化劳动和缩减劳动的机械的发明，使一个人能做许多人的工作"①。然而，在斯密所处的时代，这种生产环节的分工与专业化主要是在制造业，至于农业则依然处于未分工的状态。用斯密的话说就是："锄耕、耙掘、播种和收割，却常由一人兼任。农业上种种劳动，随季节推移而巡回，要指定一个人只从事一种劳动，事实上决不可能。所以，农业上劳动生产力的增进，总跟不上制造业劳动生产力的增进的主要原因，也许就是农业不能采用完全的分工制度。"②

现代农业与传统农业的根本性区别之一就是现代农业也出现了生产环节的分工与专业化的经营。如同斯密所说："未开化社会中一人独任的工作，在进步的社会中，一般都为几个人分任的工作。"③ 这意味着农业生产中的锄耕、耙掘、播种和收割并不由一人兼任，而是由不同的专业生产者完成的。在现代农业越发达的地方，这种生产环节的分工与专业化经营也越发达。

正如斯密所指出的，分工的程度要受制于交换能力的大小，受制于市场的广狭。传统的小农经济之所以不能实现生产环节的分工与专业化经营，是因为社会上没有这种市场需求。反过来，现代小农经济之所以能实现生产环节的分工与专业化经营，也是因为现代小农有这种市场需求。

---

① 亚当·斯密：《国民财富的性质和原因的研究》，郭大力、王亚南译，商务印书馆1972年版，第8页。
② 同上书，第7页。
③ 同上。

在中国，每个农户所承包的土地面积有限，因此，农业劳动力大量富余。既然如此，小农为何还要把生产环节分包给他人，用钱去购买他人的劳动服务？这样一来，小农的劳动不是更闲置了吗？要回答这个问题，不能满足于表面的形式逻辑，而必须从中国农村已经发生和正在发生的深刻变化中去理解。从宏观看，中国特大规模的农业劳动力转移使承包土地的农户有相当大一部分劳动力并不从事农业，或主要精力没有放在从事农业上。如果他们不转让土地，他们就有购买生产环节专业化服务的现实需求与潜在需求。应该看到，"市场化小农"也是"理性小农"（当然，这种理性是有限理性），他们具有收益成本比较的本能。只要他们专事非农工作的收益大于他们从事农业生产的收益，他们就有内在的动力去购买农业生产环节专业化的服务，而不是自己"兼业"。如果考虑到土地流转，那些实际耕种土地面积较大的农户（例如种粮大户），单凭自身的力量无法耕种大面积的土地，他们也需要购买生产环节专业化的服务。同时，一些农业生产环节的专业化服务，由于使用专业化的机械、设备，由于专业劳动者的专业技能，使得这些生产环节的专业化生产质量更高，或者成本更低，这也是形成农业生产环节分工与专业化经营市场需求的重要原因。例如，湖北监利，农户自己育秧加上雇人插秧每亩须花费近300元，而雇用拥有育秧工厂的专业合作社提供从育秧、供苗、机插到后期指导的一系列服务，每亩仅须花费200多元，每亩节约费用60—80元；而且，专业合作社提供的育秧质量比农户自己的育秧质量、机插比人工插秧的质量都要高，每亩可增产50公斤左右。

从全国各地的实践看，中国农业生产环节的分工与专业化经营总体上还只是处于初级阶段。这与中国小农市场化的进程整体适应。就粮食种植业而言，育种、播种（插秧）、收割、植保的专业化经营发展较快。从发展趋势看，中国农业生产环节的分工与专业化经营还有很大的发展潜力与发展空间。

【案例5—7】　　湖南农村病虫害防治流行专业化"外包"

"以前我们种田的都是自己防病虫，得什么病打什么药大家都搞不清，今年这里有了'机防队'，专门承包打药的事儿，我们不但少花了钱，还多产了粮。"湖南常德市鼎城区德桥镇同心坝村村民刘大辉在自家田头对记者说。

记者近日在湖南农村采访时发现,像刘大辉所说的这种把病虫害防治"外包"给专业化队伍的现象正在开始"流行"。湖南省农业厅厅长程海波介绍,目前湖南各地建立了1000多个多元化的病虫害防治服务组织,拥有专业从业人员1.2万多人,服务面积达300万亩以上。

在同心坝村记者采访了解到,从事农药经营的常德邦达公司在村里成立了植保专业化防治服务站,配备先进设备和专业人员开展病虫害的专业化防治全程承包服务。这种模式的最大好处是通过实行科学用药以降低成本,提高防治效果。"去年种两季稻谷每亩光用药的钱接近200元,今年承包给服务队后,只需要90元就可以了,光农药每亩就可以节省100元左右,并且如果出现损失,公司还要负责赔偿,我们都签了合同的,对我们来说是稳赚不赔的事儿。"村民谢子清说。

今年同心坝村的早稻中有514亩参加了专业化防治承包服务,根据测算,由于病虫害防治好,平均亩产450公斤,比没有参加的农户平均增产50公斤,因此晚稻种植户参与的积极性大大提高,达到1108亩。常德邦达公司负责人介绍,由于农民认可,公司的承包面积从去年的三四千亩一下子增加到8万多亩。

目前在湖南各地有公司承包、农技站承包、植保部门承包等多种模式。湖南省植保专家李一平说,长期以来,中国一些农民在病虫害防治方面都很"粗放",选药不对、用量偏大、多药混用、废弃物随意丢弃等问题严重,加上农村基本上是老人小孩种田,不仅防治效果不好,还增加了成本,影响到农产品和生态环境的安全。因此,探索专业化防治的模式有着十分重要的意义。

——新华网,2008年8月10日,记者:丁文杰

【案例5—8】 　　　　安徽枞阳县的"田保姆"

近几年来,安徽省枞阳县广大农村涌现出一批专为其他农户提供田间作业服务的农业劳动力,这些农业劳动力主要围绕种粮大户及缺乏劳力农户的生产需要,向其提供种、管、收等环节的劳务服务,被人们形象地称作"田

保姆"。

农村实行土地家庭承包经营后，农户之间的帮工现象就很常见，但这种帮工限于亲戚邻里之间，而且主要是换工的形式，今天你给我插秧，明天我给你割稻，谁也不用付给谁钱，属于典型的互助性质。近几年来在枞阳县农村出现的"田保姆"帮工现象，则是在市场经济向农村广泛渗透之下，农村劳动力资源市场化配置的一种方式，与以前互助性质的帮工有着根本上的不同。一是"田保姆"帮工明码标价。插秧、喷药、收割按亩收费，30元到100元不等，劳动强度大的收费高，比如人工收割水稻（包括归仓）一亩要100元。这样，一个"田保姆"一天能够挣到50元左右，一年收入可达5000—8000元。二是"田保姆"帮工成群结队。由于帮工的对象主要是那些数百亩、上千亩的种田大户，一项农活往往需要数十人同时干，因此"田保姆"帮工一般不单干，而是由领头人（有点类似于建筑行业的包工头）出面接洽农活业务，谈妥工钱和所需劳力人数后以打工队的形式出现。目前枞阳县大约有3万人的"田保姆"队伍，通过地缘、亲缘关系组成了600多个打工队，平均每支打工队50人左右，如该县其林镇每个村都有1至2个这样的打工队。三是"田保姆"帮工机制灵活。"田保姆"组成的打工队是哪里有活哪里去，不限于本村、本乡甚至本县，主要看哪里有种田大户需要人手，视领头人接洽到的业务地点而定。因枞阳县陈瑶湖镇等地有不少种田大户在外省市包田种稻，有的"田保姆"打工队还远赴江苏、浙江等地干活。

——根据《安徽日报》相关报道整理

【案例5—9】　　　　内蒙古呼伦贝尔的打草专业户

每年的八九月份，是内蒙古呼伦贝尔大草原的打草季节，牧民要在即将来临的冬季为牛羊等牲畜准备过冬牧草。

以前打草用大镰刀，完成打、搂、堆、垛四道工序，完全依赖人力，十分辛苦。现在，呼伦贝尔大草原的打草普遍用上了机械：打草机、搂草机、打捆机。

笔者2011年8月来到呼伦贝尔大草原，见识了机械化的打草情景，也见识了专业化的打草人。在额尔古纳的一个大草原上，笔者利用一位专业打草者的休息时间与其进行了短时间的交谈。

这位专业打草人姓陈，40 岁左右，来自包头市的一个牧区。他告诉我，拖拉机、打草机、搂草机、打捆机全部是他自家购买的，花费 20 万元左右，并享受了政府的农机购置补贴。如果只用于他自己承包的 200 亩草场，肯定不划算，因此，主要是为他人打草，赚工钱。今年包头一带干旱，草的长势不好；而呼伦贝尔水源充足，牧草茂盛，打草需求旺盛。打草是实行计件工资的。一捆草 20 元工钱。他每天能打草 80—100 捆，毛收入 1600—2000 元，除掉油耗、住宿、吃饭，纯收入大概为 1200 元以上。打草季节大概为两个多月，一年可赚 8—10 万元，两到三年可收回购机成本。不过，在这段时期，人很辛苦。

呼伦贝尔大草原是世界四大草原之一，草场辽阔。每户牧民承包的草场面积大都在 500 亩以上，承包几千亩草场的也不少见。许多牧民打的草除了供自家牲畜过冬外，还有富余，每捆草在市场上可卖 200 元左右。因此，一些牧民专门种植所谓"商品草"，依赖卖草而致富。

十　在农户经济基础上能否推进农业机械化

农业机械化是农业现代化的一项重要内容。中国农村土地家庭承包制实施以后，有一段时期农业机械化陷入低潮、进展缓慢。很多研究者认为，家庭承包的土地小规模经营与农业机械化难以兼容。这就是说，农村土地的家庭承包制是不适宜农业机械化的一种制度安排。因此，要推进农业机械化就必须扩大土地经营规模，变"小农"为"大农"，或"集体化农业"。然而，进入 21 世纪以来，在家庭承包制作为农村最基本的制度安排并没有发生根本性改变的前提下，农业机械化却取得了重大进展。据农业部农业机械化管理司的权威数据，截至 2009 年底，全国的农业机械总动力达 8.75 亿千瓦，平均每百亩耕地拥有农机动力 47.92 千瓦，每个农业劳动力拥有农机动力 3.1 千瓦；2009 年，全国耕种收综合机械化水平达 49.13%，其中，小麦、水稻、玉米、大豆这四种主要粮食作物耕种收综合机械化水平分别达 89.37%、55.33%、60.24%、68.68%。这表明主要粮食作物农机作业已超过人工作业，机械化生产逐渐占据了主导地位。总体而言，进入21世纪以来，中国的农业机械化发展水平已由初级阶段跨入中级阶段。

传统观念认为，土地集中是实现农业机械化的必由之路，是推动农业机械化耕作的强有力手段，而家庭承包制的小规模经营会阻碍先进科学技术，特别是农业机械的应用。董涵英虽然指出了农业机械化"不单是机械的堆积"，它的发展在"相当程度上还取决于组织管理等社会条件"，"在一般条件下，经济技术因素是制约农机化发展的主要因素"，但同时董涵英也认为"农业机械化的实现，要求土地经营规模相应扩大"，它们存在着相互适应的关系。① 孟繁琪与《种植业适度经营规模研究》，联合课题组认为，农村的小规模生产经营是实现农业机械化的障碍，因此，"农业规模经营是实现农业机械化的前提条件"②。白永秀认为，中国土地的小规模经营使得大型农业机械无用武之地，难以提高机械化水平。③

随着农业机械化在家庭承包制基础上的实践发展，一些学者对土地规模经营扩大是农业机械化必要条件的观点也提出了批评，并从多角度探讨了农业机械化的推进路径。姚监复认为，农业机械化程度取决于一个国家或地区的具体条件，主要有该国对产出的需求、劳动力供给量、工资标准、土地数量和资本供应量等因素，土地经营规模并非必要条件。④ 刘凤芹通过研究发现，随着农村经济的发展，已出现一批专门从事"翻地、播种、收割的农业机械操作"的农户，这些农户的存在提高了农业机械化率，并使农业机械的专业化和流动性得到极大提高。刘凤芹认为，走单纯的大的机械农场式的农业发展道路在中国目前的约束下是不可能的，大量的小农户及其小规模土地经营的存在，并没有妨碍农业机械化的发展。⑤ 应该说，刘凤芹的观点事实

---

① 董涵英：《土地经营规模与农业机械化》，《中国农村经济》1986年第8期。
② 孟繁琪、《种植业适度经营规模研究》，联合课题组：《关于发展农业规模经营若干问题的研究》，《中国农村经济》1987年第1期。
③ 白永秀：《推进土地适度规模经营，为经济增长方式的转变创造条件》，《经济改革》1997年第1期。
④ 姚监复：《中国农业的规模经营与农业综合生产率——访华盛顿大学农村发展所徐孝白先生》，《中国农业资源与区划》2000年第5期。
⑤ 刘凤芹：《中国农业土地经营的规模研究——小块农地经营的案例》，《财经问题研究》2003年第10期；刘凤芹：《农业土地规模经营的条件与效果研究：以东北农村为例》，《管理世界》2006年第9期。

上已触及了在中国这样一个人多地少的背景下如何实现农业机械化的道路选择问题：是改变农地的家庭经营制度来适应农业机械化的发展，还是使农业机械化适应农地的家庭经营制度？

更进一步讲，农业机械化的判别标准究竟是什么？农业机械化从本质上讲，既不是农业机械的简单堆积，也不是农业机械动力的多寡，而是农民在农业生产各环节能享受到的农机服务率。或者说，是农业机械在农业生产各环节对人力的替代率。为了实现这一目标，农户既可以自己购买农机，在家庭经济圈内完成自我的农机服务；也可以通过购买专业化的农机服务，而不是自己购买农机，自己充当农机手。在前一种情况下，家庭土地经营的规模确实是决定农业机械化的必要条件：规模太小，机器利用率低，因此成本极其高昂。但是，在一个专业化、市场化经济中，更为普遍的是后一种状况。家庭土地经营规模的扩大虽然有利于农业机械化的推进，但不是必要条件。这也就是说，农业机械化可以在分散的、小规模的家庭经营基础上展开。

要考察农业机械化的影响因素，需要确定农业机械化的标准。以往的研究通常是以"农业机械台数"和"动力"这两个指标反映农业机械化水平的，但如前所述，这两个指标并非农业机械化的本质指标。我们将使用农户在农业生产各环节所能享受到的农机服务率来表征农业机械化程度。考虑到指标获得的可行性，我们以农户购买农业机械服务的支出作为替代指标。它包括农户为获取农业机械服务的各项支出总额，例如，农地的耕耙、平整、灌溉，以及农作物的播种、收割、运输等农机作业支出。至于农户自己购买农机所实现的农机服务，我们将按照农户市场化购买农机服务的相应价格处理。

中国农村实行土地家庭承包制以后，农业机械化经过一段时期的停滞后又得以快速发展。实践证明，农业机械化与农村土地家庭承包制可以相容，这也就是说，农业机械化可以在农村土地家庭承包制的制度框架内展开。但是，这种展开必须实现如下几个根本性的转变。

首先，农业机械化的目标不是要追求单个农户拥有多少农机，而是要追求农户整体农业生产各环节的农机服务覆盖率。因此，农业机械化的推进应以专业化、市场化的农机服务为主体，绝大多数的农户并不需要购买农机，而只需要购买专业化、市场化的农机服务。这也意味着，我们可以通过农业耕作各个环节的分工与专业化，通过专业化、市场化的农机服务主体，例如农机大户、农机生产合作社、农机租赁公司等推进农业机械化。根据农业部农业机械化管理司的权威数据，截至2009年底，全国农机户达3940.34万户，占农户总数的15.35%，其中，农机化作业服务专业户达446.4万户，占农机户的11.33%。全国农机化作业服务组织达17.53万个，从业人员86.93万人，其中，农机专业合作社和拥有农机原值50万以上的农机化作业服务组织分别达14902、12242个。全国农业机械化服务经营总收入为3894.09亿元，其中农机户总收入3485.27亿元，农机化作业服务组织总收入408.82亿元。农机化作业收入3438.29亿元，占农机化服务经营总收入的88.3%。农机跨区作业面积达2741.63千公顷，跨区作业收入161.9亿元，农机化经营利润总额为146.34亿元。

【案例5—10】　　　　**湖南沅陵农机大户熊德约**

熊德约，沅陵县荔溪乡池坪村底坪组村民，女，35岁，是享受党和国家的惠民政策、依靠土地规模经营逐渐发展起来的具有相当规模的、率先致富的农机大户，是沅陵县机械拥有量较多、机型比较全面的现代农民。提起她，荔溪乡的邻里乡亲无不竖起大拇指夸她是一位女能人。几年来，她先后购置了上海纽荷兰SNH554拖拉机1台，并配有三铧犁、旋耕机，中机南方4LZ-1.8、4LZ-2.0稻油两用联合收割机各一台，富来威2Z-455型手扶式插秧机2台，华辉3HH-36AP担架式机动喷雾机1台，3HH-15K框架式动力喷雾机1台，现代农装2BYF-6油菜免耕直播机3台，乘坐式耕耘机1台，家用微型打米机1台，共计投入资金达30余万元。2009年，采用全程机械化作业，自主承包经营稻田面积300亩，为群众服务作业稻田面积1500亩，跨区服务作业面积600亩。全年农机作业总收入26万多元，纯收入16万多元。

——中国农业机械化信息网，2010年4月22日

【案例5—11】　　　　**黑龙江的现代农业农机专业合作社**

自2008年以来，黑龙江在克山、宝清、密山、大庆市让胡路区、海伦、

北安、富锦、依兰、巴彦、宁安等地建设了 10 个现代农业农机专业合作社。合作社有农业人口 8.56 万人，耕地面积 59 万亩，投资额 2.8 亿元，有大马力拖拉机 76 台，配套农具 235 台，收获机械 83 台，植保机械 10 台，标准化作业 58.6 万亩，田间综合机械化程度高达 91%。

黑龙江的农业专业合作社有多种模式：（1）乡村主办型。合作社由乡、村共同发起，股份由财政扶持资金、乡村自筹资金、以机顶资和农民投资构成。（2）整合升级型。合作社发起人是原农机作业合作社，将自有资产、资金、人才、技术整合后建设新的合作社。股份由财政扶持资金、原农机作业合作社自有资金及以机顶资、农民投资构成。（3）大户领办型。合作社发起人是种粮大户、农机大户，大户投资占自筹资金的 50% 以上。股份由财政扶持资金、大户投资和农民以地顶资构成。（4）村民联办型。合作社发起人是农民，股份由财政资金、农民投资和以地顶资构成。（5）局县（场乡）合办型。合作社发起人是局县或场乡，股份由垦区分局（场）、县（乡）投入资金和农机装备构成。（6）龙头企业承办型。合作社发起人是企业，企业投资占自筹资金的 50% 以上。股份由财政扶持资金、企业投资、农民投资和以地顶资构成。

——《黑龙江省现代农业农机专业合作社试点的调查》，中国农业机械网，2010 年 3 月 15 日

【案例 5—12】　　吉林延吉市富民农机租赁服务有限公司

2004 年 10 月，延吉市农机局在州农机部门的大力支持下，争取到国家农机发展专项资金 80 万元，自筹资金 50 万元，建立了股份制性质的延吉市富民农机租赁服务有限公司。目前。该公司拥有大中型拖拉机、挖掘机、装载机、联合收割机及耕整地机械、播种机械 50 余台。

延吉市富民农机租赁有限公司的建立，解决了农村雇工难问题，节约了生产成本，提高了劳动效率，深受农民的欢迎。龙井市东盛涌镇昌盛村农民宋振宝说，他承包的 7 公顷水田，往年从割地、扎捆、码垛到运输、脱粒，至少需要一个月，如今只用了 3 天。人工收割，每公顷费用 1300 元，用联合收割机，每公顷只需要 800—1000 元，每公顷节省费用 300—500 元。仅此一项，他就节省了 3000 多元。使用联合收割机还可以抢农时，使新大米

早上市 15—20 天。

——《延边日报》2005 年 1 月 28 日

其次，农地较大规模的集中经营虽然有利于农业机械化的推进，但不是农业机械化的必要条件。实践证明，土地集中并不会必然导致农业机械化；反过来，农业机械化也不需要土地集中作为先决条件。因此，那种不顾农村劳多地少的基本国情，盲目地以行政手段通过大规模土地流转、土地集中来推进农业机械化的作法有极大的危险性。这就是说，中国目前的重点是研究在农地小规模家庭经营基础上如何推进农业机械化，而不是以各种方式改变农地小规模家庭经营基础以推进农业机械化。

再次，农业劳动力大规模转移、农户非农收入大幅度提升，以及由此带来的农村劳动成本的上升是促进农业机械替代人力的决定性因素之一，因此，促进农业劳动力转移，加速培育全国开放、统一的劳动力市场，大幅度提升劳动者工资，是加速推进农业机械化的一个极其重要的方面。

最后，农业机械化必须以市场机制的内在力量为主驱动，但政府政策也有不可替代的重要作用，因此，在保持政府农机购置补贴、农用柴油补贴等各种有利于农业机械化推进的政策手段基础上，还需进一步研究新的政策措施。最为重要的是，对农户购买农机服务是否可以给予适当的补贴。它的突出好处是可以鼓励农机服务的专业化、市场化发展，而不是形成农机家家购买所导致的农机使用效率低下。

附录　小农经济基础上推进农业机械化的实证性检验[①]

为了实证性检验农业机械化在小规模家庭经营基础上发展的各种因素，本课题组于 2008 年寒假期间组织了华中师范大学经济学院本科生和研究生在全国范围内开展了一次"农村调查"。此次调研共回收问卷 1612 份，剔除无效问卷，有效问卷共计 1362 份，占比 84.49%。调研的地域分布较广，遍布全国 17 个省市区[②]，占全国省市区总数的 54.84%，其中既有中部传统的

---

① 本课题组成员胡继亮是该附录的主要贡献者。
② 这 17 个省、市、区是：湖北、湖南、江西、河南、四川、山东、福建、广东、浙江、天津、海南、河北、山西、安徽、重庆、广西和吉林。

农业大省，如河南、湖北、湖南、安徽、江西等省；也包含东北的粮食主产地——吉林；还有经济比较落后的西部主要农产区，譬如重庆、四川、广西等地；东南沿海的经济发达省份也包括在内，如山东、福建、广东和天津、浙江等省市，调查具有较广泛的代表性。

要考察农业机械化的影响因素，需要确定农业机械化的标准。以往的研究通常以"农业机械台数"和"动力"这两个指标反映农业机械化水平，但是我们认为，这两个指标并非农业机械化的本质指标。我们使用农户在农业生产各环节能享受到的农机服务率来表征农业机械化程度。考虑到指标获得的可行性，我们以农户购买农业机械服务的支出作为替代指标。它包括农户为获取农业机械服务的各项支出总额，例如，农地的耕耙、平整、灌溉，以及农作物的播种、收割、运输等农机作业支出。至于农户自己购买农机所实现的农机服务，我们将按照农户市场化购买农机服务的相应价格处理。

从上述标准出发，影响中国当前农业机械化水平的有下列因素。

1. 户主年龄

户主是一家之主，对家庭经营、劳力分配承担着主要的责任，因此，户主特征能够影响其对农业机械服务的选择和支出。从逻辑上讲，户主年龄越大，对农机服务的需求也应越大。这是因为年龄越大，身体状况越差，越不能承受负重的体力劳动，而需要以机械替代人力。但是，实际调查结果与此相反：户主年龄与农户对农业机械服务的需求呈负相关。这就是说，在同等条件下，户主年龄越大，对农业机械服务的需求反而越小。为什么？其中一个最主要的原因可能是户主年龄越大，外出打工的机会越小，因此，获取非农收入的机会小，就业局限于农地。

2. 户主文化程度

户主文化程度的高低会影响其对知识和技能的理解、接受和应用。一般而言，文化程度较高的户主，头脑较为灵活，其就业选择面更宽，因此劳动就业的机会成本也比较高。他们往往会选择经商、经营等第三产业，或者外出务工。这些农户的兼业现象较为普遍，对相当一部分人而言农业已不是其主业。特别是农业劳动力从"离土不离乡"进入"离土又离乡"后，那种"农闲务工、农忙务农"的兼业现象已让位于更具比较效益的专业化分工。

外出劳动力在权衡农忙回家务农和继续在外务工（商）的得失后，普遍会选择继续在外务工（商），而家里的农活就有可能求助于专业化的农业机械服务。相反，文化程度较低的户主，囿于其受教育水平，其外出就业的机会成本往往要低于农业机械服务的支出，因此接受专业化、市场化农机服务的动机较弱，会更多地选择从事农业生产。

3. 户主性别

在中国农村，绝大多数户主为男性。女性作为户主的主要是三种情况：一是丈夫在外工作，户口不在本村；二是丈夫已经去世；三是丈夫为上门女婿。总体来看，户主性别不同与农户对农业机械服务的需求影响不显著。

4. 家庭人口和劳动力数量

家庭人口和劳动力数量对农业机械服务的影响较为复杂，因此它们对农业机械服务需求的影响不能确定。一般而言，人口多和劳动力丰富，意味着农户家庭的劳动力分配决策空间较大，因此有多种选择。不同的选择对农机服务的需求也不同。

5. 实际耕地面积

实际耕地面积是决定农户机械化服务支出的重要因素。随着耕地面积的增大，农户选择机械化服务的几率会增加。特别是在市场经济已较为发达，大量农村劳动力外出务工的背景下，农村劳动力市场的成本也大幅上涨。例如，在农忙期间，湖北江汉平原农村一个工的日工钱已涨至 50 元以上，而且在某些地区出现了日工资 80 元也难以请到短工的现象。因此，相对于农业机械服务，手工加畜力种地已无成本优势可言。于是，在农户经营的土地规模不断扩大的情形下，增加机械化服务支出是一个基本的趋势。而且，在农户实际耕地面积达到一定数量后，农户一般会自己购买农机而不是依赖外部专业化农机服务。应该看到，当前农户增加实际耕地面积主要依赖于荒坡、荒地、荒滩的开垦承包，以及农村土地的正式或非正式流转，这些都没有改变土地家庭承包经营制的基本制度框架。此外，从实践中看，有些劳多地少的地区，由于青壮年绝大多数外出打工，户均实际耕地面积虽然很少，但对农机服务的需求并不弱。

6. 山地面积

山地一般不适合机械化耕作方式，尤其是大中型农机服务。因此，山地面积的增加，会减少农户对农业机械服务的需求。在中国，随着退耕还林的实施，山地一般用来种植果树或种植用作木材的树木。除了大规模砍伐树木需要机械服务外，一般而言，经营山地不需要太多的机械，因此，山地面积和农户农业机械服务的支出呈反方向关系。

7. 支农财政补贴

这里的支农财政补贴包括国家给予农户的各种补贴，例如粮食种植直补、良种补贴、农用机械购置补贴、农用柴油补贴等。其中农用机械购置补贴和农用机械柴油补贴是对于农户购买和使用农业机械服务的直接激励，粮食补贴和良种补贴等也会间接地影响农户对农业机械服务的需求。

8. 非农收入

农户的非农收入主要包括从事第二、三产业和外出务工的收入。农户的非农收入会从多个方面对农业机械服务的需求产生直接或间接影响。首先，农户的非农收入高，意味着其从事农业的机会成本高，因此，根据比较收益的法则，他们会专事非农生产，减少从事农业的时间，而农地的生产将主要依赖专业化的农机服务；其次，较高的非农收入是农户支付专业化农机服务的财力保障；再次，农户非农收入的上升也会提高整个社会的劳务价格水平，使得农村劳动力市场的人力成本相应提高，这将驱使理性农户以机械替代人力；最后，农户非农收入直接源于农业劳动力的转移，而农业劳动力转移的规模又是农业土地的流转、农户实际耕作面积扩大的必要前提，因此，非农的就业机会与非农收入又是决定土地适度规模经营的必要前提。

9. 所在省份

农户所在的省份是影响农户选择机械化服务的一个重要因素，这涉及农地的地貌问题。一般来讲，较为平坦的农地更适合机械化耕作，且成本也较低，而地势呈山地或丘陵且地块较为零碎的土地不利于农用机械的耕作，其成本也较高。因此，处于华北平原、东北平原和江汉平原等省的农业机械化服务支出将高于处于以丘陵和山地为主的省份。

表 5—4　　　　　　　变量的描述性统计（样本量：1362 个）

变量	变量定义及说明	最小值	最大值	均值	标准差
机械服务支出	使用机器服务的实际支出金额	0	30400	784.212	1520.575
服务方式选择	自己耕作=1，请人工服务=2，机械或机械加人工服务=3	0	3	2.5264	0.7993
户主年龄	实际年龄	17	87	47.9214	9.5660
户主文化	文盲=0，小学=1，初中=2，高中=3，高中以上=4	0	4	1.8690	0.7918
户主性别	男性=1，女性=0	0	1	0.9589	0.1986
家庭人口	实际人口数	1	14	4.5102	1.4932
劳动力数量	实际劳动力数量	0	9	2.6433	1.1102
实际耕地面积	耕地面积=土地承包面积-租出面积+租入面积	0	201.8	8.3466	11.3332
山地面积	实际耕作面积	0	102	2.1220	8.2736
补贴总额	补贴总额=粮食补贴+农机补贴+其他补贴	0	15000	455.205	785.9983
非农收入	非农收入=打工收入+第三产业收入+加工收入	0	200000	14075.3	17672.56
所在省、市、区	四川、重庆、广西=1，湖北、湖南、江西、安徽=2，广东、福建、浙江、海南=3，河南、河北、山西、吉林=4，天津、山东=5	1	5	2.3877	1.1082

"请人工服务"虽不是机械化服务，但可以将其看作机械化服务的一个"影子"，即若农户需要"请人工"，则表明他需要在市场上寻求经济、便宜的服务以帮助其耕种土地，因此"机械服务"应是备选项，但农户选择的却是"人工服务"，这表明它比"机械服务"更有优势；若"机械服务"的成本更低，则农户的理性选择便是"机械服务"了，因此，此处将"请人工服务"作为一个独立的变量放置于模型之中，反映了农户对机械服务的隐性需求。

实证模型和回归结果

农户对机械化服务支出的数额主要受户主特征、家庭人口和劳动力数量、省市变量、实际农地耕作面积、国家补贴金额和非农收入等因素的影响，由于样本量较大，存在着异方差等问题，因此，本文对非虚拟变量都进行了对数标准化处理，以期减少异方差问题。本文的基准模型如下：

$$EXP_i = \alpha + \beta_1 AGE_i + \beta_2 EDU_i + \beta_3 SEX_i + \beta_4 POP_i + \beta_5 LAB_i + \beta_6 PROV_i$$
$$+ \beta_7 LAND_i + \beta_8 MOUNT_i + \beta_9 SUB_i + \beta_{10} INC_i + \beta_{11} SPOT_i + \varepsilon_i$$

EXP—机械服务支出；AGE—户主年龄；EDU—户主文化程度；SEX—户主性别；POP—家庭人口；LAB—劳动力数量；PROV—所在省份；LAND—实际耕地面积；MOUNT—山地面积；SUB—补贴总额；INC—非农收入；SPOT—打工地点。

以上模型仅能从宏观层面考察何种因素影响着农户对于农业机械服务方式的支出。由于是横截面数据，属于静态分析，不能全面深入地研究农户机械服务支出的动态驱动机制，因此，此模型存在着一定的缺陷。两种研究思路可以在一定程度上解决此缺陷。一是收集面板数据，构建动态面板数据模型，这是一种最为科学合理的解决方式，但数据收集十分困难。二是直接使用本次调查所收集的数据，构建多元决策模型，以研究农户选择机械服务方式的驱动机制。该模型包含了农户决策的微观驱动因素，因此也是一条弥补缺陷的可行方法；而且，还可以将此模型和基准模型进行对比分析，进一步验证基准模型。基于以上分析，建立多元有序的 Logit 模型，具体模型如下：

y 有 j 个值，以其中一个值为参考值，其他值同它相比较可产生 $j-1$ 个非冗余的 Logit 模型，例如，以 $y=j$ 作为参考类别，而对于参考模型，其模型中的所有系数均为 0。则对于 $y=i$，其 Logit 模型为：

$$\text{Log}\frac{P(y=i)}{P(y=j)} = \beta_{i0} + \beta_{i1} AGE_i + \beta_{i2} EDU_i + \beta_{i3} SEX_i + \beta_{i4} POP_i + \beta_{i5} LAB_i +$$
$$\beta_{i6} PROV_i + \beta_{i7} LAND_i + \beta_{i8} MOUNT_i + \beta_{i9} SUB_i + \beta_{i,10} INC_i + \beta_{i,11} SPOT_i$$

从基准回归结果看，影响农户对农业机械服务支出的因素主要有以下几个方面。

表 5—5　　　　　　　　基准模型的回归结果（样本量：1362）

变量	模型 Ⅰ	模型 Ⅱ	模型 Ⅲ	模型 Ⅳ
常数项	5.0935 *** (1.4114)	5.0897 *** (1.4106)	4.9555 *** (1.3924)	4.9888 *** (1.3924)
户主年龄	-0.9856 *** (0.3449)	-0.9904 *** (0.3427)	-1.0014 *** (0.3421)	-0.9443 *** (0.3391)
户主文化程度	0.1477 * (0.0888)	0.1473 * (0.0887)	0.1448 * (0.0886)	0.1434 * (0.0886)
户主性别	-0.2014 (0.3362)	-0.2013 (0.3360)		
家庭人口	-0.0294 (0.2200)			
劳动力数量	0.2853 (0.2372)	0.2739 (0.2189)	0.2741 (0.2188)	
所在省、市、区	0.2200 *** (0.0616)	0.2203 *** (0.0616)	0.2204 *** (0.0616)	0.2169 *** (0.0615)
实际耕地面积	1.0496 *** (0.1128)	1.0474 *** (0.1115)	1.0444 *** (0.1113)	1.0724 *** (0.1091)
山地面积	-0.3984 *** (0.0774)	-0.3988 *** (0.0773)	-0.3990 *** (0.0773)	-0.3924 *** (0.0772)
补贴总额	0.1427 *** (0.0234)	0.1428 ** (0.0234)	0.1425 *** (0.0234)	0.1415 *** (0.0234)
非农收入	0.0538 *** (0.0156)	0.0536 *** (0.0155)	0.0530 *** (0.0155)	0.0548 *** (0.0154)
打工地点	-0.1751 * (0.0974)	-0.1758 * (0.0972)	-0.1753 * (0.0972)	-0.1611 * (0.0965)
R^2	0.1777	0.1777	0.1775	0.1765
调整的 R^2	0.1710	0.1716	0.1720	0.1716
F 统计量	26.4430	29.1060	32.3166	36.1448

注：*、**、*** 分别表示 10%、5%、1% 的显著性水平；括号内的数值为标准误。

1. 户主年龄对农户农业机械服务支出有显著影响。户主年龄的估计系数为负值，表明户主年龄越大，则农户在农业机械服务方面支付的金额越少。调查数据表明，户主年龄越大，农户耕种的土地越少，再加上年龄偏大的农户外出打工的机会小，大多数农户会选择自耕作方式，对农业机械服务的支出也随之减少。如表 5—6 所示，户主年龄和机械服务支出之间存在着负相关关系。

表 5—6　　　　　　　　户主年龄和机械服务支出的关系

年龄	样本量	平均土地耕作面积（亩）	平均机械作业支出金额（元）
40 岁以下	228	9.67	960.10
40—49 岁	547	8.35	808.47
50—59 岁	414	8.12	713.38
60—69 岁	118	7.21	630.64
70 岁以上	33	5.96	561.45

2. 户主的文化程度会显著影响农户对农业机械服务的支出，具体讲，户主文化程度越高，则其对农业机械服务的支出越高；反之，则支出越少。如表 5—7 所示，户主文化程度与农户农业机械服务支出之间存在着正相关关系。

表 5—7　　　　　　　　户主文化程度和机械服务支出的关系

文化程度	样本量	平均土地耕作面积（亩）	平均机械作业支出金额（元）
文盲	43	9.17	614.51
小学	378	8.15	684.71
初中	673	8.53	837.86
高中	249	8.11	805.82
高中以上	19	6.28	854.17

3. 农户所在的省份对其机械耕作支出也具有显著的影响。经济欠发达且地理地貌以丘陵或山地居多的地区，如四川、重庆、广西以及中部的湖南、湖北、安徽、江西等地的机械耕作服务支出较少；而北方经济发达地区和华北平原地带，如山东、天津以及河南、河北、山西和吉林等地，其支出则明显高于其他地区；东南沿海地区经济发达，但用以耕作的土地要低于其

他地区且地貌多以丘陵和山地为主,其对机械耕作服务的支出居中。

4. 农户实际耕作土地面积的多少对农业机械耕作服务支出具有显著的正影响。从调查数据看,农户实际耕地面积与其农业机械服务支出的 Pearson 相关系数为 0.7511,呈较高的正相关性。这表明实际耕地面积越多的农户,其农机服务支出额也越高。

5. 农户耕作的山地面积对农业机械耕作服务支出具有显著的负影响。从调查数据看,农户实际耕作的山地面积与其农业机械服务支出的 Pearson 相关系数为 -0.0292,呈微弱的负相关性。这表明山地的地貌特征影响了农业机械的应用。

6. 农户的非农收入与其机械服务支出呈正相关关系,表明农户的非农收入越高,其对农业机械服务支出也越高。现阶段,中国农户存在着较多的兼业行为,非农收入提高,使其劳动的机会成本相应提高,在机械服务价格不变或下降的情况下,理性的农户必然会以机械替代手工劳作,增加机械服务支出。农户非农收入对农业机械化的推动主要体现了市场这只"看不见的手"的力量,这个力量不可逆转。

7. 国家的农业补贴政策对推进农业机械化发挥了一定的积极作用。国家的农业补贴政策包含了农业机械购置补贴、农用柴油补贴,这对农业机械化的发展起到了直接的促进作用,而粮食种植补贴和良种补贴则更多地起到了间接推动农业机械化的作用。国家的农业补贴反映了政府这只"看得见的手"的作用。

表 5—8　　　　多元决策(参照)模型的回归结果(样本量:1362)

变量	模型 I	模型 II	模型 III	模型 IV
户主年龄	-0.0202 *** (0.0070)	-0.204 *** (0.0070)	-0.0124 *** (0.0041)	-0.0193 *** (0.0068)
户主文化程度	0.2098 ** (0.0832)	0.2097 ** (0.0830)	0.1147 ** (0.0485)	0.2241 *** (0.0826)
户主性别	0.0102 (0.2910)			

续表

变量	模型 I	模型 II	模型 III	模型 IV
家庭人口	-0.0126 (0.0502)			
劳动力数量	0.1010 (0.0730)	0.0922 (0.0641)	0.0465 (0.0366)	
所在省、市、区	0.5482 *** (0.0716)	0.5484 *** (0.0715)	0.3043 *** (0.0384)	0.5553 *** (0.0711)
实际耕地面积	0.0213 * (0.0128)	0.0212 * (0.0128)	0.0126 * (0.0071)	0.0252 ** (0.0128)
山地面积	-0.0068 (0.0068)	-0.0068 (0.0068)		
补贴总额	0.0004 ** (0.0002)	0.0004 ** (0.0002)	0.0002 ** (0.0001)	0.0004 *** (0.0002)
非农收入	0.000007 (0.000004)	0.000006 (0.000004)	0.000003 (0.000002)	0.000001 ** (0.000004)
打工地点	-0.0671 (0.1343)	-0.0699 (0.1338)		
临界值 limit_2: C (12)	-0.2579 (0.5125)	-0.2457 (0.4522)	-0.2217 (0.2662)	-0.3069 (0.4421)
临界值 limit_3: C (13)	0.2634 (0.5124)	0.2756 (0.4521)	0.0806 (0.2660)	-0.2079 (0.4419)
伪 R	0.0653	0.0653	0.06311	0.6624
-2LL	958.4946	958.5269	962.9380	969.2133
LR	134.0320	133.9676	129.7318	137.5199

注：(1) *、**、*** 分别表示 10%、5%、1% 的显著性水平。(2) 模型 I 是包含所有自变量的回归结果，模型 II、模型 III、模型 IV 是依据变量的显著性将不显著的变量依次剔除，进行逐步回归的结果。(3) 括号内的数值为标准误。

十一 在农户经济基础上农业技术如何推广

1979 年诺贝尔经济学奖获得者舒尔茨教授在《改造传统农业》中指出，

改造传统农业的关键是要引进现代农业生产要素，其核心则是技术进步。舒尔茨指出："在解释现代经济增长中，无论这种增长是来自农业，还是来自其他经济部门，技术状况无疑是一个关键的变量。""很可能的情况是传统农业对现有技术状况的任何变动都有某种强大的内在抵抗力。"① 因此，建立能促进技术变化的体制、机制及组织形式是改造传统小农必不可少的强有力手段。2012年中央"一号文件"指出："实现农业持续稳定发展、长期确保农产品有效供给，根本出路在科技。农业科技是确保国家粮食安全的基础支撑，是突破资源环境约束的必然选择，是加快现代农业建设的决定力量，具有显著的公共性、基础性、社会性。"

农业技术推广按照1993年颁布的《中华人民共和国农业技术推广法》的界定，是指"通过试验、示范、培训、指导以及咨询服务等，把农业技术普及应用于农业生产产前、产中、产后全过程的活动"。这里的农业技术，则是指"应用于种植业、林业、畜牧业、渔业的科研成果和实用技术，包括良种繁育、施用肥料、病虫害防治、栽培和养殖技术，农副产品加工、保鲜、储运技术，农业机械技术和农用航空技术，农田水利、土壤改良与水土保持技术，农村供水、农村能源利用和农业环境保护技术，农业气象技术以及农业经营管理技术等"。很显然，这里的农业技术推广是一项范围极其广阔的概念。从一定意义上说，农业技术推广也是一种社会公共产品，是社会、政府对农业现代生产要素的一种投入，在舒尔茨的理论框架中属于现代生产要素的供给。舒尔茨指出："穷国农业部门的经济增长主要取决于现代（非传统）农业要素的可得到性和价格。在真正的意义上说，这些要素的供给者掌握了这种增长的关键。"②

不可否认，在农户土地承包制推行的初期，在人民公社体制上建立起来的乡村农技推广体系遇到了普遍性的生存危机，所谓"网破、线断、人散"，以致一些学者质疑在农户经济基础上能否推广农业科学技术，这也成了整体否定农户经济的理由之一。

在农户经济基础上究竟能否推广农业科学技术？这里有两条道路可供选

---

① 舒尔茨：《改造传统农业》，梁小民译，商务印书馆1987年版，第26页。
② 同上书，第110页。

择：一是"走回去"；二是"跳出来"。所谓"跳出来"，就是改造传统的、建立在计划经济和人民公社体制基础上的农业生产技术推广的机制与组织方式，重建适应市场经济与农户经济的农业技术推广新机制和新的组织方式。

从需求方面讲，农户和人民公社时期的社员，哪一个对农业科技的需求更强烈？人民公社时期的社员不是独立的生产经营主体；即便生产队、生产大队乃至公社这一级，种什么，怎样种，在很大程度上也得听命于上级的指令，因此，当时的农业技术推广基本上是"外部输入型"的。就公社社员即普通农民而言，人民公社"大锅饭"的体制钝化了他们对科技的内在需求动力。在农村经济体制改革以后，当代中国的农户已经是独立的生产经营主体，经营效益的好坏与他们的经济利益息息相关，因此从"经济人"追求自身利益最大化的理论基点看，他们应该具有对科技需求尤其是对适用性科技需求的内在动力。据孔祥智课题组的抽样调查，农户对综合性社会服务的需求强度，如果按从强到弱排序，对技术信息的需求率为78.6%，排在第一位。随后是提供价格信息（69.3%）、提供政策法律信息（56%）、提供信用等级证明（34.2%）、提供信用（贷款）担保（31.9%）、介绍贷款渠道（31.6%）、组织农户集体贷款（24.5%）、组织农民外出打工（20.8%）。[①] 不过，不可否认的一个现象是，对于那些把农业当"副业"，仅仅满足于"种口粮"的农户而言，对农业科技的需求确实不强烈，或者说，他们对于农业技术的推广不太关心。从我们的乡村实地调查看，那些农业专业户，包括种植专业户、养殖专业户，对适用性农业技术的需求最强烈。农业合作社、农业企业对适用性农业技术的需求也非常强烈。例如，湖北省大冶市著名的种粮大户（实质上是农业企业家）侯安杰，长年聘用4名农技专家[②]指导农业生产。据人民网记者冯华、陈仁泽的报道，甘肃省种粮大户承担着全省70%以上的260多项新技术、新产品、新品种的试验示范及

---

① 孔祥智主编：《中国农业社会化服务——基于供给和需求的研究》，中国人民大学出版社2009年版，第64页。

② 侯安杰，湖北省大冶市大箕铺镇农民，全国著名的种粮大户，曾被誉为"粮王"。从2001年开始，他通过各种类型的土地流转，承包了大片土地。2008年，他承包的土地面积为2.03万亩，其中水稻田面积为1.68万亩。为了保证农业生产的效益，侯安杰常年聘请4名农业技术专家，他们是：水稻专家、农艺师潘稀树；水稻专家、高级农技推广研究员周开镜；蔬菜专家、高级农艺师梅红彪；林业专家、高级工程师周志席。

推广任务。广西壮族自治区的种粮大户黄超松,从2004年开始,先后应用了水稻免耕栽培、标准化生产、测土配方施肥、病虫害综合防控等粮食生产新技术。在他的带动下,全村农业生产新技术普及应用率达到了85%以上。① 事实上,蔬菜、水果、园林、花卉、水产、畜牧等专业大户与种粮大户相比,其技术要求和技术含量可能更高,对农业科技的需求也更强烈。

【案例5—13】 王先荣依赖科技成长为湖南的"葡萄王子"

王先荣1968年出生在湖南澧县永丰乡曾家港村。1986年高考失利。同年10月,王先荣与几位同学去四川游玩解闷。在乐山,当游逛当地农贸市场时,当地产的巨峰葡萄引起了他的极大兴趣。他给了葡萄贩子20元引路费,到了乐山市建国葡萄园。该园是西南农业大学陈建国教授的葡萄基地。王先荣找到陈教授,诚恳地提出拜师学艺。从育种、栽培、整枝修剪、病虫害防治到采摘储藏,王先荣一丝不苟地学习和实践着。1987年冬,王先荣带着陈教授临行时送给他的2000株巨峰葡萄苗回到老家创业。

1993年,当王先荣的葡萄事业已小有成就之时,一种从未见过、传播极快的病症在王先荣及在他引领下的其他种植户的葡萄园里蔓延。他找到湖南省农业厅,一个一个办公室"闯门"求助。几经波折,最后在农业厅经济作物局病虫研究所白文运研究员的引荐与帮助下,找到了湖南农业大学的石雪晖教授。石教授连夜组织专家商讨出7套方案整治这种黑痘病,方才使葡萄种植转危为安。

从1993年开始,石雪晖教授对王先荣的葡萄事业给予了长期的不厌其烦的技术指导。石教授与王先荣还合著了《葡萄优质丰产周年管理技术》一书。

从2007年开始,王先荣为延伸葡萄产业链,与湖南农业大学展开了全面的科技合作,开发"刺葡萄酒系列产品",并创建了"湖南神州庄园葡萄酒业有限公司"。

深知科技重要性的王先荣,致富不忘乡亲。20多年来,他通过办培训班、现场指导、制作多媒体课件等方式,免费为省内外葡萄种植果农提供技

---

① 冯华、陈仁泽:《种粮大户喜与盼——来自农业生产一线的报告》,人民网,2011年2月11日。

术咨询、技术服务，惠及 58 万多人次。他也获得了湖南省"青年星火带头人标兵"、"全国优秀农村实用人才"、"湖南省劳动模范"等荣誉称号，他还是首届"袁隆平科技奖"获得者，是中共十七大代表。

——该案例根据笔者 2009 年 10 月在湖南常德参加"湖湘三农论坛"时参观"神州庄园葡萄酒业有限公司"所获得的相关资料整理

从供给方面看，农业技术推广本质上是一项具有强烈外部正效应的公共产品，这是因为"作为农业技术的物化载体，多数农业技术产品都会具有非排他性与非竞争性。这种非排他性与非竞争性是一般公共产品所具有的特性。第一，农业技术物化产品的生产首先是生物产品的生产，生物产品的生产所具有的自我繁殖的特性决定了它的非排他性；第二，一项农业技术及其物化产品生产出来后的采用则不会因为某个农户的使用而限制其他农民的采用，也就是所谓的非竞争性"①。因此，各级政府在农业技术推广中负有重大的甚至"主导"的责任。但是，政府主导并不等于政府包办。实践证明，在政府主导下，建立一个多元共生的农业技术推广组织网络是与市场经济相适应的具有生命力、包容性的现实选择。

这种多元共生的农业技术推广组织网络包括自上而下的、从中央到乡镇的五级农业技术推广体系、农业科研和教育单位、农业企业、农村合作经济组织、各级科协系统、各级农业供销合作社、农业科技特派员、农业科技示范户等。

应该看到，市场化小农对农业技术的需求的确具有极强的功利性，他们需要的是适用的技术，而不是先进的技术。这就是说，他们对采用新技术也要进行本能的收益成本评估。只有那些能给他们带来实际收益的技术，才有可能被他们接受。然而，新技术的采用往往具有一定的风险性，尤其是在初期的试验性推广阶段。因此，是否具有一批敢于承担风险，并且有能力承担风险的新技术试验者，对于农业技术的推广就显得尤为关键。

在人民公社体制时期，农业技术推广是一种外部输入型的行政指令过程。技术推广的风险由集体经济组织集体承担。单个农民既没有农业技术推

---

① 陈玉萍、吴海涛：《农业技术扩散与农户经济行为》，湖北人民出版社 2010 年版，第 8—9 页。

广的内在动力，也没有害怕和承担风险的外部压力。这种体制的好处是技术推广较少来自组织性的障碍，推广比较迅速和容易；其缺点则是内部动力缺乏，并且不计成本。

在实行家庭承包制后，农户尤其是以务农为主业的农户渴望适用性技术，有农业技术推广的内在动力，但也害怕或没有能力承担风险。如果有先行先试者承担了试验期的较高成本，例如解决了新技术在本地适应性的关键难题，并且实践证明确实具有高效益，广大农户自然会积极模仿，这些适用性的农业技术也会在低成本、高收益的基础上得到迅速推广。在农业技术推广的实际进程中，广大农户更相信"耳听为虚，眼见为实"，本地"熟人"的示范比任何外部宣传都更有效。很显然，大多数农户只能是"模仿者"、"跟风者"，只有少数农户是"先行者"、"领跑者"、"示范者"。

如何培育这少数的"先行者"、"领跑者"、"示范者"？就其内在因素看，这些"先行者"、"领跑者"、"示范者"既要有"冒险"精神，也须有必要的文化技术素质，还要有一定的承担风险的经济能力与心理素质。就外部因素和外部环境看，社会尤其是各级政府有义务，也有责任利用各种政策措施来激励这些"先行者"、"领跑者"、"示范者"的创新精神，降低他们的创新风险。

农业科技示范户是目前政府培育农业技术推广"先行者"、"领跑者"、"示范者"的一种组织形式，也是在市场经济背景下，在农户经济基础上，探索农业技术推广组织网络的一种组织创新。农业科技示范户，一般而言，在该地区具有较高的文化水平，主要从事农业生产，其中的很多人就是当地的农业大户、农业技术员、"乡土专家"。按照 2004 年《农业部关于推进农业科技入户工作的意见》，政府"采取政策倾斜、直接补贴、科技培训、专家指导和小额信贷等多种方式，对科技示范户进行扶持，实现良种、技术、农机、信息'四到户'"。很显然，政府的这些特殊政策激励了农业科技示范户农业技术先行先试的积极性，也降低了他们先行先试的风险与成本。当然，培育农业科技示范户的关键是"示范"，即"辐射带动能力，能够将掌握的知识与技能普及和传授给周围农户"。大量的实际调查表明，在农村，要推广一项新技术，推广一种新产品，推广一种新的生产方式，你即使说破了嘴，农民也未必信；但是，如果当地有熟悉的人先做了，做好了，赚钱了，不用你说，他们也会跟着做。这就是科技示范户的作用与意义所在。

【案例5—14】　　　　　农业科技示范户邓平匀

邓平匀是湖南武冈市晏田乡大坪村农民，中专文化，2011年，被定为武冈市"农业科技示范户"。

邓平匀一直以种植水稻作为家庭的主要收入。他努力钻研农业新技术，2010年前后两次参加了市农业局主办的新技术培训班，主要学习水稻定向宽窄行栽培技术，水稻测土配方施肥技术。通过刻苦、系统的学习，邓平匀学以致用，在承包的12亩水田里进行"定向宽窄行栽培技术和测土配方施肥技术"的种植。经比较，平均每亩增产90公斤，增加收入近3000元。2011年，被定为武冈市"农业科技示范户"以来，他在农业技术指导员的技术指导下，选择水稻新品种Y两优1号、Y两优7号，采用科学肥水管理、病虫害专业化综合防治和测土配方施肥等农业新技术，节省了劳动成本1200余元，而且实现了水稻节本增收。2011年水稻一季亩产达635公斤，比2010年每亩增产67公斤，增加纯收入4600元。

作为农业科技示范户，邓平匀热心帮助群众，积极推广农业新技术。他十分耐心地向周边农户介绍自己的水稻生产技术要领和经验，向农户推介测土配方施肥技术和农作物病虫害专业化防治知识，一年要接受各种技术咨询300余次。因为咨询技术的人多，他的农资店成了全村农民学习农业科技知识、商讨农业新技术的科技园地，发挥了良好的辐射带动作用，改变了当地农民许多传统的种植模式。目前，他已被村民推选为村委会主任。

——中国农业推广网

农业技术的推广，仅仅依赖农业科技示范户还不够。作为一项系统工程，它要求多方合力，形成多元共生、优势互补的组织网络。农业企业、农业合作经济组织对实用性农业技术有强烈的需求，相比农业科技示范户，其经济实力、技术吸收能力与技术开发能力也更强。尤其是在农业产业化龙头企业+农户，农业合作社+农户等组织形式中，农业产业化龙头企业、农业合作社承担了技术开发、技术推广的风险与成本，因此也加快了新技术在农户中的普及与运用。例如，在农业产业化龙头企业+基地+农户的组织合作模式中，农户按照企业的统一要求与规范的技术质量、技术标准组织生产，使得新技术、新品种、新生产方法的推广有了更加切实可行的组织保证。

政府组建与主管的、以1995年成立的全国农业技术推广服务中心为龙头、覆盖全国的五级农业技术推广服务体系，是中国政府主导的农业技术推广组织网络的主干体系。它脱胎于人民公社时期覆盖全国的农业技术推广体系，经过一系列引入市场机制的改革，正逐步沿着"强化公益性职能，放活经营性服务"的思路发展，以适应建立在农户经济基础上的中国农村市场经济的需要。这种利用传统组织构架的市场化改造无疑节约了组织成本，但也由于传统体制根深蒂固的利益关系难以理顺，要实现彻底的机制转变十分困难。其中的一个突出问题是"公益性职能"与"经营性服务""统"于一家，致使二者的功能混淆，"公益性职能"往往被"经营性服务"所绑架，成为基层站、所牟利的手段。

如何在政府主导下按照市场化的运作方式建立新的农业技术推广模式，各地都进行了一些有益的探索。案例5—15提到的陕西"大荔模式"就比较典型，并且有较大的社会影响。例如，《光明日报》就有大篇幅的集中报道。"大荔模式"表明，对于农民迫切需要的实用性农业技术，政府主导下的市场化运作不仅具有可行性，而且比政府包办的行政化运作有更好的效益。

【案例5—15】　　陕西大荔构建农业科技推广网络新模式

大荔县是陕西渭南市一个典型的农业大县，全县26个乡镇，415个行政村，耕地150多万亩，人口75万。农村体制改革以后，在相当长一段时间里，大荔与全国大多数农村县市一样，农业科技推广出现了"网破、线断、人散"的状况。

如何在市场经济环境中构建农业科技推广网络的新模式？大荔作出了有益的探索，被称为"大荔模式"。

"大荔模式"的一个特点是农资连锁经营网络与农业科技服务网络的互通，把公益性的农技服务与市场化的农资经营有机地结合在一起。就组织架构而言，它以陕西荔民农资连锁公司为平台，整合农业科技服务的多种方式，整合县域科技资源的公益性服务和以市场机制为导向的经营性服务，形成了"政府＋企业＋农户＋科技专家"的市场化运作方式。陕西荔民农资连锁公司利用农资经营的利润来支持公益性的农业科技服务；反过来，又利用农业科技服务的广泛性与针对性，以及农民对农业科技服务的信任来拓宽农资经营的利润空间。这种"政府引导、农民点菜、科技送餐、企业买单"、"农资农技双连锁"模式实现了农民、农业科技人员、企业以及政府等各个利益相关者的互利共赢。与此同时，大荔县还利用现代信息技术手段，例如"科技110"、手机短信、视频，构建了一个适应于农业科技推广服务的信息网络。"三网合一"，技术、物资、信息合一，由此构建了一个在市场经济基础上的网络化农业科技推广新模式。

目前，大荔县有农技服务专家团、乡设特派员、村聘技术员，形成了一个覆盖全县每个乡村的农业科技服务网，借助于信息网，提供农情预报、测土施肥配方等多种免费的农业科技服务，比较有效地解决了一直困扰农业科技推广的"最后一公里"难题。

——根据《光明日报》的相关报道及陕西大荔县政府网提供的相关资料整理

十二 现代农业，谁来种地
——改造小农的根本大计是培育新型农民

农业劳动力大规模转移后，谁来种地？这是目前社会上普遍关注的一个问题，也是农业现代化的根本性问题。

大量的实际调查资料表明，转移出去的劳动力，即外出务工的劳动力与仍然留守在农村的劳动力比较，二者确实存在着较大的差异。例如，我们2011年在湖北天门的调查发现，外出劳动力的平均年龄为35岁，留守劳动力的平均年龄为50岁；外出劳动力的平均受教育程度为8.5年，留守劳动力的平均受教育程度为6.7年。这表明留守劳动力确实呈现出一"高"（年事高）一"低"（文化素质低）的态势。天门的情况并非特例，全国的整体状况亦是如此。李旻、赵连阁利用辽宁省农村社会经济调查队2003—2008年固定农户连续跟踪调查数据发现，农业劳动力已表现出明显的老龄化趋势：40岁以下的农业劳动力2003年占农业劳动力的38.7%，2008年下降到

33.2%；而50岁以上的农业劳动力2003年占农业劳动力的32.3%，2008年则上升到38.1%。① 由于青年劳动力受教育程度普遍高于老年，农业劳动力的老龄化也意味着低（文化）素质化。

主要由老年人、文化素质偏低的人从事农业似乎表明，当农民是一个技术含量极低的职业，"谁都可以当农民"。在当代中国农村，一些把农业当"副业"的农户，青壮年外出打工赚钱，在老家看守几亩承包地的也大多数是老人、妇女和儿童，即所谓"993861部队"。这种现象引发了人们普遍的担忧：现代农业的发展，农业现代化，究竟靠谁来实现？

然而，忧患中也要看到希望。我们从实际调查中发现，留守农村的所谓"993861部队"，并不是农业生产者的主力，或者更明确地说，他们并不是实际上的农业生产者。其中，绝大多数的"留守儿童"并未从事农业生产，许多留守的老人、妇女也只是"看守"土地，而不是在实际耕作土地。我们从乡村调查中发现，这些农户农业生产的众多环节实际上是"外包"给他人，即依赖专业化的农业生产者来完成的。例如，耕地、播种、插秧、收割依赖农机专业户或专业队，防虫治病则有专业化的植保队或植保公司，等等。这也就是说，这些从事农业生产环节专业化生产的人员才是实际上的农业生产者。这些专业化农业的生产人员，例如农机手、植保员，一般都比较年轻，并有较高的受教育程度。从这一角度看，不能笼统地判定现在农业生产者的素质越来越低。

从未来的发展趋势看，现代农业并不是技术含量低的产业，而是技术含量越来越高、知识越来越密集的产业。中国已故著名科学家钱学森在20世纪80年代中期曾预言，21世纪第六次产业革命将是现代生物科技革命，而主战场则是"大农业"，因此，现代农业将是一个高度知识密集型、高度技术密集型的产业。高度知识密集型产业、高度技术密集型产业必然要求与之相适应的人才队伍，需要与之相匹配的生产者大军，因此，在农业劳动力大规模转移，农业劳动力数量急剧减少的同时，现代农业对于劳动力科技和文化素质的要求会越来越高。

---

① 李旻、赵连阁：《农村劳动力流动对农业劳动力老龄化形成的影响》，《中国农村经济》2010年第9期。

从发达国家的经验看,从事现代农业必须具有较高的综合素质,并不是谁都可以当农民的。例如,在欧洲的许多国家,当农民必须取得"绿色证书";而要得到"绿色证书",需要经过专业化或岗位培训,并通过严格的考试。

【案例5—16】　　　　　丹麦的农业"绿色证书"

丹麦是欧洲最古老的王国之一,农业历史悠久,并一直是丹麦的重要产业。

丹麦农业的主干虽然是私人家庭小农场,但并不是任何人都可以从事农业的。依照丹麦的法律,想购买30公顷以上的农场就必须持有"绿色证书",而且只有获得"绿色证书"的农民,才有资格在购买土地时申请贷款并享受政府给予地价10%的利息补助,并能获得欧洲共同市场有关环境保护的经济补助及其他的优惠条件。即便是农场主的子女,要从事农业,也必须取得二级"绿色证书"。

丹麦的"绿色证书"分为五个等级:

一级证书:农业职业教育学徒工证书,相当于中国的农业职业初中毕业证书。

二级证书:要求一级证书获得者再学习3年,毕业后方可获得二级证书,这才有资格经营农场。

三级证书:具有一定的经历,并参加3个月左右的脱产学习才能获得。

四级证书:二级证书获得者再到农业学校学习3年,合格后才能获得四级证书,才有资格受聘到其他农场去经营。

五级证书:四级证书获得者可上农业大学,毕业后可获得五级证书,才能成为农业工程师。

在中国,农业的"绿色证书"制度也已经启动。它是中国农民的技术资格证书,也叫技术岗位合格证书。目前它的实施范围包括种植、畜牧兽医、水产、农机管理、农村合作经济管理、农村能源和农业环境保护等多个领域,与"大农业"的发展趋势相吻合。不可否认,在中国现阶段,要求所有从事农业的生产者都必须取得"绿色证书"是不切实际的幻想与空想,但利用"绿色证书"制度可以为现代农业的发展培养一批现代化农民。目前，取得"绿色证书"的对象，主要是具有初、高中文化程度的农业专业化生产人员、农业社会化服务体系的人员，例如村干部、专业户、科技示范户和一些技术性较强岗位的从业农民。他们的人数并不占目前农业生产者的多数，但代表着现代农业生产者队伍的未来。请看《光明日报》2011年11月8日第5版记者对这些新型农民的描述。

> 这是我们曾经的农民印象："一亩地，两头牛，老婆孩子热炕头。"然而，随着现代农业的发展，这种充满温情却故步自封的梦想不再是农村青年的追求，"农民"的概念发生了深刻的变化。
>
> 半人高的大茄子、重达260斤的南瓜、五彩斑斓的辣椒、长在花盆里的蘑菇……近日在陕西杨凌开幕的第18届中国杨凌农业高新科技成果博览会上，农产品一改传统的"质朴"形象，将科技带来的巨大变化直观地呈现在公众面前。
>
> 带着这些产品参加博览会的农民，也不再"土气"，他们时尚、专业，充满自信，在博览会上，他们忙着与来自全世界的农业专家交流着各种信息——比如，在全球信息化大趋势下，国内外应用信息技术促进农业生产经营、农村科技推广、农资农产品营销服务及农村科技文化建设等方面的成功模式和经验等。
>
> ——《光明日报》2011年11月8日第5版

从很多地方的实践看，推动农村土地流转，培育农业生产专业户，发展家庭农场；推动农业生产环节的专业化，培育和发展各种类型的专业化农业生产组织，是培育"职业化农民"的两条基本路径。未来"谁来种地"？根本的出路不是要把现有的农业劳动力都强行地"捆"在土地上，只能当农民；而是要在广大农民自由选择的基础上，培育"职业化农民"。它还应包括允许过去的非农民、"城市人"、大学生自由选择，去当"职业化农民"。

【案例5—17】　　　　"85后"大学生当农民

在山东邹平县西董街道高效农业生态园里，十几名"85后"大学生在园内当"农民"。他们都是近几年来从全国各地到这里从事高效农业生产的。他们在园内从事蔬菜的育种、栽培、管理以及园艺苗木的研发、育苗等工作,并把节水灌溉、立体栽培等新技术应用到生产中。

——《中国青年报》2012年12月20日第1版

十三　本章结论:"改造小农"的根本目的是提升小农实现"实质性自由"的"可行能力"

当代中国的农业生产组织是以农户家庭经营为基础的多元共生的组织格局。"改造小农"是实现农业生产组织现代化乃至实现全面的农业现代化的关键。

在市场经济基础上"改造小农",不是要消灭小农。纵观世界农业发展的历史,尤其是发达国家农业现代化的历史经验,"现代小农制"依然是现代农业的微观经济基础。当然,"现代小农"与"传统小农"形式相似,但本质迥异。"传统小农"呈现的是马克思所说的"马铃薯经济"般的"一盘散沙";而"现代小农"则是通过各种各样的经济渠道、经济纽带紧密地联结在一个大的市场化网状体系之中的。因此,"现代小农"又是"市场化小农"。

将"传统小农"改造成为"市场化小农"是当代中国农业生产组织现代化的关键环节,但是,它并不是"改造小农"的根本目的所在。"改造小农"的根本目的是要提升广大农民实现"实质性自由"的"可行能力",而不是"小农市场化"。诚然,从"传统小农"转变为"市场化小农"确实是农村市场经济发展的必然要求,是不以人们的意志为转移的客观趋势。从这一角度看,"小农市场化"不可逆转。但是,从提升小农实现"实质性自由"的"可行能力"这一最终目的看,市场化并非程度越高越好,并非一切都要市场化,决不是所谓的"泛市场化"。如果市场化损害了提升小农实现"实质性自由"的"可行能力",这种市场化就不可取。因此,在"改造小农"的进程中,政府、社会同样负有重要的责任,并非应把一切都交给市场。这就是说,在有些方面、有些领域,政府、社会要取代市场。

市场化改造小农的必要前提是大幅度减少农民。只有农业劳动力大规模的转移，才能为市场化改造小农提供必不可少的资源、组织与制度空间。实践表明，中国市场化"改造小农"的路径与中国特大规模的农业劳动力转移进程是相伴相随的。特大规模的农业劳动力转移实质性地减少了依赖土地而生存的农业生产者，使中国极为丰富的劳动力资源在更为广阔的空间得到优化配置，也有利于中国的农民逐步向市场化小农转化。但是，由于中国城乡户籍制度改革的滞后，农民转变为市民依然存在着各种体制性的障碍。因此，中国特大规模的农业劳动力转移并没有伴随着相应的农民市民化进程。这使得中国大规模减少农民具有一定程度的脆弱性与不确定性。

中国目前在农村土地集体所有制不变的前提下所展开的土地经营权（承包权）的交易与流转，是在市场化小农的基础上，以市场经济的方法来推进并实现土地适度规模经营的一条现实可行的渐进之路。只要坚持农民自主自愿、自由选择这一基本原则，坚持多元共生的流转方式，沿着这条道路，我们完全可以在农户土地承包制长久不变的前提下，稳步推进具有中国特色的土地适度规模经营。

"工商资本下乡"将家庭农业转变为工厂化农业，把农地转变为农业车间，把农民转变为农业工人，是一种激进的农地流转方式，也是一种激进的"改造小农"的方式。全国各地固然有一些成功或比较成功的案例，但失败的教训也不少。而且失败后所带来的麻烦，尤其是对农民的伤害，不是短期内能够平复的。因此，确需慎之又慎，万万不可"大跃进"。从更深层次看，这种激进方式是否能提升农民实现"实质性自由"的"可行能力"？实践表明并不一定。

在中国特定的资源约束与制度约束下，农业生产环节的专业化与规模化经营是市场化改造小农的又一关键性环节。应该看到，在中国很多地方，农户农业生产的众多环节实际上是"外包"给他人，即依赖专业化的农业生产者来完成的。这些从事农业生产环节的专业化生产人员有可能逐步成长为中国未来农业生产的主力军。

农业机械化是提升农民实现"实质性自由""可行能力"的一个重要方面，在中国，应着力研究在市场化小农的基础上如何推进农业机械化，而不是为了农业机械化而改变农户家庭经营形式。在市场经济环境中，农业机械化的目标不是要追求农机的自给自足，而是要追求农户整体农业生产各环节的农机服务覆盖率。因此，农业机械化的推进应以专业化、市场化的农机服务为主体，大多数的农户并不需要购买农机，而只需要购买专业化、市场化的农机服务。

建立能促进技术变化，技术进步的体制、机制及组织形式是市场化改造传统小农必不可少的强有力手段。基于此，这就需要改造传统的、建立在计划经济和人民公社体制基础上的农业生产技术推广的机制与组织方式，重建适应市场经济与农户经济的农业技术推广新机制和新的组织方式。实践证明，在政府主导下建立一个多元共生的农业技术推广组织网络是与市场经济相适应的具有生命力、包容性的现实选择。在这方面，要特别重视农业科技示范户作为农业技术推广"先行者"、"领跑者"、"示范者"的功能。

市场化改造小农的根本大计是要培育越来越多的新型农民，以解决"未来社会，谁来种地"的难题。从发展的眼光看，现代农业并不是技术含量低的产业，而是技术含量越来越高的产业，因此，在农业劳动力大规模转移，农业劳动力数量减少的同时，现代农业需要素质越来越高的劳动力。推动农村土地流转，培育农业生产专业户，发展家庭农场；推动农业生产环节的专业化，培育和发展各种类型的专业化农业生产组织，是培育新型农民，即"职业化农民"的两条基本路径。

第六章

农民合作经济组织:谁组织?组织谁?

【提要】"组织起来",或者说农民的"组织化",不是为了束缚农民的自由,而是要为广大农民"自由地实现自由"提供更广阔的组织与制度平台。从这个意义上说,农民合作经济组织尤其是农民专业合作社,为农民的"组织化",为农民提升"实质性自由"的"可行能力"提供了一种可供自由选择的组织模式。

一 市场化小农是否需要合作经济组织

对于三十多年前才从人民公社体制束缚下解放出来,获得独立经营权与自由选择权的中国广大农民而言,他们还需要合作,需要合作经济组织吗?一些学者认为,中国的农民"善分不善合"[1]。尤其是人民公社体制"被集体化"、"被组织化"的后遗症,使广大农民"谈合色变",有一种内在的恐惧。

中国农民"善分不善合"的命题在学界引发了很大的争论。大多数学者认为,对"善分"还是"善合",不能简单而论,它需要依据一定的经济与制度环境。用经济学的理论语言分析就是,"善分"或者"善合",都可

---

[1] "中国农民的天然弱点在于不善合。他们只知道自己的眼前利益,但看不到长远利益,更看不到在长远利益基础上形成的各农户间的共同利益。因为看不到共同利益,所以不能在平等协商基础上建立起超家庭的各种形式的经济联合体。或者说,村民间的共同利益在客观上是存在的,但在主观上并不存在。"(曹锦清:《黄河边的中国》,上海文艺出版社 2000 年版,第 167 页)

以看作是一种行为偏好。在新古典经济学的理论范式中，偏好稳定是外在的基本假设与前提。但是，偏好稳定必须取决于社会经济制度环境的稳定。人的经济行为毕竟不是主要取决于遗传基因，而是主要取决于特定的历史场景与经济、制度环境。传统农业社会的"马铃薯经济"，分散经营的农户以自给自足为主。在社会交往的狭小的特定半径区域内，"你家生产什么，我家也生产什么"，"你家消费什么，我家也消费什么"，生产结构与消费结构的高度同质性使得社会分工难以深化，因此，建立在社会分工基础上的经济合作的内在动力不足，社会需求也不足。在这种特定的经济与社会环境中，"分"是主流，即一袋马铃薯由一个一个独立的马铃薯集成。但是，即便是在传统的以自给自足为主流的农业社会里，农户之间也有一定程度、不同形式、不同层次的互助与合作。不过，这种互助和合作很难发展成为稳定的、规范的合作经济组织形态。这就是说，传统农民虽有"合作"，但难以形成"合作社"。然而，当今的中国毕竟已不是传统的乡土中国，当今中国的农村也不是传统的自给自足的"农耕社会"，因此，当代中国的农民也不是那种传统的自给性、封闭性农民。中国农村推行以土地家庭承包制为主体的改革后，农村、农民是日益走向"原子化"而更孤立、更封闭，还是逐步走向"市场化"、"社会化"而更开放？这是两种迥然不同的判断。如果是前者，"原子化"的农民则缺乏经济合作的内在动力与微观基础；如果是后者，"市场化"、"社会化"的农民则有着合作的内在需求和内在动力。当然，农民需要合作与农民是否加入专业合作社等农民合作经济组织固然有着十分密切的联系，但也不能混为一谈。关于这一点，本章的第十一节会有更详细的讨论。

事实上，当代中国小农的市场化进程，或整个农村经济的市场化进程与农民合作的需求、农民合作经济组织的发展是相辅相成的。世界银行在2006年发布的一份研究报告《中国农民专业协会：回顾与政策建议》中就明确指出："农民们采取行动组建自己的社团和协会来帮助他们克服各种挑战是与市场经济条件下商业化农业生产的普及紧密相连的。""对于面临市场高速发展这一挑战的小规模农户来说，最好的解决办法大概就是让他们自己更好地组织起来，开展合作。"

为什么市场经济条件下的"市场化"或"正在走向市场化"的小农更

需要经济合作,进而需要建立多元化的各种类型的农民合作经济组织?该份世界银行的报告给出了如下一些理由。(1)"市场发展要求提高生产规模,而这令只拥有少量土地、分散的中国农民们处于不利地位。"(2)"满足新的市场需要对技术服务和支持提出更高要求,而这是现有农技推广和服务部门无法满足的。"(3)合同数额超过单个生产者的供应能力。(4)农用物资采购的经济性。(5)能获得公共/非公服务部门更多的重视或获得更多的公共/非公服务。(6)集体投资可以比单个农户投资产生更大的经济规模。(7)提高农民整体的谈判能力,提供与政府对话的重要反馈机制,使农民能够更加充分地参与政策决策和执行过程。(8)建立新的社会网络让农民互相联系并结合在一起,降低发展的交易成本。(9)有利于农村反贫困斗争,减轻社会弱势群体的边缘化程度。(10)建设具有包容力的和谐社会。(11)培养农民民主意识。

该份世界银行的报告还从中国已经发生和正在发生的一系列结构变化方面论述了当代中国"市场化小农"和"正在走向市场化的小农"需要合作,进而需要建立合作经济组织的必要性与紧迫性。

> 结构变化伴随着市场的开放。这许多变化的一个后果就是增大了农业生产的最佳经济规模。反过来,这些变化使得只拥有少量、分散土地的单个农民很难在市场中保持竞争力。推动产生这些变化的动力包括:
>
> ● 中国加入世界贸易组织改变了国内市场的平衡。在早前的粮食自足政策下,很多农民主要以种粮为生,不需要生产多样化的产品。在世界贸易组织框架下,中国的粮食市场已经对外开放了,现在粮食价格受到国际市场的影响。同时,加入世界贸易组织也为中国具有比较优势的行业创造了机会,如畜牧业、水产品和园艺产品等,但是这些产品必须达到严格的质量标准才行。不论是需要出示表明产品符合标准的证书,或是满足全球市场需要的产品数量,都是采用传统生产方式的小农户所无法做到的。
>
> ● 食品供应链纵向一体化程度迅速加深,有一些产业已经被少数几个大公司所掌控。为了满足新兴中产阶级的需要,连锁商店和超级市场不断增加,而这也促进了供应链的一体化。现代化的超市、便利

店、特大商场和会员商店——20世纪90年代初之前在中国从未出现的零售模式——现在占据了城市食品销售份额的30%，而且正以每年30%—40%的速度增长。这一趋势因为中国的城市化进程和超市连锁向中西部地区、小型城市和乡镇的积极扩张而更加明显。同时，地方政府，特别是市政府，正在以食品安全和改善城市形象的名义逐步关闭传统的自由市场。连锁超市大批量采购标准化生产的优质产品，而且延期付款，这种做法有利于货源丰富、从事大规模生产的供应商。小生产者们无法进入高附加值市场，他们和消费者之间隔了一道不可逾越的高墙。

● 消费者的要求越来越高，他们不再仅仅满足于产品的选择种类或季节性的供应，他们越来越意识到食品安全问题。例如，生产者可以从生产高质量的淡季水果和蔬菜赚取高额利润，但很多因素都要求大批量的同种产品，包括运输过程中冷冻和其他基础设施等，这些因素都有利于大规模的生产者，而不利于小农户。出于对食品安全的担忧，推出了多种认证标准，但是要达到这些标准的费用和工作通常是单个小农户所不能承受和做到的。

中国学者张晓山、苑鹏从学理化的角度论述了中国农村经济体制改革后农民合作社兴起的背景与必要性。他们指出了农民合作社兴起的四个原因：一是市场机制失灵，使分散的小农户在市场中处于不利的地位；二是信息不对称所造成的资源分布的扭曲，增加了农民生产、购买及销售的盲目性；三是农产品供给由短缺到过剩，农产品越来越难以实现其价值；四是在农产品最终价格中农业初级产品所占的份额逐步下降。他们的结论是："在市场形势严峻、外部环境对商品化农业发展不利的情况下，农民往往倾向于组织起来，开展各种形式的联合与合作，以便与市场中的各种经济力量相抗衡，以较低成本、较快捷的方式整体进入市场。"[①]

从实践上看，农村合作经济组织的发展与农村经济的市场化程度，与农民

[①] 张晓山、苑鹏：《合作经济理论与中国农民合作社的实践》，首都经济贸易大学出版社2009年版，第131—134页。

（小农）的市场化程度的确有比较明显和比较普遍的正相关关系。① 在中国，长江三角洲地区是农村市场经济最为发达的地区，也是中国农村合作经济组织发展最为迅速并且比较规范的地区。例如，据2005年国务院发展研究中心农村经济研究部与财政部农业司的联合调查，浙江台州参加农业合作经济组织的农户占该市农户总数的27%，远远高于同期全国9.8%的平均水平。就世界范围看，"越是农业发达的国家，农民加入合作社的现象越为普遍。美国每个农户平均参加2.6个合作社。法国、荷兰90%以上的农民加入了农业合作社。丹麦98%的农民都是农业合作社社员，每个农户平均参加3.6个合作社。日本、韩国、澳大利亚、新西兰参加农业合作社的农民也达到90%以上"②。

二 现实的困惑：合作社为什么"缺乏对农民的吸引力和凝聚力"

从世界各国的经验和中国各地的实践看，农民合作经济组织确实能为处于市场经济环境中的小农户带来单干所不具有的规模收益与合作收益。2004年底，中国（海南）改革发展研究院与美国国际共和研究所在海口联合举办了一次"中国农民组织建设国际论坛"，迟福林在结集出版的会议论文集导论中写道："据农业部最新资料显示，参加合作经济组织的农户比一般农户的人均年纯收入，通常要高10%到40%。"大量的实证调查也表明，农民参加合作经济组织确实比单干有更大的经济收益，而且可以减少市场的不确定性与规避市场风险。例如，本课题组调查的浙江永嘉县壶山香芋专业合作社，入社社员比当地未入社农民的年均收入要高300元以上。另据浙江苍南县全县的统计数据，参加合作社的社员年人均收入要比未入社成员高300元左右。

然而，在实际经济生活中，中国农村合作经济组织的发展并不理想。

---

① 就区域特征而言，农民合作经济组织与农民市场化程度在一般情况下是正相关的，但并非在所有状况下都如此，也有一些例外。例如，据张晓山、苑鹏的调查，农民市场化程度较低的苏北，农民专业合作社的数量占江苏全省的63%，而市场化程度较高的苏南和苏中仅占17%和29%；从社员构成看，苏北占全省的75%。张晓山、苑鹏没有具体分析这种反常现象的原因，笔者认为，这可能与苏南、苏中地区原有村级集体经济组织的发达有关系。

② 韩俊主编：《中国农民专业合作社调查》，上海远东出版社2007年版，第192页。

2004年，中国（海南）改革发展研究院组织的一次全国性抽样调查表明，存在合作经济组织的村只占所调查村的 7.18%。这意味着有 90% 以上的村是所谓"合作社空白村"。在 2008 年寒假期间，本课题组组织华中师范大学经济学院本科生和研究生对全国 17 个省（市、区）① 共计 1612 户农户进行了问卷调查（回收有效问卷 1362 份），发现加入了农村合作经济组织的农户，或与农村合作经济组织有联系的农户仅占调查户数的 2.5%。

2006 年《中华人民共和国农民专业合作社法》颁布以后，在各级政府的推动下，就全国而言，农民专业合作社似乎进入了一个高速发展期。"截止到 2011 年 6 月底，在工商部门登记的农民专业合作社达 44.6 万个，入社农户达 3000 万户，约占全国农户总数的 12%。一些省（区、市）相继宣布已经消灭了合作社空白村，还有一些省（区、市）则表示要努力在一两年内消灭合作社空白村。"② 地处中部的湖北省，2012 年 1 月，农民专业合作社达到 20245 户，突破了 2 万户大关，同比增长高达 55.63%；农民专业合作社登记的出资额为 246.63 亿元，同比增长更是高达 57.3%。

但是，在农民专业合作社这种高速增长的数据背后，正如潘劲所指出的："深入调查后会发现，农民专业合作社并未得到广大农民的认可，农民对合作社的反应很茫然和漠然；即使是在合作社有所发展的地区，仍有大量农户没有加入合作社；在已经成立的合作社中，又有相当数量的合作社不再运营；而在运营的合作社中，又有大量合作社表现出与现行规则不相符合的特质。"③ 这些现象似乎表明，实际上的农民专业合作社的发展要远远低于官方数据所反映的农民专业合作社的发展。"假合作社"、"伪合作社"，农民"被合作化"、"被社员"的现象在某些地区普遍存在。④ 这就是说，即便是在《中华人民共和国农民专业合作社法》颁布以后，政府大力推进农民专业合作社的发展，中国农村的合作经济组织依然是"覆盖面狭、规模小、

---

① 这 17 个省（市、区）是：湖北、湖南、江西、河南、四川、山东、福建、广东、浙江、天津、海南、河北、山西、安徽、重庆、广西、吉林。
② 潘劲：《中国农民专业合作社：数据背后的解读》，《中国农村观察》2011 年第 6 期。
③ 同上。
④ 潘劲提供了很多实例："据一个直辖市郊区的农经站人员介绍，在该区的 500 多家合作社中，有 50% 的合作社没有开展活动。""有的农户若不是笔者'按名索户'前往拜访，还不知自己是合作社成员。"

缺乏对农民的吸引力和凝聚力"。

这似乎是一个悖论：既然"参加合作经济组织的农户比一般农户的人均年纯收入通常要高10%到40%"，那么为什么合作经济组织依然"缺乏对农民的吸引力和凝聚力"！？

问题出在哪里？究竟是农民对合作经济组织的需求不足，还是合作经济组织的供给乏力，或者二者兼而有之？进一步讲，是否还有其他经济组织，例如农业企业，能替代农村合作经济组织的功能，以致合作经济组织"被替代"、"被挤出"？

本章接下来首先探讨农民合作经济组织供给方面的诸多问题，包括农村企业，尤其是农村私人企业替代农民合作经济组织的可能性。其次讨论农民合作经济组织需求方面的一些原因，例如，农民合作是否一定要加入合作经济组织？

三 农民合作"企业家"：十分稀缺的组织资源

按照新古典经济学集大成者、一代经济学大师马歇尔的理论框架，企业家是"组织"这一生产要素的人格化，或者说是使生产要素组织化的组织者："他们'冒着'或'担当'营业的风险；他们收集了工作所需要的资本和劳动；他们安排或'计划'营业的一般打算，并监督它的细小事情。"[1]

另一位著名的经济学大师熊彼特则从"创新者"的角度定义"企业家"。他认为，企业家就是以实现生产要素新组合为基本职能的人；而所谓的生产要素"新组合"则包括：（1）采用一种新产品或一种产品的新的特性；（2）采用一种新的生产方法；（3）开辟一个新的市场；（4）获取或控制原材料或半制成品的一种新的供应来源；（5）实现任何一种工业的新的组织。[2]

马歇尔意义上的"企业家"与熊彼特意义上的"企业家"固然不能等同，但仍有相通的交集。就中国农村经济的发展实践看，作为企业的"组织

---

[1] 马歇尔：《经济学原理》，陈良璧译，商务印书馆1965年版，第305页。
[2] 熊彼特：《经济发展理论》，商务印书馆1990年版，第73—74页。

者"，事实上也就是创造了经济资源的一种"新组合"。从特定意义上讲，"组织"就是"创新"。

无论是马歇尔意义上的"组织者"，还是熊彼特意义上的"创新者"，企业家都是一种十分稀缺的经济资源。这是因为企业家是一种特殊类型的人力资源：企业家不仅需要具有"发现机会"的敏锐观察力，而且还需要具有"把握机会"、"抓住机会"的果断决策力；不仅需要面对风险的良好承受力，而且还需要有乐于挑战风险的勇气；不仅需要有打破旧的平衡的破坏性，而且需要有建立新的平衡的创新性；不仅需要管理内部员工、协调内部关系，而且需要具有外向开拓、沟通外部关系的能力。企业家这些多方面的特殊才能，或者说特殊的人力资本，不是一般性的货币投资就能获得的，也不是一般性的学校教育或培训机构能简单、成批量复制出来的，它需要实践的长期磨炼，包括"屡战屡败，屡败屡战"的坚韧，同时也需要个人的天赋才能。正如中国古语所说："千军易得，一将难求。"

相比于企业家的稀缺，作为一种特殊种类的企业家，即组织农民合作的"合作社企业家"，就显得更为稀缺。这是因为组织农民合作的企业家除了需要具备一般企业家的基本素质外，还需要具备一些更加特殊的素质：（1）他们需要认同并实践合作的理念与价值。作为一般的企业家，其主要的经营目标是企业利润的最大化，虽然现代企业已日益强调企业相关者的利益，但企业股东的利益依然被置于中心地位。但是，作为合作经济组织，正如国际合作社联盟所强调的："资本是合作社的仆人，而不是该组织的主人。"因此，合作经济组织的经营目标更偏重全体合作组织成员的利益共享性。从这一基点出发，合作经济组织是"平等优先，兼顾效率"，或"平等与效率并重"，而不同于一般的追求效率最大化的企业。这意味着合作经济组织的企业家，或者说合作经济组织的组织者、牵头人，在严格意义上也只是合作经济组织的一个成员，合作经济组织并不是他的私人企业、私人公司，他并不能得到比其他成员高很多的物质利益。因此，单凭物质利益的刺激很难激发具有企业家才能的人去从事农民合作事业，组建农民合作社。很显然，农村合作经济组织的企业家要富有"利他"、"利组织"的奉献精神；或者，按主流经济理论的分析框架，其个人利益最大化的目标函数中要包含更多的非物质的精神收益比重，例如对合作价值的认同与信仰，造福乡里、获得良好口碑和社会尊重的愉悦。（2）他们更需要有民主管理的精神，要更善于处理与平衡组织内部的人际关系。合作经济组织的一项重要原则是管理的民主性，即全体组织成员要平等地参与各项重大事情的决策，并强调所有成员"一人一票"的决策权，而不是股份公司"一股一票"的决策权。因此，合作经济组织的企业家在作出重大决策时要善于与全体成员沟通，包括说服、引导，并保持与全体组织成员良好的人际关系。因此，合作经济组织企业家的个人道德操守、组织成员对其的信任就显得比一般企业家更为重要。

何慧丽在"百信之窗"网站发表的一篇文章《我们向梨树县的农民合作社学习什么？》中，就利用吉林省梨树县农民专业合作社带头人的一些鲜活、生动的乡土语言，描述了农村合作经济组织企业家的一些特质："商业头脑，菩萨心肠"，"疯子+傻子"。

◇【专栏 6—1】 合作社需要什么样的带头人

我们这里所说的农民精英，主要是指具有这三种品质的人：一是有坚定的合作信念和大公无私的奉献精神；二是具有一定的实用技能专长；三是具有对市场和政策的宏观把握能力。

我们所参观的农民合作社，没有一家合作社的带头人是拿工资或者有补助的。夏家合作社理事长张淑香说：搞起搞不起合作社，关键在于几个头。他们是脚踏实地干的，是没有任何个人图想的。在合作社发展初期，一些花销基本上要靠理事监事们自掏腰包。从长远来说，要靠合作社的经济收入。但在创业初期，强调的是勤俭和艰苦奋斗。她认为：想做事，先做人，带头人要做优秀的人，让社员心服口服。她本人对饲料、防疫等具有丰富的技术经验，又善于预测市场行情，被称为有"商业头脑，菩萨心肠"的人。

闫家村合作社的理事长姜志国认为，合作社这事是"疯子+傻子"干的事。所谓"疯子"，是痴迷合作事业到了正常人难以理解的程度；所谓"傻子"，就是合作社的骨干成员在这个崇尚个人利益的社会风气中所作出的一些"活雷锋"般的"大公无私"的行为。姜志国本人当理事长，搞资金互助两年来，帮助社员解决了许多次资金短缺的问题，他自己在社里也搭进了很多钱，因为资金互助的利息收入不够社里开支；再如他家里已经有了一台小型农用车，但他却必须带头入股集资购买一台大型农用车，因为只有大型农用车才能实现社员种地机械化的问题。

郭家合作社之所以能坚持四五年，是因为有以理事长郭连伟为首的几个骨干力量起着核心作用。郭连伟被人们称为愈挫愈奋的"老坚持"。他曾是一个乡村的赤脚医生，当他终于找出了合作社这条康庄大道，确定合作社是广大农民的保护神，是贫困人群走上富裕的有效途径时，他就结合自己精通医术的特长，为探索医疗合作、教育合作、老年保障而呕心沥血。

还有太平合作社理事长周彬、监事周河，他们熟知国家相关的"三农"政策和扶持农民合作的指导性文件，他们平时又在种养上有过硬的生产技术，还在多年的合作经验教训中知道了以利益为纽带使农民相互合作的操作办法，并探索出使国家金融业、保险业进入农户的有效途径。他们在开拓新合作之路上付出了极大的心血。

有一普通社员自编唱词如下：

"谁没有父母兄妹，谁没有妻子儿女。谁不想安家又乐业，谁不想少些是是非非。只因铁肩担道义，路过家门怎能回，怎能回。

"你有海的胸怀山的身躯，做一粒种子奉献自己。合作的路是沟沟坎坎，合作的路是弯弯曲曲。经三九，历三伏，酸甜苦辣何所惧，何所惧。"

从某种意义上讲，人事，人事，有什么样的人就会有什么样的事。合作社带头人所具有的奉献精神和才能是合作社能够生存和发展壮大的关键力量所在。

——何慧丽：《我们向梨树县的农民合作社学习什么?》，百信之窗网站

毋庸讳言，现实生活中这种理想型的农民合作经济组织的企业家并不普遍，而是十分的稀缺。这也是中国农村合作经济组织供给不足的最重要原因之一。正如德国学者所说，没有合作社企业家，就不会有合作社。这是因为即便广大农民有组织合作社的需求与愿望，但如果没有人出面组织，这种需求与愿望也不可能转化为现实形态的组织。

在笔者看来，"大公"不一定要完全"无私"，二者并非水火不能相容；关键在于如何平衡和把握"公"与"私"，即"合作社利益"与"个人利益"的关系。当然，相比私人企业家，合作经济组织的企业家必须牺牲更多的个人利益，必须有一定的奉献精神，但是，也不能苛求、更不能指责合作

经济组织的企业家对个人利益合理、合法和适度的追求。中国的古代哲学家早就认识到："水至清，则无鱼。"

四 农民合作经济组织的组织成本与运行成本：与私人企业的比较

农民合作经济组织供给不足一是源于农民合作经济组织企业家的十分稀缺；二是因为农民合作经济组织的组织成本与运行成本相对而言太高。而且，这二者之间又有着互为因果的密切联系：农民合作经济组织企业家的稀缺是农民合作经济组织的组织成本高的一个重要原因；而农民合作经济组织组织的成本与运行成本过高，则进一步加剧了农民合作经济组织企业家的稀缺。

与农村私人企业相比较，农民合作经济组织的组织成本与运行成本过高主要表现在如下几个方面：（1）农民自发组织合作经济组织是一个集体协商与集体谈判的过程，要取得组织成员的共识以达成组建协议，比组建农村私人企业要困难得多，即需要付出更多的谈判与组建成本；即使政府牵头的组建行为，如果排除行政性的强制因素，也需要动员和说服农户自愿参加，也需要付出很大的动员和说服成本。与此相比较，组建私人企业，劳动力可以依赖市场招聘。在中国这样一个总体供过于求的劳动力市场上招聘普通劳动力并不十分困难。（2）合作经济组织实行成员开放制度，合作社社员有较大的"进入"与"退出"自由权，这不利于保持合作社的长期稳定与长期发展，尤其是对于那些拥有较大的不可分割资产的合作社则更是致命的威胁，因此，合作经济组织要形成很大的经营规模十分困难。与此相比较，企业或公司的财产制度相对稳定，只要用制度、规则限制了少数关键性成员的"自由退出权"，单个普通劳动者的进退对企业的长期稳定运行没有实质性影响。（3）合作经济组织实行"一人一票"、民主决策、民主管理的制度，固然可以加强组织成员的民主参与意识，减少委托—代理结构中的信息不对称和代理人侵害委托人利益的现象，但也导致了决策成本的增加，决策效率的降低；尤其是面对瞬息万变的市场行情和激烈的市场竞争，决策程序的冗长、低效会导致合作经济组织生产经营的低效率。与此相比较，私人企业的决策权虽然集中在少数人手中,但决策成本较低,对市场的反应也更敏捷,决策效率相对更高。(4)为了控制资本支配劳动,合作社普遍实行社员内部持股与利润返还制度,并限制外部持股和股金报酬,这虽然有利于合作社成员的向心力,但也加大了合作社外部融资的困难,不利于合作社规模的扩展。与此相比较,企业或公司一般不限制外来资本的投入,按股分红也能从经济利益关系上刺激与吸引外来投资者,这无疑有利于企业融资,有利于企业经营规模的扩展。(5)合作经济组织收入分配以按劳分配为主,因此,组织内部的收入分配比较平均,管理者、技术人员与普通劳工的收入差距较小,这固然有利于成员之间的和谐,减少了组织内部的利益矛盾与利益摩擦,但也削弱了个人利益激励机制的作用,容易产生"能人出走"和"搭便车"现象。(6)在合作经济组织内部,监督收益全体成员共享,具有公共性质,但监督成本则具有私人性质。监督给监督者带来的收益与成本并不对称,以致合作经济组织内部的监督不力成为常态。

五 政策性收益:政府支持的必要性

由于农民合作经济组织的企业家资源比一般企业的企业家资源更稀缺,也由于农民合作经济组织的组织成本与运行成本要高于农村企业,中国农村经济组织类型中的农民合作经济组织的数量与规模都小于农村企业、公司。为了鼓励农民合作经济组织的发展,降低农民合作经济组织的组织成本与运行成本,提高农民合作经济组织的组织收益,政府往往会给予农民合作经济组织各种特殊的政策性支持,即所谓"政策性收益"。段应碧指出:"世界各国的经验表明,农民合作经济组织的发展,必须要有政府的扶持。[1]"安德烈·哈里斯、布伦达·史铁芬森和穆雷·富尔赖(Andrea Harris, Brenda Stefanson, and Murray Fulton)在研究美国新一代合作经济组织的发展过程时也发现,即使在美国这样具有根深蒂固的自由主义文化的国度,政府在农业合作经济组织产生和发展过程中也具有不可或缺、不可替代的作用。他们

---

[1] 段应碧:《序言:关注和研究农民组织建设问题》,中国(海南)改革发展研究院编:《中国农民组织建设》,中国经济出版社2005年版,第2页。

的研究都表明，农业合作经济组织的产生与发展严重依赖政府的制度及政策支持。

为什么政府的扶持与制度及政策的支持是必需的？一个合理的解释就是因为农民合作经济组织内生的制度局限性使得它们在完全平等的自由竞争环境中往往处于劣势，很难迅速发展。在这里，政府的扶持，政府给予农民合作经济组织特殊的"政策性收益"，并非完全出于经济效率方面的考量，而更多的是政治收益和社会收益方面的考量；或者说，是各种利益集团利益博弈、政策博弈的一种均衡。例如，美国在19世纪末就豁免了农民合作社的全部税负，直到1951年，才开始对部分农业合作社征税，但所征收的税额也只为工商企业的1/3。在法国，政府对于创办之初的农民合作社会给予一定的投资津贴，创办后则给予税收优惠，从政策上积极引导农民加入合作社。在意大利，农民合作社从国家银行贷款购买农业机械可以免除一般企业必须缴纳的资本储备金（占企业资本总额的30%）；并且，国家还可根据农民合作社的计划进行农业水利工程建设投资，竣工后交由合作社集体使用。此外，在美国等许多发达国家里，国家立法给予农业合作社在农产品销售方面一定程度的合法垄断，使合作社能合法地占有一定的垄断利润。

◇【专栏6—2】　部分发达国家政府对合作社的政策性支持

美国　1922年，美国国会通过了凯波—沃尔斯蒂德法案（Capper-Volstead Act），规定凡是参与农业生产的各类农民，都可以按股份形式或非股份形式建立协会等组织，集体从事农产品加工、处理、销售等活动。这一法案的通过，确认了美国合作社的基本规范与合法地位，因此被称为"合作社大宪章"。此外，该法案还为美国的农业合作社提供了有限的反托拉斯豁免，即赋予了合作社在农产品销售方面一定程度的合法垄断。1926年，国会又通过了农业销售法，农业部则设立了合作社销售处，并在此基础上逐步发展成了现在的美国农业合作社服务中心。

为了支持农民合作社的发展，美国在19世纪末豁免了农民合作社的全部税负，直到1951年，才开始向部分农业合作社征税，但征收的税额也只为工商企业的1/3。此外，美国对农业合作社还有直接补贴、销售环节补贴、农业长期补贴、作物保险补贴等种种政策性补贴。

法国 1945 年，法国政府推动成立了全国农民专业合作社联盟，1962 年颁布了《农业生产经济组织法》，1972 年颁布了《农业合作章程法》，积极推动农业合作社的发展与建设。

在各种农民专业合作社创办时，政府都给予一定的投资津贴。例如，在共同使用的农业机械合作社成立时，政府给予其 3 万欧元左右的启动费。对于农业共同经济组织给予财政补助、税收回扣等政策性援助；对于销售组合，在创办后 3 年内给予财政津贴，并优先提供资助。同时，法国政府对农民专业合作社成员实行差别的优惠政策。例如，对只与成员进行业务往来并为成员服务的合作社，给予免税优惠；对谷物合作社免除登记印花税；对农业供应、采购合作社及农产品生产、加工、储藏和销售合作社则免除相当于生产净值 35%—38% 的公司税，免征合作社 50% 的不动产税和按行业征收的产品税。

德国 新成立的农业合作社 5 年内可享受创业资助，包括人工费用、办公设备和咨询费，最初资助比例为 60%，然后逐年减少；7 年内可享受投资资助，如采购、加工、销售、仓储、包装等经营性投资成本，资助额最高为投资总额的 35%，但不超过其销售收入的 3%。同时，对合作社用税后利润进行投资的部分免征所得税；农业合作社可获得免缴营业税、机动车辆税的待遇；为农业企业提供咨询、农机出租等服务的合作社则免缴法人税。

日本 第二次世界大战以后，1947 年 11 月，日本政府制定了《农业协同组合法》；1954 年设立了全国农协中央会，构建了基层农协—县经济联合会—农协中央会的三级组织体系。

日本政府在二战后，指定农协为购销粮食和农用物资的主渠道，赋予其合法的垄断权；从 1961 年开始，由农协辅助政府运营"农业现代化资金"等专项政策性资金。

在中国，《中华人民共和国农民专业合作社法》第八条规定："国家通过财政支持、税收优惠和金融、科技、人才的扶持以及产业政策引导等措施，促进农民专业合作社的发展。"同时，"国家鼓励和支持社会各方面力量为农民专业合作社提供服务"。《中华人民共和国农民专业合作社法》的第七章具体列举了如下一些政府的支持性政策："第四十九条，国家支持发展农业和农村经济的建设项目，可以委托和安排有条件的有关农民专业合作社实施。""第五十条，中央和地方财政应当分别安排资金，支持农民专业合作社开展信息、培训、农产品质量标准与认证、农业生产基础设施建设、市场营销和技术推广等服务。对民族地区、边远地区和贫困地区的农民专业合作社和生产国家与社会急需的重要农产品的农民专业合作社给予优先扶持。""第五十一条，国家政策性金融机构应当采取多种形式，为农民专业合作社提供多渠道的资金支持……国家鼓励商业性金融机构采取多种形式，为农民专业合作社提供金融服务。""第五十二条，农民专业合作社享受国家规定的对农业生产、加工、流通、服务和其他涉农经济活动相应的税收优惠。"

由于农民专业合作社能获得政府给予的这些特殊的"政策性收益"，这使得现实生活中出现了相当数量的所谓"套牌合作社"。这些所谓的"套牌合作社"，只是冠以"合作社"之名，而实质上则是农村的企业、公司，其中的大多数是私人企业、私人公司；有一部分甚至是城市的企业、公司。例如，张晓山、苑鹏提供的山东某生猪运销合作社的案例，"这个合作社实际上是一个家族的合伙企业"[①]。

企业、公司冠以农民专业合作社的名义，其主要目的就是套取政府对农民专业合作社的种种优惠性政策，即获取"政策性收益"，包括政府对合作社的各种"财政补助"，企业挂上合作社牌子后可以规避一些税费，可以享受合作社的建设项目优惠、金融贷款优惠、税收优惠，等等。很多地方政府对于企业、公司冠以农民专业合作社的名义也持支持或默认的态度，其很大的原因是出于政绩的考虑。因此，地方政府所统计的农民专业合作社数量往往被高估，即存在相当程度的"水分"。

不过，一种更为普遍的现象并非"套牌合作社"，而是农民专业合作社借鉴和引进了企业、公司的一些制度因素与运行机制，以吸引更多具有企业家才能的人去组织合作社，同时也降低了合作社的组织成本与运行成本。此外，由农业企业、公司牵头组建农民专业合作社也不能简单地判定为"套牌

[①] 张晓山、苑鹏：《合作经济理论与中国农民合作社的实践》，首都经济贸易大学出版社2009年版，第4—5页。

合作社"。在现实生活中,这是中国扩充农民专业合作社组织者资源的一条极其重要的路径。

如果用刻板的"国际标准"(即"国际合作社联盟标准")去对照中国目前的农民专业合作社,应该说,所谓的"标准合作社"确实不多。这就引发了农业合作经济组织"国际标准"与"本土特色"的争论。

六 农民合作经济组织:"国际标准"与"本土特色"

中国当前的农民经济合作组织,虽然源于中国本土,但也参照了国际经验。传统的乡土中国虽然也有农民的合作实践,但没有发育形成比较规范的合作社,也缺乏系统的合作经济理论。因此,"西风东渐",中国早期的合作经济理论源于西方,是"引进型"的,而非"内生型"的。按照"国际标准",规范性地组建合作经济组织是众多推进合作运动的积极人士的共识与心愿。

但是,中国实践中的合作经济组织并非依据"国际标准"的规范性去推行与运作的。19世纪末20世纪初从西方引进的合作社,按陈意新的说法就是,绝大多数都不是严格意义上的合作社,而是通过中国知识分子剔除了合作主义在西方所具有的革命性后演变成的温和、改良、本土化的合作组织。[①] 20世纪50年代展开的农业合作化运动则走向了过于"革命"的另一极端,政府强制性地急速推进合作化,农民"被合作",并且被"锁定"合作,它与国际合作社联盟倡导的"农民自愿合作"、"进入与退出自由"、"民主管理"等基本原则迥然不同。农村改革开放以来,以各类农民专业合作社为主导的农民合作经济组织伴随着农村经济市场化的兴起而兴起,然而,按照严格的"国际标准"去衡量,这些合作经济组织的大部分也发生了不同程度的"背离"与"异化",用黄祖辉、邵科的话说就是,合作社的本质规定性正在发生"漂移";用潘劲的话说就是,"大量合作社表现出与现行规制不相符合的特质"。张晓山与苑鹏问得更直接:"这样发展的合作

---

① 陈意新:《二十世纪早期西方合作主义在中国的传播和影响》,《历史研究》2001年第6期。

社是我们所期望的合作社吗？"①

　　为什么会出现合作社本质规定性的"漂移"？为什么"大量合作社表现出与现行规制不相符合的特质"？为什么现实中的合作社与人们所期望的合作社有如此大的差距？一个极其重要的原因就在于当代中国以农民专业合作社为主体的合作经济组织多元化、多样化发展出现了"百花齐放"的局面。段应碧曾经指出："我国现在的合作社情况千差万别，而且还有一个特点，很多人包括各级领导的脑子里都有一个'合作社'的概念。"② 这就是说，当代中国的农民合作社，差异性极大，尤其是具有十分浓厚的本土特色，即农民合作社的"本土化"。地域的差异、资源禀赋的差异、经济与社会发展阶段的差异乃至更深层次的文化差异，甚至是地方政府领导人的个人认知差异，以及合作社组织者的差异，合作社社员的差异，都使得当代中国的农民专业合作社以及各类农民合作经济组织不可能千篇一律、"千社一面"。如果固守刻板的"国际标准"，就会使合作经济组织的发展实践陷入困境，举步维艰。依据本土特色的"变通"，往往"变"则"通"，"不变"则"不通"。

　　自"改革""开放"以来，中国农民各类合作经济组织走的就是一条先不规范发展，后逐步规范并仍坚持多样化的道路。许多地方的农民合作经济组织，起步时并没有一个"国际标准"的规范框框，而是"摸着石头过河"。例如，苏南农村地区的股份合作制，你既可以把它看作股份制企业，也可以把它归入合作经济组织系列。事实上，西方的合作社也不是千篇一律的。西方的许多合作社也没有固守刻板的"国际标准"，也是依据本国国情有所变通，有所创新的。例如，20 世纪 80 年代开始出现的美国的所谓"新一代农民合作社"就是"变通"的合作经济组织形态，它吸收了股份制公司的一些优点，因此，比较有效地克服了合作社组织成本与运行成本过高的一些弊端。

---

　　① 黄祖辉、邵科：《合作社的本质规定性及其漂移》，《浙江大学学报》2009 年第 4 期；潘劲：《中国农民专业合作社：数据背后的解读》，《中国农村观察》2011 年第 6 期；张晓山、苑鹏：《合作经济理论与中国农民合作社的实践》，首都经济贸易大学出版社 2009 年版，第 2 页。

　　② 段应碧：《序言：关注和研究农民组织建设问题》，中国（海南）改革发展研究院编：《中国农民组织建设》，中国经济出版社 2005 年版，第 2 页。

【案例 6—1】　　　　　美国"新一代农民合作社"

由于传统的农民合作社组织成本与运行成本过高，一些人们固守的合作社原则已不能适应当代市场经济的新发展，以致传统合作社发展停滞，从20世纪80年代开始，在美国出现了所谓的"新一代农民合作社"。

"新一代农民合作社"与传统的农民合作社相比，有如下一些新特点：（1）传统的合作社以销售大宗农产品，帮助农民解决产品销售难为主要目标；"新一代合作社"则以提高农产品的"附加值"为主要目标。（2）传统合作社社员入社自愿、退社自由；新一代合作社则有一定程度的封闭性。这主要表现在，新一代合作社根据合理的经营规模确定资产总股本和接受社员的数量，并按社员持股数量确定其产品限额。社员可以退社，但不能退股，社员的股金或剩余索取权可以在内部转让，股本相对稳定。（3）在筹资机制上，新一代合作社普遍引入股份制公司筹集社会资本的做法，允许外来资金参股，扩大合作社的集资范围。（4）在决策管理机制上，新一代合作社不严格遵循传统合作社的"一人一票制"，而是实行按投资额大小分配投票权的办法，把表决权与投资额结合在一起。（5）新一代合作社允许外聘专家对合作社实行专业化管理。

然而，过于强调"本土特色"也会走向另一极端，即徒有合作社之名，而没有合作社之实。实质上也就是用所谓的"本土特色"阉割合作经济组织应该具有的"本质精神"。合作社的本质规定性是否能够"漂移"？这涉及一个关键性的问题，什么是合作社的本质规定性？我们认为，合作社的本质规定性主要有如下三点：一是加入与退出的自愿性。虽然在实际运作中为了保持合作社的相对稳定，对社员的加入和退出都会有一定程度的限制，但社员加入或退出合作社在本质上应是自愿性的，而不是强制性的。二是管理的民主性。合作社是全体社员的合作，因此，管理也必须体现全体社员共同参与的特点。三是利益的共享性。组建合作社，归根到底，是为了全体社员的共同利益，因此，合作社的收益应由全体社员共享。在这三点本质规定性中，加入与退出的自愿性是基本前提；管理的民主性是基本手段；而利益的共享性则是根本目的。

随着时代的发展，农民专业合作社以及各类合作经济组织的一些基本原则当然、也应该与时俱进地发展,但是,如果完全丧失了这些合作经济组织的本质规定性,合作经济组织就不成其为合作经济组织。这就是说,合作经济组织也就没有单独成为一种独立的经济组织形态的必要。即使美国那种带有浓厚股份制公司性质的"新一代合作社",也依然保持了不同于一般性企业的一些合作社特质,即保持了合作社的本质规定性。"第一,它不仅仅是投资者所有的企业,而且同时是服务对象——农业生产者所有的企业,投资者与服务对象的身份同一。第二,尽管新一代合作社的利润按成员的股份返还,但成员的持股额与农产品的交售配额挂钩,两者比例一定,这实际上是间接的剩余按交易额的比例返还。第三,普通股份制企业中往往有一个或几个股东处于控股地位,而新一代合作社不允许少数人控股局面的形成。"①

七 政府"组织者":中国国情的"路径依赖"

按照"国际标准",合作社应该是民众自由自愿建立起来的独立的社会自治组织,应该独立于政府部门。但不可否认的是,中国现阶段的绝大多数农村合作经济组织,包括各类农民专业合作社、农民专业协会,要么是政府直接推动和创办的,要么与政府部门有着千丝万缕的联系。那种纯粹由农民"自组织"、与政府没有任何联系的所谓标准、纯粹的民间合作经济组织并不多见。这种状况从根本上而言,是基于当代中国独特国情的,是一种历史语境所限定的"路径依赖"。这也正如诺思所说:"人们过去作出的选择决定了其现在可能的选择。"②

"改革""开放"以后,尤其是在中国农村新型合作经济组织发展的初级阶段,来自民间的自发的合作经济"企业家"极为稀缺,合作经济组织的发展遇到了"组织者瓶颈"。为了推动各类合作经济组织的发展,政府动用了它的独特组织优势和组织权威,充当了合作经济的"组织者"。

政府组织的第一种形式就是政府相关部门或政府控制下的公司(例如烟

---

① 张晓山:《序》,杜吟棠主编:《合作社:农业中的现代企业制度》,江西人民出版社2002年版,第3页。
② 道格拉斯·C. 诺思:《经济史中的结构与变迁》序,陈郁、罗华平等译,上海三联书店、上海人民出版社1994年版。

草公司）直接领办与组织各类农村专业合作经济组织。在农村经济改革后新型合作经济组织发展的初始与起步阶段，政府相关部门，例如各级科协、农经管理站、供销合作社、烟草局、农机局，往往是农村各类合作经济组织的发起单位，或牵头单位。这些合作经济组织，有些就挂靠在这些政府部门名下；合作经济组织的负责人往往就是这些政府部门直接委派的干部。例如，"调查表明，井研县合作社的发展具有明显的政府推动型的特征，绝大多数合作社存在政府官员或者村级机构负责人在其中任职的现象"①。

政府组织的第二种形式是政府利用行政性的层级结构，从上到下布置计划任务，尤其是强制要求村一级领办合作经济组织。世界银行的一份研究报告指出："通常是政府而不是农民自己提出要成立农民组织。中央政府对发展农民组织的高度重视和强调把农民协会摆在了地方政府议事日程的重要位置。地方政府官员实现政策目标的传统做法是制定数量目标，发布命令，向相关政府部门布置任务。许多人认为，由于农民组织是一种比较新的创新形式，因此需要向农民给予指导和鼓励，帮助他们组织起来，而政府在培育新型组织方面要发挥作用。"②

利用政府独特的组织资源与组织优势来"组织"专业合作社、专业协会等农民合作经济组织，是当代中国加快农村合作经济组织发展的一条主要途径，或者说主要经验，但同时也是当代中国农村合作经济组织背离"国际标准"，或发生"漂移"、"异化"的一个主要原因。对此有两种不同的解读，或者说，有两种不同的声音："一方面，它可以被解读为农民组织的成立仅仅是政府命令的结果，而不是农民发起的组织。另一方面，这个结果可能表明源自政府或可能第三方的倡议和支持是启动成立组织进程所必需的。"③

【案例6—2】　　内蒙古××县发展农民专业合作社的经验

实施"双带"，干部推动。充分发挥各级干部在领办、参与、指导、推

---

① 韩俊主编：《中国农民专业合作社调查》，上海远东出版社2007年版，第118页。
② 世界银行：《中国农民专业协会：回顾与政策建议》，中国农业出版社2006年版。
③ 同上。

进农民专业合作社建设和发展中的"带领"和"带动"作用,将领办和组建农民专业合作社作为行政村干部年度重要考核指标,将组建和规范合作社建设纳入乡镇包村干部年度任务目标,将推动、扶持和服务农民专业合作社列入各包村单位帮扶内容。全县305家合作社中,村干部带头领办的达46%,在各级党组织推动下组建的达23%,各级干部扶持组建的达16%,其他农民自发组建的达15%。

——节选自内蒙古××县政府官方网站

从实际调查看,如果排除"村委会"这一"准政府层级",由乡(镇)以上地方政府直接创办、组建的农村合作经济组织并不多见。但是,由政府相关部门,或准政府相关部门,或政府的官办公司、政府的企事业单位领头创办的农村合作经济组织则十分普遍。例如,由供销合作社牵头创办的各类农产品产销专业合作社,由政府所属的烟草公司或烟草局牵头创办的烟草专业合作社,由各级科协牵头创办的各种类型的农民专业协会,由各级农机公司、农机站牵头创办的农机专业合作社,等等。

政府相关部门牵头组织的农民专业合作社有两类值得特别关注。一是以各地供销合作社作为主要"组织者"所组织的合作社。1995年,国务院中发"五号文件"提出,要以供销合作社为依托,积极发展农村专业合作社。在该文件的推动下,全国各地由各级供销合作社牵头组建的农民专业合作社发展十分迅速。据全国供销合作总社的权威数据,到2010年末,由供销社系统组织农民兴办的各类专业合作社为54817个。

由于烟草专卖的特殊性质,由国家垄断的烟草公司或烟草局牵头组建的农民烟草专业合作社在一些主要的烟草种植区也相当普遍,而且取得了较好的成效。例如湖北恩施,2010年选择了20个重点的烟草种植专业村探索建立烟草农民专业合作社,形成了"烟草公司+烟草合作社+烟农"的现代烟草农业组织新格局。"生产在户,服务在社",较好地解决了把分散烟农"组织化的问题",并形成了适度的规模化经营、标准化生产。实践证明,由烟草公司组建农民烟草专业合作社既保证了国家烟草专卖政策的严格贯彻执行,也保证和提高了广大烟农的利益,因此实现了合作多赢。

【案例 6—3】 县烟叶局推动组建的江西乐安山砀村烟叶合作社

山砀村隶属于江西乐安县山砀镇。2002 年，该村开始试种烟草，到 2004 年发展至 128 亩，但烟农的平均亩产值仅有 1500 元，种烟的经济效益并不明显，烟农的积极性不高。2005 年，山砀村的烟叶种植曾一度陷入困境。在此关键时刻，该县烟草局与县烟办深入该村调研后，决定帮助村委会在烟农中组建烟叶合作社。到 2007 年，该村烟草种植面积发展到 346 亩，种烟农户增至 33 户。

2007 年元月，在乐安县烟草局和村两委的推动下，山砀村召开烟农会议，推选出威望较高、懂技术、敢办事、会办事，对发展烤烟生产也很热心的 5 位烟农组成烟叶合作社理事会，推选一人（也是烟农）担任理事会会长，村支书任名誉会长。同时完善合作社章程，并在自愿的前提下将 33 户烟农分成 10 个联户互助组（3—5 户结合为一组）。联户互助组内的烟农按照平等互助、互惠互利的原则，在烟叶生产期间以劳力换劳力、互帮互助，

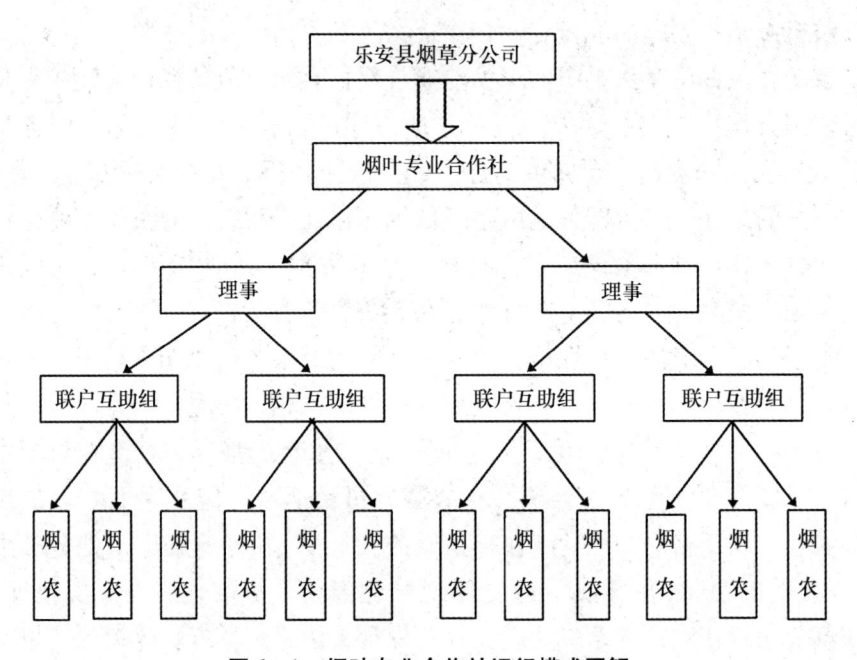

图 6—1 烟叶专业合作社运行模式图解

组内不设小组长。合作社理事（包括会长）每人负责指导两个互助组的烟叶生产，新的运营模式也孕育而生（见附图）。它在传统意义上的"公司+农户"模式上增加"理事"和"联户互助组"两个环节进行运作。

由于分工明确、责任到人，物资调运、技术培训、田间示范等各项技术措施到位率明显提高，烟叶产量和质量都有较大的增长，烟农的种烟积极性也进一步得到激发。2008年，该村种烟面积扩大到736亩，合作社社员发展到45户；2009年合作社成员增加到61户，新增农户按种烟面积相近的原则自由结合扩入原有的10个互助组，并通过社员民主选举，新增5个理事成员，使合作社理事会扩大为10个理事，还根据生产需要扩充了5个专业互助组（播种育苗组、机耕组、植保组、采摘烘烤组、分级扎把组）。

——节选自周栋梁、曾敏、游高亮、何晓姝《对江西乐安县山砀村烟叶合作社的调查报告》，《烟草在线专稿》，2009年4月29日

【案例6—4】 湖北嘉鱼县供销社牵头组建各类农村合作经济组织

嘉鱼县地处鄂东南长江中游南岸，国土面积1017平方公里，属湖北省咸宁市管辖。嘉鱼北与武汉接壤，滨江含湖，土地肥沃，物产丰富，素有"锦绣江南，鱼米之乡"的美称。因为是蔬菜生产大县，又被称为武汉的"菜园子"。

自1995年以来，嘉鱼县供销社积极贯彻国务院中发"5号文件"精神，大力领办和参与农村各类合作经济组织的建设，取得了不菲的成绩。截止到2010年初，该县供销社系统已建立了农产品经纪人协会、农业生产资料协会等专业协会5个，村级综合服务社25个；建立了蔬菜、茶叶、果品、农资、棉花等各类专业合作社22个。其中蔬菜专业合作社占一半左右。在此基础上，嘉鱼县还成立了农村合作经济组织联合会，与县供销社合署办公，即"一套人马，两块牌子"。

嘉鱼县供销社牵头组建的农村专业合作社主要有两种模式。

一是以原基层社为依托领办的专业合作社。嘉鱼县依托乡（镇）基层供销社在信息技术、基础设施、经营网络等方面的优势，围绕主导产业或拳头产品，在自愿的基础上，吸纳农民参股，领办专业合作社。例如，新街蔬菜专业合作社、官桥茶麻专业合作社，就是供销社领办的合作社。

二是社村联办的专业合作社。这些合作社在供销社的指导下，由村干部或村民自己推出"能人"负责召集，以行政村或自然村为载体联办专业合作社。例如，新街镇的王家月村，潘家湾镇的四邑村就是通过社村联办组建起来的蔬菜专业合作社。

除此之外，嘉鱼县供销社还积极引导乡村能人自发组建专业合作社，并在生产技术、市场信息等方面进行适时指导。例如陆溪镇的果品专业合作社。

为了更好地掌握全县农产品生产销售情况，适时了解市场行情，发布市场信息，指导全县专业合作社农特产品的生产、销售，县供销社机关还组建了一个专业合作社，由县社一名副主任担任专业合作社负责人。该社安排人员常年在农村和外地进行市场调查，将利用自身互联网设备搜集的情况不定期地向全县各专业合作社传送市场信息，服务农民，引导生产。

——该案例来源于笔者的实地调查，感谢嘉鱼县供销社提供的相关资料

八 政府主导合作的边界：不可侵犯农民的自由选择权

不可否认，由于中国特殊国情所形成的"路径依赖"，政府在中国农村合作经济组织的发展进程中，尤其是在早期，有着其他"组织者"难以替代的重要作用，并在一定程度上弥补了中国农村合作经济"企业家"资源极度稀缺的缺陷，也在一定程度上降低了农村合作经济组织的组织成本。但是，政府这一特殊的"组织者"也极容易"参与过度"，并由此损害农村合作经济组织的健康、理性发展。

政府"参与过度"源于计划经济时期业已形成并根深蒂固、影响至今的"行政命令式""运动型"工作方法。首先是大张旗鼓地确立高标准计划指标，例如"消灭合作经济组织空白村"，"使绝大多数农户加入合作社"。其次则自上而下地分解任务，确定各级领导与机关干部包村甚至包户的考核指标。虽然政府文件、领导讲话也会提"农民自愿"的原则，但由于"政绩"与地方政府领导及机关干部的"升迁"密切相关，而且考核往往是

"只问结果，不问过程"，因此，在实际的"运动型"组织化进程中，农民"被自愿"、"被合作"的现象依然屡屡发生。应该看到，20世纪农业合作化进程中农民"被合作"，而且被"锁定合作"的"后遗症"依然存在，相当一部分农民依然是"谈合色变"，分不清现在的农民专业合作社、农民合作经济组织与过去的人民公社的区别；再加上这种"运动型"的工作方法往往简单、粗暴，极易引起广大农民的误解、恐惧和不满。案例6—5提供了本课题组成员陈文烈、马德君在青海海南藏族自治州调查时发现的一个现象，也就是部分牧民对运动型"合作社"发展的一种本能性恐惧，以致出现20世纪农业合作化运动时出现过的一种状况，全部出售与"清空"自己家的牛羊和私产。

【案例6—5】 青海海南藏族自治州牧民"被合作"的过度反应

青海海南藏族自治州位于青海省东部，因地处著名的青海湖南部，故名海南。海南州面积4.45万平方公里，占青海总面积的6.18%。全州平均海拔在3000米以上。

海南州经济比较落后。当地政府认为，游牧代表着一种落后的生产方式，因此，希望通过"合作社"把牧民"组织"起来，改游牧为定居。同时，通过组建合作社，地方政府还可以争取到上级政府更多的资金支持，并获得"政绩"以及上级政府的认可。

但是，大多数牧民对于加入"合作社"积极性不高。他们认为，游牧、随水草而居是最有保障的生计方式。还有牧民认为，参加"合作社"就是要回到原来的公社时代，要把牧民的资产全部"充公"。于是有一些牧民干脆把自家的牲畜作价全部处理。

我们接到一个群体性牧民出售自家牲畜和草场的消息。在当地政府公职人员的陪同下，我们到共和县查拿村去了解情况。一开始牧民们感到害怕，否认有上述事情发生。在我们告知只是了解情况，并请当地寺院活佛讲明道理后，牧民才陆续说出真情。牧民才巷仁增说，听说政府要建合作社，大家认为，这是要把我们的牲畜全部归公，回到原来的人民公社时期。我们有的家牛羊多，有的家牛羊少。多的人就觉得吃亏了。于是大家都开始出售牛羊，最后干脆连草山、草场也开始卖了。我们向他们做思想工作，讲明现在的农民专业合作社与人民公社的区别,这是政府为他们办好事。牧民才巷仁增听完后面无表情地说:我们现在挺好,不要再折腾我们了!

——本课题组调查人员:青海民族大学经济学院陈文烈、公共管理学院马德君

政府"参与过度"的另一个表现就是,政府相关部门或政府关联公司、企事业单位利用组建农村合作经济之名,行垄断之实,为本单位牟私利。依据公共选择理论,这些政府相关部门、政府关联公司或企事业单位也是"经济人",有自己独立的经济利益。在计划经济时期,它们利用行政特权形成了长期的利益垄断;在改革开放以后,市场经济的发展使它们的垄断性利益受到了强烈的冲击与挑战。特别是民间自发形成的合作经济组织极有可能进入它们曾长期垄断的经济领域,威胁到它们的经济利益,因此,它们往往会利用自身的组织优势打压民间农民合作经济组织的发展;或者,将农村合作经济组织牢牢控制在自己的手中,既可以借合作社之名继续垄断,还可以享受国家给予合作社的"政策性收益"。很显然,这种"参与过度"也是这些部门、公司、单位利益博弈的一种自然选择。

政府相关部门、政府关联公司和企事业单位有民间组织所不具有的组织优势,但也有先天性的一些制度缺陷,例如官僚主义弊端、效率低下,等等。同时,政府相关部门、政府关联公司和企事业单位,即便在经济转型时期,在各自不同的领域还依然留存着程度不同,或多或少,或大或小的行政特权,例如行政审批权、专卖专营权。如果这些政府相关部门、政府关联公司或企事业单位把它们拥有的行政权力转化为经济事务的垄断权力,就极容易形成对其他经济主体的制度性歧视,损害其他经济主体的合法权益。这既不利于整体经济效益的提升,也违背了市场经济公平、公正的竞争原则。在实际调查中,一些农机专业户就向我们抱怨,如果不加入由县农机局或乡农机站组织的合作社,在农机补贴、农机技术培训、农机外出作业等方面就会遇到一些说不清、道不明的麻烦。还有一些农户抱怨,供销社组织的专业合作社垄断货源,垄断市场,打压非合作社农民以及其他农民专业合作社从事正当的商业流通。一些参加了供销社组建的合作社的农民则抱怨,合作社的一些好工作和好处总是被那些与供销社有关系的人所瓜分。

综上所述,虽然政府主导合作在特定的时期确有必要性和合理性,但应

该有一条不可逾越的红线,就是不可侵犯农民的自由选择权,不可"逼迫"农民合作。这种"逼迫"既包括那种"运动型"方式的,即利用行政命令"硬性逼迫",也包括那种利用经济垄断方式的"软性逼迫"。

九 "能人""组织者":农村合作经济组织 并非单纯的"弱者联合"

虽然人们推崇农村合作经济组织为"弱者的联合",但在实际生活中,如果不是政府牵头组织,那么各类农村合作经济的组织者大多数都是农村的"能人",即相对的"强者",而不是所谓的"弱者"。因此,农民专业合作社、农村合作经济组织并不是单纯的"弱者联合",它的组织者,就是"强者"。"弱者"的"自组织"极为少见。

作为农村合作经济"组织者"的"能人",首先是乡村干部,包括那些已退下来的曾经的乡村干部。如前所述,农村合作经济组织"组织者"这一特殊人力资源的极度稀缺是目前中国农村合作经济组织供给不足的突出原因之一。在中国这种政府有着特殊作用与特殊功能的社会经济环境中,尤其是在改革开放初期,在农村合作经济组织发展的早期阶段,从现任或过去的乡村干部以及过去的国家干部,包括那些退休干部,转变为农村合作经济组织的组织者,即从仕转商,或亦仕亦商是中国农村合作经济组织"组织者"的一个极其重要的来源。据中国人民大学孔祥智课题组对山东、山西、陕西三省33个农民专业合作社的调查,合作社领导人来自乡村干部的有16人,占比高达48.5%。[①] 在该调查组提供的案例中,山东武城农民科技信息服务协会的会长是已退休的原县农业生产资料公司的经理;陕西礼泉县果农协会的会长是两届市政协委员;山西祁县源泉绿色蔬菜合作社的理事长是村副支书兼妇女主任。又例如,浙江三门县海产品专业合作社的创办人、理事会主任叶亦国就是该县原供销社主任、商业局局长。案例6—6中提到的原湖北老河口市果树局副局长姚风君也是农民专业合作社的积极组织者。另据相关

---

① 孔祥智主编:《中国农业社会化服务——基于供给和需求的研究》,中国人民大学出版社2009年版,第144页。

报道，江西信丰县 2008 年工商注册新登记的 19 家农民专业合作社中由村支书领办的有 7 家。更为典型的是，江苏盱眙县 256 位村支书人人都领办或参办了农民专业合作社。

【案例 6—6】　　　　农民专业合作社的积极组织者
　　　　　　　　　　——原老河口市果树局副局长姚风君

姚风君——原老河口市果树局副局长、农艺师。2001 年，他从领导岗位上退了下来。该年 5 月，老姚携老伴一起从喧闹的市区搬到李楼（办）乡苗木实验基地——百花山林场，引导果农成立果品销售协会。2004 年，老河口市春雨苗木果品农民专业协会成立。

在专业协会的基础上，老姚又进一步组织农户，成立更高层次的农民专业合作社。他走访农户，向果农宣传"合作"的力量，讲解凝聚的作用，帮助大家树立合作的理念，引导大家走合作的道路。他将协会会员召集起来开会，会上他掷地有声地说："我们创建合作社，一句话就是要带领大家奔小康。"李楼（办）乡的协会会员被他的真情所感动，大家筹集了 30 万元，于 2006 年 3 月在市工商局登记注册，成立了老河口市春雨苗木果品农民专业合作社。这是老河口市第一家农民专业合作社，也是襄樊市第一家农民专业合作社。

在成立大会上，大家一致推荐老姚担任合作社党支部书记兼技术指导。

在合作社刚成立时，资金不足是首要问题。老姚拿出几年前在河南进行技术指导、推广优良品种挣的 20 万元"辛苦费"，投入合作社的发展事业中。为了使果农（社员）更快地掌握种植苗木技术，他自己拿出 3 万元购置了摄像机、计算机及编辑刻录设备，把引种成功的 76 个新品种性状及栽培管理技术编成 20 集宣传片播放，刻成 2000 张光碟免费发给果农（社员）；他还购买了 3000 册技术书籍分发到果农（社员）手中，并在周边几个乡开展技术培训工作，培训人数 12000 人（次）。

2012 年，春雨苗木果品农民专业合作社被评为中国首批国家级农民专业合作示范社。

【案例 6—7】 江苏盱眙 256 位村支书人人都领办
或参办农民专业合作社

江苏盱眙县地处淮河下游，洪泽湖南岸，总面积 2483 平方公里，下辖 256 个行政村。

盱眙工商局在引导发展农民专业合作社的过程中，注重发挥村干部特别是村党组织书记的作用，积极引导他们投身农民专业合作社的创建工作。

一是辅导培训。该局自 2008 年以来，积极配合县委组织部对全县村支书和村主任分期分批进行农民专业合作社法培训，从选定创业项目、选择经营组织形式与申办营业执照、签订合同、注册商标等方面进行法规和业务知识辅导，并为有创业意向的村级组织提供"保姆式"服务。

二是上门动员。该局针对全县村支书人人有项目、个个懂经营的实际，上门动员其参与或牵头组织同类农产品生产经营的农户创办农民专业合作社。官滩镇洪湖村党支部书记罗来波过去与当地百余名农机手一起开手扶拖拉机跑运输，目前手扶拖拉机运输市场萎缩，许多人歇业在家。鉴于此，该局三河分局的同志于年初走访罗来波，动员其带领农机手创办农民专业合作社，发展农业机械化作业服务业。经过半年多的筹备，洪湖村组建了拥有 209 名农机手、228 台配套农业机械的农机专业合作社，由于收费低、服务好，承接了本镇及周边 3000 余农户的机械耕作、栽种、收割和灌溉服务，每天每名农机手收入百余元。

三是解难增效。每当村支书在办社过程中遇到难处，盱眙工商局均竭力提供职能服务，帮其解难增效。2007 年底，该局扶持淮河镇蛤滩村党支部书记陈祚仁联系 59 名农民办起了盱眙县淮河蔬菜专业合作社，承担本村及周边四个村 3000 余户 2.2 万亩蔬菜的销售工作。针对初期销路不畅、收入不高的问题，该局山城分局的同志上门"巡诊"，助其申请了"蛤滩"注册商标，培训了 25 名蔬菜经纪人，办起了蔬菜田头市场，吸引外地菜商前来采购。一年多来，该合作社销售蔬菜达 10 万吨，菜农户均增收 1 万余元。

目前，该县 256 个行政村的党组织书记个个通过参办或领办农民专业合作社，和农户一起走上了致富路。

——江苏省工商局，2010 年 9 月 9 日，原标题为《盱眙工商局引导全县村支书发展农民专业合作社》

乡村干部以及更高层次的国家干部作为农村合作经济组织的"组织者"确实有其独特的人力资本优势。这是因为在中国这样一个发展中的转型国家，组建农村合作经济组织，最为重要的是善于处理与各级政府及相应政府机构的关系。现任或过去的乡村干部以及更高层次的国家干部，正在从政，或有过从政的经历，因此有较为广泛与良好的政府人脉关系，也较为熟悉政府的相关政策，易于获得各级政府，尤其是乡镇一级、县一级政府在各方面对合作经济组织的支持，包括政策优惠、土地批租、贷款获得，等等。甚至还能获得像案例6—7所提到的江苏盱眙县工商局提供的全套"保姆式服务"。孔祥智课题组提供的陕西富平县科农果业合作社的案例也谈道："成立合作社前，相关组织者做了大量的前期宣传工作。负责此事的是合作社的一名副社长，以前是政府官员。他们首先进驻各个乡镇进行宣传，先发展各个村的精英，这些精英的一部分是与副社长在以前的工作中建立了较好关系的朋友。[①]"

关系，按照制度经济学的定义，可以看作是一种非正式的制度安排，进而可以看作是一种社会资本。在中国这种特定的制度环境中，关系尤其是与政府部门、政府官员的关系，往往是决定农村合作经济组织成败、兴衰的关键性因素。这是因为良好的关系可以建立合作经济组织与政府的"信任"，以此降低合作经济组织的外部交易成本，填补体制转型期所出现的权力真空和制度缝隙。当然，过于重视关系也有一定的负面影响。例如，它有可能导致合作社完全依附于政府而失去自身的独立性，而且过于重视关系还有可能导致各种形式的腐败，并扭曲市场。

作为"能人"的农村合作经济组织者，除了干部之外，还有一个极为庞大的群体，就是"改革""开放"以来涌现出来的各类专业大户、科技示范户、市场经纪人、私营企业家。如果说乡村干部的主要优势在于政治、关系层面，那么这后一类"能人"的主要优势则体现在市场、经济层面。孔祥智课题组调查的山东、山西、陕西三省33个农民专业合作社负责人中，技术能手6人，种养大户4人，经纪人2人，企业领导1人，合计13人，虽

[①] 孔祥智主编：《中国农业社会化服务——基于供给和需求的研究》，中国人民大学出版社2009年版，第116页。

少于乡村干部的 16 人，但远远高于普通农民（4 人）。

专业户是农村经济改革以后最早实行社会分工，从事专业化生产的农民，也是农村中最早结缘于市场的农民。专业户发展到一定的阶段就会成为专业大户，这里的"大"，主要是指他们的专业化经营规模。"大"到一定程度，他们就会迫切感受到一家一户经营的局限性。其进一步的扩展，要么走向私人企业，要么牵头组建合作经济组织。从我们所调查的各地实际情况看，走向私人企业的比重更大，但也有一部分走向了合作经济组织。

【案例 6—8】　　　　从种粮大户走向种粮专业合作社

陈石罗是湖南省宁乡县农民，中专学历。他曾在外地打工经商多年，但仍然摆脱不了对家乡土地的眷恋。于是，他毅然回到老家，承包土地，开展规模种植，成为"种粮大户"。2010 年，他承包了 500 多亩稻田。

2011 年，陈石罗牵头组建了"宁乡县稻丰种粮专业合作社"。合作社以枫木桥、坝塘等 13 个乡镇的 18 名种粮大户为主体，有近 300 名农户参与。种植面积达 54000 多亩。

——中国农民合作研究网

从大量的实际调查材料看，经纪人牵头组建的农民合作经济组织也较为普遍。一般而言，农村经纪人是闯荡市场的一批敢于承担风险者。其中最早的一批经纪人从所谓的"投机倒把"起步，逐步成长为农产品营销大户。经纪人最主要的优势是熟悉市场，又贴近农民，是"小农户"对接"大市场"可供选择的桥梁之一。因此，经纪人领办农民专业合作社在一定程度上可以解决农民规模种植或规模养殖后出现的"卖难"困境。例如，在江苏金坛，农民经纪人在农民专业合作社里"挑大梁"。有 168 户社员、经营 6500 多亩水面的该市儒林水产专业合作社，理事长郭财生就是常州市"十佳农产品经纪人"之一。在浙江安吉，黄金茶叶专业合作社负责人毛骏等四家专业合作社负责人，也是浙江"首届百佳农产品经纪人"。据国务院发展研究中心与财政部农业司 2005 年的调查，"台州市几乎所有的合作社开始都是为解决产品'卖难'而建立的"①。

【案例6—9】　　黑龙江海伦市群众村经纪人领办合作社

黑龙江海伦市永合乡群众村自2002年成立特色农作物生产合作社以来，农民自产的青玉米通过合作社统一速冻加工、销售，每穗至少比自己单干多挣0.12元。2004年，同样的地挨地、垄挨垄，合作社农户人均收入比全村人均收入高出360元。

群众村的生产合作社走的是经纪人领办的路。2000年春节，该村农民经纪人董伟在大庆市看到速冻玉米每穗要卖上一元钱，当下盘算：一亩地至少可加工3.5万穗，一穗一元，这效益比办工厂都大！回家后，他马上咨询专家、购买种子，当年就把自己的承包田全都种上了甜黏玉米，秋后速冻，投放大庆市场，很快便销售一空。这一年，他种地的收入第一次超过了万元。第二年，他串联几户亲属种植了75亩"速冻"玉米，再次丰产丰收。在他的带动下，到2002年，全村种植速冻玉米的农户达42户，面积150亩。巨大的市场空间和父老乡亲的信任与热望，使董伟领办专业合作社的事水到渠成。

专业合作社在提升农民组织化程度上的有益探索与良好效果，让董伟的特色农作物生产合作社从一诞生就备受关注：市供销社经考察论证，帮其建立了绿色无公害食品生产基地，注册了"翔宇牌"农产品商标，并成立专业加工厂以带动农户增收。他们投资30万元购进高压蒸汽锅炉，将原来落后的铁锅水煮加工法改进为采摘后直接高压灭菌再进冷库速冻的现代化加工方式，实现了产品标准统一；合作社还配备专职质检员，保证原料大小均匀，浆度适宜。

由于产品质量的提高，其销路迅速扩大并走出国门。几年来，合作社生产的350万穗速冻玉米全部打入韩国市场，为入社农户创收120万元。经营品种也由速冻玉米扩大到速冻倭瓜、马铃薯、小米等5个品种。如今，许多外乡农民也纷纷要求加入他的合作社。

——《黑龙江日报》2005年9月12日

---

① 韩俊主编：《中国农民专业合作社调查》，上海远东出版社2007年版，第65页。

十 私营企业家
——合作社组织者：角色定位与角色转换

组建与领办农民专业合作社的"能人"还有相当一部分是农村的私营企业家。我们在这一节所讨论的私营企业家转变为农民专业合作社的组织者、牵头人，主要是着眼于这些私营企业家的个人动机与行为；至于龙头企业尤其是农业产业化龙头企业牵头组织农民专业合作社的企业行为，我们将在下一节讨论。

农村的私营企业家无疑是农村的"能人"、"强人"。私营企业家与合作经济的组织者，从广义的"企业家"角度看，都可以被看作农村的企业家；但二者的性质，"角色"的定位还是有所不同的，不能混为一谈。本章第三节已经指出，合作经济的组织者需要比私人企业家更多的奉献精神与合作精神，因此是更为稀缺的企业家资源。

私营企业家为什么要组织和创办农民专业合作社，或其他类型的农村合作经济组织？不同的人可能有不同的动机和原因。如果排除那种合作社与私营企业完全重合，挂合作社的牌子仅仅是用来套取政府"政策性收益"的现象，私营企业家组织与创办农民专业合作社大致有两种类型。

第一种类型是从私营企业家彻底转换为农民专业合作社或其他类型农村合作经济的组织者。他们完全舍弃自己的私人企业，专注于合作社事业，甚至将自己辛辛苦苦积累的私人财产转为农民专业合作社或其他合作经济组织的集体财产。从我们的实际调查看，这种类型是较为少见的。

对于这一类彻底的"转换者"，他们追求的是什么？

虽然每一位转变为农村合作经济组织者的私营企业家有不同的生活经历，有不同的心路历程，但有一点似乎是共同的：他们把从事合作经济事业的精神价值看得比个人的物质（金钱）价值更重。我们在调查中发现，构成这种精神价值的文化来源事实上也具有多元化、多样性的特征，并不是单一的。有的注重"人过留名，雁过留声"的口碑；有的有造福乡梓、光宗耀祖的心理；有的在人生的成长期受过父老乡亲的接济与恩惠，有"滴水之恩，涌泉相报"的"报恩"思想；有的注重父老乡亲的崇敬与认可；当然也有新中国成立以来共产主义思想、集体主义思想教育的潜移默化；还有部分信仰佛教、伊斯兰教等宗教，认为合作事业更符合宗教教义。

应该指出，这里的农村私营企业家，他们的企业不一定就在本乡本土。从实际的调查材料看，这些农村私营企业家大多数是过去的"打工仔"、"打工妹"，经过多年在外闯荡，千辛万苦，积累了一定的资本和一定的市场经验及管理经验，创办了属于自己的企业或公司。许多地方政府利用亲情、乡情、友情吸引他们回乡创业，即所谓"回归工程"。不过，这些"回归"的私营企业家绝大多数是回乡创办私营企业的，但也有一些人回村担任村支书或村委会主任，创建或领办农民专业合作社，或领办村一级的集体企业。例如，以"回归工程"闻名的湖北省通城县，近几年来从深圳、东莞、上海等地回乡创业的企业家多达200多人，他们的投资占到该县招商引资的70%以上，他们绝大多数都是回乡创办私营企业的。其中，现任隽水镇宝塔村党支部书记的黎锦林是个例外。黎锦林1988年毕业于武汉大学，在政府部门和大型国有企业工作4年后，1992年"下海"经商。经过多年的打拼，在上海创办了一家高科技企业，年销售收入上亿元，缴纳利税上千万元。其父亲1984年担任通城县隽水镇宝塔村党支部书记，至2006年去世，历经22年。在他父亲的带领下宝塔村集体经济发展迅速，成为该县的"明星村"。为了维持宝塔村的持续发展，在其父亲的一再敦促和坚持下，在通城县委主要领导多次赴上海登门邀请的诚意下，2006年，黎锦林在其父亲去世前回到了家乡。一开始担任村集体所有的砂布厂厂长，后又担任该村的党支部书记。他在上海的公司则以年薪百万聘请3位职业经理人打理。他本人从私营企业家转型为村集体经济组织的带头人。案例6—10提到的私营企业家郑中，则是从重庆回到家乡湖北沙洋王坪村领办农民合作社的又一典型。

【案例6—10】 郑中从私营企业家到合作社理事长

郑中，出生于湖北沙洋县官垱镇王坪村。多年在外创业，是湖北省殷祖古建园林工程有限公司副总经理，重庆分公司总经理，重庆湖北商会执行副会长。

郑中的家乡王坪村国土面积507公顷，其中耕地3357亩；辖9个村民小组，农户308户。该村以种植水稻、油菜为主，无其他副业和工商业，再加上交通不便，是一个比较贫困的乡村。

郑中有浓厚的乡土情结，致富后不忘父老乡亲。在回乡创办合作社以前，他已累计捐出 367 万元为家乡修路、架桥、打井、建福利院，每年回乡给乡亲们拜年发压岁钱，但是这终究不能从根本上改变家乡的贫困面貌。2010 年，在湖北省"回归工程"的感召下，郑中携 1 亿元资金回乡，注册成立了"沙洋正中现代田园生态农业农民专业合作社"，全村 308 户全部入社，郑中任合作社理事长。

合作社与村委会实行"村社共建"。村集体原有和迁村腾地后新增的共约 2000 亩土地全部流转给合作社，按 1000 元/亩·年的价格收取土地租金 200 万元；走资本经营之路，村集体每年从 200 万元的土地租金中拿出 100 万元参与合作社入股经营，获取分红收益。

目前，王坪村已完成了全村土地的连片流转和集中整治，修建了完善的水利系统以及现代化的节水喷灌等设施，修建了 1000 多个现代化的蔬菜大棚，种植了 100 多个品种的有机蔬菜及瓜果，并修通了四纵四横的村庄道路，建设了首期 308 户新农村社区。该村正计划建成中国生态之乡和湖北第一水镇品牌，以生态种养加工和生态旅游服务为两翼，构建生态农业、生态加工业和生态服务业三业贯通的全生态产业链。

私营企业家组织与领办农民专业合作社，更为普遍的是企业与合作社二者兼顾。这里又有两类情况。一是以农民专业合作社为重心，企业的事务只是兼顾而已。这可以看作是从私营企业家转变为农民专业合作社组织者的过渡期。但是，更为普遍的还是以企业为重心，兼顾农民专业合作社。这种状况可以归属于我们下一节将要重点讨论的龙头企业牵头组织农民专业合作社现象。在这里，龙头企业企业家的私人行为与龙头企业的企业行为在本质上是高度重合的。

十一 龙头企业组织与领办农民专业合作社：中国经验还是合作社的变异

龙头企业，尤其是农业产业化龙头企业牵头组建农民专业合作社，在全国各地都比较普遍，也是很多地方政府十分推崇的一种农民专业合作社的组织模式。例如，湖北省很多规模较大的农民专业合作社就是由农业产业化龙头企业牵头组建的，并涌现出了"春晖模式"、"天惠模式"、"福娃模式"等多种典型。

一般而言，龙头企业牵头组织农民专业合作社，企业往往作为农民专业合作社的一个法人社员，而且是占有控制权、主导权的法人社员。企业与合作社在法理上依然是两个独立或相对独立的经济实体，但企业负责人或企业委派的管理者往往兼任合作社负责人。合作社在很大程度上要服从于企业的发展战略。有一些合作社本质上成了企业联系广大农户的中间性组织。

企业为什么愿意牵头组建农民专业合作社？其原因大致有如下几个方面。

第一，如前所述，创办农民专业合作社有政府给予的"政策性收益"，龙头企业的企业家作为"理性经济人"，自然不愿意放弃这种成本不高，又有收益的获利机会。正如张晓山、苑鹏所指出的："一项政策出台，往往是与该政策相关的强势集团首先抢占制高点，充分利用政策上的优惠，在合作社的问题上也不例外"，因此，"龙头企业加入或领办合作社是由于自身利益的驱动，有其经济合理性。"①

第二，对于大多数农产品加工企业而言，企业牵头组织农民专业合作社的一个重要目标是建立稳定、可靠、质量有保证的初级农产品来源。对于农产品流通企业而言，则是要保证数量充足、质量有保证的农产品货源；同时利用政府所给予的优惠政策，形成特定区域市场内"合法的垄断"。

第三，龙头企业直接联系农户的"龙头企业+农户"的运作模式有一些明显的缺陷：一是交易成本高；二是农民的信任度低，因此容易引发企业与农民的直接利益冲突。龙头企业牵头组建农民专业合作社，形成"龙头企业+农民合作社+农户"的运作模式，既可以降低企业与农户打交道的交易成本，又可以建立一个企业与农户之间的利益缓冲带，有利于企业、农户的利益协调与利益和谐。

---

① 张晓山、苑鹏：《合作经济理论与中国农民合作社的实践》，首都经济贸易大学出版社2009年版，第9页。

第四，组建农民专业合作社有某种意识形态的优越感。相比私营企业，农民专业合作社似乎更具有社会主义性质，可由此获得一系列的政治收益或者说社会收益。这有利于龙头企业尤其是龙头企业的企业家借此扩大政治影响与社会影响。

第五，对于一部分私营企业家而言，他们既不愿意放弃自己的私营企业，又想"报恩"于父老乡亲，以龙头企业为依托组建农民专业合作社被看作二者可以兼顾的一种比较理想的选择。

地方政府对于龙头企业牵头组建农民专业合作社十分推崇与鼓励。很多地方政府出台了鼓励农业产业化龙头企业牵头组建农民专业合作社的相关文件，并制定了一系列激励性优惠政策。从制度经济学与政府经济学视角看，地方政府也是"理性经济人"。激励龙头企业牵头组建农民专业合作社，对于地方政府而言，是一种能获得经济收益、政治收益和社会收益的理性选择。

第一，如前所述，农民专业合作社组织者的资源十分稀缺。地方政府响应中央政府与上一级政府的号召，积极发展农民专业合作社，突破组织者"瓶颈"至为关键。很显然，龙头企业的企业家是既有经济实力，又有组织与管理才能的难得的合作社组织者。因此，在全国各地农民专业合作社的发展进程中，龙头企业带动型都占有十分重要的地位。

第二，以龙头企业作为依托的农民专业合作社发展比较稳定，企业的经济实力可以帮助合作社的持续运行和发展。许多地方政府的领导告诉我们，如果没有龙头企业作依托，农民专业合作社的日常运行往往缺乏必要的经费支撑；有些纯粹由农民组建的专业合作社尤其是各类农民协会，往往运行不了一两年就会由于缺乏经费而无法继续运行。笔者在湖北荆门市调研时，一个养鸡协会的负责人告诉我，协会最初的经费是县科协资助的1000元。原设想通过协会会员缴会费来维持协会运行，但经过一年的实际运作看，很少有会员主动缴费；你上门去要，他们也会找各种理由推托，"你看我，我看你"，最终都不缴。这个负责人对协会的维持十分悲观。不过，他也比较看得开。按他的话说，所有的协会都如此，不止他这一家。反过来，由公司、企业牵头组织的农民专业合作社，运作经费问题相对容易解决。

【案例6—11】 四川邛崃市金利实业有限公司领办金利猪业专业合作社

四川邛崃金利猪业专业合作社是2005年8月由邛崃金利实业有限公司作为主要牵头者组建的。邛崃金利实业有限公司1994年成立，现已发展成为一家肉类加工、鲜冻猪肉及肉制品销售、畜牧养殖和饲料加工的现代化集团公司，2008年被列为成都市重点培育的大企业、大集团。为了保证质量合格、数量充足的猪源，金利实业有限公司在当地政府的积极协助下组建了金利猪业专业合作社。合作社理事长由金利实业有限公司总经理担任，副理事长则聘任了一位60多岁的老农村干部（担任过村支书）。

合作社成立之初，成都市、邛崃市二级政府出资40万元，金利实业有限公司出资40万元，养殖户按每头猪1元滚动出资20万元，共计100万元建立了风险保证基金。合作社每年的经营运作费用需要100多万元，主要由金利实业有限公司提供；合作社6个办公机构的16名工作人员的工资也由金利实业有限公司支付。在财务上，金利实业有限公司是一级财务，合作社则是二级财务。

合作社也建立了社员大会，并每年定期召开社员大会。在社员大会闭会期间，则实行理事长负责制。合作社的重大决策权实际上取决于理事长。由6位养猪大户组成的合作社监事会并没有起到实际的监督作用。

——廖祖君、赵璐、凌渝智：《公司领办型合作社发展研究——邛崃市金利猪业专业合作社的案例分析》，《中国合作经济评论》2010年第2期

第三，一般而言，农业产业化龙头企业，尤其是国家级、省（市、自治区）级农业产业化龙头企业牵头组织的农民专业合作社，具有经营规模较大、覆盖面较广、带动力较强、运行与管理较规范的特点。因此，其中的相当一批合作社是各地政府所树立的"标杆合作社"、"示范合作社"。

毋庸讳言，龙头企业牵头组建农民专业合作社，在国际合作社运动发展的历史上并不普遍，也非国际合作社联盟所推崇的模式。发展农业产业化龙头企业，鼓励农业产业化龙头企业牵头组建农民专业合作社富有比较鲜明的"中国特色"，也是比较切合中国农村发展、中国农民专业合作社发展的"中国经验"。与此同时，各地还涌现出了一批具有区域特色、本土特色的

典型。例如,地处全国中部的湖北省是一个农业大省,近几年来农民专业合作社发展十分迅速。2012年1月,湖北省农民专业合作社达到20245户,突破了2万户大关,同比增长高达55.63%,高出同期全国增幅18.01个百分点。

在湖北省农民专业合作社的发展进程中,龙头企业的带动是其十分鲜明的"亮点",有一些创新性的突破发展。例如,案例6—12提供的"春晖模式",体现了农民专业合作社"群"的特点,即一个龙头企业带动了一批农民专业合作社,而且不同的专业合作社还有不同的特点;案例6—13提供的"天惠模式",则提供了龙头企业牵头、众多农民专业合作社联合并形成合作社"联社"的经验。

【案例6—12】　　农民专业合作社群的"春晖模式"

湖北春晖集团,是一个"工农结合、城乡一体、一二三产业相融"的大型民营企业,主要经营优质稻种子研发、粮食种植、收购、储存、加工、贸易和房地产开发、酒店餐饮、旅游服务,现辖17个子公司,总资产8.6亿元,员工近千人。

近几年来,集团先后在孝南、汉川、云梦、安陆等县市共签订流转土地协议6.6万亩,与上万户农民一道成立了4个专业合作社:湖北龙岗土地股份合作社、湖北春晖农机专业合作社、春晖糯稻合作社和春晖香稻合作社。这4个专业合作社有3种不同类型。

湖北龙岗土地股份合作社由龙岗村、同昶村、东桥村、彭桥村的村集体、农民和春晖集团——伟业春晖米业有限公司三方共同组建,为独立的市场主体和经济实体。村集体以机动地经营权折资入股,农民以承包地经营权折资入股,春晖米业有限公司以农机具折资入股。合作社现有社员(股民)669人,总资产1062.02万元,总股份11773.73股。其中,村集体和农民入股土地6004.6亩,每亩折1股,亩均折资902.02元,共折股6004.6股,折资541.63万元。因为龙岗村基本上实行了整村土地流转,流转入股土地最多,达到4000亩,流转农户474户,占全村承包户数的92.4%,所以又叫龙岗模式和整村流转模式。特别值得一提的是,农民流转土地完全出于自愿,龙岗村还有37户农民暂时不愿流转土地或者"不肯全部拿出来流转",

村里尊重他们的意见。

湖北春晖农机专业合作社是湖北目前最大的农机合作社，下辖安陆、云梦、朱湖三个分社，现有社员153人，拥有各类农业机械327台（套），建有占地80亩的农机场院、1200平方米的办公大楼、400平方米的农机修理中心和农机停放库棚、燃油储备点、员工食宿等配套设施，总资产4000多万元。合作社拥有一座智能化温室育秧工厂，占地15亩，总投资2000万元。采用的是智能管理控制系统，可坐在办公室里监视和控制各个温室的湿度、温度、光照度等状态。紧挨着育秧工厂，正在建设一个120吨/6—7小时的大型谷物烘干厂，这个厂主要是解决水稻收获季节数量大、晾晒难的问题，减少阴雨天气的粮食损失。农机合作社坚持"整合资源、科技兴农、规模经营、中部领先、全国一流"的发展理念，集中流转土地2万亩，其中建成"万亩香稻生产示范基地"，实行生产销售全过程统一经营管理。

春晖糯稻合作社的特色就在于统一生产管理，实际上就是加强生产环节和生产过程的管理。这个合作社的核心基地有6200亩，有效覆盖2万多亩土地，成员有200多户农民。合作社并不流转农民的土地，只是从事生产管理和收购两方面的事情，实行"八个统一"，即统一耕整、统一育秧、统一机插、统一施肥、统一管水、统一机收、统一收购、统一结算。这些事由一个管理阶层——田管员负责协调承办。合作社共聘56人担任田管员。合作社对社员开展的所有统一性服务，都不当时收取现金，只凭田管员记账，待秋后收购时统一扣除，并且所提供服务的农资、农机价格都比市场优惠，而收购价格则高于市场5分至1毛。如果收购时的产量达不到最低标准，农民可找合作社理赔；如果收购的价格低于市场价，农民可以拒绝售给合作社，并且可以拒付生产开支。这些条款让所有种田农民吃了"只赚不赔、风险全无、多头得利"的定心丸，农民衷心拥护，积极入社，人人说好。

春晖集团四个合作社有三个主要类别，即以土地入股组成的合作社，以农机入股组成的合作社，以生产统一管理组成的合作社。四个合作社组成结构有的是紧密型，有的是半紧密型和灵活松散型。合作社与周边农户也建立了环节联系型和灵活联系型的关系。合作社最高管理者有的是由集团老总直接担任，有的则是通过二级机构委托管理，甚至聘请三级管理人员。在经营上有的是"一统全统"，有的则是"有统有分、统分结合"；在利益分配上，有的是多层面的，有的很单一；在权力支配上，有的基本上是老百姓说了算，有的是老板拍板。四个合作社都是依托春晖集团的一家米业有限公司作为龙头，作为投资、管理、服务的主体，相互之间有着内在不可分割的联系，但又各自独立经营、独立核算，是完全独立的市场主体。可以这样说，春晖集团堪为湖北土地流转、规模经营和专业合作的"大观园"。

——节选自何红卫、余爱民、黄建军《现代农业一面旗——湖北春晖集团农民专业合作社群调查》，《湖北农业信息网》2011年9月14日

【案例6—13】 走大联合路子、形成合作社"联社"的"天惠模式"

2012年1月15日，由武汉天惠生物工程有限公司、阳新县太子镇东风农场种植养殖专业合作社三家单位共同发起在武汉市注册成立了湖北省天惠种植养殖专业合作社。后来，该合作社又有恩施市亲稀源茶叶专业合作社、荆门市野山头食用菌种植专业合作社、南漳县农鑫食用菌专业合作社、南漳县益生香菇专业合作社、武汉市正丰洪山菜薹专业合作社、咸宁市咸安区绿源种植专业合作社等众多合作社加盟，形成了一个"大联合"的"联社"。据该社的官方网站——"天惠联社"的介绍，截至2012年12月，又有40家合作社申请加入联社。

天惠联合社的主要发起人、武汉天惠生物工程有限公司董事长唐宏泉说："农民如果是摆地摊的，那么专业合作社就是开小商店的，我们成立的联合社就是超市，统一管理。实现规模化、集约化、信息化的现代化经营。"天惠联合社按照自愿原则，以农民专业合作社为基本社员和主要服务对象，通过入股形成利益共同体，对外参与竞争、对内做好服务，是一个为实现共同的意愿和利益而组建的大型综合性合作经济联合组织。

联合社依托强大的企业支撑，依托80多名国内一流的知名专家顾问，着力构建强大的服务体系——种植养殖服务中心、绿色生产资料采供服务中心、绿色农产品安全监测和品牌营销服务中心等。

龙头企业牵头组建农民专业合作社，企业与合作社财产的部分交叉、重合，如果处理不当，也会带来种种不符合合作社"国际标准"，甚至也不符

合《中华人民共和国农民专业合作社法》的后果。这主要表现为龙头企业成为农民专业合作社的实际控制者，农民专业合作社实质上成了企业的附庸。从大量的实际调查材料看，那些带有股份制性质的合作社，由一个私营企业家、一个或少数几个大股东控股的现象非常普遍。例如，浙江大学课题组在其所调查的442家合作社中发现，第一大股东出资额占合作社出资总额的平均比例为29.4%，有25%的合作社第一大股东出资额所占比例超过30%，有的甚至达到100%。前面提到，即便是美国的"新一代合作社"，也不允许少数人控股局面的形成。这种龙头企业控制合作社，由一个人或少数几个人控股的合作社是中国目前农村合作经济组织，尤其是农民专业合作社背离所谓"国际标准"、农民专业合作社出现所谓"异化"的又一主要原因。

为了防止企业、公司或少数个别大股东主宰农民专业合作社的现象，《中华人民共和国农民专业合作社法》第十五条规定："农民专业合作社的成员中，农民至少应当占成员总数的百分之八十。成员总数二十人以下的，可以有一个企业、事业单位或者社会团体成员；成员总数超过二十人的，企业、事业单位和社会团体成员不得超过成员总数的百分之五。"为了防止少数人控股而影响到合作社的"民主管理"原则，《中华人民共和国农民专业合作社法》第十七条规定："农民专业合作社成员大会选举和表决，实行一人一票制，成员各享有一票的基本表决权。"但为了照顾现实生活中合作社大股东的利益，该条款设置了所谓"附加表决权"。"出资额或者与本社交易量（额）较大的成员按照章程规定，可以享有附加表决权。本社的附加表决权总票数，不得超过本社成员基本表决权总票数的百分之二十。享有附加表决权的成员及其享有的附加表决权数，应当在每次成员大会召开时告知出席会议的成员。""章程可以限制附加表决权行使的范围。"据我们在浙江、湖北等地的实际调查看，比较规范的合作社至少在形式上都遵守了上述规定。例如，2008年，浙江瑞安梅屿蔬菜专业合作社的法定代表人黄则强是第一大出资人，出资占比为16.71%；第二大出资人洪作存，出资占比为15.65%；出资占比超过和等于10%的有7人，低于10%的有4人，最低的陈池游，出资600元，只占总出资额的0.2%。该社章程第十一条规定："原则上每个成员须出资，单个成员（含团体成员）的出资额控制在本社成员出资总额的20%以内,从事生产的成员出资金额占本社出资总额的50%以上。"又例如,浙江永嘉县壶山香芋专业合作社发起人有8位,每人出资额相等,各占股份12.5%。不过,该社还有268个不是股东的社员。该社章程第十二条规定:"本社成员大会选举和表决,实行一人一票制,成员各享有一票基本表决权。出资额占本社成员出资总额百分之四十以上或者与本社业务交易量(额)占本社交易量(额)百分之四十以上的成员,在本社重大财产处置、投资兴办经济实体、对外担保和生产经营活动等事项决策方面,最多享有两票的附加表决权(附加表决权总票数,依法不得超过本社成员基本表决权总票数的百分之二十)。享有附加表决权的成员及其享有的附加表决权数,在每次成员大会召开时告知出席会议的成员。"

十二 组织谁
——专业化农户,还是贫困农户

一种流行的观点认为,合作社是"弱者的联合"。我们已经指出,合作社的组织者并非"弱者"。在现实生活中,当代中国各类农村合作经济组织的组织者,要么是"政府",要么是"龙头企业",要么是农村的"强者"、"能人"。那么,农民专业合作社的社员是不是"弱者"呢?农民专业合作社以及各类农村合作经济组织是由一个或几个"强者",领导一群"弱者"组织起来的?事实未必如此。

无论是农民专业合作社,还是农民专业协会,仔细分析其社员(或会员)构成,绝大多数并非当地的贫困农户,而是专业化农户。一般而言,专业化农户,即"专业户",并非贫困户,而是当地比较富裕或处于中等富裕程度的农户。这是说,相对而言,农村合作经济组织的成员,也并非农村的"弱者"。

表 6—1　　　　　　　　井研县 75 个合作社成员加入条件

	已经是种养殖专业户	生产达到一定的最低规模	具备运销能力	技术能手	产品达到一定的质量要求	有专门的机械设备	缴纳入会费	缴纳年费
合计	62	61	36	35	24	1	21	15
养兔业	32	35	26	10	10	-	-	-
蚕桑业	13	15	14	11	-	-	13	10
养猪业	2	1	1	1	-	-	-	-
果品业	7	3	5	5	3	-	4	3
经济作物	4	3	2	3	-	1	2	-
流通业	2	2	1	-	-	-	-	1
科技协会	2	2	1	-	-	-	-	1

资料来源：韩俊主编：《中国农民专业合作社调查》，上海远东出版社 2007 年版，第 95 页。

事实上，贫困农户要加入农民专业合作社或农民专业协会还比较困难。这是因为大多数农民专业合作社、农民专业协会都有一定的入社或入会"门槛"。例如，农机专业合作社一般要求入社农户有自己私有的农业机械；种植、养殖类专业合作社要求入社农户必须达到一定的种植、养殖规模；股份制合作社则要求有一定数额的入股资金。这些规定往往就会把当地最贫困的农户排斥在外。据国务院发展研究中心农村经济研究部与财政部农业司 2005 年对四川井研县 75 个农民合作社的调查，绝大多数合作社对社员的要求包括如下方面：（1）应是种养殖专业户；（2）生产要达到一定的规模；（3）具备运销能力；（4）具备一定的技术水平；（5）产品应达到一定的质量要求。

诚然，有些农民专业合作社有"社员"和"被联系的农户"之分。许多贫困农户可能会被列入"被联系农户"，但并非正式"社员"。应该看到，正式"社员"与"被联系农户"，在农民专业合作社的权利、利益分配上还是有极大的区别的。例如，农民专业合作社可以收购"被联系农户"的农产品，帮助"被联系农户"解决"卖难"的问题，但是，"被联系农户"一般不能享受正式社员所享受的按惠顾额分配盈余的合作社"二次分配"；"被联系农户"也不能参加合作社的社员大会，在有关合作社的重大事项上没有表决权与话语权。案例 4—2 提到的浙江永嘉县壶山香芋专业合作社吸收了 16 位残疾人社员，这是因为该社是市、县两级政府重点扶持的残疾人扶贫基地，吸收一定数量的残疾人社员是成为基地的必要条件；而成为残疾人扶贫基地则能得到相关部门的资金及政策支持。

农民专业合作社以专业化农民而不是贫困农民作为组织成员主体有其内在的逻辑合理性。按照《中华人民共和国农民专业合作社法》的界定："农民专业合作社是在农村家庭承包经营基础上，同类农产品的生产经营者或者同类农业生产经营服务的提供者、利用者，自愿联合、民主管理的互助性经济组织。"这里的"同类"，就包含了专业化的含义。事实上，只有专业化农户才有共同的需求，例如同类农产品的市场开拓、技术开发与培训、标准化生产及品牌的统一，等等。正是这种建立在专业化基础之上的共同需求催生了农民专业合作社。因此，农民专业合作社的主要功能是推动农村专业化生产的规模化、组织化，而不是扶贫。我们看到，农民专业合作社以及各类农村合作经济组织比较发达的地区，也是农村专业化生产与专业化市场比较发达的地区。这些地区，例如浙江、江苏、山东，农民都相对比较富裕。相比之下，那些比较贫困的地区，农民专业合作社以及各类农村合作经济组织也不发达。对于这些比较贫困的地区，农民外出打工，兴办小型的个体、私人企业或许是更为切实可行的脱贫路径。一位英国的合作社研究者在考察了中国沿海某地的农民合作社后也指出："合作经济的改革有利于更具有企业家特性和境况较好的农民来寻求新的市场机会，但创造一种机制来保护甚至增进贫苦农民的利益已被证明是越发困难了。"[1]

从制度与政策层面看，农民专业合作社并不是中国目前最适宜的扶贫组织形式。农民专业合作社的主要功能是促进农村的专业化生产、商品化生产，主要受惠者则是农村中相对富裕的专业化农民。因此，我们认为，农民专业合作社培育农村中产阶级形成与发展的功能，事实上要大于扶贫的功能。

十三　农民合作是否只有加入合作经济组织这一种形式

除了一个封闭、隔绝的环境中一个孤独的个人外，社会中任何人都需要

---

[1] 转引自张晓山、苑鹏《合作经济理论与中国农民合作社的实践》，首都经济贸易大学出版社2009年版，第7页。

与他人交往，与他人合作。从这个意义上说，"合作"与"自利"一样，也是人的天性。即便是漂流在孤岛上的鲁滨逊，当出现了"星期五"以后，合作也必然会发生。如前所述，传统农业社会"马铃薯经济"中的农民，虽然经济生活以自给自足为主，但也存在各种形式、不同层次的合作；市场化农民或正在走向市场化的农民，对于合作的需求之所以更强烈，是因为他们已经自觉或不自觉、自愿或不自愿地被卷进了市场化、社会化的现代网络之中，不合作就无法立足、无法生存。

农民合作是否必须加入合作社，或其他类似的农民合作经济组织？并不尽然。农民专业合作社，或其他类似的农村合作经济组织，只是为农民合作提供了一种可供选择的经济组织形式，但并不是唯一的、排他的组织形式。

事实上，迄今为止，中国绝大多数的农户并没有加入农民专业合作社或其他类似的农民合作经济组织，但是，农民合作的广度与深度已经远远超过了"人人都是人民公社社员"的人民公社年代。就广度看，市场化的农民或正在走向市场化的农民通过各种类型的市场交易已突破了狭隘的村、乡地域界限，经济交往与经济合作的视野已扩展到了国内大市场，甚至国际大市场；就深度看，农民合作已不是简单的劳动互助，而是深入资金合作、技术合作、信息合作等各类生产要素的组合中。

本书第四章已经指出，当代中国农村已形成多元共生的经济组织格局。多元经济主体、各类经济组织，既相对独立，又相互联系、共生共存。联系就意味着合作，因此，合作并不一定要加入某个固定的合作经济组织。例如，农户可以加入农民专业合作社，作为合作社的社员把生产的产品交给合作社，再由合作社交给农产品加工企业或超市。农户尤其是那些生产性的专业大户，也可以直接与农产品加工企业或超市签订长期合同，并不一定非要成为农民专业合作社的一员。在现实生活中，合作社+农户，龙头企业+农户，都是可以选择的农民合作方式。虽然有一些学者极力推崇"合作社+农户"的合作模式，而贬低"龙头企业（公司）+农户"的合作模式[①]，并呼吁"政府政策应更多地倾向于支持农民专业合作社，而不是'公司+农户'

[①] "所谓'公司（机构、市场）+农户'已经名声扫地。"（王景新：《乡村合作经济组织崛起》，中国经济出版社2005年版，第130页）

模式"①。但是，在实际的经济运行中，"龙头企业（公司）+农户"的合作模式，就数量与规模而言，依然超过了"合作社+农户"的合作模式。虽然从2006年《中华人民共和国农民专业合作社法》颁布以后，龙头企业（公司）+农户的合作模式比例有所下降，合作社+农户的合作模式比例有所上升，但总的格局并没有发生转折性的改变。

为什么农民需要合作，但加入合作社的并不普遍？除了合作社的供给不足以外，农民对合作社的需求不足也是一个重要原因。在这里，不能把农民对合作的需求与对合作社的需求混为一谈。这就是说，还有其他路径可以满足农民对合作的需求，农民专业合作社或其他类型的合作经济组织只是可供选择的路径之一。

农民加入专业合作社或其他类型合作经济组织如果坚持自由、自愿的原则，当然会有利益，但是，也会有成本。加入与否取决于多种因素的考量。从自由与组织的角度看，农民加入合作社，就要受到合作社章程、规则的约束，这意味着要丧失一定程度的生产经营自由决策权。如果失去这一部分自由决策权能换来更为广泛和更高层次的自由，例如，更为切实的经济安全保障，收入提升所带来的物质与经济层面更加充实的自由；因规避了"卖难"风险、节省了交易时间、在生产经营方面省心而增加了可自由支配的闲暇时间，等等，那么很多农民，作为"理性经济人"，还是会"算账"的，他们会愿意加入合作社。但是，迄今为止的许多农民专业合作社以及其他类型的农村合作经济组织并不能给予农民稳定的、可信的"承诺"和"预期"，这意味着失去一部分自由决策权并不能有把握地换来更为广泛和更高层次的自由，这使得相当大一部分农民对加入农民专业合作社以及其他类型的农村合作经济组织持犹豫、观望的态度。

由于预期的不确定，由于缺乏可信的"承诺"，农民对专业合作社，尤其是对合作社牵头人或负责人的"信任"就成了农民是否入社的关键性因素。在我们对那些尚未加入农民专业合作社以及其他类型合作经济组织的农户的调查访谈中，当问到为什么不加入合作社时，听到的最多的答案就是

---

① 杜吟棠：《农业产业化经营和农民组织创新对农民收入的影响》，《中国农村经济》2005年第3期。

"信不过"。这种"信不过",最主要的就是"信不过"合作社的带头人,"他只想到自己,不会想到我们"。这种"信不过",也包括"信不过"其他合作社社员。还有一个比较普遍的回答是,"自己自由自在,何必要被别人管"。这表明农民的自主、自由意识事实上很强烈。如果农民专业合作社以及其他类型的合作经济组织不能给农民带来可预期、可信的实际利益和实质性自由,吸引农民加入专业合作社或其他类型合作经济组织就非常困难。

从发达国家的经验看,加入合作社是扩展了农民的实质性自由,而不是束缚了农民的自由。例如,在美国,每个农户平均参加2.6个合作社;在丹麦,每个农户平均参加3.6个合作社,他们并没有固定,或"被锁定"在一个合作社里。农户依然有着高度的经济独立性和自由选择权。加入合作社只是合并了社员一部分的经济职能,而不是"人也成了合作社的人"。因而,他们认为,"合作社是业务的结合,而不是人的联合"。

十四 农民合作经济组织:为农民提升"实质性自由"的"可行能力"提供一个可自由选择的组织模式

市场化农户比传统的自给半自给型农户更需要经济合作。小农的市场化进程,或整个农村经济的市场化进程与农民合作的需求、农民合作经济组织的发展是相辅相成的。

中国农民合作经济组织供给不足一是源于农民合作经济组织企业家的十分稀缺;二是因为农民合作经济组织的组织成本与运行成本相对而言太高。而且,这二者之间又有着互为因果的密切联系:农民合作经济组织企业家的稀缺是农民合作经济组织组织成本高的一个重要原因;而农民合作经济组织组织成本与运行成本过高,则进一步加剧了农民合作经济组织企业家的稀缺。

利用政府独特的组织权威与组织优势是当代中国加快农村合作经济组织发展的主要途径,也是当代中国农村合作经济组织背离"国际标准",或发生"漂移"的一个主要原因。不可否认,由于中国特殊国情所形成的"路径依赖",政府在中国农村合作经济的发展进程中,尤其是在早期,有着其他"组织者"难以替代的重要作用，并在一定程度上弥补了中国农村合作经济"企业家"资源极度稀缺的缺陷，并能在一定程度上降低组织成本。但是，政府这一特殊的"组织者"也极容易"参与过度"，并由此损害农村合作经济组织的健康、理性发展。因此，政府主导合作应该有一条不可逾越的红线，这就是不可侵犯农民的自由选择权，不可"逼迫"农民合作。

虽然人们推崇农村合作经济组织为"弱者的联合"，但在实际生活中，如果不是政府牵头组织，或龙头企业牵头组织的，那么各类农村合作经济的组织者大多数都是农村的"能人"，即相对的"强者"，而不是"弱者"。因此，农村合作经济组织并不是单纯的"弱者联合"，它的组织者就是"强者"。

作为农村合作经济"组织者"的"能人"，各级各类干部占有很大的比重。除此之外，就是"改革""开放"以来涌现出来的各类专业大户、科技示范户、市场经纪人、私营企业家，等等。各级各类干部作为"组织者"的主要优势在于政治、关系层面；后一类"能人"的主要优势则体现在市场、经济层面。

龙头企业，尤其是农业产业化龙头企业牵头组建农民专业合作社的现象，在全国各地都比较普遍，也是很多地方政府十分推崇的一种农民专业合作社的组织模式，具有比较鲜明的中国特色。一般而言，龙头企业牵头组织农民专业合作社，企业往往作为农民专业合作社的一个法人社员，而且是占有控制权、主导权的法人社员。企业与合作社在法理上依然是两个独立或相对独立的经济实体，但企业负责人或企业委派的管理者往往兼任合作社负责人。合作社在很大程度上要服从于企业的发展战略；有一些合作社在本质上成了企业联系广大农户的中间性组织。

龙头企业牵头组建农民专业合作社，企业与合作社财产的部分交叉、重合，如果处理不当，也会带来种种不符合合作社"国际标准"，甚至也不符合《中华人民共和国农民专业合作社法》的后果。这也可能成为农民专业合作社背离所谓"国际标准"、农民专业合作社出现所谓"异化"的又一重要原因。

无论是农民专业合作社，还是农民专业协会，仔细分析其社员（会员）构成，绝大多数并非当地的贫困农户，而是专业化农户。一般而言，专业化农户，即"专业户"，并非贫困户，而是当地比较富裕或处于中等富裕程度的农户。这就是说，相对而言，农村合作经济组织的成员，也并非农村的"弱者"。由此得出的一个结论是：农民专业合作社并不是最适宜的扶贫组织形式，它的主要功能是促进农村专业化生产的发展，主要受惠者是农村中相对富裕的专业化农民。因此，通过农民专业合作社来培育农村中产阶级的形成与发展，是一种可供选择的组织化途径。

农民专业合作社，或其他类似的农村合作经济组织，为广大农民的经济合作提供了一种可供自由选择的组织形式，但并不是唯一的、排他的组织形式。农民合作还有多种路径可供选择。因此，在肯定农村合作经济组织对于农民"组织化"具有十分重要作用的前提下，对其功能也不必"泛化"和过于"拔高"。从根本上说，"组织起来"，或者说农民的"组织化"，不是为了束缚农民的自由，而是要为广大农民"自由地实现自由"提供更为广阔的组织与制度平台。农民合作经济组织，尤其是农民专业合作社，只是为农民的"组织化"，为农民提升实现"实质性自由"的"可行能力"提供了一种可供自由选择的组织模式。

第七章

网络化：当代中国农业生产组织现代化发展重点与战略导向

【提要】 从人民公社体制的"单一化"走向以农户家庭经营为基础的"多元化"是中国农业生产组织制度变迁的一次飞跃，但"多元化"还不等于"现代化"。在现代社会里，离开了市场化、社会化、现代化网络，"多元化"的组织架构还不能有效地保证广大农民"自由地实现自由"。顺应现代社会"信息化引领农业现代化"的要求，中国农业生产组织现代化进一步发展的重点与战略导向是构建网络化的组织群，实现从"多元化"向"网络化"的新跨越；最终目的依然是提升广大农民实现"实质性自由"的"可行能力"。

一 何谓"网络"

"网"，依据《辞海》的解释，可定义为纵横交错而成的组织或系统；依据"百度百科"的解释，可看作由具有无结构性质的节点与相互作用关系构成的体系。"络"与"网"意思相近。依据《辞海》的定义，"络"泛指网状物，亦有连接、缠绕的意思。总之，网络不是单个的"点"，不是单纯的"面"，也不是毫无关联的"线"。它是"点"、"面"、"线"的有机结合，是系统的整体的协调与互动。由此，我们可以得出网络的四个基本性质：联结性；系统性；协调性；互动性。

在自然界、在人自身与整个人类社会，网络都是一种普遍存在的现象。因此，网络研究、网络分析是一种在自然科学、人体科学、社会科学中普遍适用的研究与分析方法。

自然界的生物种群，大量采用的就是网络组织的方式，因此，生物网络的研究是当今生物科学的前沿研究课题。据北京大学前沿交叉学科研究院的介绍，生物网络研究就是从细胞中蛋白质与基因调控网络的整体动力学性质出发，研究生物网络的稳定性、网络的多态性、网络的动力学性质及网络的进化规律，寻找生物网络设计与动力学的普适性规律，并通过细胞生物学实验加以验证或修正。

中国传统的经络学，可以被看作是一门关于人体系统的网络学。经络学认为，经，犹如直行的路径，贯通上下，沟通内外，是经络系统的主干；络，则有网络含义，是经脉的细小分支，纵横交错，遍布全身。经络把人体各个部分连接成一个统一整体，以保持人体机能活力的协调与平衡。人体疾病的发生，就在于这种协调与平衡遭到了破坏。

不可否认，"网络"这一概念在现代社会中的广泛应用与传播得益于现代信息技术发展所带来的互联网的普及。人们日常语言中的"网络"，一般就是指互联网（Internet）。"今天上网吗"已经成为像过去"今天吃饭了吗"一样流行的大众问候语。各种网络语言也逐步成为大众语言。网络正静悄悄地改变着人们的生产方式、生活方式乃至人们的思维方式，进而改变人类社会。我们的时代正在进入信息化、网络化时代。

从技术的层面看，互联网是一个信息资源传输、接收、连接乃至信息资源共享的平台。网络化与信息化息息相关。但是，网络系统并不限于信息系统。现代交通运输体系、现代物流体系、现代基础设施体系等，都可以被看作网络系统，它们都具有"点"、"面"、"线"有机结合、整体协调与互动、资源共享等网络的基本特征。

网络概念的进一步扩展，便延伸到了人文社会科学领域，从"物质性网络"延伸到了"社会性网络"。社会人类学家较早提出了"社会网络"的概念。米切尔（Mitchell）把社会网络定义为"连接一系列人、事物或事件的特定类型的关系"①。很显然,在这一定义中,"社会网络"等价于"社会关系"。美国著名社会学家马克·格兰诺维特沿着"关系人"(弱关系、强关系)的路径回应和拓展了波拉尼的"嵌入性"理论。他认为,经济行为嵌入社会结构,而核心的社会结构就是人们生活中的社会网络。格兰诺维特批评了西方主流经济学狭隘的"经济人"分析范式,用"关系人"补充和拓展了"经济人"的分析框架。他认为,信任、社会关系、社会网络是影响人们经济行为、经济决策的基本因素。他以"剧场失火"与"家庭失火"作比较,说明了在关系疏远、缺乏信任的"剧场失火"案例中,人们是如何不可避免地陷入群体性的"囚徒困境"之中的;而在关系亲密、彼此信任的"家庭失火"案例中,家人又是如何避免所谓的"囚徒困境"的。②

从社会关系进一步拓展,社会资源、社会资本这些更接近于经济学术语的概念也逐渐被纳入社会网络的分析框架,并进而被纳入现代经济学的分析框架。蒂奇(Tichy)认为:"社会网络理论提供了一个崭新的图像来看待我们的社会,它视社会为一个网络图,图中有许多节点,节点与节点中有相连的线段,即社会连带,个人可借此网络维持某种社会认同并建立社会接触,进而取得相关资源。"这种由社会关系、社会网络产生的社会资源,用现代经济学通用的术语表述,就是"社会资本"。社会资本被看作是存在于社会关系、社会网络之中的,与经济资本、人力资本相并列的第三大类资本。作为一种特殊形态的资本,社会资本也具有价值增值的功能,也能够给社会资本的所有者带来未来的收益。用林南的话说就是,社会资本是"投资在社会关系中并希望在市场上得到回报的一种资源,是一种镶嵌在社会结构之中并且可以通过有目的的行动来获得或流动的资源"③。与此同时,社会资本作为社会关系、社会网络的产物,不同于纯粹的私人物品,它具有公共物品或准公共物品的性质,因此,社会资本并不仅仅是增加个人利益的一种资本,它也是促进集体行动、增加社会公共产品供给的一种极其重要的资源。

---

① Mitchell, J. C. ed. (1969), Social Networks in Urban Situations (Manchester University).
② 马克·格兰诺维特:《镶嵌:社会网与经济行为》,罗家德译,社会科学文献出版社2007年版。
③ 林南:《社会资本:关于社会结构与行动的理论》,张磊译,上海人民出版社2005年版。

从某种意义上说,社会性网络也可以被看作是一种"虚拟性网络",这里的"虚拟性"与我们通常所说的网络"虚拟世界"并不等同。"社会性网络"之所以可以看作是"虚拟性"的,仅仅是相对于"物质性网络"而言的。社会性网络毕竟不同于互联网、交通网、物流网等"物质性网络",后者有实实在在的,看得见、摸得着的建筑、机器、设备、道路、管线,等等;或者,有可以准确测度的电流、信息流,等等。虽然国内外不少学者也力图将社会性网络中的各类"关系"定量化,但笔者始终认为,社会性网络中的"关系"在本质上是不可测的,或者退一步说,很难精确测度。这也正是社会科学研究与自然科学研究的区别所在。当然,我们说社会性网络从某种意义上可以被看作"虚拟性网络",并不是说社会网络分析所揭示的关系、结构、功能、系统都只是虚幻地存在于人们的脑海之中的;恰恰相反,社会网络分析所揭示的关系、结构、功能、系统都实实在在地存在于人们的社会经济生活之中,对人们的经济行为、经济决策有着实实在在的影响。

二 现代化网络:现代物质性网络与社会性网络的相互依存与交融

本书所界定的现代化网络是一个比较宽泛的概念。它不仅包括现代化的物质性网络,如互联网、基础设施网、物流网,等等;它也包括现代化的社会性网络,例如现代化的组织网络、现代化的人际关系网络,等等。前者,我们可以把它看作现代化网络的"硬件";后者则可以看作现代化网络的"软件"。

现代化社会也往往被人们称为"网络社会"。虽然对"网络社会"的定义,学者们莫衷一是,但也有基本的共识,即都承认现代化网络对现代社会有着极其重大的影响,并渗透到了人们社会生活的方方面面。正如人们所说,"网络无处不在"。

现代化网络当然离不开现代信息技术的发展。网络,作为一种客观存在,在自然界、人类社会里的确早就有之,并非当今社会所独有的现象。但是,现代化网络则是信息技术革命后才出现的社会新形态。信息技术革命使得"信息"这一社会经济资源的重要性凸显，信息成为最重要的经济资源之一，并推动人类社会加快向信息化社会、知识经济社会转型。如果说工业化社会中蒸汽机、电力、汽车等的发明主要解放了人的体力，延伸与拓展了人的体能，那么，信息化社会中信息技术革命，计算机、互联网等的发明则主要解放了人的脑力，延伸与拓展了人的思维器官功能与智力功能，是"人脑"的革命。很多学者认为，人类文明经历了游牧经济——农业经济——工业经济——网络经济的发展进程，网络经济可以被看作人类发展程度最高的经济形态。

作为现代信息技术革命主要标志之一的互联网是现代化网络的基础。互联网作为无数独立节点相互联系、相互依存并且互动的平台，其本质特征就是信息共享、资源共享。独立的节点、平等的参与、自由的互动、开放的平台、信息与资源的共享，不仅是互联网的基本特征，也是建立在互联网基础之上的现代化网络经济的基本特征。

现代化网络经济表现为具有物质性内容的"实体性网络"，它是现代化网络经济的"硬件"，是现代化网络经济的物质载体。没有这些具有物质性内容的"实体性网络"，也就没有所谓的现代化网络，当然也就不存在现代化的网络经济。但是，现代化网络经济并不仅仅表现为具有物质性内容的"实体性网络"。正如美国麻省理工学院电脑科学实验室高级研究员戴维·克拉克（David Clark）所指出的："把网络仅仅看成是电脑之间的连接是不够的。更为重要的是，网络把使用电脑的人连接起来了。互联网最大的成功还不在于技术层面，而在于对人的影响。"[①] 从这个意义上说，现代化网络经济就是借助于这些物质性网络、实体性网络实现了人与人之间的连接。信息共享、资源共享的实质，最为重要的依然是人们利益的共享。

现代化网络经济中的"软件"与"硬件"，"物质性网络"与"社会性网络"是相互依存的，"谁也离不开谁"。"物质性网络"越发达，纳入网络的节点越多，现代化网络经济所覆盖的社会层面就越广泛，对社会的影响力

---

① RFC：第1336期。RFC，即Request for Comments。它是一系列以编号排定的文件，文件收集了有关互联网的信息，是互联网业界的权威性文献。RFC由Internet Society（ISOC）赞助发行。

就越大，对人们的吸引力也会越大，因此，建立在现代"物质性网络"基础之上的现代"社会性网络"也越发达，越完善。反过来，进入现代化网络的人越多，进入现代化网络的独立节点越多，人们对现代化网络的需求就越广泛，越强烈。按照网络经济的边际成本递减（边际收益递增）规律，网络规模越大，网络节点越多，其总成本与边际成本越小，总收益与边际收益越大，则会进一步加快"物质性网络"的发展。无疑，这是一种典型的正反馈机制："物质性网络"与"社会性网络"相互适应，相互促进，共同发展。

"物质性网络"与"社会性网络"不仅相互依存，而且相互交融，形成"你中有我，我中有你"的格局。例如，现代网络银行的发展，既离不开信息网络技术的发展，离不开互联网的发展，也同样离不开社会信用网络的发展。在一个缺乏诚信的社会环境中，再先进的"设备"与"技术"也无法保证网络银行的健康发展与安全。实践证明，只有"设备"、"技术"的"硬件"与"诚信"的"软件"相互交融才能有现代的网络银行。

与传统经济相比，现代化网络经济的一个重要特征是它的"联结经济性"。不同于单向或双向的点对点的"线联结"，现代化网络经济联结的特征是"网状联结"，即呈网状型的对外辐射。如果加入网络的节点是线性增长，那么，网络内部各节点信息交流、资源交流、要素交流的频率、容量、价值有可能呈指数态势急剧增长。依据梅特卡夫法则（Metcalfe Law），网络价值等于网络节点数的平方。

应该进一步指出的是，这种联结经济性不仅体现在物质性网络之中，同样也体现在现代社会性网络之中。例如，企业组织等微观经济组织形式向网络化组织群方向的发展就是顺应现代化网络经济联结经济性所呈现的一种规律与趋势。再进一步讲，现代化网络经济中的物质性网络与社会性网络也是相互联结的；而且，只有这两类网络密切联结才能有现代化网络经济整体效益几何级数的增长。

由于对现代化网络"设备"、"管道"、"技术"的"硬件"研究主要是自然科学、科技工作者的职责，我们下面将主要探讨社会性网络。

三 市场网络、人际网络及二者的比较

对市场有多种不同的定义,亦有许多不同的功能定义。① 它反映了人们从不同的角度、不同的层面对市场不同的理解与认识。

狭义的市场概念,把市场看作商品买卖的场所,它属于空间范畴。例如,《简明不列颠百科全书》关于"市场"的词条写道:"一般是指买卖商品的地方;现在,市场已扩大到指卖者相互竞争招徕顾客的整个地区。西方经济学者认为,市场是买卖双方可以自由交易的地区,在一个'完全竞争'的市场中,同样的商品无论在何处,同一时刻都趋同于按同一价格销售。"如果按机制、制度理解市场,市场可被定义为经济资源配置的一种机制、一种手段、一种制度。例如,美国经济学家麦克康耐尔、布鲁伊认为:"市场是将某种产品、服务或资源的买方(需求方)和卖方(供给方)联系在一起的一种机构或机制。"② 邓小平同志曾指出,市场和计划都是发展生产力的一种方法③,因此,中国目前的大多数教科书都把市场定义为经济资源配置的一种机制。

从更为广义的角度看,市场是各类市场交易者关系的总和。这里的市场交易者,并不限于单纯的卖者与买者,它还可延伸到市场中所有的利益相关者。这里的关系主要是指经济利益关系,但也不排斥与经济利益密切相关的各种社会关系。按照格兰诺维特的说法,经济行为是嵌入在社会结构之中的,而核心的社会结构就是人们生活中的社会网络。因此,社会关系本身就是一种社会网络。

---

① 王冰概括了市场的11种含义:市场具有地点、空间和场所的含义;市场具有领域的含义;市场具有交换关系的含义;市场具有机制的含义;市场具有交换运行过程的含义;市场具有商品价值实现的含义;市场具有制度的含义;市场具有组织的含义;市场具有需求的含义;市场具有买方和卖方集合的含义;市场具有资源配置机制的含义(王冰:《现代市场理论——关于市场的经济学》,湖北人民出版社2003年版)。

② 坎贝尔·麦克康耐尔、斯坦利·布鲁伊:《经济学:原理 问题 政策》,陈晓等译,北京大学出版社、科文(香港)出版有限公司2000年版,第52页。

③ 邓小平:《计划和市场都是发展生产力的方法》,《邓小平文选》第3卷,人民出版社1993年版,第203页。

马克思主义经济学的传统与本质是从商品（物）的背后、从人与物的关系背后，揭示人与人之间，尤其是阶级与阶级之间的经济利益关系。"这里涉及的人，只是经济范畴的人格化，是一定的阶级关系和利益的承担者。"① 因此，在马克思看来，市场的本质就是"商品占有者的全部相互关系的总和"②。借用现代的社会网络分析方法，所有的商品所有者就是这一市场化网络的不同节点，商品所有者全部相互关系的总和就构成了系统的市场网络。新制度主义者埃里克·弗鲁博顿、鲁道夫·芮切特也认为："'市场'是个体之间或有组织的个体群落之间的一个（或多或少）关系合约网络。"③

市场网络不等同于社会网络。这是因为人们的市场关系毕竟不能涵盖人们的全部社会关系。不管人类社会市场化的外延有多广，内涵有多深，市场化仍然不能覆盖人类的整个社会经济生活。"经济学家并没有把人类全部本性简化为经济人的奢望。他们还没有荒唐到这种地步，会否认人类行为是无法简化到用单一的尺度，即'经济'尺度来衡量的。"④ 因此，严格说来，市场网络只是人类社会网络的一种类型，而不是唯一的类型。作为社会性的群体动物，从一定的意义上说，凡是有人群的地方，就必定会有人与人之间的关系，必定会有联系人群的社会结构与社会机制，因此，也就必定会有某种与此相适应的不同类型的社会网络。

费孝通先生曾经描述说，中国传统农业社会"差序格局"下的人际网络就是社会网络的又一种类型。费孝通认为，传统乡土中国的社会结构是一种"差序格局"，即不仅有差异，而且有秩序。"在差序格局中，社会关系是逐渐从一个一个人推出去的，是私人联系的增加，社会范围是一根根私人联系所构成的网络。"笔者把这种网络称为"人际网络"⑤。它是传统农业社会的主体性社会网络。

---

① 马克思：《资本论》第1卷，《马克思恩格斯全集》第44卷，人民出版社2001年版，第10页。
② 同上书，第192页。
③ 埃里克·弗鲁博顿、鲁道夫·芮切特：《新制度经济学——一个交易费用分析范式》，姜建强、罗长远译，上海三联书店、上海人民出版社2006年版，第364—365页。
④ 亨利·勒帕日：《美国新自由主义经济学》，李燕生译，北京大学出版社1985年版，第25页。
⑤ 费孝通：《乡土中国 生育制度》，北京大学出版社2004年版。

市场网络与人际网络相比较，有哪些重大的、根本性的差别？

首先，这两类社会网络中的社会参与者（网络节点）的地位迥然不同。

在市场网络中，市场参与者，即利益相关者在法律上的地位是平等的。市场网络以微观经济主体的独立性和各主体之间法律地位的平等为基本前提。用马克思的话说就是，"商品是天生的平等派"[①]。然而，"差序格局"中的人际网络则是以人们身份地位的差异性为前提的。所谓伦理，就是"有差异的秩序"。用费孝通的原话表述就是："伦重在分别，在礼记系统里所讲的十伦，鬼神、君臣、父子、贵贱、亲疏、爵赏、夫妇、政事、长幼、上下，都是指差等。"[②] 这就是说，在"差序格局"里，人与人之间的身份、地位就是有差异、不平等的。

其次，这两类社会网络形成的经济基础、经济结构存在根本性的不同。

市场网络中的微观经济主体虽然法律地位平等，但生产结构、经济资源的占有结构则存在差异，即异质性。很显然，只有生产不同商品的生产者，拥有不同资源的所有者才有进行商品交换、产权交换的必要性与可能性。这就是说，市场网络以商品化生产、专业化生产与社会分工为基础，以经济结构的差异性为前提。相比较而言，在"差序格局"下的人际网络里虽然人们之间的身份、地位有差异，但整个社会的生产结构、消费结构乃至整体经济结构则往往是同质的、平面无差异的。自给自足的小农经济在一个特定的区域内是"你家生产什么，我家也生产什么"；"你家消费什么，我家也消费什么"；"一小块土地，一个农民和一个家庭；旁边是另一小块土地、另一个农民和另一个家庭"[③]。由于生产结构和消费结构的雷同，由于用相同的生产方法生产相同的产品，交换没有必要，市场也无从产生。

再次，这两类社会网络连接社会参与者的媒介不同。

市场网络以商品交换、产权交易为连接各相关利益主体的主要媒介。商品作为人格化的产品，产权作为人格化的权利，可以脱离它的生产者或所有者，通过第三者（商人、中间人、产权交易机构），通过市场流通、市场交易

---

① 马克思：《资本论》第1卷，《马克思恩格斯全集》第44卷，人民出版社2001年版，第104页。
② 费孝通：《乡土中国 生育制度》，北京大学出版社2004年版。
③ 马克思：《路易·波拿巴的雾月十八日》，《马克思恩格斯选集》第1卷，人民出版社2012年版，第762页。

渠道与根本不认识的陌生人进行社会交往与交换。在这里,"人们扮演的经济角色不过是经济关系的人格化,人们是作为这种关系的承担者而彼此对立着的"①。因此,市场网络中的参与者需要的是契约、法律、制度提供的,所有参与者都必须共同遵守的市场交易规则。制度、规则高于人情、人际关系。相比较而言,人际网络中的社会交往不能依赖物化的载体,不能依托"第三者"这一中介,而是交往者"面对面"地"亲临现场"。在这个所谓的"熟人社会"网络圈中,"熟识"的程度、"关系"的远近,即格兰诺维特所说的"强关系"、"弱关系",总之,人情、人际关系是社会交往的决定性因素。

最后,这两类社会网络的覆盖范围有极大的差异。

由于市场网络的交往并不需要交往者"亲临现场",它的覆盖半径、覆盖范围要远远大于人际网络所局限的覆盖半径、覆盖范围。市场网络可以冲破血缘、地缘甚至国家、民族的疆界,生产、消费、生产要素的配置越来越趋向于世界性、国际化。很显然,市场网络有近乎无限拓展的空间和潜力。相比较来讲,"人际网络"则只能局限于"熟人社会"或"半熟人社会"这样一个比较狭窄的地域和空间里。例如,在传统社会的法国乡村,"农民与外界联系的正常地域范围是25公里,即农民步行一天可往返的路程……在洛泽尔省(Lozere)勒布雷马尔(Le Bleymard),1811—1820年近三分之一的婚姻双方的原居住地不超过1公里,很少有超过20公里的居民联姻"②。

表7—1 列出了市场网络与人际网络的主要区别。

表7—1　　　　　　　　市场网络与人际网络的比较

	市场网络	人际网络
参与者社会地位	独立、平等	依附、不平等
生产结构	异质性	平面无差异
交往媒介	物化产品	亲临现场
交往规则	契约、制度	人际关系
交往范围	自由空间	熟人社会

---

① 马克思:《资本论》第1卷,《马克思恩格斯全集》第44卷,人民出版社2012年版,第104页。
② 许平:《19世纪下半叶法国农村的变革以及传统农民向现代人的嬗变》,《世界历史》1994年第2期。

传统农业社会"差序格局"下的人际网络是占主导的社会网络,但并不是唯一的社会网络。在传统农业社会里也存在着不发达的社会分工,存在着不占主流的商品生产与商品流通,因此,市场网络在有限的范围、有限的领域也存在着。不过,在传统农业社会里,商品生产与商品流通的相当一部分也被局限在狭小的地方市场,例如地方集市,"卖者"与"买者"也往往局限在"熟人网络圈",彼此知根知底。这意味着这种不发达的地方性市场网络也带有人际网络的某些特征。这正如马克思所指出的:"在一切社会形式中都有一种一定的生产决定着其他一切生产的地位和影响,因而它的关系也决定着其他一切关系的地位和影响。这是一种普照的光,它掩盖了一切其他色彩,改变着它们的特点。"①

在市场经济占主导的现代社会里,市场网络无疑是占主导的社会网络,但同样也不是唯一的社会网络。尤其是在当代中国的农村,市场化经济正在全方位推进,但是传统的自给半自给型经济仍然占有一定的比重,因此,当代中国农村、农民的社会网络是一种市场网络与传统社会人际网络双重交织的网络。一方面,当代中国的农民正在经历市场化的进程,已经成为或正在逐步成为"市场化农民",市场网络已成为或正在成为农民社会网络中的主体性、主导性网络。当前广大农民在市场化进程中所遇到的种种困境与难题,在很大程度上就是因为农村这种市场化网络还很不健全、很不完善、很不发达。另一方面,当代中国的农民总体上还未达到格兰诺维特所说的"过度社会化",而仍然是"社会化不充分",因此,传统农业社会的人际关系网络对广大农民的经济行为、经济决策乃至社会行为、社会决策依然有极大的影响。这种影响不仅仅表现在传统的生产、生活上,而且表现为农民往往要依托这种"熟人关系网络"进入市场,以弥补不完善、不发达市场网络的种种缺憾,以致人际关系网络与市场网络交织为一体,形成"你中有我,我中有你"的格局。

传统人际关系网络嫁接或者说渗透到现代市场网络之中,虽然不能

---

① 马克思:《〈政治经济学批判〉导言》,《马克思恩格斯选集》第2卷,人民出版社2012年版,第707页。

说是中国独有的特例①,但在当代中国所起的作用,对中国现代化进程的影响则非常重大。从正面的效应看,广大农民从传统乡村的"熟人社会"一下子进入市场经济的"陌生人社会",的确存在着诸多的不适应。而"关系"则可以帮助农民解决进入市场、进入"陌生人社会"的不少难题。例如,通过"熟人圈"可以节省农民进城找工作的诸多成本,因此农村劳动力流动进程中老乡、亲戚、同学、熟人这些传统的人际"关系网"往往比市场招聘、职业介绍所等正规的"市场网络"显得更重要,也更管用。2011年,我们调查了湖北省天门市3392位外出农民工,发现通过亲戚、老乡、同学、熟人等人际关系网络介绍找到工作的占80%以上;而通过劳动力市场、职业介绍所等市场渠道找到工作的仅为10%左右(具体数据见表7—2)。又例如,在农民的资金借贷与资金融通中,由于二元经济社会结构金融抑制、金融歧视的存在,通过各种"关系"的非正规融资往往超过了通过正规金融市场的融资。大量的实证调查表明,农户无论是在主观意愿上,还是在实际行为中,都更加倾向于通过私人"关系网"从非正规金融机构得到贷款;从正规金融结构得到贷款的农户只有32%左右。

然而,有利也有弊。过分依赖"关系",过分强调"关系"也有可能扭曲市场网络,并阻碍市场网络的发育、完善与建设。更为严重的是,过分依赖"关系",过分强调"关系"会在一定程度上污染市场经济环境,导致不公平的竞争,并引发各种类型的腐败。其中的一个重要原因是,在各级政府及政府官员依然控制大量经济、社会资源的背景下,过于功利主义的"关系"很容易形成官商勾结、权钱交易,引导人们把稀缺的经济资源用于和各级政府官员建立"关系"的非生产性活动之中,并从"关系"中获利。

在现代社会里,还有一种既不同于市场网络,也有别于传统农业社会人际网络的社会网络,这就是我们下面将要讨论的企业关系网络。

---

① 也有相当一部分西方学者(比如,Wank & David, Xin & Pearce, Gold, Guthire & Wank)认为,"关系"是中国特有的现象。他们认为,中国的"关系"还不同于英语语境中的 relationship,因此,在他们所撰写的英文论著中直接采用"Guanxi",而不是"relationship"。

表 7—2　　　　　　　湖北天门市外出农民工找工作的渠道

	频数（人数）	比率（%）
同村人介绍	1165	29.18
亲戚介绍	1680	42.08
老乡、同学介绍	356	8.92
职业介绍所介绍	55	1.38
政府介绍安置	45	1.13
劳动市场自荐、应聘	187	4.68
电视广播网络	10	0.25
上门求职	298	7.46
其他	196	4.91
总计	3992	100

四　市场经济中的企业内部关系网络

如前所述，在市场经济中，并非所有的社会网络都是市场网络。市场经济中最基本的微观经济主体——企业，其内部关系应该说是市场网络与特殊人际网络的交融。

亚当·斯密揭示了分工对于劳动生产力提高的重大意义。斯密指出："劳动生产力上最大的增进，以及运用劳动时所表现的更大的熟练、技巧和判断力，似乎都是分工的结果。"[①] 但是，斯密没有看到社会分工与企业内部分工的差异，因而没有明确区分企业的外部关系与内部关系。

马克思是最早认识到社会分工与企业内部分工有本质性区别的学者之一。马克思明确指出："社会内部的分工和工场内部的分工，尽管有许多相似点和联系，但二者不仅有程度上的差别，而且有本质的区别。"[②] 他在《资本论》第 1 卷第 12 章第 4 节中详细论述了这两类分工的不同性质与特

[①] 亚当·斯密：《国民财富的性质和原因的研究》，郭大力、王亚南译，商务印书馆 1972 年版，第 5 页。

[②] 马克思：《资本论》第 1 卷，《马克思恩格斯全集》第 44 卷，人民出版社 2001 年版，第 410 页。

点。首先,马克思列举了四类分工。"把社会生产分为农业、工业等大类,叫作一般的分工;把这些生产大类分为种和亚种,叫作特殊的分工;把工场内部的分工,叫作个别的分工。""由于性别和年龄的差别,也就是在纯生理的基础上产生了一种自然的分工。"① 其次,更为重要的是,马克思指出,社会分工是以商品生产者的独立性为前提的,即"以生产资料分散在许多互不依赖的商品生产者中间为前提";而工场内部的分工则是"以生产资料集中在一个资本家手中为前提"的。基于此,社会分工中"独立的商品生产者互相对立,他们不承认任何别的权威",即他们在法律地位上是独立的、平等的;而工场内部的分工则以资本家对工人享有绝对权威为前提,即工场内部的关系是命令与服从的关系。

与社会分工所形成的市场网络不同,企业内部的人际关系网络似乎类似于传统农业社会"差序格局"中的人际网络。人们看到的是,企业内部高层管理者、基层管理者、技术人员、工长、工人各类人等的角色有差异;上下级之间是命令—服从关系;各种纵向的层级组织形成了金字塔形的权力结构。然而仔细分析的话,企业内部这种人际关系网络在许多方面与传统农业社会"差序格局"中的人际网络具有本质性的差异。

首先,传统农业社会"差序格局"中的人际网络是以社会分工不发达为基础的,二者互为因果。而且,这种"差序格局"的人际网络就是整个社会的主体性社会网络,所谓"家国同构"。但是,市场经济中企业内部的分工则是以社会分工的发展为基本前提的,并且反过来推动与促进了社会分工。马克思指出:"因为商品生产和商品流通是资本主义生产方式的一般前提,所以工场手工业的分工要求社会内部的分工已经达到一定的发展程度。"② 相反地,工场手工业分工又会发生反作用,发展并增加社会分工。从本质上讲,企业内部的"命令—服从"型、"金字塔"式的人际关系网络并不是整个市场经济社会的主体性社会网络,而是从属性的社会网络,即从属于整体经济占主导地位的市场网络,而不是相反。

---

① 马克思:《资本论》第 1 卷,《马克思恩格斯全集》第 44 卷,人民出版社 2001 年版,第 406—407 页。

② 同上书,第 409 页。

其次，企业内部各类人员的"角色"，或者说，他们在企业关系网络中的"位置"，是由市场契约界定的。从这个意义上可以说，这种企业的人际关系网络也是由市场契约连接的网络，它带有市场网络的某种特征。市场网络是市场经济占主导社会形态中各类社会网络的"普照之光"。新制度学派的杰森和麦克林（Jensen & Meckling）极而言之，企业只是市场的一种特殊形态，企业的本质也是契约型组织，是一系列契约关系的联结。[①] 因此，企业内部的命令—服从的时空范围、功能性质都有较为严格的限定，并非简单的人身依附。例如，在工作场所以外，在工作时间以外，在工作内容以外，管理者无权要求被管理者服从命令。然而，传统农业社会"差序格局"中的人际网络与市场契约毫无关联，纲常伦理贯穿于人的一生，人际网络与人身依附高度重合。

最后，企业内部的这种关系网络不是"固化"的、封闭的。这一是因为人员的流动性，既包括企业内部纵向的流动，例如职务的升迁，也包括企业外部横向的流动，例如辞职、解雇、跳槽。二是因为企业内部的权力结构也在不断地调整。相比来讲，传统农业社会的人际网络关系则是相对固定的。父子、叔伯、长幼，人一生下来就被界定了在人际网络关系中的"角色"、"位置"；"角色"、"位置"的变化，例如，子成为父，媳妇熬成婆婆，需要的是时间的"熬"，而不是人员的自由流动。

区分企业内部的关系网络与传统农业社会的人际网络很有必要。当下一些热衷于社会网络分析的学者往往混淆了二者的本质性差异，把二者混为一体。

虽然企业内部的人际关系网络与市场经济社会中作为"普照之光"的市场网络有极其紧密的联系，但毕竟也不能将二者等同视之。马克思在他所处的那个时代看到的是二者反向的发展："社会内部的分工越不受权威的支配，工厂内部的分工就越发展，越会从属于一人的权威。因此，在分工方面，工厂里的权威和社会上的权威是互成反比的。"[②] 然而，在今天这个现

[①] Jensen, M., and Meckling, W., 1976, "Theory of the Firm: Managerial Behavior, Agency Costs, and Ownership Structure," *Journal of Financial Economics*, 3 (4): pp.305-360.

[②] 马克思：《哲学的贫困》，《马克思恩格斯选集》第1卷，人民出版社2012年版，第243页。

代化网络经济时代,伴随着知识经济的发展和信息革命的浪潮,企业内部的权力格局、关系网络也发生着急剧的变化:企业内部的权力配置越来越扁平化,越来越民主,而不是越来越专制,越来越从属于"一人的权威"。这意味着企业内部中的"人",尤其是广大劳动者价值与地位的提高,越来越趋向于独立性与平等性,企业内部的关系网络也越来越与市场网络接近。与此同时,市场网络也发生了许多重大的甚至是实质性的变化。例如,市场参与主体的交往不仅仅是冷酷无情的"陌生人"之间的交易,现代信息技术以及现代化网络的发展极大地拓展了人们的"熟人关系圈"。远在天涯海角,也可通过现代化网络成为"熟人",因而"信任"、"合作"、"互利"、"共生"在市场网络中的分量越来越重。这些变化意味着市场网络与企业关系网络正相互渗透,并逐步形成现代化网络经济中网络化组织群的新格局。

五　现代化网络经济时代的网络化组织群

"网络化组织群",或者,用当今流行的术语来讲,"网络组织",是现代化网络经济时代经济组织的一种新形式,或者说,是组织构造的一种更高层次。从一定的意义上可以说,它是市场网络与企业内部关系网络相互渗透而形成的新的组织格局。

"网络组织"兴起于以信息技术革命为代表的"新经济"(知识经济、信息经济、网络经济)浪潮。互联网的出现,"信息高速公路"引发的信息革命,"虚拟经济"、"网络经济"的发展与繁荣,再加上社会经济的"信息化"、"全球化",对在工业化社会基础上建立起来的"金字塔"形企业内部组织层级制带来了极大的挑战。全球社会环境、自然环境、生态环境的交织及其复杂性,人类社会日益增长的不确定性,使得以计划和控制为核心职能的传统型企业层级组织明显地不适应新的时代,即企业层级组织控制信息、处理信息的能力已远远不能适应信息瞬息万变、信息爆炸的决策环境。与此同时,信息革命,网络技术的应用和普及,现代化网络经济的迅猛发展,使得人类社会在更加广泛的意义上实现了信息及资源的共享,从而使"个人自主活动"的空间得到了空前扩展。这也为人类社会更加充分地展现个性,"自由地实现自由"提供了更加切实的技术基础、物质基础和更加广阔的天地。那种基于信息垄断、强化信息不对称、强化服从与权威的旧有权力平衡被打破，一种基于信息公开、信息透明、信息共享、更自由更平等的新的网络化组织关系正在成长。正是从这个意义上说，"网络组织"的兴起是组织理论与组织实践的一场革命。

第一，网络组织不是传统工业化意义上的企业组织，也不是传统意义上纵向一体化的企业兼并与重组。网络组织是由众多独立或相对独立的个体、法人（网络节点）所连接形成的"利益共同体"，或者说"战略性组织联盟"。它的运行不依赖传统的自上而下的层级控制，也不单纯是"陌生人"之间的纯粹市场交易。网络组织的运行建立在各个网络节点共同利益、共同目标与"相互信任"的基础之上，是由长期合作、长期责任、互利共生而形成的利益相关者的多重连接。因此，网络组织是超越了科斯意义上的市场与企业"非此即彼"两分法的一种更为复杂的新的社会经济组织形态。在企业外部，即企业与企业之间，它超越了市场交易关系而融入了长期的信任与合作；在企业内部，它也超越了单纯的"金字塔"管理构架而融入了参与、共享，更广泛、更平等的自主交流与合作。

第二，从组织生态学的视野观察，网络组织可以被看作是一个组织生态系统，或者说经济生态系统。所谓组织生态系统，就是组织种群的生态环境以及它们内部的关联状态。组织种群强调的是"群"，而不是单个的组织，不管这一单个组织的规模有多大。严格说来，"组织种群"是在特定的时间与空间、在特定的边界内具有共同生态环境的全部组织。从这个意义上说，网络组织也是一个"组织种群"，因此，它成为当今组织生态学的重点研究方向。还须指出的是，组织生态学强调"组织生态位"，即支持一个组织种群共同生存的所有资源的集合；组织生态学也强调组织间的"关系密度"，这种"关系密度"往往决定了组织种群的内部结构与动态的演化方向。"组织生态位"、"关系密度"也是研究现代网络组织可以借鉴的两个重要概念。

第三，网络组织中的各个"节点"，即构成网络组织的单个独立组织、相关利益者，仍具有法律意义上独立的经济主体地位，即在法律意义上是独立的、平等的主体。因此，"平等"是网络组织"合作关系"区别于层级组织"服从关系"的重要标志。这也意味着网络组织不同于产权归并的一体化，而是跨越产权（所有权）限制的资产（包括有形资产与无形资产，也包括物质资产与人力资产）联合。诚然，网络组织中的各个独立经济主体、各个独立经济组织并非都具有同等规模、同等经济实力；恰恰相反，绝大多数的网络组织往往是大、中、小各类组织共生、并存的。因此，各类经济组织的多元化、差异性是网络化"组织种群"得以存在的前提，但是，组织规模的多元化、差异性不应该损害各个组织的"独立性"与组织之间的"平等性"。

第四，由于网络组织各个节点的"独立性"和节点之间的"平等性"，网络组织的管理需要建立一种各方共同参与、平等协商、民主决策的"柔性"机制。相对于传统的以"命令—服从"为特征的层级制"刚性"管理而言，网络组织的"柔性"管理更强调"人性化"、"人本化"，更强调信息共享、资源共享、利益共享，更强调各经济主体的自主性与创造性。当然，"柔性"管理并非绝对排除权威，并非各独立的经济主体可以各行其是。但是，这种"柔性管理"的权威是建立在各方"共识"和共同责任的基础之上的，不承担共同责任的个体将会受到组织的共同惩罚，被组织边缘化乃至被驱逐。

第五，网络组织本质上具有开放性、动态性的特征。与传统的企业组织相比较，网络组织具有极大的包容性，并有相对灵活的组织机制，可以容纳众多的参与者，实现互利、互动、共赢。因此，网络组织的边界本质上是开放的。凡是具有共同利益、共同目标，又愿意承担共同责任的个体、法人、组织都可以比较自由地进入网络组织。同时，凡是不愿意受到网络组织约束的个体、法人、组织也有比较充分的自由退出权利。

六 "网络组织"理论
——对传统企业理论的挑战

以"企业"为主导对经济组织的研究一直是经济学组织研究的主流。这是因为"在标准微观经济学中，企业是经济中的基本生产单位，家庭是消费单位"[①]。从一定的意义上说，企业内部纵向的科层结构与企业之间横向

---

① 路易斯·普特曼、兰德尔·克罗茨纳编：《企业的经济性质》，孙经纬译，上海财经大学出版社2009年版，第9页。

的市场联系是企业研究的纵坐标与横坐标。企业之间的横向联系也可以看作是企业外部的组织结构。竞争与垄断是这一领域理论研究所关注的重点与核心;"优胜劣汰"的生存竞争则是这一领域理论研究的基调。企业组织之间的互利合作、互惠共生,特别是作为"组织种群"的共生进化,在主流经济学的视野里被普遍疏忽或淡化。

斯密(包括马克思)的传统是把企业看作一种以专业化与社会分工为基础的生产性组织,企业是以"组织"的生产替代了"个体"的生产。[1] 斯密在《国民财富的性质和原因的研究》中,说明了企业是如何利用专业化和分工的好处来提高劳动生产率并进而增进国民收入的。马克思则在《资本论》里具体论述了在社会分工与企业内部分工的基础上,企业如何从简单协作、工场手工业到工厂制度的进化。在斯密、马克思看来,市场是企业生产经营的外部环境;分工的规模乃至企业的规模受制于市场的规模。正是市场的扩展,才推动了分工的发展、制造业的发展和企业的发展;反过来,分工的发展、制造业的发展、企业的发展又推动了市场的进一步扩张。总之,斯密与马克思强调的是企业与市场共存共荣的互补与互动,而不是此消彼长的相互替代。

科斯在其经典论文《企业的性质》中,以交易成本为理论基础,将企业看作"市场替代物,是不同于市场的一种交易组织"。在科斯的理论框架中,"企业的本质特征是对价格机制的取代",企业与市场被整合成为同一平面的两极组织制度框架。用科斯的话说就是,"企业和市场是两种可相互替代的协调生产的手段,是经济组织制度的两极"[2]。市场交易成本与企业组织成本的比较决定了企业的规模。很显然,科斯与斯密、马克思不同,他强调的是企业与市场的相互替代,而不是二者互补互动的共存共荣。

科斯的新制度主义分析虽然极大地扩展了企业(组织)研究的视野,但也受到了来自三个方向的质疑与挑战。

第一个方向的挑战来自以潘索斯(Pensose)、理查德森(Richardson)、

---

[1] 西蒙(Simon)也持类似的观点。在西蒙看来,组织成员加入组织的过程,也就是组织成员个人目标被组织目标取代的过程。

[2] Coase, R. (1937), "The Nature of the Firm," *Economica*, 4, pp. 386-405.

普拉哈拉德（Prahalad）和哈默尔（Hamel）等为代表的"企业能力论"学者。他们继承了斯密以及马歇尔从企业内部解释企业成长的基本思想，依然坚持企业的本质是生产性组织（"生产性资源集合体"）而非交易性组织的核心观点。普拉哈拉德和哈默尔明确提出了企业"核心竞争力"的概念。在他们看来，企业的"核心竞争力"来自企业在长期生产经营中的知识积累，是一个企业独特的、持久的异质性能力。这种能力的形成与发展来自企业作为一个生产性组织长期的积累与演化，是无法用科斯"交易费用"的概念予以解释的。

第二个方向的挑战则主要来自新制度经济学内部的"泛市场学派"[①]。这一派学者认为，科斯并没有把交易成本的概念贯彻始终。例如，张五常就认为："说'企业'替代'市场'并非完全正确。确切地说，是一种合约替代了另一种合约。"[②] 或者说，是用要素市场替代了中间产品市场。这意味着在这些经济学家看来，企业还只是市场的一种特殊形态，企业的本质也是契约型组织，是一系列契约关系的联结。因此，这些经济学家实际上认为，企业与市场还不是科斯所说的"经济组织制度的两极"；市场是普遍的经济组织形态，企业不过是其中的一种特殊形态，市场包含了企业。

第三个方向的挑战来自于网络组织理论。这一派学者认为，科斯的企业与市场二分法组织分析框架并不能圆满解释现代经济生活中产业集群、网络经济、服务外包、组织边界弹性化、战略联盟、企业＋农户等众多新的经济组织现象。波特认为，产业集群就是具有分工合作关系的具有不同规模等级的企业之间通过纵横交错的网络关系所紧密联系起来的一种空间积聚经济体。它既不能等同于市场，也不是传统的企业，而是介于市场和企业科层等级制之间的一种新的空间经济组织形式。[③] 威廉姆森虽然秉承了科斯交易成本的研究思路，但他认为，在存在有限理性和机会主义行为的前提下，经济组织形式的选择主要取决于资产专用性、交易频率和不确定性，因此，在企

---

① "泛市场学派"是笔者对这一批学者的概括，是否准确希望得到学界同仁的批评。
② 张五常：《经济解释》，商务印书馆2000年版，第363页。
③ Porter, M. E., 1998, *The Competitive Advantage of Nations* (New York: The Free Press).

业与市场之间实际上还存在着中间层组织。[①] 这意味着即使遵循科斯的组织架构分类逻辑，现实生活也是拉森所言的市场、企业网络与企业科层制的三级组织架构，而不是企业与市场的两极组织架构。这里所谓的网络组织，兼有科斯所说的企业与市场的某些特性；比市场组织稳定，比层级组织灵活，是一种介于市场组织和企业层级组织之间的新的经济组织形式，是"看不见的手"与"看得见的手"的握手。[②] 这意味着无论是在市场之中（企业外部）还是在企业内部，市场机制与企业组织机制都是共同存在的。这就是说，市场和企业不是非此即彼的相互对立、相互替代，而是相互补充、相互联结、相互渗透。这种相互补充、相互联结、相互渗透，最终导致了企业间复杂而丰富的网络结构与多样化的组织制度安排。

网络组织理论与本书第四章讨论过的组织共生理论有着内在的逻辑联系，或者说，有着内洽的理论关联与理论相容性。

首先，网络组织理论与组织共生理论都是在以信息技术革命为代表的"新经济"（知识经济）浪潮之中兴起与发展起来的，都与研究一系列新时代的新经济现象有着十分密切的联系。

诚然，无论是共生理论还是网络理论，如果从"共生"和"网络"的概念上追溯其理论根源，或许已年代久远。西方往往会追溯到古希腊、古罗马；在中国，则往往会追溯到春秋、战国时代。但是，组织共生理论、网络组织理论得到全社会的普遍关注，乃至有巨大学术影响和实践影响则是最近几十年的事情。伴随着信息技术革命所引发的知识经济浪潮，一系列新的经济现象，例如网络经济、虚拟经济、生态经济、循环经济、绿色经济、产业集群、服务外包等，自20世纪70年代开始大量涌现。传统的企业结构、组织结构发生了一系列本质性的变化，市场与企业的边界也越来越模糊。面对"新经济"的冲击，传统的组织理论、企业理论力不从心，难以圆满地解释新的经济实践。正是在这一宏观背景下，组织共生理论、网络组织理论应运而兴。它们从新的视角，运用新的理论分析框架，对"新经济"中所产生

---

① Williamson, O., 1985, *The Economic Institutions of Capitalism: Firms, Markets, Relational Contracting*, (New York: The Free Press).

② Larson, R., 1993, "The Handshake between Invisible and Visible Hands," *International Studies of Management and Organization*, 23 (1): pp. 87-107.

的一系列新的经济现象作出了新的、比较有说服力的解释。

其次，网络组织理论与组织共生理论有着相同或相似的哲学基础，在此背景下，二者的分析框架中也有一些相同或相似的概念与范畴。

与建立在"经典力学"基础之上的传统企业理论不同，网络组织理论与组织共生理论更多地体现为"经济生物学"范式；进一步讲，在"经济生物学"范式中，网络组织理论与组织共生理论更加强调多元、合作、共生，而不是"达尔文"意义上的非此即彼、你死我活的生存竞争。因此，基于"共生"、"和谐"、"包容性发展"的新哲学理念，网络组织理论与组织共生理论更加强调异质性经济个体、异质性经济组织的互补、互利与长期共存，而不是同质化的兼并，以及纵向或横向的一体化。同时，由于网络组织理论与组织共生理论有相同或相似的哲学基础，二者的分析框架中也有一些相同或相似的概念与范畴，例如互利、合作、信任、利益共同体，等等。

当然，网络组织理论也不等同于组织共生理论。二者最大的差异是对市场的不同界定。网络组织理论（尤其是威廉姆森）在很大程度上依然秉承了科斯传统，把市场看作与企业平行的一极，企业与市场是"点"对"点"，或者说"极"对"极"的关系。网络组织则被看作"第三极"，或者企业与市场"两极"的交融。组织共生理论则把市场看作共生界面，把企业等不同经济组织看作共生单元。依据共生理论，共生界面是共生单元之间进行物质、信息和能量传导的媒介和载体。这意味着企业与市场是不平行的"点"对"面"的关系，而非平行的"点"对"点"的关系，或者"极"对"极"的关系。用许多经济学家喜欢使用的术语表述就是，市场是一片海洋，企业则是这海洋之中一个个独立的"岛屿"；"岛屿"生活在"海洋"之中，"海洋"连接"岛屿"。这种企业与市场的"点"与"面"的关系似乎更接近于斯密传统。

如前所述，"组织共生"并不意味着先进与落后、"井水不犯河水"的长期共存，并不绝对地排斥竞争，排斥优胜劣汰。共生也是进化的一种类型。"共生进化"意味着"组织群体"的进化，而不是一种组织消灭另一种组织的"单体进化"。

七 他山之石:现代化网络、网络化组织群与"现代小农制"

如前所述,当代世界的农业现代化并没有导致家庭农场、家庭农业的消亡;相反,发达国家的经验已经证实,农业现代化可以建立在"现代小农制"的基础之上。然而,在强调"现代小农制"的同时,还必须清醒地认识到如果没有现代化网络,没有"网络化"的组织群,现代小农制必将寸步难行。更确切地说,没有现代化网络,没有"网络化"的组织群,也就没有所谓的"现代小农制"。

一些推崇"现代小农制"的学者往往过分强调家庭产权明晰、利益直接、节省"监督成本",克服"搭便车"行为的私有化效率功能,而忽略了"现代小农制"有效率的另一个重要源泉,即其背后的市场化、社会化、现代化网络,以及由现代化网络所联结的多元共生组织群。

荷兰是被国际学术界誉为"现代小农制"高效率典范的国家,其土地生产率、农产品出口率、农业人口人均创汇率多年来雄踞世界第一。被誉为"小农之王"的荷兰虽然以家庭农场作为农业经济的微观基础主体,但没有自给自足型的家庭农场。荷兰高效率的市场化家庭农场("现代小农")是建立在良好的农业基础设施体系、发达的农产品加工体系、完善的农产品流通体系、高度组织化的农民合作体系、"三位一体"的农业教育科研体系之上的。这些体系构成了一个比较完整的现代化网络,并在现代化网络的基础上形成了一个完善、发达的网络化组织群。例如,荷兰有世界一流的网络化高标准水利与防洪设施[①];有极其发达、相互配套的陆路、海路、航空"三位一体"的公共运输网络;有能把本国60%以上的农产品以及大量进口初级农产品加工成附加值高的最终消费品的食品与饮料加工制造业;有各种类型的农业合作社及农业合作经济组织。特别值得一提的是荷兰高效、发达、完善的农产品大流通网络,"三位一体"的农业知识创造与推广网络,以及

---

① "荷兰高标准防洪大坝和内河堤坝的长度达到了2800千米,其防洪标准之高堪称世界第一,至少是达到1250年一遇,有的大堤甚至是'万年一遇'。"

高度组织化的农民合作体系。

荷兰农业专业化、市场化程度极高，因此高度依赖世界市场，农产品"大进大出"。基于此，一个高效、发达、完善的农产品大流通网络就必然会成为荷兰农业的"生命线"。以荷兰雄踞世界之首的花卉业为例。众所周知，荷兰是世界闻名的"花卉王国"，其花卉出口长期以来占世界市场的50%左右。为了保证荷兰的花卉能快捷、顺利出口到世界各地，荷兰形成了集花卉拍卖行为中心，连接花卉经营公司、花卉农场、花卉合作社、花卉批发商、花卉经销商乃至花卉消费者等众多利益相关者于一体的"花卉大流通网络"。例如，世界最大的阿尔斯梅尔联合花卉拍卖市场就是荷兰500多家花卉农场、花卉经营公司、花卉专业合作社所组成的股份联合体；它还连接着500多个大批发商和150多家出口公司。正是依赖这种"网络化"的组织群，依赖这种多方利益共生、互惠的"大流通网络"，荷兰的家庭农场与世界市场实现了完美的"无缝对接"。

【案例7—1】　　　　　　　　荷兰的花卉拍卖业

荷兰是世界上最大的花卉出口国，花卉出口占到世界花卉市场的40%—50%。荷兰的花卉拍卖业发端于19世纪末。家庭农场是荷兰花卉的主要生产者，但花农并不自己销售产品，而是作为一家拍卖行的成员，将自己的全部产品送到那里拍卖。

荷兰目前有7个花卉拍卖市场。其中，阿尔斯梅尔（Aalsmeer）花卉拍卖行最大，销售额占全国花卉销售额的43%。拍卖行本身对拍卖的货品没有所有权，只是为卖、买双方提供尽可能高效的交易场所。拍卖销售只是为供需双方找到适合的贸易伙伴。很难想象，没有这么一个场所，荷兰成千上万的花农怎么能在一日之内把鲜花卖到世界各地；反过来也一样，没有拍卖行，世界各国的销售商也无法从荷兰成千上万的花农那里，以合理的价格买到称心如意的花卉。

花卉拍卖行每周5天开市，每天6点半开始拍卖。所有上市的花卉都要在拍卖的前一天清晨或晚间运到。运输可以由花农自己做，但更多的是交给专业运输公司去做。花卉运到拍卖行后，通过传输带进入庞大的冷藏库。冷藏库和存货库里设有产品质量检验处。在这里，拍卖行的质检师会对每一批花卉进行质量检验,并将结果写在发货单上。

商品的拍卖是通过"荷兰"拍卖方式进行的,这就是说,拍卖价从高到低。拍卖钟有一个巨大的"钟面",上面显示的主要信息有:(1)生产者姓名;(2)产品名称、检验号、地点代码、冷藏库里的位置(行、列),产品数量(小车数),每一集装箱可容纳的小车数;(3)价格(单价)单位:荷兰盾、分;(4)销售条件:购买商代码、最低限额、购买商人数,已售出数量,正在拍卖中的小车代码等。据说,每个拍卖钟每小时可以完成1500笔交易。花卉一旦卖出,立即付款。付款台对面设有多家银行,买主可以很方便地转账。

购货商买到鲜花后一般都按用户的要求进行包装。在多数情况下,花卉和植物要配在一起成为花束。配好的花束被装进纸箱或塑料箱,运到拍卖行的发货中心。发货中心设有海关和植物检疫站。货车拉着满载鲜花的空运集装箱,以最快的速度驶向斯希波尔机场或欧洲各国。拍卖行的一切都是为了一个目标:每天上午出售的鲜花和植物,一定要在当天晚上或第二天出现在欧美、日本等国家和地区的花店里。

——根据厉为民《荷兰农业的奇迹》编写

作为现代化农业的基础,荷兰也具有世界一流的农业教育科研体系,即"农业知识创造与推广网络"。这一网络由农业高等院校(最著名的是瓦赫宁恩农业大学)、农业科学研究院、遍布全国各地的34个地区研究中心以及农户、农业合作社为主体构成,集农业科学技术研究、推广、教育"三位一体"。这一农业知识创造与推广的"网络化组织群"不仅使荷兰的农业科技在全世界领先,而且,它还有效地解决了农业科技研究、推广、应用等有机融合的难题,培养了一代有现代化科技素养的新型农民,成功地回答了现代社会究竟"谁来种地"这一问题。

还须指出的是,荷兰这种高度发达的现代化网络,不仅包括高度发达的物质性实体网络,而且包括高度发达的社会性网络,二者相互依存。荷兰自称"尼德兰",意为"低地之国"。这是因为荷兰约有1/4的国土低于海平面;再加上海拔只有1米左右的低地,全国有1/3的国土易受海潮入侵或河流泛滥的威胁。荷兰人在与洪水的长期斗争中,依靠自己的智慧,在低洼的平原上，深挖水沟，排走渍水，开辟耕地，即"圩田"（polder）。由于"圩田"的开辟绝非单个农户的力量可以完成，它需要合作与组织，需要形成人们的利益共同体，因此，它打下了荷兰民族的团结精神和合作基础，并且深深地植根于荷兰的文化之中，成为一种以"圩田模式"而著称的国家精神。正如许多学者已经指出的，在所谓"荷兰奇迹"中起着重要作用的"圩田模式"，就是强调各经济主体的团结精神与合作传统，并在现代化网络的联结下形成多元经济主体互补互动、共生共荣的利益共同体。"团结与协商是经济秩序的支柱。"①

在这种有着悠久历史文化的"圩田模式"基础上，荷兰农民的组织化程度极高。在荷兰，各种农民合作社以及其他的合作经济组织十分发达，而且类型多元多样，覆盖面极其广泛。既有农产品生产的合作、农产品加工的合作，也有农产品流通的合作、农产品销售的合作，以及技术的合作、信息的合作、信贷的合作。荷兰的农民虽然组织化程度极高，但并没有固定或"被锁定"在一个合作社里。荷兰农民一般都加入3—5个合作社，并与所加入的第一个合作社保持较为长期、稳定的合作关系，即利益关联，休戚与共；同时，他们也从其他合作社里得到不同类型的服务与帮助。这种农民与合作经济组织并非单线式而是网状式的联结确保了农户的独立性和经济主体地位。

综上所述，如果没有一个高度发达的现代化网络，没有一个共生共荣的"网络化"组织群，荷兰的家庭农场纵有三头六臂，也必然难有作为。因此，荷兰的现代化农业生产组织模式并不单纯是私有化的家庭农场，而是家庭农场+现代化网络，是一个由家庭农场、农产品加工企业、农产品交易市场、农产品拍卖行与批发商、农民合作社、农民合作银行、农业协会、农业教育科研机构以及政府等共生共荣的"网络化组织群"。

苏联则以相反的案例证明了这种现代化网络、网络化组织群在现代化农业中的极端重要性。苏联国土辽阔，人均耕地面积达0.86公顷，相当于世界人均耕地面积的2.4倍。但是，由于计划经济体制和一系列错误政策的原

---

① L.道欧、J.鲍雅朴主编：《荷兰农业的勃兴》，厉为民译，中国农业科学技术出版社2003年版。

因，苏联的农业生产长期徘徊不前。1950年，苏联的谷物总产量为6480万吨，低于1913年沙俄时期的7250万吨，一度从过去的粮食出口国蜕变为粮食进口大国。作为苏联农业微观经济组织基础的国有农场和集体农庄，是一种效率极其低下，但机械化程度并不低的国有化、集体化大农业生产组织形式。长期以来，苏联的农业劳动生产率只及美国的20%—25%，但是，其粮食作物的种植与收获已全部机械化，畜牧业综合机械化率也达到了70%—80%。这表明，丰富的土地资源加上农业机械化并不等同于现代化农业。

苏联解体后，自20世纪80年代末俄罗斯效法欧美的"现代小农制"，借鉴中国农村土地家庭承包制的成功经验，开始了对农业微观经济组织的改革。1991年底，当时的俄罗斯总统叶利钦签发了《关于俄罗斯联邦实施土地改革的紧急措施》的总统令，规定了俄罗斯农业改革的一般原则，并要求在一年内完成集体农庄和国有农场的改组与重新登记。其目标是要在俄罗斯农村发展100万个家庭农场，以形成一个以现代小农为主体的农村中产者阶层。1993年10月27日，叶利钦又签署了《关于调节土地关系和发展土地改革》的总统令，规定土地所有者有权出售自己所有的土地。1996年3月7日，叶利钦又签署了《关于实现宪法规定的公民土地权利》的总统令，重申土地所有者有权自由支配自己的土地份额，包括出售、出租和赠送土地份额。但是，俄罗斯农业在改革之初，并没有像主政改革者所预想的那样得到广大农民的积极响应。据相关资料，20世纪80年代末推行土地租赁制，只有不足2%的农户响应。1994年，俄罗斯通过农业土地私有法后，个体的家庭农场也只拥有6%的农户和5%的农用土地。"在俄罗斯，这种农户（农场）经济并没有得到很大发展，更没有成为农业生产的主力军。"[①] 与此同时，国有农场与集体农庄的私有化改革不仅没有带来俄罗斯农业明显的效率改进，在改革之初，反而引发了农业总产出的下降。"同中国农业总产出在改革早期年代里每年平均递增10%相比，俄罗斯农业经历了一场严重的

---

① 陆南泉：《俄罗斯农业改革及其启示》，中国社会科学网，2011年12月22日。

衰退。"①

为什么俄罗斯建立"现代小农制"的私有化改革非但没有带来俄罗斯农业效率的改进及农业经济的发展，反而导致了农业产出的下降，导致了农业的严重衰退？究其原因，周其仁分析说，是缺乏一个按市场化原则构建的有效的生产"支持系统"；用陆南泉更为明白的话说就是，"俄罗斯不像在美国，有发达的、及时得到的农业社会化服务"②。这种"发达的农业社会化服务"，这种"按市场化原则构建的有效的生产支持系统"，其实质也就是我们提到的市场化、社会化、现代化网络，以及由现代化网络联结的网络化组织群。没有这样一个现代化网络（"支持系统"），没有一个网络化的组织群，在现代社会里，在市场经济条件下，在农业生产发展到一定的阶段，无论是公有制的"大农业"（集体农庄），还是私有制的"小农业"（家庭农场），都"玩不转"。例如，俄罗斯的家庭农场不仅经营的土地规模大，而且机械化程度高，它必然需要及时、便利的机械维修服务以及快捷的油料配送服务，需要完善、发达的农产品仓储、运输服务，需要方便而且有保障的信贷支持。如果缺乏这些基本的生产"支持系统"，没有一个网络化的组织群，家庭农场的生产、经营就会陷入困境，而这一困境绝非简单的私有化就可以解决的。

荷兰与俄罗斯的案例从正反两个方面说明，对于现代化农业而言，微观经济组织形式固然十分重要，但在一定的发展阶段，现代化网络、网络化组织群或许更为重要。中国的农业、农村现代化，在"搞对了"基本的微观经济组织的基础之上，下一步的"重中之重"就是要加速建设、完善现代化网络，加速建设、完善网络化组织群。

八 信息化引领农业现代化：中国农业生产组织模式从"多元化"走向"网络化"

农村推行土地家庭承包制，小规模生产经营的农户经济（"小农经济"）

---

① 周其仁：《产权改革和新商业组织——中国和俄罗斯农业改革的一个比较》，《产权与制度变迁：中国改革的经验研究》，北京大学出版社2004年版。

② 陆南泉：《俄罗斯农业改革及其启示》，中国社会科学网，2011年12月22日。

又重新成为中国农村微观经济的基本组织形式。在改革早期,高层决策者与主流舆论以及大众在心理上普遍都把农村土地家庭承包制看作适应中国农村,尤其是贫困地区落后生产力的权宜之计,很少有人把它与农业现代化联系在一起。迄今为止,许多人对于农户能否成为现代化农业的基本经济组织形式仍然心存疑虑。然而,农户经济超强的适应力表明,农业现代化与农户经济并没有不可调和的内在矛盾。即使是在劳均土地资源丰富、农业机械化程度很高的地区(例如本书中提到的新疆生产建设兵团农一师三团科技连、黑龙江农垦总局),农户家庭经营依然是农业资源最佳配置的一种选择。

把农村微观经济主体"搞对",无疑是中国农村经济体制改革的核心内容之一,也带来了中国农业、农村经济翻天覆地的变化。但是,把农村微观经济主体"搞对",农村微观经济组织形式从人民公社体制的"单一化"走向以家庭经营为基础的"多元化",仅仅是实现农业现代化以及农业生产组织现代化的第一步,而决不是农业现代化、农业生产组织现代化的全部,更不是农业现代化、农业生产组织现代化的完成时。在现代社会,尤其是在现代社会已经进入信息经济、网络经济的新阶段,如果没有一个现代化网络作支撑,没有一个网络化的组织群,那么,家庭农业即使有短暂的效率优势,也必然走不远。这就是说,单凭家庭农业的所谓"私有制效率",单凭农业生产组织形式的"多元化",还不能实现农业的全面现代化,包括农业生产组织的现代化。

从本源的意义上看,能成为农业现代化基本组织形式的农户,决不是马克思所说的传统农业社会"马铃薯经济"中的"农户",而是市场化、现代化网络经济中的农户,即"现代小农"。在西方发达国家里,"现代小农"的典型代表就是家庭农场。在中国,家庭农场作为农业新型经营主体的一种形式,近几年来也有了很大的发展。更进一步观察,当代中国农业现代化的组织载体也不仅仅是农户、家庭农场这一种组织形式,而是一个"多元化"、"多元共生"的组织架构。

在这种"多元化"的组织架构中,各个组织(共生单元)是独立,或相对独立的经济主体,有自己独立或相对独立的经济利益,因此,"多元化"组织架构的本质特征是"利益多元化"。在"多元化"的组织架构中,不同的组织具有不同的功能,也具有不同的比较优势。这种功能的异质性构成了组织功能互补的基础，不同的比较优势的综合则形成了综合的竞争力优势。但是，"多元化"组织并不必然会形成功能互补的综合竞争力优势；"多元化"组织构架也有可能长期停滞在"多元分散"的状态，形不成组织合力。因此，"多元化"组织要形成功能互补的综合竞争力优势，关键在于构建互补互利、资源共享、利益共享的"网络化组织群"。这种"网络化组织群"会创造出一种现代网络经济所特有的"联结经济性收益"。与以往的单线联结的合作相比，这种网络化合作的"联结经济性收益"会产生出一种新的、更高层次的"合作价值"、"合作剩余"。更为重要的是，这种"联结经济性收益"不是任何单一经济组织、单一经济主体可以独占、独享、"赢者通吃"的收益，而是"网络化组织群"中各个经济组织、所有利益相关者可以共占、共享的收益。在这种资源共享、利益共享的"网络化组织群"中，任何一方的可持续性长期发展都要依赖组织群各方的可持续性长期发展，形成"一荣俱荣，一损俱损"的休戚与共生状态。威廉姆森（Williamson）所说的那种损害合作方、以合作伙伴的价值损失为前提的短期自利性行为（"机会主义行为"），虽然有可能得利于一时，但破坏了"网络化组织群"共生的形态，不仅有害于合作各方，最终也有害于自己。

把"多元化"组织联结成现代化网络经济的"网络化组织群"，必须依托发达、完善的现代化网络。这种现代化网络相当于"共生理论"中的"共生界面"。所谓共生界面，也就是共生单元（相当于网络理论中的"节点"）之间的内在作用机制，它是共生单元之间进行物质、信息和能量传导的媒介、通道或载体，是共生关系形成和发展的基础，对共生能量的形成和提升有着直接的制约作用。依据现代网络组织理论，在现代化的网络经济环境中，多元化的经济组织与网络是紧密地交融在一起的，而且，这种交融是以网络为基础的，多元化的经济组织是依附于网络之上的。所谓"网络化组织群"，也就是以现代化网络联结多元共生的各类经济组织，把组织群中的所有单元性经济主体联结成一个互补、互动，资源共享、利益共享的和谐经济体。

在中国，伴随着农村经济体制的改革，农业、农村的微观经济组织形式已经从人民公社体制的"单一化"走向了以农户家庭经营为基础的"多元化"。但是，总体而言，当代中国农业、农村的"多元化"经济组织架构还处在"多元分散"的状态，"网络化组织群"的建设还刚刚起步，还很不完善、很不发达。这与中国农村现代化网络的不完善、不发达密切相连。没有一个完善、发达的现代化网络，就根本无法形成完善、发达的"网络化组织群"。我们认为，现代化网络的缺失与不完善，"网络化组织群"的缺失与不完善已经成为制约中国农业、农村经济发展以及现代化建设的主要障碍。

毋庸讳言，对于目前中国农业、农村经济发展、现代化建设的主要制约因素、主要障碍存在着并不相同的判断。

有相当一批学者继续关注与鼓励"微观经济组织再造"，在他们看来，中国农业现代化最为严峻的制约依然是"微观经济组织"。无论是主张进一步的"私有化改革"，还是主张"重新集体化"或"重新合作化"，抑或主张"国有化"，看似分歧极大，但秉承的是同一种分析思路，都是要在中国农村微观经济组织形式上再"折腾"。

我们不否认当代中国农村的微观经济组织形式确实有与社会主义市场经济体制发展不相适应的方面，从这个意义上说，的确也需要"进一步深化改革"。但是，总体而言，中国目前已形成的以农户经济为基础的多元共生的组织格局是一个包容度极大、开放性很强的组织构架，这一组织构架基本上适应了中国农村经济市场化的推进以及农业现代化的发展。当前的主要矛盾与问题是中国多元共生的农业经济组织构架还停留在"多元分散"的状态，还没有形成完善、发达的"网络化组织群"。换句话说，当代中国的农村有了"多元化"的组织构架，但"多元化"并未形成"网络化"。因此，各类经济组织之间竞争有余，合作不足；即便有一些合作，也由于缺乏密切的利益关联，缺乏适宜的体制机制而很难形成现代网络经济中规范的"网络化组织"。与发达国家相比，中国农业、农村的微观经济组织形式或许更多元、更丰富多彩，但现代化网络的缺失与不完善，"网络化组织群"的缺失与不完善，不仅使农民的组织化程度不高，而且使各类农村经济组织之间的"再组织化"程度处于一个很低的水平。

这种状况产生了如下一些不良的后果：（1）农户经济以及各类经济组织的生产潜力受到生产技术、物质基础设施（由于现代化网络缺失），以及市场、制度（由于网络化组织群的缺失）两方面的严峻约束；（2）各类经济组织（包括农户）之间缺乏信任，缺乏利益关联，外部交易成本过高；（3）各类经济组织（包括农户）之间信息不能共享、资源不能共享，造成社会经济资源的封闭性使用和极大的浪费;(4)各类经济组织(包括农户)之间没有形成利益共享的体制与机制,利益摩擦与利益冲突造成各方利益不同程度地受到损害,损人也损己。

基于以上认识,笔者及本课题组认为,农村经济组织进一步的改革方向不是要"再造微观经济组织",不是要进一步"私有化"、"国有化",或重新"合作化"、"集体化",而是要在稳定农村土地家庭承包制的基础上,"提升"、"完善"多元共生组织构架的网络化水平,以形成适应社会主义市场经济发展、适应现代化网络经济发展的"网络化组织群"。简而言之,中国农村经济组织进一步改革与发展的方向应该是:"稳定农村土地家庭承包制,让市场自由选择多元共生的农业生产组织形式,重点构建农业、农村网络化组织群。"

从中国农村经济体制改革的历史看,在 20 世纪 70 年代末 80 年代初,制约和阻碍中国农业、农村发展的"瓶颈"与主要矛盾的确是人民公社体制所带来的"微观经济组织"的"单一化"与僵化。不从基本的经济体制与组织框架上作出根本性的改革,中国农业、农村经济向社会主义市场经济体制的转型就无法起步,中国农业、农村的现代化进程也无法起步。因此,"微观经济组织再造",从人民公社体制的"单一化"走向微观经济组织形式的"多元化",奠定农村市场经济和农业、农村现代化的微观经济基础是必然的改革重点,也是政府主导经济改革的主要职责。经过自下而上和自上而下的双重互动,经过民间与政府的共同努力,应该说,到 20 世纪末 21 世纪初,以农户经济为基础的多元共生的组织格局已基本确立,"微观经济组织再造"的任务已基本完成。

进入 21 世纪以来,中国农业、农村经济发展的主要"瓶颈"与主要矛盾已经发生了转换。现代化网络的不发达、不完善,"网络化组织群"的不发达、不完善,是当前乃至今后一个相当长时期制约中国农业、农村经济发展及现代化建设的主要"瓶颈"与主要矛盾。

中国共产党第十八次代表大会的政治报告提出了新型工业化、信息化、城镇化、农业现代化的"四化同步发展"。信息化与网络化密切相关,不可分离。信息经济也就是网络经济。"信息化引领农业现代化",不能仅仅局限于"村村通电话,户户能上网"等技术层面(当然,这也非常重要),而更应关注现代信息经济、现代网络经济对农业生产经济组织模式所带来的全方位的深刻变革。在这里,"引领"是一个极其重要的关键词。"引领",即引导、带领,它预示着未来,预示着发展的方向。农业生产组织形式从"多元化"走向"网络化",就是"信息化引领农业现代化",现代网络经济引领农业生产组织模式全方位深刻变革的具体体现。

九 中国农业、农村现代化网络缺失与不完善的具体表现

因为现代化网络经济的"网络化组织群"必须建立在现代化网络的基础之上,所以,我们先分析一下中国农业、农村现代化网络的现状。

第一,农业生产基础设施网络的缺失与不完善。

农业生产基础设施是农业生产的物质条件和物质保障。如果用2009年中央"一号文件"的术语来表述,农业生产基础设施网络又可称为"现代农业生产物质支撑体系"。我们在这里之所以特别强调"网络",是因为农业基础设施具有系统性,以及发挥整体效益的内在关联性。

1958年,毛泽东主席提出了著名的农业"八字宪法",即"水、土、肥、种、密、保、工、管"。其中的"水"、"土"就是农业生产最重要的两项基本物质条件。"水是农业的命脉","土是农业的根基"。农业是以土地资源为生产对象的产业,土地资源的好坏、优劣对农业生产起着决定性的影响。2011年中央"一号文件"《关于加快水利改革发展的决定》则指出:"水利是现代农业建设不可或缺的首要条件,是经济社会发展不可替代的基础支撑,是生态环境改善不可分割的保障系统,具有很强的公益性、基础性、战略性。"因此,建设与完善现代化的农业生产基础设施网络,"水"、"土"的整治是重中之重。

自古以来,"水土整治"就是中华民族兴农立国的公共产品,是政府的重要职责。由于跨地域、大规模的"水土整治"具有极强的外部性,单个农户无力治水,集体合作治水谈判成本、组织成本甚高,政府就成为自然而然的组织者。肖萐父、李锦全主编的《中国哲学史》认为,正是"大禹治水"促成了中国奴隶制国家的形成。"政治上团结各氏族首领作为自己的'股肱心膂',建立治水机构;组织上'禹卒布土',以定九州,按氏族分布

的地域确定版图,调剂劳力;经济上,'夏禹能单平水土,以品处庶类',按权力高下来分配治水斗争胜利果实。这样,就把原来维护灌溉的共同利益的机构,演变成我国第一个奴隶制国家政权。"马克思也认为,"利用渠道和水利工程的人工灌溉设施成了东方农业的基础","节省用水和共同用水是基本的要求,这种要求,在西方,例如在佛兰德和意大利,曾促使私人企业结成自愿的联合;但是在东方,由于文明程度太低,幅员太大,不能产生自愿的联合,因而需要中央集权的政府进行干预。所以亚洲的一切政府都不能不执行一种经济职能,即举办公共工程的职能"[①]。

在现代社会里,"水土整治"对于农业生产乃至对于整个国民经济依然有着特殊的重要意义。2005年7月至2008年11月开展的"中国水土流失与生态安全综合科学考察"的研究显示,水土流失给中国造成的经济损失约相当于GDP总量的3.5%。如果以2010年国内生产总值51.44万亿元作基数,水土流失所带来的经济损失每年已经达到1.8万亿元。相关统计资料还表明,中国每年因各种干旱、洪涝等自然灾害所造成的农作物受灾面积达5000万公顷,影响人口达4亿人次,经济损失达2000多亿元。如果说旱灾与水灾是威胁中国农业生产最大的自然灾害,那么土壤的盐渍化、养分贫瘠化、土壤污染、土壤酸化以及土壤结构退化等所导致的土壤质量退化则会更长远地威胁中国的农业生产。

与水利设施缺失带来的抗旱排涝能力不足所引致的农业产出"显性"损失相比,土壤质量退化对农业产出的危害是一个比较缓慢的"隐性"进程,因而也很容易被人们忽视。在一定程度上,"治土"比"治水"更重要,也更艰难。我们在调查中发现,许多地方把"治土"片面性地理解为"平整土地",而忽视了更为实质性的"提高土壤质量"。从地方领导追求政绩的短期政策性效应而言,大规模的土地平整声势大、轰轰烈烈,易于吸引外界的"眼球";而提高土壤质量,花费时间长,短期又很难看出效果。这也是各地"重工程建设,轻地力培肥"的最主要原因。在中国现有的国情限制下,如果不能进入政府优先考虑的议事层面,"政府主导"下的公共产品建设就必然会缺失。虽然2004年以来的中央"一号文件"反复提到"沃土工程",农业部也制定了《2006—2010年沃土工程基本建设规划》,但中

---

① 马克思:《不列颠在印度的统治》,《马克思恩格斯选集》第1卷,人民出版社2012年版,第851页。

国农业土地质量退化的现象并没有从根本上得到扭转。究其原因，除上面已提到的"政府政绩偏好"外，还有如下一些原因：（1）提升土壤肥力需要增施农家肥等有机肥，减少化肥的使用量，调整肥料结构。但是，化肥短期增产效果明显优于农家肥，而且使用方便，相对也比较干净、卫生；农家肥的收集、处理、使用比较复杂、麻烦，而且短期增产效果还不如化肥。在目前大批青壮年劳动力外出务工的条件下，农户更偏好使用化肥而不是农家肥，因此，施肥结构难以调整。[①]（2）提升土壤肥力需要土壤有一定时期的"休养生息"，而不能过度利用。例如，美国、欧盟都制定了耕地休耕的政策，并把它作为"可持续农业"的一项重要内容。这是因为土地休耕有利于保持土壤中的碳含量，从而减少土壤侵蚀。中国由于耕地资源不足，很少有休耕一说。反过来，单季改双季，双季改三季，力求最大限度地利用（实际上也是压榨）土地，致使土地肥力下降，只能靠大量使用化肥来增产；而大量使用化肥又加剧了土壤板结，导致土壤质量的进一步退化，形成了一种恶性循环。（3）由于中国工业化进程中环保政策的滞后，以及一些地方政府领导"重 GDP 轻污染"的短期政策偏向，工业污染再加上农业面源污染和生活废弃物的排放加剧了中国农村土壤质量的进一步退化，并且严重威胁着中国的食品安全。据不完全统计，目前全国受污染的耕地约有 1.5 亿亩，污水灌溉污染耕地 3250 万亩，固体废弃物堆存占地和毁田 200 万亩，合计约占耕地总面积的 1/10 以上，其中多数集中在工业化较发达的地区，例如珠江三角洲、长江三角洲。另据 2009 年中国食品安全高层论坛报告的数据，中国 1/6 的耕地受到重金属污染，受重金属污染的土壤面积至少有 2000 万公顷。（4）工业化、城镇化进程中非农建设占用的耕地大多为城镇边缘的优质耕地，而且很多都是菜地，新开垦耕地虽然可以折抵耕地数量的下降，但难以弥补耕地整体质量的下降。（5）还有一些学者指出，中国农民土地承包权预期的不稳定，也是形成农用地土壤肥力衰退的一个重要原因。

在农村实行土地家庭承包制以后，由于投资主体的缺位，"水土整治"在一段时期里确实处于停滞不前的境地。作为外部性极强的公共产品，"水

---

① 在湖北、湖南等很多农村地区，农民的口粮田一般不用化肥、农药，因为绿色、环保的观念也逐步深入了农村。但是，大田普遍使用化肥、农药，因为其短期增产效果突出。还有一个更重要的原因是这些粮食并非农民自己消费，而是在市场上出售。

土整治"必须依赖从中央到地方的各级政府投资,以及由政府政策引导的民间投资。同时,"水土整治"作为构建与完善现代化农业生产物质支撑性网络的系统工程,必须全面统筹,才能形成有效的整体效益。以水利灌溉网络为例,大中型干渠,连通村的支渠,连通农田的斗渠、沟渠,形成了一个完整的灌溉系统。某一环节不畅,就会影响到整体的灌溉效益。据有关方面统计,到2009年底,全国农田有效灌溉面积为8.89亿亩,占全国耕地总面积的49%,它生产了全国75%的粮食和90%以上的经济作物。然而,80%以上的大中型灌区已经运行30年以上,设施老化,失修严重,以致全国大型灌区骨干设施损坏率近40%,中小型灌区干支渠完好率也只有50%左右。尤其是位于灌区渠系末梢的斗渠、沟渠,即农田水利的"毛细血管",大多淤积、堵塞,严重影响了农田水利的防洪抗旱功能,影响了农业产出。

第二,现代农产品加工网络的缺失与不完善。

现代农业并非"弱势产业"。从"弱"到"强"的关键性环节之一就是要延长农业产业链,最大限度地使农产品增值。因此,农产品加工网络对于"强农"有着特殊的重要意义。荷兰的经验已经证明,一个高度发达的农产品加工网络(体系)是"农业强国"的重要支柱。荷兰强大的农产品加工业不仅使农业产值大幅度增值,而且为劳动力就业,为农产品的出口创汇提供了强大的产业支撑。

中国农业还很"弱势"的一个极其重要的原因就是中国农产品加工能力的缺乏,初(粗)加工设施简陋,方法原始,工艺落后;精加工与深加工一是链条短、覆盖面窄;二是工艺技术处于低水平,综合利用效率低,因此,这些都导致农产品损耗巨大,农产品附加值不高,从而直接制约了中国农业产值的增长,也制约了农民收入的增长。据专家测算,中国粮食、马铃薯、水果、蔬菜的产后损失率分别为7%—11%、15%—20%、15%—20%、20%—25%,远高于发达国家的平均损失率,折算经济损失达3000亿元以上,相当于1亿多亩耕地的投入和产出被浪费掉。有资料显示,发达国家的农业增值最大的环节在于加工转化。例如,在美国的农产品总价值构成中,流通和加工环节的增值是生产环节创造价值的3.6倍。发达国家农产品加工值与农业产值的比为3.7:1,而中国只有0.43:1,这意味着中国同一品种的农产品附加值远远低于发达国家。崔国强根据河南省1992—2008年的数据,利用格兰杰因果检验、协整分析、误差修正模型就农产品加工业对农民收入增长影响所作的实证分析表明，农产品加工业增加值每增加1%，农民人均纯收入可增加0.955447%。[①]

在中国，农产品价值低源于价值链太短，开发利用不足。这又归因于农产品加工网络的不完善、不发达。例如，在湖北，鲢鱼的产量约占淡水水产品产量的40%，但按市场价每斤鲢鱼只能卖2元多钱。如果延长鲢鱼加工的产业链，把过去丢弃的鱼鳞、鱼皮、鱼骨、鱼刺等全部利用起来，每斤鲢鱼的产值可增至40余元，即同样的一斤鲢鱼可增值20倍。此外，中国深加工用粮不到总产量的8%，而发达国家则达到了70%以上，这意味着同样的一斤粮食，中国的总价值远远低于发达国家。因此，中国还只是一个"农业大国"，即农业初级产品的生产大国，小麦、稻谷、棉花、蔬菜、畜产品、水产品等初级农产品产量已居世界第一，但是，中国还不是"农业强国"，农产品利用率还非常低。从长远看，农业增值、农民增收，不能把希望主要寄托于初级农产品"提价"上，也不能单纯依赖农产品"增产"，更大的潜力在于农产品价值链的延长，农产品附加值的提升。

从更为广阔的视野看，作为"网络化"的农产品加工业，它不仅包括农产品初（粗）加工、精加工、深加工的生产体系，还应包括农产品加工的技术开发体系、生产组织体系、产品质量监控体系等。特别是在人们越来越重视食品安全、健康、营养的今天，从源头建立全方位的食品质量生产与监控网络尤为重要，而且在中国出现了"三鹿奶粉"等一系列农产品重大质量安全事故后，则显得尤为迫切。没有质量标准与安全，个别农产品加工企业有可能获利于一时，但污染了整个市场环境，失去了消费者的信任，最终会导致农产品加工"业界"整体利益受损。例如，"三鹿奶粉"事件曝光后，中国乳制品行业就遭受了"空前劫难"，国产奶粉大量积压滞销，不少乳制品企业停产倒闭。仅从进出口看，2008年，中国乳制品出口下降10.4%，而进口乳制品则猛增了17.4%。

与支持农产品加工企业发展的力度相比，政府在构建与完善农产品加工质量标准体系和安全体系这一公共"网络"建设方面则显得力度不足。就

[①] 崔国强：《河南省农产品加工业对农民收入增长影响实证研究》，《江西农业学报》2010年第4期。

目前的状况看,我们不是没有相关的法律、法规,虽然这些法律、法规还有进一步完善的必要;我们不是缺少相应的政府机构,虽然这些政府机构还有进一步整合、强化的必要;我们不是完全没有技术标准,虽然这些技术标准尚有进一步完善与提升的必要;我们也不是完全没有监控措施,虽然这些监控措施还大有完善与改进的空间。我们缺乏的是把这些法律、法规、政府机构、技术标准、监控措施统一起来,进行有机沟通,使其成为覆盖农产品加工生产、流通、消费等方方面面的现代化"网络"体系。由于"网络化"的缺失,我们的监控体系责任不清、互相推诿、支离破碎,形成了社会对农产品普遍的信任危机,这是阻碍中国农产品加工业健康发展的最致命的威胁。在市场经济条件下,对于任何产业的发展,尤其是事关人们健康、安全的农产品加工业的发展,社会的信任比资金、技术更重要。

第三,现代农产品大流通网络的缺失与不完善。

在市场经济环境中,尤其是在农产品市场约束越来越严峻的背景下,建设农产品大流通网络有特殊的重要作用与意义。发达的物流产业、畅通的信息网络、完善的市场体系,是现代商品化农业、市场化农业的重要保障,也是在中国当前的制度构架下连接"小农户"与"大市场"的"桥梁"和"纽带"。因此,2004年以来的中央"一号文件"反复强调:必须强化农村流通基础设施建设,发展现代流通方式和新型流通业态;加快农村信息化建设,建立畅通的农业、农村信息化网络;培育多元化、多层次的市场流通主体,构建开放统一、竞争有序的市场体系。

从发达国家的经验看,现代化的农产品大流通网络必须以现代物流产业和现代信息网络为基础。例如,荷兰不仅具有水、陆、空立体的相互配套的综合运输物流网,有完善的仓储配送设施和体系,还有极其发达的信息网络,包括电子信息订货系统、电子虚拟农产品物流供应链。美国不仅农产品物流的基础设施发达,公路能到达乡村的家家户户,而且90%以上的农户有信息网络设施,农业电子商务非常发达。

中国在计划经济时期,农产品流通被限制在行政指令的封闭、狭窄渠道内,根本就不存在现代"物流"概念。伴随着中国从计划经济向市场经济的转型,市场流通在社会经济生活中的作用越来越重要,现代物流才逐步进入中国。但是,与发达国家相比则差距甚大。

农产品物流是现代物流的一个重要分支，但由于农产品保鲜技术难、统一标准难、产品包装难、仓储运输难等多种特殊的"难"，与工业产品物流相比，在中国发展更为艰难，也更为迟缓。第一，中国的农产品物流至今仍是以自营物流为主，而发达国家的农产品物流是以专业化的"第三方物流"为主。第二，中国农产品物流是以常温物流或自然物流为主，未经加工的鲜销产品占了绝大部分，这又与中国农产品加工业的不发达密切相关；在发达国家的农产品物流中以冷藏和低温仓储运输为主的农产品冷链系统占了很大比例，而且经过加工的农产品占了大部分。第三，中国农产品物流的基础设施依然比较落后，由于缺乏配套的综合运输网络和完善的仓储配送设施，致使许多农产品既运不出去，又储不下来。第四，中国农产品标准化程度低，而标准化是现代物流业发展的重要技术支撑。第五，中国农产品物流的信息网络还很不发达、很不完善，信息不通导致农产品此地积压，彼地短缺；农产品种植盲目"跟风"，形成市场的周期性动荡。总体而言，中国的农产品物流业还处于现代物流业的初级阶段；而农产品物流的信息化则刚刚起步，农产品大流通网络远未形成。这种状况使得中国农产品流通环节多、成本高、损耗大。例如，中国水果、蔬菜在采摘、运输、储存等环节的损耗率高达25%—30%，而发达国家的损耗率一般都控制在5%以下，美国的损耗率仅为1%—2%。这意味着中国有大量的水果、蔬菜在流通领域腐烂、变质，不仅浪费了大量的宝贵资源（包括土地、人力等），而且还形成了污染源。因此，构建现代农产品物流网络，节约物流成本，减少农产品物流损耗，实际上也是增加农产品的有效供给，并"再造土地"。

农产品大流通网络的关键是要"通"，而且是"畅通无阻"，做到"货畅其流"。中国目前农产品的"卖难买贵"，尤其是近几年来城市蔬菜价格居高不下，蔬菜产地产品积压，蔬菜在产地和流通环节大量腐烂，集中暴露了中国农产品流通的诸多问题。[1] 导致这一现象的原因是各种有形和无形的制度、政策、规则、管理等方面的壁垒与障碍：一是流通环节各种费用太多、太高；二是不必要的流通环节过多，缺乏快捷、方便、四通八达的网络

---

[1] 长期以来，中国蔬菜流通损耗十分严重，果蔬流通腐损率高达20%—30%，每年损失达1000多亿元（见国家发展改革委员会、农业部关于印发《全国蔬菜产业发展规划（2011—2020）》的通知。

化通路；三是农产品网络化流通的基础设施还相当落后，致使农产品流通时间太长、损耗率太高；四是农产品信息网络建设落后，致使信息闭塞，信息不通，信息滞后。农产品流通环节中太多的"中梗阻"、"断头路"，致使流通不畅，或流通成本太高，既损害了消费者的利益，也损害了生产者的利益。与国外发达国家相比，中国的农产品生产由于土地成本和劳动成本低，应该说具有比较优势，但由于农产品大流通网络的缺失与不完善，流通成本大大高于发达国家，生产成本的优势被流通成本的劣势所抵消。案例7—2说明，大葱的生产价格仅为每斤0.5元，但最终销售价却高达每斤5元，流通、销售成本是生产成本的3倍之多。

【案例7—2】 　　　　　　　　**大葱高价追踪**

　　2012年春节过后，北京大葱价格暴涨，每斤高达5元，甚至出现10元钱买2根葱的行情。大葱价格为何奇高，记者从产地到销地进行了跟踪调查。

　　在上海市金山区吕巷镇的一片葱地里，二十多个农民正在刨葱。正在葱地里指挥刨葱的这个人叫徐其龙，是北京新发地市场的蔬菜批发商。每年1—3月北方大葱生产的空档期，老徐都要从上海采购大葱发往北京。今天他要收购的这片葱地大约有11亩，收购价是每斤1.5元。

　　徐其龙是从经销商时加虎手里购买的。俗称"包地老板"的经销商在大葱刚刚种下时就与农户谈好价格，承包下农户所有大葱的销售，到收获季节再转卖给外地的批发商。时加虎包下的这片大葱，真正的种植户是42岁的农民张长青。

　　张长青其实并不是上海本地的农民，他种的葱地是通过土地流转租来的。张长青给记者算了一笔账，每亩地的租金是1000元，耕地150元，买种子120元，化肥农药800元，再加上雇人刨葱的工钱，总成本在2000元以上，每亩大葱的实际收益只有几百元钱。

　　徐其龙的6万多斤大葱从上海运到了北京新发地市场。徐其龙的儿子徐克超在新发地的大葱加工区负责接货和交易。此外，还要去掉大葱外面的叶子和泥土，重新打包。由毛葱变成净葱，才能卖给下一级批发商。徐克超告诉记者，从上海运来的这6万斤大葱，除去7000元运输费、500元装卸费、

2000元市场管理费和6000元加工费,按照净葱60%的出葱率计算,每斤大葱的成本就增加了1.5元。

徐克超的大葱要卖给下一级大葱批发商,然后由他们卖给直接面对消费者的大葱零售商。老李是大葱批发商,他以每斤3元钱的价格批发了4千斤大葱,运到位于北京市朝阳区的东昌利华蔬菜批发市场,然后卖给蔬菜零售商。

老李说,他今天批发的这4千斤大葱,除去60元运费、60元市场管理费,再加上摊位费,还有大葱掉叶造成的损耗,这一趟他估计能赚200多元钱。

批发大葱的零售商告诉我们,除去大葱掉叶和摊位费,每斤大葱能挣5毛钱,要是当天卖不出去,就只能降价卖。另据报道,北京新发地蔬菜批发市场不足30平米的店面,2011年月租为3000元,2012年上涨到7500元;2012年,北京普通菜市场7平米的摊位费为2800元/月,水电费为100元/月。

——根据2012年3月31日《中国新闻网》的相关报道改写

第四,现代农业、农村金融服务网络的缺失与不完善。

金融在现代社会的作用如同血液对人体的作用一样。当代中国农业、农村经济发展的瓶颈之一就是严重的"金融抑制"。不可否认,追逐利润是资本的本性。由于农业的利润低于非农业,农村的利润低于城市,因此,资金从农业流向非农业,从农村流向城市符合市场经济资本流动这一基本法则。问题在于,没有金融的支持,现代农业就难以生长与发展;如果没有现代农业作支撑,现代化经济也很难健康、可持续发展。这就意味着,在中国的现阶段,如果听任金融的完全市场配置,把金融作为纯粹的"私人物品",就必然会出现农业、农村金融供给的匮乏,即远远不能满足现代农业发展的需要,不能满足整体农村经济、社会发展对金融的需求。

政府的重要职能就是要矫正市场失灵,弥补市场缺陷。农村金融服务网络从本质上讲是以政府为主导提供的"公共物品",而不是"私人物品"。当然,政府主导提供,并不意味着政府就是农村金融体系中的主要资金供给者。在计划经济时期,政府垄断农村金融,既不能解决农村金融的"短缺"

与"匮乏"问题,而且金融供给效率低下。前车之鉴,不可不察。我们这里的"政府主导",是指政府规划指导,提供适宜的政策,创新制度环境,以构建与完善一个适宜农业、农村经济社会发展的金融服务网络。很显然,政府是农村金融制度环境的主要供给者,但不是农村金融资金的主要供给者。

政府创新农业、农村金融发展的制度环境,突破口在哪里?实践证明,突破口就是改革和创新农村金融体制。政府不能强制具有独立法人经济地位的金融机构在农村亏本经营。即便是国家控股的农业银行,政府也不应剥夺,或限制按照公司法它所应有的独立经营自主权。从自主经营、自负盈亏的角度看,从"理性经济人"的角度看,农业银行等大中型商业银行收缩农村战线,"关停并转"农村网点具有内在的合理性。这里的一个根本性原因就是这些全国性或大区域性的金融机构由于"金字塔"形的组织结构,由于信息不对称,并不适合于当代中国的农村。因此,培育与发展那些更适合于农村经济、社会发展的乡土型金融机构是构建与完善农村金融服务网络的关键。马歇尔早就指出过:"一个银行家若一直与住在其银行附近的人来往,则常常可以根据个人信用很有把握地发放贷款,而这是那些与其顾客不直接打交道的大股份银行的分行经理所做不到的。可以想见,如果大银行的分行取代了所有小银行,则小农场主和小商人在困难时便无人可以求助。"[1]这意味着乡土型的小型、微型金融机构由于"接地气",或者说由于比较信息优势,更加适合于农业、农村经济发展的需求。因此,中央2004年"一号文件"指出:"要从农村实际和农民需要出发,按照有利于增加农户和企业贷款,有利于改善农村金融服务的要求,加快改革和创新农村金融体制。"同中国的农业生产组织形式是多元共生的组织构架相类似,中国农村金融服务网络的组织构建也应是多元共生的。农业银行等大中型商业银行不会完全退出农业、农村,它们会在市场机制的引导下,集中开拓自己的重点融资领域,例如对农业上市公司、农业产业化龙头企业的融资;农业发展银行等政策性银行,理应按照国家的政策要求,坚持和扩大对农业、农村的服务范

---

[1] 马歇尔:《货币、信用与商业》,叶元龙、郭家麟译,商务印书馆1997年版,第85—86页。

围；农村信用社①通过分类改革，一部分将改制为村社或乡镇银行，另外一部分则会转变为真正的农村信用合作机构；正在全国各地兴起的农村小型甚至微型金融组织，例如村镇银行、小额贷款公司、小型贷款担保公司，等等，正在逐步成长为农村金融服务网络的主力军；还有邮政储蓄银行、农业商业性保险公司、农业政策性保险公司、各类农民资金互助组织，等等。总之，未来农村金融服务网络的组织构建将是一个大中小微金融机构并存，多种所有制形式并存并交叉、融合，多种业务并存并互补的格局。

多元共生的农村金融组织创新的关键是培育和发展小型、微型的农村本土型金融组织。2004 年中央"一号文件"提出："要鼓励有条件的地方，在严格监管、有效防范金融风险的前提下，通过吸引社会资本和外资，积极兴办直接为'三农'服务的多种所有制的金融组织。"2006 年的中央"一号文件"又提出："在保证资本金充足、严格金融监管和建立合理有效的退出机制的前提下，鼓励在县域内设立多种所有制的社区金融机构，允许私有资本、外资等参股。大力培育由自然人、企业法人或社团法人发起的小额贷款组织。"2008 年中央"一号文件"则明确要"加快推进调整放宽农村地区银行业金融机构准入政策试点工作"。在政策试点的基础上，2010 年中央"一号文件"进一步明确："加快培育村镇银行、贷款公司、农村资金互助社，有序发展小额贷款组织，引导社会资金投资设立适应'三农'需要的各类新型金融组织。"2012 年中央"一号文件"作了更为具体的规定："发展多元化农村金融结构，鼓励民间资本进入农村金融服务领域，支持商业银行到中西部地区县域设立村镇银行。"与此同时，该文件还提出了支持农村金融发展的若干特殊政策："完善符合农村银行业金融机构和业务特点的差别化监管政策，适当提高涉农贷款风险容忍度，实行适度宽松的市场准入、弹性存贷比政策。"

为什么是以村镇银行为代表的农村社区型新兴金融机构，而不是我们过去一直寄予厚望的农村信用合作社成为中国未来农村金融服务网络的主力军？其根本原因是前者更能适应中国农村未来市场经济的发展，而农村信用

---

① 2005 年中央"一号文件"曾寄希望于农村信用社成为农村金融服务的主力军，现在看来，让农村信用社作为农村金融服务的主力军并不现实。

合作社虽然几经改革，但传统计划经济体制下内生的制度性弊端很难彻底消除。因此，农村信用合作社的一部分会脱胎换骨地被改造成为村镇银行；另一部分则会被改造成为真正的农村合作金融机构。而且，与农业银行等全国性或大区域性的大中型银行相比，村镇银行等农村社区型新型金融组织具有组织结构简单、组织成本低、经营机制灵活，具有更对称的乡土信息等优势和特点。

根据第四届中国村镇银行发展论坛的权威数据，截至 2011 年第一季度末，全国共组建新型农村金融机构 552 家，其中开业 448 家，筹建 104 家。区域分布是东部地区占 40%，中西部地区占 60%。在已开业的 448 家中，村镇银行 400 家，占 89%；小额贷款公司 9 家，占 2%；农村资金互助社 39 家，占 9%。已开业的新型农村金融机构实收资本 230 亿元，各项贷款余额 733 亿元，其中 83.4% 的贷款是面向农户与农村小微企业的。虽然以村镇银行为代表的农村新型金融机构总体规模及覆盖区域还远远比不上农村信用社，但其运行绩效则远远超过农村信用社。已开业的新型农村金融机构整体加权资本充足率为 30.5%，不良贷款率仅为 0.12%。事实上，农村信用社也在改革。截至 2011 年，从原农村信用社体系中已分离出农村商业银行 155 家，农村合作银行 210 家。这些改制后的农村金融机构将与新型的农村金融机构互补、融合，共同构建农村金融服务网络。

【案例 7—3】　　　　　温州村镇银行的崛起

温州是中国民营经济、民间资本最为活跃的地区之一，也是中国创新农村金融组织、创新农村金融体制，形成适应市场经济发展要求的农村金融服务网络的先行先试地区。

2009 年 3 月，温州第一家村镇银行——永嘉恒升村镇银行设立；同年 5 月，苍南建信村镇银行挂牌；次年上半年，乐清联合村镇银行设立，温州拉开了村镇银行大发展的序幕。

温州村镇银行坚持"支农、支小、支散"的市场定位，金融服务面向"三农"，面向国有、股份制商业银行服务无法辐射的企业和个人群体。截至 2010 年 9 月末，第一批设立的 3 家村镇银行户均贷款在 70 万元左右，均低于当地的国有、股份制商业银行相关指标，覆盖了一部分传统银行视野之外的客户；涉农贷款 134715 万元，占各项贷款余额的 70%。

村镇银行的设立，以其"产品特色化、员工本土化、网点社区化、考核市场化"这种独特的经营方式和经营理念，强化了试点地区金融服务的竞争氛围。当地部分金融机构也开始调整发展策略，改革激励机制、改造管理流程、创新服务品种、简便服务手续，较好地促进了试点地区金融机构服务水平的共同提高，村镇银行的"鲶鱼效应"初步体现。

由于村镇银行有着良好的发展潜力和广阔市场，试点以来，一直受到民间资本的极大关注，并成为温州民间资本参与银行业的首选途径。温州银监分局因势利导，引导优秀民间资本参与村镇银行的改革试点，并较大限度地提高民营企业投资入股比例。截至 2011 年初，第一批开业的 3 家村镇银行引入民间资本达 3.46 亿元，占总股本金的 63%。民间资本的投入，变资金"体外循环"为资金"体内循环"，使村镇银行改革试点成为政府部门引导和规范民间资本的有效途径之一。同时，村镇银行"挤占"了部分民间借贷市场，对"体外循环"的民资及民间借款人行为习惯也起到了较好的示范效应。

2012 年 3 月 28 日，国务院常务会议决定温州市为金融综合改革试验区，确定了金融综合改革的 12 项主要任务，其中第二项就是加快发展新型金融组织。温州在村镇银行的发展中获得了两项重要的改革试点权，即民间资本可以作为村镇银行设立的"发起人"，符合条件的小额贷款公司可以转为村镇银行。据温州市金融办的负责人介绍，在未来的 3—5 年内，温州将会设立 50 家村镇银行，基本上覆盖每一个中心镇。同时，温州的村镇银行还走出了温州。例如，2010 年 6 月，由苍南农村合作银行作为"主发起人"，在福建福鼎市设立了恒兴村镇银行。

——根据《温州村镇银行试点显现多重效果》（《经济日报》2011 年 2 月 18 日）以及相关报道改写

第五，现代农业、农村科技服务网络的缺失与不完善。

2012 年中央"一号文件"指出："实现农业持续稳定发展、长期确保农产品有效供给，根本出路在科技。农业科技是确保国家粮食安全的基础支撑，是突破资源环境约束的必然选择，是加快现代农业建设的决定力量，具有显著的公共性、基础性、社会性。"

从发达国家的经验看,农业科技服务网络集知识创新、普及、推广三位于一体。这里的创新,如果作狭义理解,可以看作是农业科学技术的"原创",包括新的农业科学原理,新品种的发现,新生产方法的运用等;如果作熊彼特意义上的广义理解,则还包括制度与组织的创新,新市场的开拓。

作为"网络化"的农业科技服务体系,农业科技知识的普及与推广在一定的意义上比知识创新更重要。如果没有普及与推广,创新的成果就有可能走不出实验室,走不出试验田,或沉寂在论文和研究报告中,发挥不了实际的效益,形成不了现实的生产力。据一些学者的研究,中国农业科技成果平均转化率仅为30%—40%,远远低于发达国家的65%—85%。究其原因,虽然是多种因素的交织,但农业科技推广体系网络不全、功能弱、科技成果转化渠道不畅无疑是最重要的。

中国目前由政府机构主导的农业技术推广体系,其主体部分产生于计划经济时期,虽然在改革开放后几经改革,但旧有的体制弊端依然存在:(1)政府的农技推广部门行政化色彩浓厚,行政化职能重于业务性职能,严重影响了农业科技推广的业务展开;(2)单纯依赖政府拨款,农业科技推广经费严重不足,减去"人头费"后,无力推进农业科技推广业务;(3)队伍人员结构严重失衡,专业人才流失、老化,非专业人员冗积;(4)由于农业科研、教育、推广分属不同的政府部门,体制"壁垒"形成部门分割,科研成果与实际需求脱节。

应该看到,农业科技的推广既有公益性一面,也有市场性一面。政府主导不等于政府垄断,政府包办。这就要求政府按照"强化公益性职能,放活经营性服务"的基本原则,加大农业技术推广体系的改革力度。目前的重点是要顺应社会主义市场经济的发展要求,建立起一个政府主导的多元化的农业技术推广的组织群;以农民的科技需求为导向,构建农业科技、教育、推广"三位一体"的农业科技服务网络。

十 多元化经济组织为何难以形成"网络化组织群"

多元共生的组织构架是形成与建设"网络化组织群"的基础和必要条

件，但并不等于可以自然形成"网络化组织群"。中国当前的各类农业生产组织形式，就类型和数量而言，已经超过许多发达国家，甚至是所有发达国家，的确是多元化、多样化、"百花齐放"；但是，就农业、农村"网络化组织群"的发展水平而言，与西方发达国家相比，例如与荷兰、美国相比，则还有相当大的差距。这也意味着，从"多元化"到"网络化"，是中国未来农业、农村经济组织现代化进程的重点发展方向。

"千里之行始于足下。"目前全国各地出现的公司＋农户，合作社＋农户，公司＋合作社＋农户，超市＋公司＋合作社＋农户，等等，已初步显示了中国农业、农村"网络化组织群"的发展路径，并说明了"网络化组织群"的形成与建设也不是纸上谈兵、遥不可及。但是，实事求是地分析，这种以"＋"为标志的组织"网络化"，在中国绝大多数地区还处于起步阶段，整体发展也只是处于初级水平。

第一，中国大多数农户依然游离于"网络化组织群"之外。

虽然中国的绝大多数农户不管是愿意还是不愿意、有意识还是无意识，都不可避免地被卷入了市场经济中，已经成为或正在成为市场化的农民。但是，中国的大多数农户依然是非组织化地面对市场，即人们所说的"小农户"与"大市场"。如何解决"小农户"与"大市场"的矛盾，农民的组织化是自然而然的选择。

农民的组织化有两种可供选择的基本路径。一是消灭"小农"的集体化组织路径；二是在"现代小农制"基础上的网络化组织路径。前者以中国 20 世纪的人民公社化为典型，后者则有本章提到的荷兰的案例。

在中国，重回人民公社，广大农民不会答应[①]，因此，现实可行的路径是通过市场化、社会化、现代化网络，通过"网络化组织群"把广大农民组织起来，使农民真正成为现代化的市场化小农。在这一"网络化的组织群"中，广大农户依然保持着独立的经济主体地位，但同时又是组织化的农民。他们可以凭借合作的力量、组织的力量进入市场，实现组织化、网络化

---

① 笔者与很多农民，包括许多农民亲戚有过交谈，虽然他们对现行的农村政策以及农村中的很多现象也有诸多的批评与不满，但没有一个人愿意再回到原来的人民公社体制。他们认为，人民公社体制有两个最大的问题：一是吃不饱饭；二是不自由。

小农户与大市场的有效对接。目前的问题在于，我们通过家庭土地承包制已基本上确立了农户的经济主体地位，但是，农村网络化组织群的建设还刚刚起步，大多数农户还没有融入网络化的组织群中。这导致了目前大多数小农户作为非组织化的弱势群体，在面对大市场时所表现出的种种的困惑和不适应。

第二，有网络化组织迹象的相当一批的"＋"，还只有形式上的联结，并无实质性内容的利益联结与利益共享。

目前全国各地出现的公司＋农户，合作社＋农户，公司＋合作社＋农户，超市＋公司＋合作社＋农户等以"＋"为标志的网络化组织群建设，有相当一批还只是形式上的联结，缺乏具有实质性内容的联结。所谓形式上的联结，最极端的只是一些虚假的上报数字，是一些地方领导为追求政绩而编造的文字游戏。更多的形式联结，则表现为形式上开过会，也签过协议，但是，会后并无实际的组织行动，无实质性的合作内容，签订的协议实际上是一纸空文。

第三，即便是一批具有实质性内容的"＋"，也还处于浅层次的联结中。

不可否认，各地都有一批好的或比较好的以"＋"为标志的"网络化组织群"建设的典型。这表现为各经济主体之间初步形成了功能互补、优势互补的格局，并初步做到了利益共生与利益共享。不过，即便是这些好的或比较好的典型，大多数也还处于较浅层次的联结上。这突出表现在如下几个方面。一是缺乏内生的、长期的、可持续的利益联结与利益共享机制。这些以"＋"为标志的联结往往停留在短期的、协作的水平上，临时性的措施、短期的协议成为联结的主要手段。二是缺乏规范性的、可持续的制度保障，往往"因人而异"、"因人而变"。我们在调查中发现，许多以"＋"为标志的联结往往取决于几位主导者的个人关系，以及他们对普通农民的影响力。这导致了一些联结与合作随人事关系的变化而变化，"兴也勃，亡也勃"。三是网络化组织的覆盖面不广泛，网络化组织的辐射力不强。中国大多数的农业、农村网络化组织群还局限在小区域范围，至今还没有出现类似于荷兰花卉业以花卉拍卖行为中心和纽带的、联结众多利益相关者的网络化组织群，也没有类似于日本农协那样的有影响力的网络化组织群。

进一步讲，中国农业、农村网络化组织群发展不广泛、不普遍，发展水平不高的原因究竟是什么？

首先，中国农业、农村现代化网络的缺失与不完善使网络化组织群的发展缺乏必要的物质基础支撑。

组织必须适应环境，环境在很大程度上决定着组织形式。如前所述，网络化组织群的出现与现代化网络经济的发展密切相关，现代化网络是支撑网络化组织群发展的物质基础。在中国，尤其是在广大的农村地区，现代化网络的缺失与不完善是网络化组织群难以迅速发展，即便有所发展，也难以提升到更高层次的重要原因。例如，没有现代化的农产品大流通网络，农户的特色鲜活农产品运不出去、存不下来，要想形成以特色农产品（例如荷兰的花卉）为基础的、能包括众多利益相关者的网络化组织群则根本不可能。又例如，没有发达、完善的农业机械配送、修理、服务网络，农机利益共同体也无法形成。再例如，没有从干渠到田间地头的水利灌溉网络，各用水户、供水户、管水户就很难形成水利灌溉的利益共同体。还例如，没有现代化的交通、信息网络，网络化组织群就只能局限在一个比较狭窄的、网络可以覆盖的地域范围。

其次，网络化组织群的健康、可持续发展需要各经济主体的高度信任，信任机制的缺失使中国农业、农村网络化组织群发展缺乏必要的社会资本支撑。

网络化组织群是利益相关者各方功能互补、优势互补、利益联结、利益共享、包容性发展的组织形式。支持这一组织形式顺利运作的主要动力不是传统"金字塔"形的、自上而下的"命令—服从"关系，而是组织群内各经济主体、各利益相关者基于共同利益的彼此信任。中国农村目前以"＋"为标志的网络化组织发展的一个致命性障碍就是这种社会信任机制的缺失。由于缺乏信任，网络化组织群联结前要付出极其艰难的谈判成本与组织成本；联结后，各经济主体如果互相戒备，又要付出更多的防范成本与监督成本。并且，如果各经济主体随时准备"翻脸"、"退出"，联结与合作的不确定性很大，那么，要形成长期的、稳定的、可持续的战略合作就十分艰难。理论与实践都表明，信任与机会主义行为高度负相关。在信任机制缺失的社会经济环境中，机会主义行为必然泛滥成灾，合作与组织的成本极高，就很难形成基于长期性利益、整体性利益的规范性网络化组织。

十一 "主导"与"合力":构建与完善中国农业、农村现代化网络的两大基点

现代化网络,就整体而言,是一种典型的具有极强外部性的"公共物品"。网络节点的增加,网络使用者的增加,参与到网络中的经济主体的增加,扩大了网络的规模效应,使网络整体受益,并使每一经济主体的信息成本、交易成本大幅度降低,因此,网络化经济伴随着网络规模的扩大、覆盖面的扩大而具有明显的收益递增、成本递减特征。依据梅特卡夫法则(Metcalfe Law),网络价值与网络使用者的平方成正比,即 V = n 的平方(V 表示网络的总价值,n 表示用户数)。这意味着网络效应是伴随着网络用户的增加而呈指数增长的,网络使用者、消费者越多,网络效应也越强。很显然,梅特卡夫法则的经济学含义就是正的外部性。

由于网络化效应与网络规模正相关,现代化网络具有极强的开放性与包容性。新进入的网络使用者,即新的网络经济主体不仅不会影响老使用者(即老的网络经济主体)对网络的利用与消费,而且还会增进老使用者、老经济主体利用、消费网络的功能及效率。这表明,现代化网络具有明显的消费非竞争性与受益非排他性。同时,网络化效应还与网络内部物质流、信息流的流量和畅通密切相关:网络内物质流、信息流流量越大,流速越快,网络化的效应也越大。网络内物质流、信息流是否畅通,与网络的系统性、功能性是否完备又紧密依存。因此,越完善、越发达的网络,系统性、功能性越强的网络,网络化效应也越大。

作为外部性极强的公共物品,农业、农村的现代化网络是单个农户、单个企业、单个农业合作经济组织无力构建,更无力完善的。公共物品与外部性的存在,是"市场失灵"的两大主要领域,"按照经济学家的推论,市场机制发生失灵的领域,也就是需要公共部门即政府发挥作用的地方"①。因此,农业、农村现代化网络的构建与完善就是政府应该发挥,而且能够发挥

---

① 高培勇、崔军:《公共部门经济学》,中国人民大学出版社 2004 年版,第 13 页。

作用的地方。我们在前面已经指出，构建与完善农业、农村的现代化网络，包括建设与此相适应的现代化网络化组织群，是当前乃至今后一个相当长时期中国农业、农村改革与发展的重点，当然，它也必然是党与政府农业、农村工作的重点。

当然，政府发挥作用，其作用有大有小，作用方式也千差万别。如果说政府垄断是一种极端，政府完全放任是另一极端，那么在这完全垄断与完全放任的中间地带则有十分广阔的选择空间。对于当代中国农业、农村现代化网络的构建与完善而言，政府的作用既不是完全放任，也不是完全垄断。政府的作用是"主导"。同时，在政府的"主导"下，还必须广泛调动农户、企业、各种类型的合作经济组织以及全社会来"合力"构建，"合力"完善。在这里，政府"主导"与各相关经济利益主体的"合力"，是构建和完善中国农业、农村现代化网络的两大基点。

何谓"主导"，简而言之，就是统领全局，引导方向。因此，政府主导的首要职责就是整体规划、统筹安排。对于农业、农村现代化网络的构建和完善，整体规划的核心是全面性、系统性、前瞻性。当然，网络在构建之初并不一定就很全面、很系统，各项功能就很齐备，但是，网络的构建，尤其是网络的完善，必须以全面性、系统性、前瞻性作为基本要求与基本方向。由于现代化网络是外部性极强的公共物品，它的系统规划不可能由单个经济主体，包括政府的单个部门，基于自身利益来筹划。因此，作为全社会经济生活管理者、协调者的政府（不是政府某一部门）具有义不容辞的责任，而且，在现代社会里，也只有政府才能充当这一统筹规划的"主体"角色。还须特别指出的是，我们所说的农业、农村现代化网络决不是与城市现代化网络隔绝的孤立的网络。从本质意义上讲，农业、农村的现代化网络是整个国家现代化网络中的一个有机组成部分，因此，构建与完善农业、农村的现代化网络也必须"城乡统筹"，必须由中央政府进行"顶层设计"。按照2004年以来历年中央"一号文件"的提法，就是要"采取综合性措施"、"坚持统筹城乡发展的方略"、"统领经济社会发展全局"、"形成城乡经济社会发展一体化新格局"。

政府"主导"的另一重要职责是政府必须充当农业、农村现代化网络构建与完善的投资主体，而且是最重要的投资主体。公共物品是政府投资的重要方向，因为公共物品具有全社会普遍受益的基本特征。而且，农业、农村现代化网络作为外部性极强的公共物品，关系着亿万农民的切身利益，又是过去政府投资最为薄弱的领域，"欠账"太多。因此，在21世纪，各级政府都有必要把农业、农村现代化网络的建设投资作为"重中之重"，实行必要的"投资倾斜"。2007年中央"一号文件"强调指出："各级政府要切实把基础设施建设和社会事业发展的重点转向农村，国家财政新增教育、卫生、文化等事业经费和固定资产投资增量主要用于农村，逐步加大政府土地出让收入用于农村的比重。要建立'三农'投入稳定增长机制，积极调整财政支出结构、固定资产投资结构和信贷投放结构，中央和县级以上地方财政每年对农业总投入的增长幅度应当高于其财政经常性收入的增长幅度，尽快形成新农村建设稳定的资金来源。"

政府"主导"的第三位职责是"政策引导者"。政府要制定适宜的政策，创造好的投资环境，以引导各类社会经济主体、各类社会资本投入农业、农村的网络化建设。

我们以农业科技创新为例。农业科技创新是具有极强正外部性的公共物品，即"具有显著的公共性、基础性、社会性"，因此，"政府主导"具有关键性的作用。在中国，农业科技创新的政府主导主要包括如下一些基本内容：（1）政府规划农业科技发展方向，建立国家及区域性农业科技创新体系；（2）政府保证对农业科技必要的资金投入，尤其是对农业基础性、前沿性、公益性的科技研究，政府要作为最主要的投资者；（3）政府要创造好的科学研究环境与制定适宜的优惠政策，吸引各类人才投身农业科技研究；（4）政府创造好的投资环境与制定适宜的优惠政策，引导社会资本投入农业科技创新。但是，政府主导不等于政府包办，政府毕竟不能作为具体的农业科技研究与开发主体，因此，具体的创新者（创新团队）是农业科技研究人员，他们主要分布在农业或与农业相关的教育、研究机构以及涉农企业，当然也不排斥社会上还有个体研究者。与高校和科研院所相比，企业的科技创新更偏重于实用性技术，尤其是有广阔市场应用前景的实用性技术的研究与开发。从创新中开拓市场，获得新的利润源泉是企业科技创新的基本动力。因此，政府在这方面的主导作用是通过制度改革与政策制定，从激发企业追求利润最大化的动机出发，引导和推动企业成为农业技术创新的主体,并与高等院校、科研院所形成功能互补、优势互补的农业科技创新的"两大主体"。当然,这"两大主体"不能形成互不往来的"两张皮"。如何消除目前的体制障碍,建立"两大主体"的协同创新机制,是中国农业科技创新体制改革的重要任务,也是政府需要着力解决的体制、机制难题。案例7—5提到的武汉国家农业科技园区就是政府作为"政策引导者",利用市场机制的方法推动"两大主体"协同创新的一种探索。

【案例7—4】　　　　　武汉国家农业科技园区

武汉市是中国高等院校、科研院所聚集的地区。该市南湖周边就汇集了华中农业大学、湖北省农科院、武汉市农科院等众多农业教育、科研机构。此外,在临近的武汉大学、华中科技大学、华中师范大学等高等院校还有众多的涉农学科与专业。武汉南湖周边,农业科技人才济济,仅农业方面的"两院"院士就有6位。他们分别是:作物遗传改良国家重点实验室主任张启发,油菜遗传育种专家傅廷栋,植物遗传学专家朱英国,动物传染病学专家陈焕春,动物遗传育种学专家熊远著,果树学专家邓秀新。

武汉南湖周边如此密集的农业科技人才长期以来被封闭在高墙大院,众多农业科研成果沉淀在论文与实验室,或者是小范围的试验田,"开花不结果"。农业的科技优势并没有转化为农业的产业优势、产品优势。为了解决科研与产业"两张皮"的问题,促进"产学研"的有机结合,1998年,在湖北省政府、武汉市政府的推动下设立了武汉南湖农业高新技术产业园。2001年,武汉南湖农业高新技术产业园并入武汉东湖高新技术开发区,成为"区中园"。2001年9月,由国家科技部批准成为国家级农业科技园区。

1998年设立的南湖农业科技园区,其基本宗旨就是"孵化企业,转化成果",希望借助园区这一平台,吸引农业科技人才创办或融入农业科技企业,农业科技企业能有效转化农业科技成果。为此,园区制定了一系列优惠政策。例如,"对以专利技术、科技成果以及股权等非货币财产作价出资的,其出资最高比例可达企业注册资本的70%";"以知识产权作资设立的科技型企业,职务发明者或主要实施者可以个人的名义持有公司的股份";"对企业投入到高校、科研机构的科研项目合作经费,给予企业科研合作项目经费10%的补贴";"对园内生物企业、大学、科研机构取得农作物新品种、新兽药、农药等新产品证书给予 10 万至 100 万元的一次性补贴";"农业高新技术企业从事技术转让、技术开发业务及相关的技术咨询、技术服务所取得的收入,经批准后可免征营业税";"为高层次人才创新创业提供必要的资金支持,符合相关条件的,可给予 10 万—1 亿元的资金支持"。

截至 2012 年上半年,武汉国家农业科技园区已转化各类农业科技成果 1000 多项,孵化、创立和引进农业企业 330 多家。园区内的高农生物园,引进了院士领衔的项目 5 个;还引进了中国种子生命科学技术中心、德国拜耳生物科学实验室及拜耳作物科学武汉中心、以色列施拉特公司(世界著名的孵化器公司)、英国 Intertek 公司(全球最大的农产品、食品、药品质量检测与认证机构)等一批国内外著名科技机构与科技公司。近几年来,依托园区企业还建立了省级工程技术研究中心 4 家,省级企业技术中心 6 家,并由园区企业牵头组建了 4 家产业技术创新联盟。

——笔者系湖北省农业科技园区专家咨询委员会委员。本案例源于武汉国家农业科技园区资料与笔者的实地调查

当然,政府"主导"不是要政府"垄断"、政府"包办"。政府是农业、农村现代化网络建设的主要投资者,但不是也不应该充当唯一投资者。必须看到,农业、农村现代化网络建设的投资十分巨大,单凭政府投资,政府的财力也有限。这就要求鼓励和引导各类社会资本也投入农业、农村现代化网络的建设之中,形成政府主导下社会力量广泛参与的"合力型"多元化投入机制。在这方面,政府"主导"的基本职责是设计好制度,制定好政策,创造好氛围,使农户、农业企业、各种类型的农村合作经济组织,以及城乡各类社会经济组织、各种社会力量能主动、自愿地投入农业、农村现代化网络的建设。如何才能使其自愿?关键在于寻找社会利益与个人(组织)利益的契合点,引导民间经济主体基于自身利益(自身价值)最大化的行为与提供公共物品的社会利益重合。德国著名哲学大师黑格尔曾经指出:"假如人民的私利和国家的公益恰好是相互一致的时候,这个国家便是组织得法,内部健全。"[①]因此,"合力"的核心是微观经济主体私利与社会整体利

---

① 黑格尔:《历史哲学》,王造时译,上海书店出版社 2001 年版,第 24 页。

益的整合。在这方面,中央政府采取了一系列措施。例如,2004年中央"一号文件"强调:"法律法规未禁入的基础设施、公用事业及其他行业和领域,农村个体工商户和私营企业都可以进入。要在税收、投融资、资源使用、人才政策等方面,对农村个体工商户和私营企业给予支持。""积极运用税收、贴息、补助等多种经济杠杆,鼓励和引导各种社会资本投向农业和农村。"2007年中央"一号文件"提出"必须不断开辟新的农业投入渠道,逐步形成农民积极筹资投劳、政府持续加大投入、社会力量广泛参与的多元化投入机制";并指出要"综合运用税收、补助、参股、贴息、担保等手段,为社会力量投资建设现代农业创造良好环境。企业捐款和投资建设农村公益设施,可以按规定享受相应的税收优惠政策"。2013年中央"一号文件"进一步提出:"鼓励社会资本投向新农村建设。各行各业制定发展规划,安排项目,增加的投资要主动向农村倾斜。""鼓励企业以多种投资方式建设农村生产生活基础设施。"

此外还要看到,政府投资还有效率较低、易于滋生腐败等制度性缺陷。这就是说,即便是政府投资,也要充分利用市场机制,鼓励和引导民间经济主体的积极参与,并从体制、机制入手,遏制制度性腐败,并提高投资效率。例如,政府作为投资主体,但不一定要充当建设主体和经营主体。政府可以通过协议、承包、授权等多种方式选择公共产品的建设主体与经营主体。"新公共管理理论"认为,公共产品与服务由政府直接供给转向依赖市场运作的选择性供给,可以解决或减轻公共财政负担过重、公共资源浪费、公共服务缺乏效率并且质量不高等难题。

政府投资与民间投资需要职责分明,合理分工。政府不应与民间争利,侵入本应由民间投资、经营的领域。例如,构建与完善农产品加工网络,政府政策的重心、政府投资的重点不是要使社会资源过分"倾斜"地支持个别企业,包括国有控股企业和农业产业化龙头企业,而是要重点支持具有"公共产品"性质的农产品加工质量安全"网络"的建设,以维护农产品加工"业界"及全社会的整体利益和长远利益。在此基础上,制定对所有农产品加工企业,包括各类所有制企业,"普惠性"而不是"倾斜性"的支持政策,并营造良好的市场竞争环境,以激发民间投资并经营农产品加工业的内在积极性。

十二 构建与完善深层次信任机制：中国农业、农村"网络化组织群"建设的社会基础工程

现代化网络必须有现代化的组织构架作支撑，也必然会催生出与其相适应的现代化组织构架。从发达国家的经验看，这种组织构架就是"网络化"组织群。"网络化"组织群可以看作是一种具有长期性、稳定性的互利合作"关系网"。在这种互利合作的"关系网"中，各个独立的经济主体之间会形成相互之间的高度依赖与高度投入，并具有高度重复性的互动，由此形成谁也离不开谁的"共生效应"。然而，这一切都必须建立在各组织之间、各经济主体之间、各利益相关者之间高度信任的基础之上。德国著名社会学家卢曼（Niklas Luhmann）简短而经典的定义就是，"信任是为了简化人与人之间的合作关系"。转换成现代制度经济学的语言就是，信任可以被看作人们节约交易成本，节约管理成本，节约监督成本的工具。

信任不仅需要法律、契约、规则的"他律"约束，而且需要人们文化、道德的"自律"约束。各类经济组织之间、各个经济主体之间要形成相互依赖、利益共存共荣的网络化组织群，深层次的因素就是要建立这种必不可少的信任机制。在当代中国农村，多元化的组织结构还不能发展成紧密依存、完善发达的网络化组织群，其中一个极其关键的因素就是整个社会信任机制的缺失与不完善。在我们的调查中，"信不过"往往是人们排斥合作的首要因素，也是阻碍网络化组织群形成与发展的最重要原因。

信任是一种"公共产品"，也是一种社会资源。它是任何社会合作，尤其是那种可持续的长期性合作的基础与前提。中国传统文化推崇"诚信"，将"诚"与"信"融为一体："诚"是人的内在道德品质，"信"是人内在"诚"的外化。这意味着，只有在"诚"的基础上，才有"信"。古今中外，诚信都是社会公认的伦理道德标准，是一种普适性的文化，是社会各主体合作，并形成自愿性组织的基本价值准则。如果没有诚信，社会就会陷入普遍性的"囚徒困境"。事实上，没有诚信，也就没有合作；即便有合作，也只能是那种"一锤子买卖"的"一次性交易"。

虽然信任是任何社会赖以顺利运作都必不可少的价值基础，是一种普适

性文化,但是,在不同的社会经济环境中,信任机制仍然有其独特的内涵,即信任具有历史性、时代性。在自给自足的小农经济社会里,人们的生产、生活处在一种封闭性的"熟人圈"之中,维系信任的外在威慑力是森严的等级制所构成的社会交往规则,以及个体违约、失信所导致的被社会"边缘化";维系信任的内在因素则是传统文化的意识形态(道德)约束。"人无信不立。"然而,在市场经济环境中,由于开放性与流动性,人们面对的市场主体往往是一种超越了狭隘空间范围的"陌生人社会",交易的对方并非"熟人",甚至根本就不认识,这导致维系信任的传统"熟人圈"的一系列规则失去了约束的功效。同时,人们内心的意识形态(道德)约束也发生了极为深刻的变化。例如,传统的中国农耕文化"重农轻商",鄙视"逐利",但市场经济则是建立在理性"经济人"对自身利益最大化的追求之上的。因此,市场经济条件下的合作与信任,必须尊重交易各方、合作各方对自身利益的追求,同时坚持互利的原则。亚当·斯密认为,人类有互相交易的一般倾向,而互相交易的这种合作,是建立在自利动机驱使下的互利。"请给我以我所要的东西吧,同时,你也可以获得你所要的东西:这句话是交易的通义。"①

互利的合作,其结果必然是合作双方或多方的共赢。因此,互利合作实质上也是共生的合作。共生合作以多元化、多样性、差异性为前提,它从根本上排斥那种"大一统"的垄断,也不同于"你死我活"、"赢者通吃"的竞争。那种把市场经济视为弱肉强食格斗场的观念与实践只是一种粗鄙的、没有前途的,仅在一定的经济社会环境中才可能存在的市场经济。用吴敬琏先生的话说就是,这是一种"坏的市场经济",它并不能代表理性市场经济的本质,更不能代表市场经济的发展趋势。

中国正处于从现代社会与传统社会并存的二元经济社会结构向现代一元经济社会结构转型,从传统计划经济体制向现代市场经济体制转型的双重转型的特殊时期。既往的建立在传统社会及计划经济体制基础上的信任机制被瓦解、被冲击,但新的与现代社会、与现代市场经济相适应的信任机制又没

---

① 亚当·斯密:《国民财富的性质和原因的研究》,郭大力、王亚南译,商务印书馆1972年版,第13—14页。

有及时地建立起来，由此出现了信任缺失的"真空期"。这一时期，人们的独立性增强，自主意识增强，对过去曾经信任甚至是盲从的权威，包括组织、个人、规则、价值标准都不再信任。社会似乎充斥着一种"除了自己，谁也不能相信"的氛围。由于与市场经济相适应的新的信任约束机制没有及时建立起来，不守信者没有得到应有的惩罚，反而能从中获利，这种失信的低成本、高收益进一步污染了整个社会的信任环境。如果说信任能相互感染，那么，失信则能以更快的速度相互传染。实践表明，信任的建立往往需要较长时期的交往、了解、合作、日积月累；但信任的瓦解可能就是因为一次违约、一次失信，具有"瞬时性"。就当代中国农村的实际状况看，许多公司+农户，合作社+农户，公司+合作社+农户的合作关系难以持久，往往就源于其中一方的一次违约与失信。许多农户不愿意合作，其中一个根本性原因就是合作成本太高，而合作成本高的一个重要原因又是缺乏普遍性的相互信任。

构建与市场经济相适应的新的社会信任机制是当代中国走向现代化进程中一个最艰难、最长期、最复杂的任务，也是当代中国农村建设网络化组织群最重要的社会基础性工程。这种社会信任机制必须建立在各经济主体的独立性与对自身利益合理追求的基础之上，因此，它是经济性的工程，而不是慈善性的工程；是市场性的工程，而不是计划性的工程。与此同时，在"自利"的基础上，它更强调"互利"、"共利"。追求自己的利益必须尊重他人（交易对方）的利益，尊重社会的利益。因此，所有利益相关者必须约束自己，诚实守信。守信就是恪守对他人（交易对方）、对社会的"承诺"，也就是尊重他人（交易对方），尊重社会的利益。

如何才能使所有的市场经济主体诚实守信？一个关键性的途径就是提高"声誉"的价值，即提高守信的收益，加大失信的成本。

首先，要有制度、规则的约束，使失信者得到应有的惩罚，使失信的成本大大高于失信的收益。这能够从微观经济主体的利益动机方面遏制"失信"。从宏观层面讲，最重要的就是要加强法制建设，特别是要加强法律的强制执行力，形成对信任机制的强有力的法律保障。从组织群的层面讲，就是要制定具有约束力的制度、规则，特别是对不守信者要有严厉的惩戒措施与手段，包括从"组织群"中"驱逐"出去。

其次，提高"声誉"的价值，对社会诚信网络的建设具有特殊的重要意义。一些人之所以"失信"，是因为"失信"的成本低。在一个开放、流动的社会里，他可以"打一枪换一个地方"，骗了这一地方的人，再去骗另一地方的另一批人。如果有一个全社会的诚信网络机制，就等于为"失信者"的"失信"行为建立了一个社会档案，"失信"成本会大大增大，"声誉"的价值就会跨越地域、时间的限制而大大提升。这将有利于逐步形成一个"老实人（守信者）不吃亏"的社会信任环境。

当然，仅仅依靠外部的"他律"是不够的。在一定的意义上，"自律"比"他律"更基础、更重要。制度、规则的约束需要成本，社会诚信网络的建设与完善也需要成本。既需要执法机构，信息搜集、处理、发布机构，也需要执法者、信息处理者，还需要监督、甄别等一系列管理、运行成本。如果大多数人不能"自律"，约束成本就会十分高昂，甚至得不偿失。"自律"的约束是一种道德约束，它植根于人们的深层次思想、文化层面。如果大多数人从内心深处有失信可耻的观念，有爱护声誉如同爱护生命的观念，全社会的信任机制才能从根本上得以真正确立。

由于社会信任机制也是一种"公共产品"，具有极其明显的"正外部性"，政府对社会信任机制的建立与完善负有极为重要的责任。简言之，政府的职责主要应体现在如下三方面：第一，政府要充当建设社会信任机制的主要制度供给者。制度，包括各类法律、规则、契约，它为人们提供组织与合作的基本规范，保护诚信者，惩罚非诚信者，以社会约束力维系信任。第二，政府要充当"道德说教者"。这意味着政府要利用自己掌控主流意识形态的优势，利用各种媒体资源向民众宣传、灌输诚信思想，并长期坚持，潜移默化。第三，政府要充当诚信的"道德标杆"。实践证明，政府诚信是社会诚信的基础。如果政府言而无信，对社会信任机制的破坏甚于民间。

当代中国农村网络化组织群的建设需要社会信任机制作为重要的前提与基础，反过来，网络化组织群的形成与建设也有利于现代社会信任机制的重建。网络化组织群既超越了"金字塔"形的行政纵向关系，又超越了市场交易的横向关系，在保持各经济主体独立性的基础上建立了一种组织与组织之间，实质上就是人与人之间长期、规范、稳定的战略性合作联盟。因此，网络化组织群既坚持了市场经济条件下信任机制必须具有的各经济主体独立、平等、自由选择的基本准则,又融入了和谐社会长期、稳定的信任关系。相比市场关系中的"陌生人社会",网络化组织群借助现代社会发达的交通、通信网络扩展了市场交易中的"熟人关系圈",这使得人们的合作关系、信任关系更趋稳定性与长期性,规避或降低了与陌生人交易的不确定性风险;相比传统"差序格局"中人际关系的"熟人社会",网络化组织群以开放替代封闭,以各经济主体的独立、平等、自由替代等级制与人身依附,使信任机制能顺应现代市场经济的发展,也更切合"以人为本"的现代化要求。

从实践中看,那些网络化组织群比较发达、完善的国家和地区,社会的信任机制比较健全、完善,失信、违约的现象也较少发生。例如,在荷兰,各经济主体离开了现代化网络,离开了网络化组织群就难以生存,失信、违约后被网络化组织群边缘化,实际上也就是被全社会边缘化,失信成本极其高昂;反过来,诚实守信,可以最大限度地享受网络化的"联结经济性收益"。

十三 单一化—多元化—网络化:中国农业生产组织形式发展的轨迹

20世纪70年代末80年代初,中国自下而上、上下互动,启动了波澜壮阔的农村经济体制改革。当时改革的核心与重点是微观经济组织的再造,即"搞对微观经济组织"。改革的本质性意义是为广大农民提供了一个比较广泛的可以自由选择的组织基础,进而为广大农民"自由地实现自由",为提升广大农民"实质性自由"的"可行能力"提供了一个包容性较强的制度空间。

这一时期的农村经济体制改革,从农业生产组织形式的发展看,是从"单一化"走向了"多元化"。人民公社是一种单一、排他、垄断性的,而且是"政社合一"的组织。在这一制度框架内,农村不允许有其他经济组织形式的存在,更不允许有独立的农户经济形式的存在。"普天之下,只有公社社员,没有个体农民。"农村土地家庭承包制的推行,打破了人民公社"大一统"的垄断局面,农户经济重生,农户成为农村最基本的微观经济组织形式。但是，农村经济改革并非用农户的单一化来取代公社的单一化。农户是农村微观经济组织的基本形式，但不是唯一的形式。中国农村改革的实质是让广大农民自由选择，而不是简单的"分田到户"。由于广大农民有了基本的自由选择权利，各种微观经济组织形式"百花齐放"，当代中国农村呈现出多元化经济组织共生的格局，"家庭经营、集体经营、合作经营、企业经营等共同发展"。这意味着中国农村的经济组织形式已从单一化进入了多元化的新阶段。

多元化并不等同于现代化。发达国家的经验与中国三十多年来的实践表明，仅仅是"搞对微观经济组织"，仅仅是组织形式的"多元化"，还不能实现农业、农村的现代化。在一个人们的社会联系越来越紧密的市场经济环境中，在现代社会已经进入信息经济、网络经济的新时代，没有一个现代化网络，没有一个与现代化市场经济、网络经济相适应的网络化组织群，多元化组织结构中的农户，以及任何单一的微观经济组织都难以面对外延越来越广阔、不确定性越来越大的市场。

中国农业、农村的现代化进程依然十分艰难，关键的问题已不是我们的微观经济组织有没有搞对，而是中国农业、农村的现代化网络还很不完善、很不发达；多元化组织形式没有形成"网络化组织群"。在这种状况下，多元化的组织依然处于各自分散的状态，处于"小而散"的状态，并且往往为争夺有限的社会经济资源，争夺有限的市场份额而无序竞争。小农户、"多元分散"的组织与大市场明显不适应。

组织化是解决小农户、"多元分散"的组织与大市场矛盾的必由之路。但组织化不能重走人民公社"单一化"的老路。组织化必须建立在现代市场经济的基础之上，必须建立在各类组织多元共生的基础之上，必须顺应现代化社会信息经济、网络经济的发展，因此，网络化是组织化的必然选择。这意味着中国农村经济组织形式的进一步发展方向是从"多元化"走向"网络化"。

中国共产党第十八次代表大会的政治报告提出要以"信息化引领农业现代化"。"信息化引领农业现代化"，不能仅仅局限于"村村通电话，户户能上网"等技术层面，而更应关注现代信息经济、现代网络经济对农业生产组织模式所带来的全方位的深刻变革。农业生产组织形式从"多元化"走向

"网络化"，就是"信息化引领农业现代化"、现代网络经济引领农业生产组织模式全方位深刻变革的具体体现。

目前中国各地已经出现的公司+农户、合作社+农户、公司+合作社+农户等以"+"为标志的组织合作已初步展示了中国农村生产组织形式从多元化向网络化发展的端倪，虽然这种发展还仅仅处于起步阶段，发展的水平还很低。但是，"千里之行，始于足下"，中国农村微观经济组织形式的现代化已经开始进入了从"多元化"到"网络化"的新阶段。

由于现代化网络在本质上是一种外部性极强的社会公共产品，它的建设与完善，"政府主导"是一种自然而且必然的选择。但是，政府主导不等于政府包办。因此，在政府的"主导"下，还必须广泛调动农户、企业、各种类型的合作经济组织以及全社会来"合力"构建，"合力"完善。在这里，政府"主导"与各相关经济利益主体的"合力"，是构建和完善中国农业、农村现代化网络的两大基点。

现代化网络必须有现代化的组织构架作支撑，也必然会催生出与其相适应的现代化组织构架，即"网络化组织群"。各类经济组织之间、各个经济主体之间要形成相互依赖、利益共存共荣的网络化组织群，深层次的因素就是要建立全社会的信任机制。实践表明，构建这种与市场经济、网络经济相适应的新的社会信任机制是当代中国走向现代化进程中的一个最艰难、最长期、最复杂的任务，也是当代中国农村建设"网络化组织群"最重要的社会基础性工程。

无论是从"单一化"走向"多元化"，还是从"多元化"走向"网络化"，中国农村经济组织模式的变革，就其本质而言，都是为了提升广大农民实现"实质性自由"的"可行能力"。从"单一化"走向"多元化"，其关键是确立多元经济主体的独立性与自由选择权利，其核心是保障各经济主体个体的自由。从"多元化"走向"网络化"，是要在经济主体个体自由的基础上进一步强调社会的整体自由，而社会的整体自由对于提升各经济主体个体自由的能力至关重要。我们在网络化进程中强调社会自由的目的，不是要以社会自由压抑、束缚个人自由，更不是要以所谓的社会自由全面替代个人自由，而是要以社会自由更好地强化与保障个人自由。

参考文献

一 中文著作

《邓小平文选》第 3 卷,人民出版社 1993 年版。

胡锦涛:《高举中国特色社会主义伟大旗帜,为夺取全面建设小康社会新胜利而奋斗——在中国共产党第十七次全国代表大会上的报告》,人民出版社 2007 年版。

胡锦涛:《坚定不移沿着中国特色社会主义道路前进,为全面建成小康社会而奋斗——在中国共产党第十八次全国代表大会上的报告》,人民出版社 2012 年版。

《中共中央关于全面深化改革若干重大问题的决定》,人民出版社 2013 年版。

中共中央文献研究室编:《三中全会以来——重要文献选编》,人民出版社 1982 年版。

中共中央党史研究室:《中国共产党历史·第二卷(1949—1978)》(上、下册),中共党史出版社 2011 年版。

《陈云文稿选编(1949—1956 年)》,人民出版社 1982 年版。

薄一波:《若干重大决策与事件的回顾》,人民出版社 1997 年版。

《辞海》(缩印本),上海辞书出版社 1989 年版。

曹锦清:《黄河边的中国》,上海文艺出版社 2000 年版。

曹阳:《中国农业劳动力转移:基于体制变迁的分析》,华中师范大学出版社 1997 年版。

曹阳:《中国农村非农产业群体社会保障研究报告》,中国社会科学出版社 2006 年版。

曹阳：《当代中国农村微观经济组织形式研究》，中国社会科学出版社 2007 年版。

陈锡文、赵阳、罗丹：《中国农村改革 30 年回顾与展望》，人民出版社 2008 年版。

陈玉萍、吴海涛：《农业技术扩散与农户经济行为》，湖北人民出版社 2010 年版。

《杜润生自述：中国农村体制变革重大决策纪实》，人民出版社 2005 年版。

杜吟棠主编：《合作社：农业中的现代企业制度》，江西人民出版社 2002 年版。

《费孝通论小城镇建设》，群言出版社 2000 年版。

费孝通：《乡土中国 生育制度》，北京大学出版社 2004 年版。

高培勇、崔军：《公共部门经济学》，中国人民大学出版社 2004 年版。

郭红东、张若健：《中国农民专业合作社调查》，浙江大学出版社 2010 年版。

韩俊主编：《中国农民专业合作社调查》，上海远东出版社 2007 年版。

韩水法：《康德传》，河北人民出版社 1997 年版。

匡吉立主编：《著名法学家演讲鉴赏》，山东人民出版社 1995 年版。

孔祥智主编：《中国农业社会化服务——基于供给和需求的研究》，中国人民大学出版社 2009 年版。

李丹：《理解农民中国》，江苏人民出版社 2008 年版。

李格非主编：《汉语大字典》（简编本），湖北辞书出版社、四川辞书出版社 1996 年版。

厉为民：《荷兰的农业奇迹》，中国农业科学技术出版社 2003 年版。

林毅夫：《制度、技术与中国农业发展》，上海三联书店、上海人民出版社 1994 年版。

林毅夫、蔡昉、李周：《中国的奇迹：发展战略与经济改革》，上海人民出版社 1999 年版。

陆学艺：《"三农论"：当代中国农业、农村、农民研究》，社会科学文献出版社 2002 年版。

罗必良：《经济组织的制度逻辑》，山西经济出版社 2000 年版。

黄宗智：《长江三角洲小农家庭与乡村发展》，中华书局 2000 年版。

黄宗智：《中国的隐性农业革命》，法律出版社 2010 年版。
黄祖辉、林坚、张冬平等：《农业现代化：理论、进程与途径》，中国农业出版社 2003 年版。
刘玲玲：《清华经管学院中国农村金融发展研究报告完结篇（2006—2010)》，清华大学出版社 2010 年版。
倪洪兴：《非贸易关注和农产品贸易自由化》，中国农业大学出版社 2003 年版。
启良：《西方自由主义传统》，广东人民出版社 2003 年版。
曲福田等：《中国工业化、城镇化进程中的农村土地问题研究》，经济科学出版社 2010 年版。
史晋川等：《制度变迁与经济发展：温州模式研究》，浙江大学出版社 2004 年版。
谭崇台主编：《发展经济学的新发展》，武汉大学出版社 1999 年版。
谭成健：《大寨：中国名村纪实》，中原农民出版社 1998 年版。
温铁军：《中国农村基本经济制度研究》，中国经济出版社 2000 年版。
温铁军：《"三农"问题与制度变迁》，中国经济出版社 2009 年版。
王春超：《中国农户就业决策与劳动力流动》，人民出版社 2010 年版。
王冰：《现代市场理论——关于市场的经济学》，湖北人民出版社 2003 年版。
王景新：《乡村合作经济组织崛起》，中国经济出版社 2005 年版。
宣杏云、王春法：《西方国家农业现代化透视》，上海远东出版社 1998 年版。
肖萐父、李锦全主编：《中国哲学史》，人民出版社 1999 年版。
俞吾金：《实践与自由》，武汉大学出版社 2010 年版。
张培刚：《农业与工业化》，华中科技大学出版社 2002 年版。
张培刚主编：《新发展经济学》，河南人民出版社 1999 年版。
张五常：《经济解释》，商务印书馆 2000 年版。
张晓山、苑鹏：《合作经济理论与中国农民合作社的实践》，首都经济贸易大学出版社 2009 年版。
《中华人民共和国土地管理法》，人民出版社 2004 年版。
《中华人民共和国农村土地承包法》，人民出版社 2002 年版。
《中华人民共和国农业技术推广法》，人民出版社 1993 年版。

《中华人民共和国农民专业合作社法》，人民出版社2006年版。

中国农村发展研究组编：《农村、经济、社会》第3卷，知识出版社1985年版。

中国（海南）改革研究院编：《中国农民组织建设》，中国经济出版社2005年版。

中国（海南）改革研究院：《中国人类发展报告2007/2008：惠及13亿人的基本公共服务》，中国对外翻译出版公司2008年版。

周朝民主编：《网络经济与管理》，格致出版社、上海人民出版社2008年版。

二　中文论文（含调研报告）

毛泽东：《论人民民主专政》，《毛泽东选集》第4卷，人民出版社1991年版。

毛泽东：《关于农业合作化问题》，《毛泽东文集》第6卷，人民出版社1999年版。

邓小平：《建设有中国特色的社会主义》，《邓小平文选》第3卷，人民出版社1993年版。

邓小平：《计划和市场都是发展生产力的方法》，《邓小平文选》第3卷，人民出版社1993年版。

陈云：《实行粮食统购统销》，《陈云文稿选编（1949—1956年）》，人民出版社1982年版。

胡锦涛：《深化交流合作，实现包容性增长》，《人民日报》2010年9月16日。

习近平：《在第十二届全国人民代表大会第一次会议上的讲话》，《人民日报》2013年3月17日。

鲁迅：《电的利弊》，《伪自由书》，人民文学出版社1995年版。

北京大学中国经济研究中心"城市劳动力市场课题组"：《城市职工与农村民工的分层与融合》，《改革》1998年第4期。

白永秀：《推进土地适度规模经营，为经济增长方式的转变创造条件》，《经济改革》1997年第1期。

曹阳：《外部环境约束 农户"经济人"理性行为决策——中国大陆农村千户调查分析报告》，《中国农村研究》（2002年卷），中国社会科学出版社2003年版。

曹阳：《农村土地继承制度与农村土地社区所有制：矛盾冲突及发展走向——关于"农村土地承包期三十年不变"及推行土地承包永佃制的思考》，《理论月刊》2005年第9期。

曹阳：《关于"经济人假设"若干问题的思考》，《江汉论坛》2009年第1期。

曹阳、胡继亮：《中国土地家庭承包制度下的农业机械化——基于中国17省（区、市）的调查数据》，《中国农村经济》2010年第10期。

曹阳：《"自由"在马克思"人的发展"学说中的地位与价值》，《经济学动态》2012年第1期。

陈意新：《二十世纪早期西方合作主义在中国的传播和影响》，《历史研究》2001年第6期。

陈锡文：《怎样统筹中国的城乡发展》，《中国乡村发现》总第13辑，湖南人民出版社2010年版。

崔国强：《河南省农产品加工业对农民收入增长影响实证研究》，《江西农业学报》2010年第4期。

邓大才：《农地流转市场何以形成——以红旗村、梨园屯村、湖村、小岗村为例》，《中国农村观察》2009年第3期。

邓曲恒：《城镇居民与流动人口的收入差距：基于Oaxaca-Blinder和Quantile方法的分解》，《中国人口科学》2007年第2期。

董正华：《现代小农制的历史地位——对19世纪马克思主义有关讨论的回顾》，俞可平、李慎明、王伟光主编：《农业农民问题与新农村建设》，中央编译局出版社2006年版。

董涵英：《土地经营规模与农业机械化》，《中国农村经济》1986年第8期。

杜吟棠：《农业产业化经营和农民组织创新对农民收入的影响》，《中国农村经济》2005年第3期。

加尼什·塔帕（Ganesh Thapa）：《亚洲和拉美地区经济转型过程中小规模农业面临的挑战和机遇》，《中国农村经济》2010年第12期。

国鲁来:《合作社制度及专业协会实践的制度经济学》,《中国农村经济》2001年第4期。

方松海、王为农、黄汉权:《增加农民收入与扩大农村消费研究》,《管理世界》2011年第5期。

冯华、陈仁泽:《种粮大户喜与盼——来自农业生产一线的报告》,人民网,2011年2月11日。

洪黎民:《共生概念发展的历史、现状及展望》,《中国微生态学杂志》1996年第8卷第4期。

何立新、潘春阳:《破解中国的"Easterlin悖论":收入差距、机会不均等与居民幸福感》,《管理世界》2011年第8期。

黄祖辉、邵科:《合作社的本质规定性及其漂移》,《浙江大学学报》2009年第4期。

李春海、张文、彭牧青:《农业产业集群的研究现状及其导向:组织创新视角》,《中国农村经济》2011年第3期。

李怀印:《中国乡村治理之传统形式:河北获鹿县之实例》,《中国乡村研究》第1辑,商务印书馆2003年版。

李燕:《共生哲学的基本理念》,《理论学习》2005年第5期。

李旻、赵连阁:《农村劳动力流动对农业劳动力老龄化形成的影响》,《中国农村经济》2010年第9期。

刘凤芹:《中国农业土地经营的规模研究——小块农地经营的案例》,《财经问题研究》2003年第10期。

刘凤芹:《农业土地规模经营的条件与效果研究:以东北农村为例》,《管理世界》2006年第9期。

刘守英、邵夏珍:《贵州湄潭实行"增人不增地,减人不减地"24年的效果与启示》,《中国乡村发现》2012·冬之号。

廖祖君、赵璐、凌渝智:《公司领办型合作社发展研究——邛崃市金利猪业专业合作社的案例分析》,《中国合作经济评论》2010年第2期。

陆南泉:《俄罗斯农业改革及其启示》,《中国社会科学网》2011年12月22日。

罗必良:《农民合作组织:偷懒、监督及其保障机制》,《中国农村观察》

2007 年第 2 期。

罗兴佐、贺雪峰:《乡村水利的组织基础》,《学海》2003 年第 6 期。

马晓青、黄祖辉:《农户信贷需求与融资偏好差异化比较研究——基于江苏省 588 户农户调查问卷》,《南京农业大学学报》2010 年第 3 期。

孟繁琪、"种植业适度经营规模研究"联合课题组:《关于发展农业规模经营若干问题的研究》,《中国农村经济》1987 年第 1 期。

农业部农村经济研究中心分析研究小组:《"十二五"时期农业和农村发展面临的挑战与选择》,《中国农村经济》2010 年第 8 期。

潘劲:《中国农民专业合作社:数据背后的解读》,《中国农村观察》2011 年第 6 期。

檀学文:《现代农业、后现代农业与生态农业——"'两型农村'与生态农业发展国际学术研讨会暨第五届中国农业现代化比较国际研讨会"综述》,《中国农村经济》2010 年第 2 期。

王尧:《教育是一首诗》,《读书》2012 年第 3 期。

王春超、李兆能:《农村土地流转中的困境:来自湖北的农户调查》,《华中师范大学学报》2008 年第 4 期。

王美艳:《转轨时期的工资差异:歧视的计量分析》,《数量经济技术经济研究》2003 年第 5 期。

万俊毅:《准纵向一体化、关系治理与合约履行——以农业产业化经营的温氏模式为例》,《管理世界》2008 年第 12 期。

文礼朋:《农业生产的特殊性与家庭自耕农场的生命力》,俞可平、李慎明、王伟光主编:《农业农民问题与新农村建设》,中央编译局出版社 2006 年版。

温铁军、郎晓娟、郑风田:《中国农村社会稳定状况及其特征:基于 100 村 1765 户的调查分析》,《管理世界》2011 年第 3 期。

吴象:《阳关道与独木桥》,《人民日报》1980 年 11 月 5 日。

吴云丽:《农业科技成果转化因素分析》,《西南农业大学学报》2000 年第 3 期。

萧国亮:《公司随想》,《读书》2011 年第 2 期。

谢嗣胜、姚先国：《农民工工资歧视的计量分析》，《中国农村经济》2006年第4期。

许平：《19世纪下半叶法国农村的变革以及传统农民向现代人的嬗变》，《世界历史》1994年第2期。

杨学成、赵瑞莹：《农村土地关系思考——基于1995—2008年三次山东农户调查》，《管理世界》2008年第7期。

姚监复：《中国农业的规模经营与农业综合生产率——访华盛顿大学农村发展所徐孝白先生》，《中国农业资源与区划》2000年第5期。

俞海、黄季焜：《地权稳定性、土地流转与农用地资源持续利用》，《经济研究》2003年第9期。

周其仁：《中国农村改革：国家与土地所有权关系的变化——一个经济制度变迁史的回顾》，《中国社会科学季刊》（香港）1995年第6期。

周黎安：《中国地方官员：晋升锦标赛模式研究》，《经济研究》2007年第7期。

朱守银、张照新、张海阳、汪承先：《中国农村金融市场供给和需求——以传统农区为例》，《管理世界》2003年第3期。

朱明芬、常敏：《农用地隐性市场特征及其归因分析》，《中国农村经济》2011年第3期。

中国互联网络信息中心：《2008—2009年中国农村互联网发展调查报告》。

中国互联网络信息中心：《2009年中国搜索引擎用户行为研究报告》。

2004—2014年历年中央"一号文件"。

三　中文译著

［德］马克思：《1844年经济学哲学手稿》，《马克思恩格斯选集》第1卷，人民出版社2012年版。

［德］马克思：《关于费尔巴哈的提纲》，《马克思恩格斯选集》第1卷，人民出版社2012年版。

［德］马克思、恩格斯：《德意志意识形态》，《马克思恩格斯选集》第1卷，人民出版社2012年版。

［德］马克思、恩格斯：《共产党宣言》,《马克思恩格斯选集》第 1 卷, 人民出版社 2012 年版。

［德］马克思：《路易·波拿巴的雾月十八日》,《马克思恩格斯选集》第 1 卷, 人民出版社 2012 年版。

［德］马克思：《不列颠在印度的统治》,《马克思恩格斯选集》第 1 卷, 人民出版社 2012 年版。

［德］马克思：《〈政治经济学批判〉导言》,《马克思恩格斯选集》第 2 卷, 人民出版社 2012 年版。

［德］马克思：《第六届莱茵省议会的辩论》（第一篇论文）,《马克思恩格斯全集》第 1 卷, 人民出版社 1995 年版。

［德］马克思：《经济学手稿》（1857—1858 年）,《马克思恩格斯全集》第 31 卷, 人民出版社 1998 年版。

［德］马克思：《资本论》第 1 卷,《马克思恩格斯全集》第 44 卷, 人民出版社 2001 年版。

［德］马克思：《资本论》第 3 卷,《马克思恩格斯全集》第 46 卷, 人民出版社 2003 年版。

［德］恩格斯：《反杜林论》,《马克思恩格斯选集》第 3 卷, 人民出版社 2012 年版。

［德］恩格斯：《法德农民问题》,《马克思恩格斯选集》第 4 卷, 人民出版社 2012 年版。

［德］恩格斯：《恩格斯致朱泽培·卡内帕》,《马克思恩格斯选集》第 4 卷, 人民出版社 2012 年版。

［俄］列宁：《共产主义运动中的"左派"幼稚病》,《列宁选集》第 2 卷, 人民出版社 2012 年版。

［俄］斯大林：《列宁主义问题》, 人民出版社 1964 年版。

［美］阿马蒂亚·森：《以自由看待发展》, 任颐、于真译, 中国人民大学出版社 2002 年版。

［法］阿伦特：《什么是自由》, 贺照编：《西方现代性的曲折与展开》, 吉林人民出版社 2002 年版。

［美］阿克顿：《自由与权力》, 侯健、范亚峰译, 商务印书馆 2001 年版。

[美] 阿尔温·托夫勒：《第三次浪潮》，朱志焱等译，三联书店 1984 年版。

[德] 奥特弗利德·赫费：《政治的正义性》，庞学铨、李张林译，上海译文出版社 2005 年版。

[美] 埃里克·弗鲁博顿、[德] 鲁道夫·芮切特：《新制度经济学——一个交易费用分析范式》，姜建强、罗长远译，上海三联书店、上海人民出版社 2006 年版。

[美] 埃利诺·奥斯特罗姆：《公共事务治理之道：集体行动制度的演进》，余逊达译，上海三联书店 2000 年版。

[美] 布莱克：《比较现代化》，杨豫、陈祖洲译，上海译文出版社 1996 年版。

[美] 查尔斯·P. 金德尔伯格、布鲁斯·赫里克：《经济发展》，张欣等译，上海译文出版社 1986 年版。

[美] 德鲁克：《创新与企业家精神》，蔡文燕译，机械工业出版社 2009 年版。

[美] 道格拉斯·C. 诺思：《经济史中的结构与变迁》，陈郁、罗华平等译，上海三联书店、上海人民出版社 1994 年版。

[英] 戴维·W. 皮尔斯主编：《现代经济学词典》，宋承先等译，上海译文出版社 1988 年版。

[法] 亨利·勒帕日：《美国新自由主义经济学》，李燕生译，北京大学出版社 1985 年版。

[英] 杰弗里·M. 霍奇逊：《演化与制度——论演化经济学和经济学的演化》，任荣华等译，中国人民大学出版社 2007 年版。

[美] 杰拉尔德·迈耶、约瑟夫·斯蒂格利茨主编：《发展经济学前沿·未来展望》，中国财政经济出版社 2003 年版。

[英] 霍布斯：《利维坦》，黎思复、黎廷弼译，商务印书馆 1985 年版。

[美] 加里·S. 贝克尔：《家庭经济分析》，彭松建译，华夏出版社 1987 年版。

[德] 黑格尔：《历史哲学》，王造时译，上海书店出版社 2001 年版。

[意] 卡洛·奇拉波主编：《欧洲经济史》，徐璇译，商务印书馆 1988 年版。

[德] 卡西尔：《人论》，甘阳译，上海译文出版社 1985 年版。

［德］考茨基：《土地问题》，梁琳译，三联书店1955年版。

［美］坎贝尔·麦克康耐尔、斯坦利·布鲁伊：《经济学：原理 问题 政策》，陈晓等译，北京大学出版社、科文（香港）出版有限公司2000年版。

［英］洛克：《政府论》（下），叶启芳、瞿菊农译，商务印书馆1964年版。

［德］康德：《纯粹理性批判》，韦卓民译，华中师范大学出版社2000年版。

［以色列］拉南·魏茨：《从贫苦农民到现代农民——一套革命的农场发展战略及以色列的乡村综合发展》，杨林军、何大明等译，中国展望出版社1990年版。

林重庚、迈克尔·斯宾塞编：《中国经济中长期发展和转型：国际视角的思考和建议》，中信出版社2011年版。

［荷］L. 道欧、J. 鲍雅朴主编：《荷兰农业的勃兴》，厉为民译，中国农业科学技术出版社2003年版。

［美］林南：《社会资本：关于社会结构与行动的理论》，张磊译，上海人民出版社2005年版。

［法］卢梭：《社会契约论》，何兆武译，商务印书馆1980年版。

［美］路易斯·普特曼、兰德尔·克罗茨纳编：《企业的经济性质》，孙经纬译，上海财经大学出版社2009年版。

［美］马丁·路德·金：《在林肯纪念堂前的演讲》，匡吉立主编：《著名法学家演讲鉴赏》，山东人民出版社1995年版。

［英］马林诺夫斯基：《自由与文明》，张帆译，世界图书出版公司2009年版。

［美］马克·格兰诺维特：《镶嵌：社会网与经济行为》，罗家德译，社会科学文献出版社2007年版。

［美］马克·格兰诺维特：《找工作：关系人与职业生涯的研究》，张文宏译，格致出版社2008年版。

［美］马斯洛：《人类动机的理论》，许金声等译，中国人民大学出版社2007年版。

［英］马歇尔：《经济学原理》，陈良璧译，商务印书馆1965年版。

［英］马歇尔：《货币、信用与商业》，叶元龙、郭家麟译，商务印书馆1997年版。

［法］孟德斯鸠：《论法的精神》（上），张雁深译，商务印书馆1961年版。

［美］迈克尔·桑德尔：《公正：该如何做是好?》，朱慧玲译，中信出版社2011年版。

《简明不列颠百科全书》第9卷，中国大百科全书出版社1986年版。

［美］乔治·亨德里克斯：《组织的经济学与管理学：协调、激励与策略》，胡雅梅、张学渊、曹利群译，中国人民大学出版社2007年版。

［美］钱德勒：《看得见的手——美国企业的管理革命》，重武译，商务印书馆1987年版。

［俄］恰亚诺夫：《农民经济组织》，萧正洪译，中央编译出版社1996年版。

［美］R. 科斯、A. 阿尔钦、D. 诺思等：《财产权利与制度变迁——产权学派与新制度学派译文集》，上海三联书店1991年版。

［美］R. I. 麦金农：《经济发展中的货币与资本》，卢骢译，上海三联书店1988年版。

［美］托马斯·R. 戴伊：《理解公共政策》，谢明译，中国人民大学出版社2011年版。

［法］托克维尔：《旧制度与大革命》，冯棠译，商务印书馆1996年版。

世界银行：《1994年世界发展报告：为发展提供基础设施》，中国财政经济出版社1994年版。

世界银行：《2003年世界发展报告：变革世界中的可持续发展（改进制度、增长模式与生活质量）》，中国财政经济出版社2003年版。

世界银行：《中国农民专业协会：回顾与政策建议》，中国农业出版社2006年版。

［美］斯蒂芬·P. 罗宾斯（Stephen P. Robbins）、玛丽·库尔特（Mary Coulter）：《管理学》，孙健敏等译，中国人民大学出版社2004年版。

［美］舒尔茨：《改造传统农业》，梁小民译，商务印书馆1987年版。

［美］舒尔茨：《人力资本投资》，商务印书馆1990年版。

［美］威廉·布雷特、罗杰·L. 兰塞姆：《经济学家的学术思想》，孙琳等译，中国人民大学出版社、北京大学出版社2004年版。

［美］熊彼特：《经济发展理论》，商务印书馆1990年版。

［英］亚当·斯密：《国民财富的性质和原因的研究》，郭大力、王亚南译，

商务印书馆 1972 年版。

［澳］约翰·福斯特、［英］J. 斯坦利·梅特卡夫主编：《演化经济学前沿：竞争、自组织与创新政策》，贾根良、刘刚译，高等教育出版社 2005 年版。

［美］詹姆斯·马奇、赫伯特·西蒙：《组织》，邵冲译，机械工业出版社 2008 年版。

［美］詹姆斯·布坎南：《财产与自由》，韩旭译，中国社会科学出版社 2002 年版。

四 英文文献

Boucher, S. R., A. Smith, J. E. Taylor and A. Yunez-Naude. "Impacts of Policy Reforms on the Supply of Mexican Labor to U. S. Farms: New Evidence from Mexico." *Review of Agricultural Economics*, Vol. 29, No. 1 (2007), pp. 4-16.

Clarkson, M. A. "Stakeholder Framework for Analyzing and Evaluating Corporate Social Performance." *Academy of Management Review*, Vol. 20, No. 1 (1995), pp. 92-117.

Coase, R. "The Nature of the Firm." *Economica*, Vol. 4, No. 16 (Nov., 1937), pp. 386-405.

Easterlin, R. *Does Economic Growth Improve the Human Lot? Some Empirical Evidence, Nations and Households in Economic Growth*. New York: Academic Press, 1974.

Freeman, R. E. *Strategic Management: A Stakeholder Approach*. Cambridge University Press, 1984.

Gold, T., D. Guthrie and D. Wank, eds. *Social Connections in China: Institutions Culture and the Changing Nature of Guanxi*. University of Cambridge Press, 2002.

Granovetter, M. "Economic Action and Social Structure: The Problem of Embeddedness." *The American Journal of Sociology*, Vol. 91, No. 3 (1985), pp. 481-510.

Habermas. "Modernity —An Incomplete Project." *Inter Pretive Social Science: Second Look.* edited by Paul Rabinow and William M. Sullivan, University of California Press, 1979.

H. A. Simon. *Models of Man.* New York: John Wiley and Sons, 1957.

Hennessy, T. C. & Tahir Rehman. "Assessing the Impact of the 'Decoupling' Reform of the Common Agricultural Policy on Irish Farmers' Off-farm Labor Market Participation Decisions." *Journal of Agricultural Economics*, Vol. 59, No. 1 (2008), pp. 41-56.

Kaight, F. *Risk, Uncertainty and Profit.* New York: Houghton Mifflin Co., 1921.

Kornai, J. *By Force of Thought-Irregular Memoirs of an Intellectual Journey.* Cambridge, Massachusetts and London, England: The MIT Press, 2005.

J. Locke. *Two Treatises of Government.* Cambridge University Press, 1960.

Jensen, M., and Meckling, W. "Theory of the Firm: Managerial Behavior, Agency Costs, and Ownership Structure." *Journal of Financial Economics*, Vol. 3, No. 4 (1976), pp. 305-360.

Lang, R. *The Transformation of Organizations in East Germany and Eastern Europe: Unsolved Questions and Problem Areas for Research.* Munich: Mering Hampp, 1996.

Lazonick, W. "The Integration of Theory and History: Methodology and Ideology in Schumperter's Economics." in Magnusson, L. *Evolutionary and Neo-Schumpeterian Approachs to Economics.* Springer-Verlag New York, LLC., 1994, pp. 245-263.

Lipton, Michael. *Why Poor People Stay Poor: Urban Bias in World Development.* Harvard University Press, 1977.

Lucas, R. "North-Holland on the Mechanics of Economic Development." *Journal of Monetary Economics*, Vol. 22, No. 1 (1988), pp. 3-42.

Mabel Ping-Hua Lee. *The Economic History of China.* New York: AMS Press, 1969.

March, J. G. & H. A. Simon. *Organizations.* John Wiley & Sons, Inc., 1958.

Meier, G. M. ed. *Leading Issues in Economic Development.* Oxford University Press, 1984.

Mitchell, J. C. ed. *Social Networks in Urban Situations*. Manchester University, 1969.

Prosterman, R., etc. "Scale Agriculture in China: Policy Appropriately Do?" *China's Rural Observation*, Vol. 6 (1996), pp. 17-29.

Qian, Y. & G. Roland. "Federalism and the Soft Budget Constraint." *American Economic Review*, Vol. 77 (1998), pp. 265-284.

Romer, P. "Increasing Returns and Long-Run Growth." *Journal of Political Economy*, Vol. 94, No. 5 (Oct., 1986), pp. 1002-1037.

Wilson, Edward O. *Sociobiology: The New Synthesis*. Cambridge, Massachusetts: Harvard University Press, 1975.

Sen, A. "An Aspect of Indian Agriculture." *Economic Weekly*, Vol. 14, No. 4-6, pp. 243-246.

Sen, A. "Peasants and Dualism with or without Surplus Labor." *Journal of Political Economy*, Vol. 74 (1966), pp. 425-450.

Scott, James C. *The Moral Economy of the Peasant: Rebellion and Subsistence in Southeast Asia*. New Heaven: Yale University Press, 1976.

Uchida, E., Scott Rozelle & Jintao Xu. "Conservation Payments, Liquidity Constraints and Off-farm Labor: Impact of the Grain-for-green Program on Rural Households in China." *American Journal of Agricultural Economics*, Vol. 91, No. 1 (2009), pp. 70-86.

Wagner, D. G. & Berger, J. "Do Sociological Theories Grow?" *American Journal of Sociology*, Vol. 90, No. 4 (1985), pp. 692-728.

Wank, David L. "The Institutional Process of Market Clienteles: Guanxi and Private Business in a South China City." *The China Quarterly*, Vol. 9 (1996).

Xin, K. & J. Pearce. "Guanxi: Connections as Substitute for Formal Institutional Support." *Academy of Management Journal*, Vol. 39 (1996), pp. 1641-1658.

索　引

A

阿罗　75,141
安徽枞阳　264
奥斯特罗姆　215,216

B

包产到户　94,97,99-103,126,148,163
包干到户　100,101,104,148,163
包容　5,30,35,36,52,104,133,137,
　　154,157,158,161,162,217-219,284,
　　294,297,362,375,394,404
包容性发展　157,158,161,366,393
包容性增长　157,158
保险公司　66,387
北大荒　175,176
Easterlin 悖论　3,12
被组织　91,149,295,362,363
本体自由　41
波拉尼　347
不种地的自由　35,107-109

C

财产权　50,55,71,90,91,106,125,151
草根金融　135
差序格局　352,353,355,358,359,404
产权　55,71,104,105,109-111,113,
　　119,120,148,162,173,207,211,249-
　　253,260,353,361,367,371,397
产权对于自由的意义　106
产权负担　119
长阳火烧坪乡　184
承包权　105,106,109,111,113,122,
　　124,150,170,174,247,248,260,293
城市利益集团　144,145
城市偏向理论　144
城市社会保障　38,109,112-114,
　　150,151
城乡分治　38,134,151
城乡土地使用权改革　252
处分权　105,113,150
传统农业　5,14-16,26,221,244,250,
　　261,262,280,281,296,340,352,355,

356,358,359,373
传统文化　7,14,192,193,400,401
传统小农制　31,36,224,225,230,231
创意农业　22,23
春晖模式　330,333
村民委员会　116,117
村民主体　193,194,212,213
村民自治　116,117,208
村镇银行　387-389

D

搭便车　92,93,119,145,203,204,209,215-217,306,367
大包干　2,101-104,126
大锅饭　92,101,172,282
大荔模式　287
大农业　20-22,172,173,176,177,221,222,227-229,248,254,289,290,371,372,390
大农业循环经济　20
单一化　32,37,76,103,132,133,141,159,345,373,374,376,404-406
当代中国　1,2,4,5,7,12,28-32,34,36,37,57,85,103,105-107,115,138,140,145-147,149,153,154,159,161-163,169,217,219,220,226,231,234-236,239,243,247,282,289,292,296,297,311,313,314,337,340,342,345,355,356,373-375,385,386,395,400,402,403,405,406

稻花香集团　20,21
低水平均衡陷阱　244
地票　252,253
订单农业　181,183
都市农业　24
杜润生　29,90,93,98,100-102,104,245
对称性互惠共生　155,156
对奈特理论的反思　65
多元共生的组织构架　31,36,154,159,160,217,386,390
多元化　4,31,32,36-39,65,103,132,133,157-160,162,193,195,217,264,297,311,327,345,362,372-377,382,387,390,391,398-401,404-406

E

俄罗斯　32,371,372
恩格斯　6,7,9,10,13-16,41-46,48-50,54,57,58,63,64,67,78,80,81,84,106,112,131,140,222,225,227-229,231,244,352-355,357-359,378
二元经济结构　133,134,234
二元社会结构　133,134

F

发展的本质　8,13
法定私权利　35,115
反租倒包　261
非对称性互惠共生　155,156

非正规民间金融　135
非正式制度　216
费孝通　139,352,353
分工收益　58,59
分工与专业化　11,63,64,79,262,263,269
风险与不确定性　66
"福娃模式"　198,200,202,255,330

G

改造小农　31,220,224,227-229,231,245,253,257,288,292,293
干中学　75,101,136,141,142
个人所有制　50,51,106
个人自由　11,30,34,41,42,47,49-52,54,56-58,61-63,65,72-74,80-84,92,106,406
个体劳动　56,58-60,82,91,92,95,131
工厂化农业　38,253,254,256,257,293
工具性自由　49,61,148
工农业产品价格"剪刀差"　87
工商资本下乡　38,255-257,293
工业共生　156
公共物品　61,138,203-205,209,210,347,385,394-396,398
公共资源　135,136,188,191,193,214,215,399
公共资源自主自治的管理理论　215
公权力　115,117-119,150
公有地悲剧　215

供给制　88,90
共生　30-32,36,37,65,154-162,165,167,169,170,174,181,182,185,193,194,196,197,200-202,217-219,251,284,286,292-294,340,360,361,363,365-368,370,373-376,386,387,392,400,401,405
共生界面　155,156,366,374
共生进化　31,36,154,155,161,162,219,363,366
共生哲学　156
股东至上主义　77
关系人　347
关系网　216,348,355,356,358-360,400
观光农业　22,24
广义的基础设施　137
规模经济　59,69,98,160,165,190,223,224
国际合作社联盟　302,310,332

H

哈丁　215
哈罗德—多马经济增长模型　74
合作社大宪章　307
合作社经营　170,171
合作剩余　58,91,374
合作收益　171,299
和生万物　157
和谐　7,8,144,157,158,161,167-169,188,189,191,193,194,197,201,297,

306,330,366,374,404
河南临颍县南街村 88,160,161,169,190
黑龙江海伦市群众村 326
黑龙江农垦总局 171,175,176,178,373
后现代思潮 25
湖北昌兴农林开发有限公司 202,206-209,211
湖北春晖集团 333,335
湖北嘉鱼县 317
湖北沙洋县官垱镇王坪村 328
湖北仙洪新农村建设试验区 202
湖湖南神州庄园葡萄酒业有限公司 283
互联网 138,187,318,346,348-350,360
户籍管理制度 38,87,127-129,131,134,151
户口 121,127,128,151,273
花卉拍卖业 368
黄宗智 105,111,222,223
霍布斯丛林 46,61

J

机会主义行为 92,196,197,215-217,364,374,393
基本生存集体安全保障体系 88
基本物品 43,44
基尼系数 3
集体化改造小农 31,36

集体劳动 93,95,125,126
集体力 58,82,91
集体行动的困境 215,216
技术创新 27,224,396,398
继承权 38,120,121,124,150,248
家庭农场 38,159,162,173-177,218,221,222,224,225,230,291,294,366-368,370-373
嘉兴模式 114
监督劳动 64
监利县新沟镇 198
江苏盱眙县 322-324
江西乐安山砀村烟叶合作社 316
交易成本 57,70,71,91,109,142,170,171,179,180,184,205,260,297,324,330,363,364,375,394,400
金融歧视 135,356
金融抑制 134,135,356,385
经济力学 154
经济人 13,49,69,140,141,143,146,282,320,330,331,341,347,352,386,401
经济生物学 154,366
经济性基础设施 137,138
经济增长 4,23,48,74-76,141,158,202,233,234,267,281
经济增长的城镇化 202
经营权 30,85,90,91,94,105-107,111,115,120,121,150,151,162,165,170,206,247-249,251-254,260,293,295,333

就业歧视　129,133,145

均分承包　30,111,114,115,119-125,159

K

康德　41,42,47,77

科斯　56,57,67,70-72,109,361,363-366

科学管理　70,76,83

可信承诺　216

空心城镇化　202

L

"蓝田模式"　256,258

劳动不自由　35,126,131,132

劳动消费均衡理论　223

劳动异化　63,64,83,130

劳动自由　30,35,36,51,66,73,104,125-134,141

老河口市春雨苗木果品农民专业合作社　322

离土不离乡,进厂不进城　127

理论创新　33,34

理性　13,25,30,39,41,42,45,47,52,68,69,98,99,101,107,109,116,135,144-146,173,236,263,274,275,279,318,320,330,331,339,341,343,364,386,401

理性小农　223,263

利普顿　144

利益共享　19,21,39,64,76,181,189,191,193,212,302,362,374,376,392,393

利益相关者　18,21,64,76,77,84,168,169,180,193,196,202,212,213,215,288,351,353,361,368,374,392,393,400,402

联结经济性收益　39,374,404

粮食统购统销　87,91,103,127,128

两田制　115

"两自理、四到户"　175

撂荒　107-109

林达尔均衡　209

林水结合　202,206-211

林毅夫　87,92

流通基础设施　143,382

流通网络　367,368,382-384,393

卢卡斯　60,75

路径依赖　112,313,318,342

论自由　47

洛克　47,62,106

M

马尔克　122

马尔萨斯　15,16,244

马尔萨斯陷阱　14-16,245

马林诺夫斯基　41-43,46,47,51,58,65,105,131

马铃薯经济　140,161,225,226,292,296,340,373

马歇尔 54,55,59,69,70,72,132,154,301,302,364,386
盲流 127,128
梅特卡夫法则 350,394
湄潭试验 123
密尔顿法则 48

N

奈特 66,67,77,83
内蒙古呼伦贝尔 187,265
内生性经济增长 74
农产品大流通网络 367,368,382-384,393
农产品加工业 20,200,380-383,399
农产品加工质量标准体系 381
农产品区域生产布局的专业化 184
农产品商品化率 233
农产品物流业 383
农超对接 178-185
农村供销合作社 178
农村集体 106,110,115-118,163,251
农村集体经济组织 100,106,116,117,251,252
农村集体林权改革 110,111
农村金融 135,385-388
农村金融体制 386,388
农村经纪人 325
农村经济市场化的进程 143
农村经济体制改革 30,141,145,147,149,160,163,282,298,373,376,404

农村经济组织 116,135,159,160,163,217,251,306,375,376,391,405,406
农村税费改革 105,107,108,119
农村土地保障 151
农村土地家庭承包制 30,35,37,102-104,110,111,159,160,169,170,173,205,224,266,268,371,373,376,404
农村土地交易所 252,253
农村信用合作社 190,387,388
农村综合产权交易所 251,252,254
农耕文化 14,401
农户 17,21,23,30-32,35,37-39,89,95,97,98,101,103,105-109,111,115,116,118,123-125,127,138-140,142-149,151,159,160,162,164-171,173,174,176-185,188,190,192,193,195-197,199,201,203-205,208,211,213,218,220-226,229-243,245,247-252,254,256,259,260,262-269,271-282,284-289,293-301,304,305,316-318,320,322,323,325,326,328,330,333,334,337-344,356,364,369-373,375-377,379,382,384,386,388,391-395,398,402,404-406
农户规模 223
农户家庭经营 103,169,170,174,175,217,221,237,240,242,292,293,345,373,374
农户与政府的互动博弈 146
农机服务覆盖率 38,268,294
农民工 129,130,133,134,145,151,

356,357
农民合作 32,36,39,163,164,167,295-299,301-307,309-312,314,319-321,325,328,330,338-340,342-344,367,368,370
农民合作"企业家" 32,301
农民利益集团 145
农民市民化 112,114,151,246,293
农民应为"自由人" 29
农民与公社"双向锁定" 30,93
农民专业协会 159,296,313-315,322,337,338,343
农业 6,13-28,30-32,34-38,40,51,59,73,85-88,90-95,97,98,100-108,110,114,116,118,122,126,128,130,133-135,139,142,143,149,151,152,154,159,160,162-164,167-186,188,190,195,196,198-204,206,208,211,217,218,220-225,227-231,235-240,243-249,251-258,260-264,266-274,276-294,296-299,306-310,313-315,317,319,321,323-325,333-335,338-340,345,349,358,366-383,385-399,404-406
农业产业化龙头企业 159,160,164,167,168,173,195,198,201,218,255,286,327,329-332,343,386,399
农业产业链 17-22,200,235,380
农业车间 15,254-257,260,293
农业的多功能性 21,22
农业附加值 19-21,23

农业合作化运动 86,87,128,139,310,319
农业机械化 28,32,36,38,171,172,174,175,199,224,245,266-269,271,272,274,279,293,294,323,371,373
农业技术推广 177,178,281,282,284,285,287,294,390
农业间接生产者 18
农业科技示范户 284-286,294
农业科技园区 255,397,398
农业劳动力转移 31,36,87,126,244-247,263,271,274,293
农业"绿色证书" 290
农业内卷化理论 223
农业企业 159,162,164,165,167,178-183,185,282,284,286,301,308,309,398
农业社会化服务体系 38,291
农业生产服务的社会化 235,237
农业生产关系现代化 27
农业生产环节的专业化、规模化经营 32
农业生产组织现代化 27-32,34,39,85,170,220,292,345,373
农业现代化 13,18,25-28,32,114,172,175,198-201,221,222,248,266,288,289,292,308,366,367,373,375,376
农业知识创造与推广网络 367,369
农业直接生产者 18,19,21
农业专业合作社 173,185,199,218,260,270

诺思 27,55,61,71,85,87,313

P

普遍性自由 48,158

Q

企业"核心竞争力" 364
企业家 55,56,60,66,68,69,72,76,77,84,132,191,282,301-306,309,313,318,324,327-331,336,339,342,343
企业经营 31,36,77,159,169-171,217,248,306,405
企业理论 56,66,68-72,74,83,362,365,366
企业内部关系网 357,360
企业能力论 364
恰亚诺夫 223
"嵌入性"理论 347
"强关系"、"弱关系" 354
强制性制度变迁 229
青海海南藏族自治州 319
囚徒困境 347,400
权利束 104,105,109,119
群己权界论 47

R

"人本主义"管理理念 74

人的本质 41,43,46
人的发展 9-11,79
人际网络 161,350,352-359
人力资本 60,64,74-77,83,136,137,141,144,152,160,219,302,324,347
人力资本的内部效应和外部效应 75
人民公社 35,86-88,90-95,97-99,101-104,108,110,111,117,125-128,131,139,148,149,160,161,163,169,170,190,203,205,225-227,230,246,248,254,282,287,319,320,340,391,404,405
人民公社体制 2,26,30,32,35,37,85-88,90,92,93,97-100,102-104,108,111,116,128,141,143,159,169,205,217,281,282,284,294,295,345,373,374,376,391

S

"三化"同步 198
"三年困难时期" 99
"三提五统" 105
"三温一古" 194-197
山西昔阳县大寨 104,190
善分不善合 295
社会保障制度 105
社会分工与企业内部分工 357,363
社会化小农 225
社会网络理论 347
社会信任机制 40,393,400,402,

403,406

社会性网络　346,348-350,369

社会主义　1,7,11,22,51,78,90,91,
　93,94,97,99,110,140,169,173,174,
　187,202,225,227-229,245,331,375,
　376,390

社会主义原始资本积累阶段　102

社会资本　23,312,324,347,387,393,
　396,398,399

社会自由　47,48,51,52,81,406

社区保护与发展基金　214,217

社区共管　212-217

生存保障伦理　89,90

生存自由　43,67,73,105,106,109,
　110,115

生活必需品　43

生态农业　22,24,25,258,329

实体性网络　349

实质性的城镇化　202

实质自由　9,43,44,50,57,63,79

食物纤维体系　18

市场化改革　145,209,210

市场化改造小农　31,32,36,38,40,
　243,244,261,293,294

市场化小农　32,36,138,220,225,226,
　231,234,248,249,261,263,284,292,
　293,295,297,391

市场经济　1,2,11,28,37,49,67,79,
　108,110,112,138-145,149,161,173,
　174,221,222,229-231,240,245,248,
　249,265,273,282,284,285,287,288,
　292-294,296,299,312,320,355-359,
　372,375,376,382,385,387,388,390,
　391,401-406

市场网络　143,350,352-360

收益权　95,105,111,119

熟人圈　216,217,356,401

私有化改革　371,372,375

四川井研县　338

四川邛崃市金利实业有限公司　332

"四化"　26

"四金"福利　129

苏联的农业　28,371

所有权　35,46,77,95,98,104-107,111,
　115,117,120,121,123,126,150,174,
　215,247,248,252,361,368

所有权、承包权、经营权"三权分离"
　31,36,38

T

套牌合作社　309,310

特色农业　24,184

天惠模式　330,333,335

天人合一　14

田保姆　162,264,265

通城县隽水镇宝塔村　328

土地财政　118,145

土地承包经营权流转与交易　150

土地承包权　30,35,37,38,104-110,
　112-115,117-119,121-125,149-151,
　197,247-249,251,252,254,260,379

土地承包权交换城市的社会保障权　113
土地承包权与农民自由　104
土地村社所有制　122
土地流转交易中心　250
土地流转市场化交易　250
土地适度规模经营　114,267,274,293
退社自由　90,92,312
屯垦戍边　172

W

网络化　32,37,39,178,288,345,346,361,362,367,368,370,372-377,381-384,390-396,400,404-406
网络化组织群　32,36,37,39,40,350,360,366,367,369,370,372,374-377,390-393,399,400,402-406
网络节点　350,353,361,394
网络经济　37,39,73,349,350,360,364,365,373-377,394,405,406
网络组织　178,346,360-362,364-366,374

W

微笑曲线理论　18,19
圩田模式　370
唯工业化　6,15
温氏集团　195-197
温州文成县日新兔业合作社　164

我有一个美国梦　53
沃土工程　378
五级农业技术推广服务体系　287
五级农业技术推广体系　284
五级循环产业链　20,21
武汉国家农业科技园区　397,398
武汉刘家山村　191,192
武汉中百仓储　181,182
物质性网络　346,348-350
物质资本　74,75

X

狭隘发展观　8
先租后包　260
现代化的本质　8
现代化网络　32,36,37,39,40,159,161,345,348-350,360,366,367,369,370,372-377,391,393-396,398,399,404-406
现代化与工业化　6
现代农业　15-17,19,21,22,25,26,36,142,183,186,200,202,212,255,262,269,270,281,288-292,294,335,377,380,385,389,399
现代农业生产物质支撑体系　377
现代小农制　31,32,36,39,221,222,224,225,229-231,292,366,367,371,372,391
乡村旅游　185-194
YUEP项目　212-217

小额信贷　162,214,285
小农经济　86,111,121,138-140,143,
　220,221,223-225,227-231,235,261,
　262,271,353,372,401
小农业　26,220,221,227,372
新古典企业理论　68-71
新疆生产建设兵团　171-175,178,373
新型农业经营体系　31,248
新一代农民合作社　311,312
新增长理论　60,75
新制度主义　70-72,352,363
新制度主义企业契约理论　70
信任　166,196,197,216,288,303,324,
　326,330,341,347,360,361,366,375,
　381,382,393,399-404,406
信息　5,17,24,37,54,57,66,71,73,
　93,138,142-144,147,152,160-162,
　164-166,172,178-183,188,209,
　214-217,230,252,269,282,285,288,
　291,298,305,309,317,318,321,335,
　340,346,348-350,360-362,365,366,
　369,370,373-376,382-384,386,388,
　393,394,403,405
信息革命　73,360
信息化　32,147,172,175,221,291,
　335,346,349,360,376,382,383
信息化引领农业现代化　32,37,345,
　372,376,377,405,406
形式自由　51
休闲农业　22,24
虚拟性网络　348

Y

演化经济学　29,65,69,154,156
一种"公共产品"　40,142,400,403
一种社会资源　400
一主两翼　173
一族　73
以自由看待发展　8,16,29,34,43,44,
　49,51,61,72,73,137,141,148
印度　7,51,133,222,223,378
永佃制　124,248
永嘉壶山香芋专业合作社　168
诱致性制度变迁　55
与承包权的"两权分离"　105

Z

增人不增地,减人不减地　123,125
战略性组织联盟　361
浙江瑞安梅屿蔬菜专业合作社　336
浙江双凤食品有限公司　167
浙江温州　163,218
争夺土地收益权的博弈　105
政策性收益　39,306,307,309,320,
　327,330
"政府主导型"的制度变迁　145
知识创新　60,75,390
知识经济　5,75,76,78,83,84,349,
　360,365
知识性资源具有共享性　60

知识这一特殊资源具有"溢出效应" 60
指挥劳动 64,65
制度变迁 27,28,55,71,87,91,98,103,112,145,146,148,149,163,217,248,345,371
制度性垄断收益 2
中产阶层 32,73,83
中等收入陷阱 4,5
中国梦 7
中华人民共和国农民专业合作社法 300,308,336,339,341,343
中华人民共和国农业技术推广法 281
中华人民共和国土地承包法 106,110,117
中央政府、地方政府、农民的三重博弈 145
重工业优先的工业化 86,87
准政府 115-117,119,192,194,204,208,213,315
自给性小农 223,261
自耕农 86,107,121,220-222
自留地 93-97,116,126,127
自留人 127
自然经济 17,138-142,221,225,226,229,230,233
自由地实现自由 29,30,34-36,48,49,52,61,81,82,85,102,104,105,125,126,134,145,149,157,158,162,170,217,219,295,344,345,360,404
自由滥用 52
自由人 49-52,65,73,81,140,141

自由人联合体 10,11,30,78-81,84,162
自由时间 10,42,64,80
自由是效率的源泉 90,93
自由选择权 30,32,35,36,85,90-93,97,100,126,128,131,190,197,295,318,321,342,343,405,406
自主权 92,100,126,260,386
自组织 149,285,313,321
组织 2,13,16,18,21,22,24-32,34-39,41,54-74,76-78,81-87,89-93,97,100-104,106,109,111-117,119,123,126-128,130-133,135,138-145,148-152,154,157-165,168-176,178-181,183-185,190,192-196,199,204-208,210-222,224-226,228-230,244,249-252,254,255,258,260,264,267,269,271,281-287,291-315,317-325,327-332,335-337,339-345,348,350,352,358-368,370-377,381,386-395,398-400,402-406
组织变迁 27,30,85,91,103,149
组织的功能 301
组织共生 133,159-162,167,168,174,178,180,182,183,185,188,191,195,197,207,218,362,365,366,405
组织化程度 144,145,148,149,164,165,326,370,375
组织生态学 361
组织收益 57-59,91,92,95,181,306
组织异化 63,81
组织与自由 34,81

组织者　32,38,39,54-56,63,64,66,77,
　　82,91,132,133,170,171,301,302,
　　310,311,313,315,318,321,322,324,
　　327,329,331,337,343,377

组织者瓶颈　313

最鲜明的特色　1

作为"合法暴力组织"的国家　61

作为团体的"组织"　54

作为行为的"组织"　54

后　记

当我把这本书作为重大课题的最终成果提交的时候，并无如释重负的感觉，重负仍在。该项目历时5年，之所以延误结项，是因为"不满意"，总感觉还有很多问题没有探究清楚。但是，结项确实不能再延误。纵然再给我5年甚至更多的时间，是否能做到"完全满意"，依然是不确定的。而且，需要进一步探究的问题可能比已经解决或已经回答的问题仍然要多得多。因此，我只能选择"次优"，抛砖引玉，以求得同仁和社会的批评和帮助，借助社会的力量来改进拙著，改进本课题的研究。

严格说来，这本书只是该课题成果的一部分，虽然它是极其重要的一部分，是带有总结性的主题著作。作为该著补充的还有4本子课题专著，它们分别比较详细地讨论了农户（王春超：《中国农户就业决策与劳动力流动》，人民出版社2010年版）、农业合作社（常明：《制度环境与我国农业合作经济组织的发展》）、农业上市公司（胡继亮：《政府政策与农业上市公司绩效研究》）以及少数民族地区政企关系（陈文烈：《我国西部民族地区民营企业与政府关系研究——基于非正式制度的视角》，经济管理出版社2013年版）4个与本课题密切相关的重要方面。这4个子课题专著有的已经出版，并获得了学界同仁一定程度的认可。例如，王春超的《中国农户就业决策与劳动力流动》入选了教育部"高校社科文库"，并获得了第五届中国农村发展奖的提名奖以及第六届教育部高校人文社会科学优秀成果三等奖。此外，课题组还发表了4篇英文论文，其中3篇发表在SSCI期刊上；同时，在《管理世界》《中国农村经济》《经济学动态》等国内期刊上发表论文21篇，其中16篇发表在CSSCI期刊上，多篇论文被《新华文摘》《高等学校文科学术文摘》以及中国人民大学书报复印资料转载。

我要感谢课题组的全体成员。他们是暨南大学经济学院的王春超、华中师范大学经济与工商管理学院的胡继亮、青海民族大学经济学院的陈文烈与张世花、神华公司的李润国、全国供销总社产业发展处的常明、荆门理工学院的尹作亮、新疆大学经济与管理学院的马新智、湖北团省委的吴朝安、青海民族大学公共管理学院的马德君、华中师范大学公共管理学院的李名峰。我的一些硕士研究生何伟、高嵩、丁志凤、钟君、尚莹、余真、范振干、李晶也参与了该课题的调研工作。王春超博士作为课题组的第二负责人,无论是在华中师范大学攻读博士期间,还是在暨南大学工作期间,为课题的研究,协助我做了大量的工作。胡继亮博士则承担了许多烦琐的事务性工作。很显然,没有课题组全体成员的齐心协力,要想顺利完成课题是不可能的。

　　2014 年,本书入选"国家哲学社会科学文库"。感谢评审专家对拙著的肯定以及所提出的宝贵修改意见;感谢中国社会科学出版社对本书的推荐。最后,我要感谢我的工作单位——华中师范大学及其经济与工商管理学院。

国家哲学社会科学重大项目（07&ZD025）
具有中国特色的农业生产组织现代化研究

研究成果一览表

主题专著

曹阳:《当代中国农业生产组织现代化研究》。

子课题专著

王春超:《中国农户就业决策与劳动力流动》，人民出版社 2010 年版；该著入选教育部"高校社科文库"，2012 年获第五届"中国农村发展奖"提名奖，第六届教育部高等学校人文社会科学优秀成果三等奖。

胡继亮:《政府政策与农业上市公司绩效研究》（尚未出版）。

常明:《制度环境与我国农业合作经济组织的发展》（尚未出版）。

陈文烈:《我国西部民族地区民营企业与政府关系研究——基于非正式制度的视角》，经济管理出版社 2013 年版。

英文论文

1. "Evolutionary Path of Occupation Choice and Policy Change for Chinese Peasant Households since 1978," *Actual Problems of Economics*（SSCI 期刊），2011，119 (5).

2. "Can Structural Adjustment of Government Governance Improve Economic Performance? The Case of Wuhan Metropolis Circle in China," *Ekonomska Istrazivanja-Economic Research*（SSCI 期刊），Vol. 24, No. 2, 2011.

3. "Contribution on Non-agricultural Economic Output from Rural-urban Mi-

grant Workers and Their Income: Evidence from 1995-2009 in China," *Actual Problems of Economics* (SSCI 期刊), 2012, 9.

4. "Research on Teaching Methods for the Multi-dimensional Combination of Theory and Practice in Colleges: Teaching Development Economics for Undergraduate as an Example," Conference on Creative Education (CCE 2011), Wuhan, China, 2011, 4., ISBN: 978-1-935068-26-6, CPCI-SSH (ISSHP) 收录。

中文论文

1. 《自由退出权、组织稳定、组织效率——兼论合作社为什么难以成为我国当前农村经济的主流组织形态》，曹阳、姚仁伦，《华中师范大学学报》2008 年第 4 期；《高等学校文科学术文摘》2008 年第 5 期转载。

2. 《农村土地流转中的困境：来自湖北的农户调查》，王春超、李兆能，《华中师范大学学报》2008 年第 4 期。

3. 《人际网络、市场网络：农户社会交往方式的比较》，曹阳、潘海峰，《上海交通大学学报》（哲学社会科学版）2009 年第 1 期；中国人民大学书报复印资料《社会学》2009 年第 7 期转载；中国社会科学网转载。

4. 《中国农户就业决策行为的发生机制》，王春超，《管理世界》2009 年第 7 期；中国人民大学书报复印资料《农业经济研究》2009 年第 11 期转载；该文获广东省哲学社会科学优秀成果三等奖。

5. 《中国小农市场化：理论与计量研究》，曹阳、王春超，《华中师范大学学报》2009 年第 6 期；《发展经济学论坛》2008 年第 2 期、《发展经济学与中国发展》（华中科技大学出版社 2009 年版）、中国人民大学书报复印资料《农业经济研究》2010 年第 4 期转载与收录。

6. 《关于当代中国农业生产组织现代化若干问题的思考》，曹阳，《湖湘三农论坛 2009 常德》，红旗出版社 2009 年版；该文获第二届"湖湘三农论坛"一等奖。

7. 《中国农户劳动力流动就业决策行为的特征及其影响因素》，王春超、张静，《经济前沿》2009 年第 10 期；中国人民大学书报复印资料《农业经济研究》2010 年第 3 期转载。

8. 《中央政府与地方政府在土地垂直管理制度改革中的利益博弈分

析》,李名峰、曹阳、王春超,《中国土地科学》2010年第6期。

9.《中国土地家庭承包制度下的农业机械化——基于中国17省（区、市）的调查数据》,曹阳、胡继亮,《中国农村经济》2010年第10期。

10.《多元化组织、市场化网络、组织共生——当代中国农业生产组织现代化基本模式探析》,曹阳,《求索》2010年第11期。

11.《当代中国农业生产组织现代化基本模式探析》,曹阳,《中国乡村发现》2010年第14辑。

12.《农村土地流转、劳动力资源配置与农民收入增长：基于中国17省份农户调查的实证研究》,王春超,《农业技术经济》2011年第1期。

13.《农户、地方政府和中央政府决策中的三重博弈——以农村土地流转为例》,曹阳、王春超、李鲲鹏,《产经评论》2011年第1期。

14.《基于因子分析的都市圈土地节约集约利用研究》,李名峰,《产经评论》2011年第1期。

15.《农民工流动就业决策行为的影响因素》,王春超,《华中师范大学学报》2011年第2期；《新华文摘》2011年第12期、《高等学校文科学术文摘》2011年第3期转载。

16.《"自由"在马克思"人的发展"学说中的地位与价值——兼对刘方健文章的补充与商榷》,曹阳,《经济学动态》2012年第1期。

17.《调整工业结构发展三峡低碳经济——以湖北省宜昌市为例》,曹阳、胡继亮,《长江流域资源与环境》2012年第21卷第1期。

18.《制度环境与我国农业合作经济组织》,常明,《中共中央党校学报》2012年第16卷第2期。

19.《市场经济中的藏区经济社会发展：主流实践与理论诠释》,曹阳、马德君,《青海民族研究》2012年第2期。

20.《农业合作经济组织问题》,常明,《理论视野》2012年第7期。

21.《论组织（企业）理论中"个人自由"的意义与价值》,《华中师范大学学报》2014年第1期；《高等学校文科学术文摘》2014年第2期（学术评论与反思）转摘。

图书在版编目(CIP)数据

当代中国农业生产组织现代化研究／曹阳著．—北京：中国社会科学出版社，2015.4

（国家哲学社会科学成果文库）

ISBN 978-7-5161-5549-3

Ⅰ.①当… Ⅱ.①曹… Ⅲ.①农业生产—生产组织—现代化研究—中国 Ⅳ.①F325.1

中国版本图书馆 CIP 数据核字（2015）第 032561 号

出 版 人	赵剑英
责任编辑	周晓慧
责任校对	无 介
封面设计	肖 辉 郭蕾蕾 孙婷筠
责任印制	戴 宽

出　　版	中国社会科学出版社
社　　址	北京鼓楼西大街甲 158 号（邮编 100720）
网　　址	http://www.csspw.cn
	中文域名：中国社科网　010-64070619
发 行 部	010-84083685
门 市 部	010-84029450
经　　销	新华书店及其他书店

印刷装订	环球印刷（北京）有限公司
版　　次	2015 年 4 月第 1 版
印　　次	2015 年 4 月第 1 次印刷

开　　本	710×1000　1/16
印　　张	28.5
字　　数	453 千字
定　　价	89.00 元

凡购买中国社会科学出版社图书，如有质量问题请与本社联系调换
电话：010-84083683

版权所有　侵权必究